Inge Kloepfer

Friede Springer

Die Biographie

| Hoffmann und Campe |

1. Auflage 2005
Copyright © 2005 by Hoffmann und Campe Verlag, Hamburg
www.hoffmann-und-campe.de
Schutzumschlaggestaltung: Katja Maasböl
Fotos: Daniel Biskup (vorne); images.de/Giribas (hinten)
Satz: Dörlemann Satz, Lemförde
Druck und Bindung: GGP Media GmbH, Pößneck
Printed in Germany
ISBN 3-455-09489-9

**HOFFMANN
UND CAMPE**

Ein Unternehmen der
GANSKE VERLAGSGRUPPE

Inhalt

Vorwort

Wer ist Friede Springer? Eine scheinbar schlichte Frage, die oberflächlich leicht zu beantworten ist: Friede Springer ist die fünfte und letzte Ehefrau des Verlegers Axel Springer, der nach dem Krieg das bis heute größte europäische Zeitungshaus schuf, das allein über die *Bild*-Zeitung täglich Millionen Leser erreicht. Sie ist diejenige, die am längsten mit Axel Springer zusammengelebt und ihn wohl am besten gekannt hat. Sie ist Mehrheitsaktionärin des Axel Springer Verlages und hat damit dort das Sagen. Sie ist ebenso diskret wie machtbewußt, unter den deutschen Verlegern ist sie vielleicht die mächtigste.

Aber wer ist sie wirklich? Was denkt und fühlt sie, worin bestehen ihre Ängste, und was ist ihr Glück? Was treibt sie an, sich jeden Tag aufs neue darum zu bemühen, das Lebenswerk ihres Mannes zusammenzuhalten und unermüdlich weiterzuentwickeln? Die Antworten darauf hat Friede Springer selbst gegeben. Sie hat in vielen Gesprächen aus ihrem Leben erzählt, vorbehaltlos offen und ohne Rücksicht auf die eigene Person, immer darum bemüht, der Wahrheit so nah wie möglich zu kommen. Die Gespräche mit ihr bilden das Fundament dieser Biographie. Ohne sie wäre ein Buch über Friede Springer nicht denkbar. Dazu kamen umfangreiche eigene Recherchen, darunter eine große Zahl von Interviews mit der Familie Riewerts, mit Weggefährten, mit prominenten und weniger prominenten Freunden und Freundinnen, mit ihren Gegnern, mit Politikern und Managern, mit ihren Angestellten und denen, die in Springers Zeiten zu Diensten waren. All jene, die sich die Zeit genommen haben, über Friede Springer zu sprechen, haben zu diesem Buch beigetragen – manche mehr, manche weniger. Dank gebührt ihnen allen. Sie namentlich zu erwähnen, ist aus Gründen des Informantenschutzes nicht möglich.

Gedankt sei ferner den gestrengen Gegenlesern Marion Beck und Carsten Germis und vor allem Theo Lange, dessen Anregung ganz am Anfang der Entstehung dieses Buches stand, das es ohne seine Ideen so nicht gegeben hätte.

Inge Kloepfer, Oktober 2004

1. KAPITEL

Plötzlicher Abschied

Sie blieb, saß eine ganze Weile noch bei ihm. Allein. Eine Stunde vielleicht oder länger, oder nur zwanzig Minuten. Sie hatte sich vornübergebeugt und ihre Stirn auf seinen merkwürdig gewölbten Brustkorb sinken lassen, den Kopf zwischen den ausgestreckten Armen, die Hände ineinander verschränkt. Sie hörte nichts, sie sah nichts und dachte nichts. Sie spürte nur die Stille um sich herum und eine tiefe Müdigkeit, die andere und auch sie selbst später als Schockzustand beschreiben sollten.

Irgendwann stand sie auf, verließ den Raum der Intensivstation. Mit langsamen, kleinen Schritten zog sie sich zurück, ganz leise, unhörbar fast, als wollte sie ihn nicht stören, sondern weiterschlafen lassen. Sie ging den kahlen Gang des Krankenhauses entlang, bat irgendwo um ein Telefon und wählte die Nummer des Pfarrers. Mechanisch sprach sie ihren Namen in den Hörer und dann noch zwei Sätze, bevor sie wieder auflegte: »Hier ist Friede Springer. Mein Mann ist gestorben. Sie sollten das wissen, ehe Sie es aus den Abendnachrichten erfahren.«

Jobst Schöne, Pfarrer der altlutherischen Kirche in Berlin, der der Zeitungsverleger Axel Springer angehörte, war dessen Seelsorger gewesen. Er hatte ihm die Stellen der Bibel erklärt, die der sich nicht erklären konnte, und die Offenbarung des Johannes. Er hatte dem Verleger viel bedeutet und ihm geholfen in den dunkelsten Tagen seines Lebens. Er hatte Friede und Axel Springer in seiner Kirche getraut, und er würde ihn beerdigen. Doch Friede Springer dachte nicht an die Beerdigung, sondern überlegte nur, wer noch alles wissen sollte, daß ihr Mann gerade gestorben war.

Den Kindern ihres Mannes und seinen Enkeln hatte sie bereits am Vormittag angedeutet, daß es dem Vater und Großvater nicht gut-gehe. Barbara, Tochter aus erster Ehe und ältestes Kind Springers, hatte sie zuerst angerufen. Danach die anderen: Raimund Nicolaus, Sohn aus Springers vierter Ehe mit Helga, und die beiden Enkel Axel Sven und Ariane, die Kinder seines Sohnes Axel junior, der sich vor fünfeinhalb Jahren das Leben genommen hatte. Auch Ernst Cramer hatte sie Bescheid gesagt, dem engsten Mitarbeiter und Freund Sprin-gers, der längst auch ihr ans Herz gewachsen war. »Ernst«, hatte sie ins Telefon geflüstert, »Axel geht es sehr, sehr schlecht.« Sie hatte einen Moment gestockt, geweint und dann nur noch hervorgebracht: »Er stirbt.« – »Ich bin gleich bei euch«, hatte der Freund versprochen, den Hörer auf die Gabel geworfen und war ins Krankenhaus geeilt, ihr Beistand zu leisten. Aber im Grunde war er hilflos – wie jeder, der zusehen muß, wie eine Frau ihren Mann verliert. »Axel wird das schon schaffen«, hatte er ihr immer wieder zugeredet, als Springer schon auf die Intensivstation gebracht worden war und dort im Koma lag. Doch er glaubte selbst nicht mehr an seine Worte, zu offensichtlich deutete sich das nahe Ende seines Verlegers an. Dann hatte er Friede zurückgelassen und war nach Hause gefahren. Er wußte, daß er ihr nicht helfen konnte, daß sie allein fertig werden mußte mit der Sorge um ihren Mann. Wahrgenommen hatte sie ihn kaum. Von zu Hause aus hatte Cramer nur noch ein paar enge Mitarbeiter des Verlegers angerufen, wohl keine Handvoll an der Zahl, um ihnen zu sagen, wie schlecht es um Springer stünde und daß das Schlimmste zu befürch-ten sei. Schnell hatte sich herumgesprochen, daß es mit Axel Springer wohl zu Ende ginge.

Ob sie nach Hause gefahren werden wolle, hörte Friede Springer plötzlich eine Stimme hinter sich. Es war Volker Regensburger, der Hausarzt, mit dem sie ihren Mann am Tag zuvor ins Martin-Luther-Krankenhaus nach Berlin-Grunewald gebracht hatte. »Ja, nach Hause«, wiederholte sie tonlos, folgte ihm zum Auto und stieg ein. Es war warm draußen, vom bevorstehenden Herbst keine Spur, immer noch Spätsommer, so, wie es den ganzen September gewesen war.

Sie fuhren schweigend über die Argentinische Allee nach Westen, hinaus aus dem Villenviertel. Der Wagen rollte weiter in Richtung Wannsee und steuerte durch den Wald auf die Halbinsel Schwanenwerder zu, auf der Axel Springer sich und seiner Frau seine Berliner Villa hatte bauen lassen.

Niemand hatte Springers nahen Tod vorhergesehen oder gar erwartet, am wenigsten die, die ihm am nächsten standen. In der letzten Woche seines Lebens hatte er nur noch seine fünfte und letzte Ehefrau Friede zu sich gelassen. Und selbst sie, die Tag und Nacht bei ihm war, hatte nicht damit gerechnet, daß er sie so bald zurücklassen würde. Sie war zwar nicht mehr von seiner Seite gewichen und hatte natürlich gemerkt, daß sein Körper ihn zunehmend im Stich ließ. Aber daß es so schnell zu Ende gehen würde?

Springer hatte in den vergangenen Monaten und Jahren immer wieder über sein Testament gesprochen und über eine Zukunft des Verlages ohne ihn – Friede hatte, wie bei allem, was Axel Springer bewegte und beschäftigte, mitgedacht. Sie hatte ihn verstanden oder ihm zumindest das Gefühl gegeben. Aber sie hatte nicht ernsthaft geglaubt, daß es schon in kürzester Zeit soweit sein könnte. Und auch Springer selbst hatte zwar im Sommer des Jahres 1985 seinen Nachlaß neu geordnet, allerdings nicht in der Annahme, damit die letzten Entscheidungen seines Lebens zu treffen. Er hatte sich mit dem Tod befaßt – und das nicht erst seit kurzem, sondern über Jahre. Er hatte unerschütterlich an ein Weiterleben im Jenseits geglaubt und allein das Sterben gefürchtet. Dreiundsiebzig, das war kein Alter, um abzutreten. Schneller, als er es sich selbst vorstellen konnte, hatte er die Welt und seine junge Frau verlassen. Und irgendwie war sie nach all den Jahren an seiner Seite immer noch still und unauffällig und ein bißchen unbedarft.

»Axel Cäsar Springer ist tot«, verkündete der damalige Nachrichtensprecher des ersten Programms Wilhelm Wieben in gewohnt manierierter Form. »Er erlag nach Mitteilung des Verlages einem Herzstillstand.« Andere Journalisten berichteten von wochenlangem Fieber und einer Lungenentzündung. Die eigentliche Todesursache konnte man am Abend jenes 22. September 1985 noch nicht wissen. Erst später würden die Ärzte Friede Springer sagen, daß sie den Körper des Verlegers aufgeschnitten hätten, um nach dem Grund für seinen unerwarteten Tod zu suchen.

So umstritten Axel Springer zu Lebzeiten war, so wenig war er es am Tag seines Todes. Geradezu hymnisch besangen die Medien seinen Aufstieg zum größten Zeitungsverleger auf dem Kontinent. Über seine Genialität als Blattmacher und seine missionarische Penetranz als Vertreter eines konservativen Wertekanons brauchte nicht nur im Angesicht seines Todes nicht mehr diskutiert zu werden. Auch wenn ihn seine Auffassung Ende der sechziger Jahre zum Buhmann einer ganzen Generation hatte werden lassen. Die Zeit der großen Demonstrationen gegen Springer war längst vorüber. Diejenigen, die aus der Bundesrepublik eine andere machen wollten, hatten ihre Energien schon lange vorher an ihm erschöpft. Entsprechend gleichlautend fielen die Kommentare in den Abendnachrichten aus. Springer war für die Kommentatoren nicht nur der Mann, der die deutsche Zeitungslandschaft nach dem Krieg bestimmt hatte wie kein anderer. Sie machten ihn noch größer: Er sei ein deutscher Unternehmer gewesen, ohne den die Bundesrepublik wohl eine andere geworden wäre.

Springer hatte die *Bild*-Zeitung geschaffen, Europas größte Tageszeitung, deren Auflage in besten Zeiten mehr als 5 Millionen erreichte. In seinem Presseimperium erschien darüber hinaus *Die Welt*, eine Zeitung, die bis zu seinem Tod eine besondere Bedeutung für ihn hatte. Er brachte die *HörZu* heraus, die seinen wirtschaftlichen Erfolg begründete, und auch Blätter wie *Bild am Sonntag*, *Welt am Sonntag*, die *Berliner Morgenpost* oder das *Hamburger Abendblatt*. Dazu kam eine wachsende Zahl an Zeitschriften. Aus allerkleinsten Anfängen im Jahr 1945, so ließen die Fernsehsender das Publikum am 22. September wissen, habe Springer das größte deutsche Zeitungs- und Zeitschriftenunternehmen mit elftausend Mitarbeitern geschaffen. Die scharfe Kritik seiner Gegner, mit der sich Springer vor allem Ende der sechziger und Anfang der siebziger

Jahre konfrontiert sah, spielte am Abend seines Todes kaum mehr eine Rolle.

Umstritten war Springer nach einhelliger Einschätzung vor allem aufgrund der *Bild*-Zeitung, die 1952 zum erstenmal erschien – als gedruckte Antwort auf das Fernsehen – und die ihn reich machte. Doch sei es ihm nicht nur ums Geld gegangen, um den wirtschaftlichen Erfolg. Er habe sich engagiert, vor allem für die Wiedervereinigung Deutschlands und die Aussöhnung mit den Juden, habe seine Blätter für seine Visionen eingesetzt, häufig genug wider den Zeitgeist, was ihm zunächst Kritik, Demonstrationen und Morddrohungen und am Ende doch mehr Ehre eingetragen habe, als seine Gegner wahrhaben wollten.

Wie anders hatte das alles noch vor fünfzehn Jahren geklungen, dachte Friede Springer, als sie später am Abend den einen oder anderen Fetzen der Nachrufe im Fernsehen hörte und doch nicht richtig wahrnahm. Wie sehr hatten die permanenten Attacken ihrem Mann zugesetzt und ihm die Freude an seinem Lebenswerk vergällt, bis es ihm schließlich zur Belastung wurde. Jetzt aber, am Tag seines Todes, machte das Fernsehen den Zeitungskönig Axel Springer zu einem tragischen Helden, einem Geschäftsmann »nicht mit kühlem Kopf, sondern mit heißem Herzen«, der an die Richtigkeit seiner Weltanschauung glaubte, viel dafür einsetzte, aber häufig nicht verstanden wurde. Zu einem Menschen, der ob seiner Genialität einen derart starken Einfluß auf seine Blätter ausübte, daß sich die Welt darin oft zu einseitig spiegelte; der sich den Vorwurf gefallen lassen mußte, eine marktbeherrschende Stellung innezuhaben. Gerade deshalb sei er in den sechziger Jahren zu einem Objekt der Wut geworden, die sich nach dem Attentat auf Rudi Dutschke 1968 in Haß verwandelte.

Als Friede Springer am Abend des 22. September auf Schwanenwerder eintraf, war Nicolaus, der jüngste Sohn des Verlegers, bereits dort. Die anderen Familienmitglieder, Barbara und die Enkel Axel Sven und Ariane, kamen später. Sie alle standen unter dem Schock des so plötzlichen Todes ihres Vaters und Großvaters. Und sie alle standen an der Seite der jungen Witwe, der zwar in den folgenden Tagen immer wieder die Tränen kamen, die aber zu einer tieferen Trauer noch gar nicht fähig war. »Die Kinder«, schrieb sie an eine Freundin und meinte damit die Nachkommen ihres Mannes, »sind so lieb zu mir.« Sie fühlte sich geborgen, in der Springer-Familie aufgehoben, dazugehörig und nicht ganz allein gelassen mit ihrem Kummer. Später sollte das anders werden, als es um den Nachlaß Springers ging, um die Erfüllung seines Letzten Willens und um Macht und Einfluß im Verlag. Sie sollte Mißgunst erleben und aufgebrachte Familienmitglieder, die nicht so recht begreifen konnten, warum ausgerechnet sie, dieses einfache Mädchen von der Insel Föhr, Axel Springers ganzes Vertrauen besaß. Sie würden es nicht wahrhaben wollen, daß gerade sie von ihm zur Haupterbin und damit von einem Tag auf den anderen zu einer der reichsten Frauen der Bundesrepublik gemacht worden war. Doch davon war an diesem Sonntagabend im September, an dem Axel Springer sein Leben verlor, noch nicht einmal in Ansätzen etwas zu spüren.

Die Witwe selbst, abgemagert und gezeichnet von den Sorgen der letzten Wochen vor dem Tod ihres Mannes, als ihn das Fieber Tag und Nacht in den Krallen hatte, nahm kaum wirklich wahr, wie es ihr ging. Sie befand sich in jenem Zustand, den so viele Menschen kennen, die einen Angehörigen verloren haben. Sie ging durch einen Tunnel der Gefühllosigkeit, in dem weder links noch rechts etwas zu sehen war, und tat das, was in den Tagen nach der Katastrophe erste Pflicht ist: Beileidsbekundungen entgegennehmen, die einem weder nahegehen noch irgend etwas geben, weil man nicht begreift, was wirklich geschehen ist.

Die öffentlichen Nachrufe auf Springer waren ähnlich zahlreich wie die persönlichen Beileidsbekundungen, die bei Friede Springer eingingen. Bundeskanzler Helmut Kohl, Helmut Schmidt, Willy Brandt, Hans-Dietrich Genscher und Franz Josef Strauß – sie alle würdigten den Verleger als einen großen Deutschen, auch wenn sie vieles von ihm getrennt hatte. Shimon Peres und Chaim Herzog, die führenden Politiker Israels, äußerten sich in tiefer Dankbarkeit für das Engagement, mit dem sich der Verleger der Aussöhnung zwischen Deutschen und Juden gewidmet hatte. Der amerikanische Präsident Ronald Reagan bekannte in einer Trauerbotschaft an die »liebe Frau Springer«, wie sehr ihn der Tod des Verlegers betrübte. Und auch Bundespräsident Richard von Weizsäcker ließ es sich nicht nehmen, der »verehrten lieben Frau Springer« zu versichern: »Unsere Gedanken sind bei Ihnen.«

Der Beginn der neuen Woche stand ganz im Zeichen des Todes Springers. Vor dem Verlagsgebäude in der Berliner Kochstraße wehten die Fahnen am Montag morgen auf Halbmast. Sprachlosigkeit herrschte unter den Mitarbeitern. Während sich die Chefredaktion noch an einer passenden Titelzeile der *Bild*-Zeitung für den Dienstag versuchte und sich schließlich auf »Springers Tod erschüttert Freunde und Gegner« einigte, saß Peter Boenisch – viele Jahre einer der wichtigsten Journalisten im Hause Springer, aber zu diesem Zeitpunkt nicht mehr in seinen Diensten – im Hamburger Studio der ARD. Er sah mitgenommen aus, hatte drei Tage zuvor den letzten Brief bekommen, den der Verleger in seinem Leben geschrieben hatte. Springer hatte ihm zur Hochzeit gratuliert, der er wegen seiner Schwäche nicht würde beiwohnen können. Nun sollte Boenisch, der frisch Vermählte, den Zuschauern vor dem Bildschirm in ein paar Sätzen erklären, was für eine Person Axel Springer gewesen war. »Er war ein großer Verleger und ein noch größerer Zeitungserfinder«, stellte er regungslos fest. »Aber er war auch ein Moralist, so ähnlich wie Solschenizyn, und genauso gläubig wie er.«

Mit dem Rückblick auf Springer stellte sich für viele die Frage nach der Zukunft des Zeitungskonzerns, ohne daß die Rolle, die Friede Springer für das verlegerische Lebenswerk ihres Mannes noch spielen sollte, in den Blick geriet. Als junge Witwe war sie nicht mehr als eine Trauernde, und das nicht nur für den ersten Tag nach dem Tod ihres Mannes. Friede Springer wurde in den Kommentaren der Zeitungen und den Rundfunk- und Fernsehberichten, die sich mit der Zukunft des Verlagshauses befaßten, mit keinem Wort erwähnt. »Es ist gut zu wissen, daß er [Springer] vor seinem Tod seinen Verlag so geordnet hat, daß ein Übergang in die Zukunft wohl reibungslos erfolgen kann«, sagte Bundesfinanzminister Gerhard Stoltenberg im Fernsehen, der Springer nach eigenem Bekunden über Jahre freundschaftlich verbunden war. Mit seiner Meinung stand er nicht allein. Springers Erbe sei gesichert, hieß es überall. Zwar sei die Ehe der beiden großen konservativen Verlagshäuser Springer und Burda am Einspruch des Bundeskartellamtes gescheitert, Springers Erben und Burda behielten aber als 51prozentige Mehrheitseigner in der neuen Springer AG auch zukünftig das Sagen. Denn die restlichen 49 Prozent seien an der Börse an praktisch einflußlose Kleinaktionäre gestreut worden. Ein Trugschluß. Damals schwante nur den engsten Mitarbeitern Axel Springers, daß sein Erbe alles andere als gesichert war. Der Verleger hatte, ohne es zu wollen und schlecht beraten von der Deutschen Bank, sein Zeitungshaus für die Begehrlichkeiten anderer Medienkonzerne anfällig gemacht. Und noch weniger ahnte Springers Entourage, daß es ausgerechnet seine so unscheinbare Witwe, eine Gärtnerstochter von der Insel Föhr, sein würde, die den Verlag vor dem Zerfall bewahren sollte.

Einen Tag nach Springers Tod traf Jobst Schöne am Montag nachmittag in Springers Villa auf Schwanenwerder ein. Er kam, um den Angehörigen sein Beileid zu bekunden und mit der Witwe über die Beisetzung zu sprechen. Er blieb lange. Als sich das Gespräch, bei dem auch die Kinder und Enkel sowie Springers ältere Schwester Ingeborg zugegen waren, dem Ende zuneigte, sagte er: »Und nun lassen Sie uns einen Moment still werden und ein Gebet sprechen.« Es wurde still. Für den lutherischen Pfarrer, für den Beerdigungen zum Alltag gehörten, war die Aufforderung zum Gebet der gewohnte Abschluß einer solchen Begegnung mit den Trauernden. Ein Gebet für den Toten, der bei Gott seine ewige Ruhe finden möge. Trotzdem wurde Schöne plötzlich unsicher. Hatte er die Familie mit seiner so unvermittelt ausgesprochenen Anregung womöglich überfordert? Er kannte Axel Springer. Und Axel Springer hätte als tiefgläubiger Mensch natürlich gebetet. Aber Friede und die anderen? Die Witwe reagierte bald und nahm die Worte des Pfarrers auf: »Ja«, sagte sie regungslos, »lassen Sie uns ein Gebet sprechen.« Schöne spürte sofort, daß Beten für sie eine Bedeutung hatte. Sie hatte es von Kind an gelernt und sich dann an der Seite ihres Mannes viel mit Gott beschäftigt. Sie hatte nicht nur theologische Bücher gelesen, die Springer ihr gab, sondern sicher auch manch flehentliche Bitte an Gott gerichtet. Fremd jedenfalls war ihr der Herrgott nicht, auch wenn sie ihre Beziehung zum Himmel nie so wortreich vor sich hergetragen hatte wie Axel Springer. Aber was hatte sie schon jemals von sich gezeigt, was hatte sie je aus ihrem Innersten anderen preisgegeben?

Die Tage nach dem Tod des Verlegers waren nicht nur für Friede eine Zeit, in der vor allem Entscheidungen getroffen werden mußten: die Todesanzeigen, der Sarg, der Grabstein, die Einladungen zur Trauerfeier, die Kirche, die Redner, die Musik, die Kränze und Blumen. Die Organisation des Gottesdienstes und der Beisetzung lag in den Händen der Mitarbeiter des Verlegerbüros, die fast rund um die Uhr daran arbeiteten, ihrem Chef einen würdigen Abgang von dieser Welt zu bereiten. Nichts geschah dabei ohne Absprache mit ihr. Denn zum erstenmal war sie die letzte Instanz, nicht Axel Springer.

Von Anfang an stand fest, daß es eine aufwendige Trauerfeier geben würde. Eine stille Beerdigung des Verlegers hätte ihm, der zeit seines Lebens den großen Rahmen geliebt und große Auftritte gepflegt hatte, kaum entsprochen. Eine öffentliche Feier war aber auch all denen geschuldet, die von ihm Abschied nehmen wollten. Und das waren nicht nur Bundeskanzler und Bundespräsident. Für die Organisation all dessen blieben nur ein paar Tage – am Freitag, den 27. September, so hatte der Verlag die Öffentlichkeit bereits wissen lassen, würde man den Verleger nach einer Trauerfeier in der Kaiser-Wilhelm-Gedächtniskirche auf dem 1907 angelegten Kirchhof in Nikolassee beisetzen. So hatte es sich Springer gewünscht. Seine letzte Ruhestätte hatte er zu seinen Lebzeiten bestimmt. Alles Weitere aber hatte er Friede überlassen, im vollen Vertrauen darauf, daß sie schon wissen würde, wie es ihm angemessen wäre.

Die Feierlichkeiten in der Kaiser-Wilhelm-Gedächtniskirche im

Herzen West-Berlins glichen einem Staatsakt. Die Kirche war bis auf den letzten Platz gefüllt – mit Weggefährten des Verlegers, mit seiner Familie und seinen Freunden, mit einem Großteil der politischen Prominenz, die nicht nur das geteilte Berlin, sondern die Bundesrepublik zu bieten hatte: Kanzler und Bundespräsident, Ministerpräsidenten und Oppositionsführer. Springers enger politischer Freund Franz Josef Strauß war gekommen und hatte in einer der hinteren Reihen Platz genommen. Öffentlich würde er kein Wort des Abschieds für den Verleger finden. Das überließ er Helmut Kohl. Auch Teddy Kollek hatte sich eingefunden, der Bürgermeister von Jerusalem. Die Vereinigten Staaten von Amerika wurden durch Richard Burt vertreten, den Washington gerade als Botschafter nach Deutschland entsandt hatte. Über fünfhundert Gäste aus dem In- und Ausland trugen sich geduldig in die Kondolenzlisten ein. Der Gottesdienst wurde auf den Platz vor der Kirche übertragen, auf dem sich schon lange vor Beginn der Trauerfeier mehr als tausend Menschen versammelt hatten, für die in den mit Prominenz besetzten Reihen kein Platz mehr war.

Entlang der Absperrungen um die Gedächtniskirche hatte die Stadt ein riesiges Polizeiaufgebot postiert, um gegen eventuelle Randalierer sofort vorgehen zu können. Doch das war gar nicht nötig. Die Zeiten, in denen gegen den Verleger protestiert wurde, waren vorüber. Selbst die Linken hatten das Auftreten Springers und seiner Presse längst akzeptiert. Eine einzige Demonstrantin war auf der anderen Seite des Kurfürstendamms erschienen, beließ es aber beim Hochhalten eines unscheinbaren, kaum lesbaren Plakates. Doch auch das wurde an diesem Vormittag nicht geduldet. Ein paar Minuten blieben, bevor ihr zwei Polizisten das Transparent aus den Händen rissen und zerstörten.

Der Sarg mit dem Leichnam des Verlegers stand vor dem Altar, beladen mit unendlich vielen Moosröschen, den Lieblingsblumen des Verstorbenen. Auf dem Altar brannten zwölf Kerzen, im Altarraum vor den bläulich schimmernden Glasbausteinen, aus denen die Wände der modernen Kirche zusammengesetzt sind, lagen Kränze über Kränze. Die Witwe saß aufrecht und fast regungslos in der ersten Reihe, ganz in Schwarz mit einem schlichten runden Hut auf den blonden, streng frisierten Haaren. Das bißchen Gaze, der Hauch eines Schleiers, der an dem Hut befestigt war, reichte gerade über ihr Gesicht bis zum Kinn. Links neben Friede am Gang saß Springers jüngster Sohn Nicolaus. Er war drei Jahre alt gewesen, als Friede als Kindermädchen ins Haus Springer gelangt war.

»Du mußt aufrecht sitzen«, hatte der Verleger seiner jungen Frau von Beginn an eingetrichtert. »Als hättest du ein Lineal im Rücken.« Gemeint war das für die Momente, in denen sie sich in Gesellschaft befände. Bei der Trauerfeier war sie beleibe nicht allein, die ganze Versammlung schaute auf sie und nicht nur die. Der Abschied von Springer war ein öffentliches Ereignis. Und zum erstenmal waren die Kameras nun auf sie gerichtet. Aber nicht, weil die Zukunft des Zeitungskonzerns auf ihren Schultern ruhte. Wer hätte das damals voraussehen können? Die Fotografen und Kameraleute, auch die des Springer-Verlages, wußten vielmehr, was sie ihren Redaktionen schuldig waren: die intimsten Bilder der trauernden Witwe. Nicht mehr und nicht weniger, denn die wollten und sollten nun einmal alle zu sehen bekommen. So blitzte es auch in der Kirche immerzu – nicht während des Gottesdienstes, aber vorher, als Friede Springer und die Prominenz längst Platz genommen hatten in den ersten Reihen. Friede kannte das lästige Ritual der Fotografen. Das Haus ihres Mannes lebte von derlei Bedürfnissen der Masse, und das nicht schlecht. Sie saß bewegungslos da, mit fast geschlossenen Augen, die Hände im Schoß. Aufrecht – so wie sie es über Jahre dem Verleger zum Gefallen getan hatte. Jetzt nützte ihr die tägliche Übung, die ihr längst zur Selbstverständlichkeit geworden war. Denn niemanden ging es irgend etwas an, wie es um ihr Inneres bestellt war und daß sie sich am liebsten verkrochen hätte, anstatt im Anblick der Öffentlichkeit die Contenance zu bewahren.

Die Schöneberger Sängerknaben sangen, der Pfarrer sprach bewegende Worte, an die sich viele später noch erinnerten. Die Politiker ergingen sich in staatstragenden Reden über den Verleger, der sich zeit seines Lebens staatstragend gegeben hatte. Bundeskanzler Helmut Kohl, gerade drei Jahre im Amt, fand kaum persönliche Worte des Abschieds. Er hatte nicht vergessen, wie ihm der Verleger vor der Bundestagswahl 1980 nicht nur über seine *Bild*-Zeitung unmißverständlich bedeutet hatte, daß er Franz Josef Strauß für den besseren Kandidaten hielt. Kohl hatte immer noch im Kopf, wie ihn Springer in sein Haus auf Schwanenwerder zitiert hatte, um ihm beim Mittagessen einen Vortrag darüber zu halten, wie gut er, Kohl, sich als Bundespräsident eignen würde. Auf gar keinen Fall, hatte ihm Kohl damals geantwortet, dem schon lange klar war, daß Springer ihn womöglich als tumben pfälzischen Bauern abgetan und viel mehr für den scharfzüngigen Bayern übrig hatte. Als Bundespräsident wäre er erledigt gewesen für wichtigere politische Ämter. Und den Gefallen wollte er dem Verleger nicht tun. Aller Differenzen zum Trotz dankte Kohl in seiner Traueransprache dem »Großen der deutschen Pressegeschichte« und versprach: »Wir werden sein Werk pfleglich in die Zukunft tragen.« Friede schaute immer noch zu Boden, war mit ihren Gedanken ganz woanders, nur nicht bei dem Axel Springer, den die Politiker an diesem Tag besangen.

Peter Tamm, der seit Jahren für den Verleger die Geschicke des Hauses lenkte, stand die Fassungslosigkeit über den plötzlichen Verlust seines Herrn ins Gesicht geschrieben. Tamm hatte Springer verehrt, auch wenn der ihn nicht immer gut, mitunter sogar garstig behandelt hatte. Tamm redete in kurzen, abgehackten Sätzen: »Was können wir Besseres tun, als in seinem Geist weiterzuarbeiten! So soll es geschehen.«

Als letzter sprach Teddy Kollek, der Bürgermeister von Jerusalem. Anders als bei seinen Vorrednern fehlten bei ihm die salbungsvollen Worte. Er erzählte von seiner Seelenverwandtschaft mit dem Verleger, die die beiden in Jerusalem entdeckten. Als einziger sprach er von Springers Frau Friede, deren Bedeutung für Axel Springer und für die Zukunft seines Erbes er längst erkannt hatte. Er sprach in der Gedächtniskirche die persönlichsten Worte, die zeigten: Seine Freundschaft zu Springer würde auf die Verlegerwitwe übergehen.

Vor dem Tor des Kirchhofs am Nikolassee hievten acht Sargträger den Sarg aus dem Leichenwagen und trugen ihn langsam über die schmalen Wege zum Grab. Friede Springer ging hinterher, mit unsicheren Schritten, einen kleinen Strauß rosa Rosen in der Hand. An breiten weißen Bändern ließen die Männer den Sarg langsam in die Erde gleiten, unter den stummen Blicken der Witwe, die an der Seite ihres früheren Schützlings Nicolaus stehengeblieben war. Hinter ihr waren die Familie und der Zug der Trauernden zum Halten gekommen, die zahlreichen Freunde und Mitarbeiter, die es sich nicht hatten nehmen lassen, dem Verleger die letzte Ehre zu erweisen. »Erde zu Erde, Asche zu Asche, Staub zu Staub«, sagte Schöne und warf dreimal eine Handvoll Sand auf den Sarg in der Grube. Ein letztes Vaterunser für den Toten und das Glaubensbekenntnis. Beides sprach Friede Springer mit, während ihr die Tränen über das Gesicht rannen. Als das Gemurmel der am Grab Versammelten wieder verstummte, gab der Pfarrer dem Toten den letzten Segen.

Es wurde still auf dem Friedhof. Nur der Wind war zu hören, der durch die hohe Kastanie und die Kiefern rauschte, zwischen denen die Gräber liegen. Es war kühler geworden, die Brise brachte den Herbst, von dem am vorangegangenen Sonntag noch nichts zu spüren gewesen war. Die Tränen der Witwe waren getrocknet, ihr Gesicht wie eingefroren. Sie trat einen Schritt nach vorn, drückte die Rosen in ihren Händen dabei noch einmal ganz fest an ihr Herz und gab sie ihrem Mann dann mit ins Grab. Sie rang um Fassung, zog ihren schwarzen Handschuh aus, griff mit der rechten Hand in eine Schüssel, überhäuft mit Erde. Dreimal warf sie eine Handvoll auf Springers Sarg. Dann hielt sie inne, blieb noch einige Sekunden stehen, konnte sich nicht trennen. Ein letzter Blick, ein tiefer Atemzug. Sie riß sich los und ging.

2. Kapitel

Villenhaushalt sucht Kindermädchen

Die Anzeige in der *Welt am Sonntag*, die das Leben der Friesin Friede Riewerts auf immer verändern sollte, war nicht zu übersehen. Sie zog sich mit ihrem dünnen schwarzen Rahmen über zwei Spalten der Zeitungsseite und war damit doppelt so groß wie die meisten anderen. Ein Villenhaushalt in Hamburg, stand dort geschrieben, suche ein Kindermädchen für einen dreijährigen Jungen. Für anderes Personal sei gesorgt. Der Gärtnerstochter von der Insel Föhr war die Anzeige im Sommer 1965 sofort aufgefallen.

Ein Villenhaushalt in Hamburg – war das nicht das, was sie wollte? Dort sollte sie nicht Mädchen für alles sein, sondern ausschließlich das Kinderfräulein für einen niedlichen Jungen in einem herrlichen Haus, sicher bei wohlhabenden Leuten, die sie womöglich ebenso freundlich und offen aufnähmen wie die beiden anderen Familien, bei denen sie bisher gearbeitet hatte. Die Vorstellung, die diese Anzeige bei ihr weckte, gefiel ihr. Sie bewarb sich, formulierte ihr Anschreiben schlicht und verbindlich und schrieb auch ein wenig von sich selbst. Viel gab es ja nicht zu berichten über ihren Werdegang. Gerade einmal die Volksschule hatte sie absolviert und in zwei Haushalten mit Kindern Erfahrung gesammelt. Mit ihrer schwungvollen Schrift setzte sie ihren Namen unter den kurzen Text und die Adresse des Springer-Verlages in Hamburg auf den Briefumschlag.

Helga Springer reagierte fast postwendend. Sie lud das Fräulein Riewerts im August zu einem Vorstellungsgespräch in den vornehmen Hamburger Vorort Blankenese ein. Friede, die zu der Zeit noch bei einer Unternehmerfamilie in dem kleinen Städtchen Wermelskirchen im Rheinland beschäftigt war, beschloß, auf der Rückreise zu ihren Eltern in Hamburg Station zu machen. Sie konnte bei einer Tante unterkommen, bevor sie den Zug nach Dagebüll nehmen und mit der Fähre auf die Insel übersetzen würde.

Für Hamburger Verhältnisse war es sehr warm an jenem Tag im August, an dem sich Friede Riewerts bei Springers vorstellte. In der Wohnung ihrer Tante machte sie sich zurecht. Sie fönte ihre schulterlangen blonden Haare zu einer Außenrolle, die ihr ein mondänes Aussehen gab, zog ihr strenges graues Kostüm an mit einem dunkelgrünen Pullover darunter und stieg gegen 16 Uhr in die S-Bahn nach Blankenese. Dort angekommen, bestieg sie den Bus und fuhr bis zur Endstation Falkenstein, wo der Grotiusweg seinen Anfang nimmt.

Friede war pünktlich. Während der Fahrt spürte sie ihre Nervosität und überlegte, was für ein Villenhaushalt sie wohl erwartete. Sie stieg aus dem Bus und ging den Grotiusweg entlang, der weniger ein Weg als eine Straße war; durch den Buchenwald rauschte hin und wieder ein Auto zum Golfplatz. Kurz hinter einer Biegung, in der die Straße wieder bergab führte, erblickte sie linker Hand ein breites schmiedeeisernes Tor, das zwischen weißgetünchten Mauern angebracht war. Dahinter thronte weit zurückgesetzt und oberhalb der Straße die in der Anzeige angekündigte Villa.

Die junge Frau von der Insel Föhr, damals gerade dreiundzwanzig Jahre alt, hatte bereits in größeren Haushalten gearbeitet. Aber diese herrschaftliche Villa mit dem etwas heruntergezogenen Dach über der schneeweißen, von ein paar Fachwerkbalken durchzogenen Fassade war mehr, als sie bisher gesehen hatte. Das Haus war deutlich prächtiger als die Nachbarvillen, die in gebührendem Abstand zueinander auf der linken Straßenseite gebaut worden waren. Hinter dem Tor schwang sich die Auffahrt zwischen hochgewachsenen Kiefern in einem leichten Bogen hinauf zum Eingang, vorbei an einem kleinen Teich. Das Vordach über der großen Eingangstür wurde von Säulen getragen. Die Größe und Eleganz des Anwesens machte sie befangen. Sie fühlte sich klein und irgendwie fehl am Platz, wie sie da in ihrem grauen Kostüm mit übergehängtem Täschchen die Auffahrt hinauf zu einer der Residenzen Axel Springers ging, die für den so erfolgreichen Zeitungsverleger eigentlich nie repräsentativ genug sein konnten.

Springers langjähriger Butler Heinz Hoffmann stand an der Haustür und nickte ihr von weitem zu. Dann trat Frau Springer aus dem Haus und kam ihr mit ausgestreckter Hand entgegen. Helga Springer, die sich von allen Mausi nennen ließ, lächelte sie an, begrüßte sie freundlich und brachte plötzlich Leben in die so bedrückend perfekte Kulisse, auf die sich Friede zubewegte. In ihrem Tweedrock und dem türkisfarbenen Twinset, das wiederum zu ihren dicken gestrickten Strümpfen in der gleichen Farbe paßte, erschien sie Friede ungeheuer schick, wenn auch für den Hochsommertag ein bißchen zu warm angezogen. O Gott, dachte sie dann, als sie bemerkte, daß die dickbestrumpften Füße auch noch in festen Lackschuhen steckten, muß das heiß sein.

Frau Springer führte Friede ins Haus, bat sie, in einer großen Halle mit apfelgrüngetünchten Wänden Platz zu nehmen, und forderte sie freundlich auf, ein bißchen über sich zu erzählen. Sie machte auf Friede einen einnehmenden Eindruck, wie sie ihr gegenübersaß mit ihren langen übereinandergeschlagenen Beinen und dem dicken braunen Haar, das ihr vornehm schmales Gesicht umrandete. Friede schätzte ihr Alter auf Ende Dreißig und lag damit fast richtig: Mausi Springer war damals siebenunddreißig Jahre alt. Schnell verlor die Friesin ihre Scheu, redete drauflos, erst in kurzen knappen Sätzen, doch bald kamen ihr die Worte immer leichter von den Lippen. Nervosität und Befangenheit waren in Anwesenheit von Helga Springer verflogen, die so unerwartet unkompliziert, fast herzlich zu ihr war. Friede erzählte von ihrem Elternhaus auf Föhr und von ihren Stationen als Kindermädchen im Haushalt des Kieler Oberbürgermeisters Hans Müthling und des Rollenfabrikanten Raymond Schulte in Wermelskirchen.

Mitten im Gespräch hielt sie plötzlich inne. Mausi Springer hatte sich abgewandt und blickte nach oben. Friede sah, daß im ersten Stock auf der Treppe unbewegt der Hausherr stand. Einen Moment lang war es still in der Halle. Friede fragte sich, wie lange er dort schon gestanden und das Gespräch verfolgt haben mochte. Zu seinem beigefarbenen Sommeranzug trug er ein hellblaues Oberhemd aus Batist. In der rechten Hand hielt er einen ledernen Aktenkoffer. Dann stieg er mit leicht schlenderndem Gang die Treppe herunter. Friede erhob sich unwillkürlich, um ihn zu begrüßen. Er gab ihr die Hand und taxierte sie, von oben bis unten und wieder bis oben, so daß mit einemmal ihre Befangenheit zurückkehrte. Ohne ein Wort zu sagen, war er mit ein paar langen Schritten schon am Ende der grünen Eingangshalle angelangt. An der Tür blieb er unvermittelt stehen und drehte sich um. Sein Blick fiel noch einmal auf die blonde Friesin, er schaute sie an, eine Sekunde oder auch zwei – jedenfalls ein bißchen zu lange und zu durchdringend, als daß es sie nicht merkwürdig berührt hätte. Diesen Blick würde sie in ihrem Leben nie mehr vergessen. Dann verschwand er – so unvermittelt, wie er oben an der Treppe erschienen war.

Der Verleger, größer als seine Frau und nicht minder elegant, war schon wieder auf dem Sprung. Sein Konzern war im Aufwind und Springer viel auf Reisen, zunehmend in Berlin. Draußen stand sein Wagen, der Motor lief. Sein Butler hielt ihm die Haustür auf: »Auf Wiedersehen, Monsieur.« Türen schlugen zu, der Wagen rollte die Auffahrt hinunter. Hinter dem Tor – das war noch deutlich zu vernehmen – trat der Chauffeur kräftig aufs Gaspedal. Dann wurde es wieder still.

Die liebenswürdige Helga Springer ließ Friede keine Zeit, über den Auftritt des Verlegers nachzudenken. Inzwischen war ihre elfjährige Tochter Isabel erschienen, offenbar getrieben von Neugier auf die Bewerberin. Friede fand Isabel ausnehmend hübsch. Sie hatte viel von ihrer Mutter, auch die offene Art, mit der sie gleich auf Friede zuging. »Soll ich Ihnen das Haus und den Garten zeigen?« fragte sie und zog Friede erst einmal hinaus. In einen Garten kamen sie allerdings nicht. Von der Terrasse auf der Hinterseite der Villa blickten sie in einen Park, der sich in Stufen herabsenkte und dessen Ende nicht zu sehen war. Der Terrassenboden war aus Marmor, im Park standen Magnolienbäume, dazwischen befanden sich kleine Statuetten. Irgendwo im Garten spielte der Verlegersohn Raimund Nicolaus mit seinem Dreirad. Friede ging auf ihn zu, hockte sich vor ihn und schaute ihm ins Gesicht: »Hallo, ich bin Friede, und wie heißt du?« Nach so einer Unterhaltung war dem verwöhnten Söhnchen von Helga und Axel Springer allerdings nicht zumute: »Hau ab«, habe er geantwortet, erinnert sich Friede, die Augenbrauen brüsk zusammengezogen, seine Schwester angeguckt und nur hervorgestoßen: »Ich will die neue Detta nicht.« Die aufs erste mißlungene Vorstellung ihres Bruders war Isabel offenbar alles andere als angenehm. »Detta, das war seine Kinderschwester«, sagte sie zu Friede gewandt und zuckte entschuldigend mit den Schultern.

Vom Garten ging es zurück ins Haus vorbei an der holzgetäfelten Bibliothek, durch Eßzimmer und Salon bis zur großzügig angelegten Treppe und hinauf in den ersten Stock, wo das Ehepaar Springer seine Zimmer hatte. Friede fiel die unendliche Zahl an Kleidern auf, die die Hausherrin offenbar besaß. Sie war beeindruckt. Sie sah das edle Mobiliar, die prachtvollen Bäder, die Hintertreppe für das Personal. Die Kinder lebten unter dem Dach. Isabel, Stefan, der älteste Sohn von Helga Springer aus erster Ehe, und der Kleine hatten eigene Zimmer mit einem Bad daneben. Und auch Friede sollte dort im zweiten Stockwerk ein großes, geschmackvoll eingerichtetes Zimmer beziehen, neben dem sich noch ein Gemeinschaftsraum für die Kinder befand, in dem gespielt und gegessen wurde.

Nach einer guten Stunde standen sie wieder in der Halle. Das Gespräch hatte sich erschöpft. Sie, Friede, könne gern bei ihnen anfangen, sagte Helga Springer, am besten nach dem Sommer. Friede nickte und willigte ein. Sie erhielt einen Arbeitsvertrag, der auf den 1. November des Jahres 1965 datiert war. Bei den Schultes bekam sie 400 Mark im Monat auf die Hand und hatte damit genügend Geld. Bei den Springers war es ein bißchen mehr. Für Friede war jede zusätzliche Mark natürlich willkommen. Die Sache war klar. Am 1. November sollte Friede Riewerts in den Grotiusweg 55 ziehen. Lange bleiben würde sie dort nicht.

Zurück auf Föhr, erzählte sie ihrer Familie begeistert von ihrem Ausflug in die neue Welt. Der Name Springer war den Riewerts durchaus ein Begriff, denn natürlich lasen sie die *Welt* und die *HörZu* und das eine oder andere Mal sogar die *Bild*-Zeitung. Springer, das wußte man, war einer der ganz großen Unternehmer der deutschen Nachkriegszeit, immer erfolgreich und schier unermeßlich reich. Doch agierte er zu dieser Zeit noch im Hintergrund. Nur wenige wußten, wie er aussah. Mit seinen Zeitungen produzierte er Öffentlichkeit und machte Meinung. Eine öffentliche Person war er damals nicht. Friede hatte kaum etwas von ihm gehört. Da war ihr Rosemarie Springer schon eher ein Begriff, die erfolgreiche Dressurreiterin, die von 1960 bis 1964 Deutsche Meisterin war. Daß diese vor ihrer künftigen Chefin Helga Springer als dritte Ehefrau den Platz an der Seite des Verlegers eingenommen hatte, war ihr nicht gegenwärtig.

Friedes Eltern waren erfreut, als die Tochter ihnen stolz berichtete, wo sie in Zukunft arbeiten würde. Ihr älterer Bruder Christfried, ein Fotograf, lebte bereits in Hamburg und hatte über Axel Springer schon das ein oder andere gehört. Er würde Friede in der prachtvollen Villa in Blankenese des öfteren besuchen. Und er würde die Kinder fotografieren, vor allem die hübsche Isabel, deren Foto dann Bestandteil seiner Abschlußarbeit werden sollte. Aber Familie Springer hin oder her – das alles hatte im Sommer 1965 noch viel Zeit. Anfangen sollte Friede erst im November. Solange blieb sie auf Föhr.

Noch heute erinnert sie sich an diesen unbeschwerten Spätsommer an der Nordsee. Sie hatte einen Arbeitsplatz so ganz nach ihrem Geschmack gefunden und jetzt erst einmal lange Ferien. Sie zog mit dem Sohn einer reichen Reederfamilie aus Rendsburg, den sie im Haus des Kieler Oberbürgermeisters kennengelernt hatte, über die Insel. Die Tage verbrachten sie am Strand, und abends gingen sie tanzen. Der Reedersohn hatte eine ganze Clique um sich versammelt, die sich im Golfclub der Insel traf, wo auch Friede zum erstenmal den Schläger in die Hand nahm. Anders als ihre vier Geschwister hatte sie in dieser Zeit einen weiten Bekanntenkreis, der sich zunehmend aus jungen Leuten zusammensetzte, die keine Friesen waren. Vielmehr waren es Kinder gutbürgerlicher und wohlhabender Eltern, die sich an Wochenenden und in den Ferien ihrer Eltern auf der Insel zusammentaten, um ihren Spaß zu haben. Wir von der Insel und die anderen – natürlich gab es einen Unterschied, und die meisten blieben in ihrer Welt. Aber Friede, die durch ihre Stationen in Kiel und Wermelskirchen schon ein bißchen mehr vom Leben mitbekommen hatte, steckte dazwischen. Sie war längst nicht mehr das unbedarfte friesische Mädchen.

Wenn sie mit ihren neuen Freunden unterwegs war, erinnerte sich die Mutter zuweilen an das neugierige fröhliche Kind, das Friede gewesen war und das sich so sehr danach gesehnt hatte, die Insel irgendwann zu verlassen. Denn Friede hatte schon früh gewußt, was sie wollte oder zumindest, was sie nicht wollte: kein kleinbürgerliches Dasein als Gärtnersfrau auf Föhr, wenn es sich vermeiden ließ. Sie wollte mehr.

Im November, als die Föhrer Sommerfrische schon lange vorüber war, trat Friede Riewerts ihre Stelle bei Springers in Hamburg an. Sie reiste mit einem kleinen Koffer, in dem sie ihre wenigen Habseligkeiten zusammengepackt hatte, in die Hansestadt. Bei Springers wurde sie vom ersten Tag an freundlich aufgenommen. Und das nicht nur von der Hausherrin. Auch die Köchin, die Putzfrau, der Hausmeister und der Fensterputzer, Springers Fahrer und Heinz, der Butler, waren ihr wohlgesinnt. In ihrem Alltag hatte sie mit den anderen Angestellten des Hauses allerdings nicht viel zu tun. Als Kindermädchen war sie näher an den Herrschaften, was sie genoß. Schon bald gehörte sie eher zur Familie als zum Personal, und die anderen nahmen ihr ihre Position nicht übel. So war nun einmal die Hierarchie im Haus. Friede kümmerte sich ausschließlich um den kleinen Verlegersohn. Der älteste Sohn von Helga Springer, Stefan, besuchte ein Schweizer Internat, und Isabel führte ihr eigenes Leben. Etwas verwöhnt war sie und frech, fand Friede, aber im Grunde der Neuen zugetan. Ihre Worte klingen Friede noch immer im Ohr: »Ich habe immer gedacht, wenn du vom Land kommst, dann mußt du ja ein

Bauerntrampel sein«, aber dann stellte sie mit einigem Erstaunen fest: »Aber das bist du ja gar nicht.«

Friede hatte genügend Humor, um über derlei zu lachen. Dem guten Verhältnis, das sie zur Tochter des Hauses entwickelt hatte, tat die Bemerkung keinen Abbruch. Nur der kleine Raimund Nicolaus wollte von der Neuen anfänglich überhaupt nichts wissen. Er gab sich zugeknöpft. Nach einiger Zeit legte sich seine Sturheit jedoch. Die Enttäuschung über den Weggang seiner heißgeliebten Kinderschwester hatte er irgendwann verwunden und öffnete sich der Neuen. So schlecht war sie ja nicht, machte immerhin all das mit ihm, wozu die Mutter weder Zeit noch Lust hatte. Sie malte, spielte und ging spazieren. Sie tröstete ihn und wiegte ihn in den Schlaf. Nicolaus und Friede frühstückten zusammen, aßen gemeinsam zu Mittag und zu Abend, wenn die Köchin in der Küche die Mahlzeiten zubereitet und der Diener Heinz sie nach oben ins Kinderstockwerk getragen hatte. In wenigen Tagen schaffte es die Neue, dem Kleinen das Bettnässen abzugewöhnen. »Komm, das ist jetzt vorbei«, sagte sie ihm strenger, als es sonst ihre Art war, und setzte ihn jeden Abend noch einmal auf den Topf. Der Junge hielt sich dran, und Friede waren Sympathie und Anerkennung der häufig abwesenden Mutter sicher.

Friede Riewerts paßte ins Haus Springer und gab sich alle Mühe, daß das auch so blieb. Mit Helga Springer, die oft auf Reisen war, verstand sie sich gut, ebenso mit der Verlegertochter Barbara Springer, die öfter in den Grotiusweg kam. Friede wurde mitgenommen, wenn die Familie Besuche machte. Sie erlebte die Gäste des Hauses, darunter Filmstars wie Paul Hubschmid und auch weniger Prominente, allesamt aber vornehm, aus ihrer Sicht weltläufig und daher aufregend. Springers hatten keinen Dünkel – auch ihr gegenüber nicht. Sie mußte sich nicht zurückziehen, wenn die Hausherrin zum Diner geladen hatte. Sie sah nett aus, war zurückhaltend und wußte sich zu benehmen. Nur mit den Familienverhältnissen im Hause kam sie nicht zurecht, war sich nicht sicher, wer zu wem gehörte, und traute sich auch nicht zu fragen. Das Problem löste schließlich Isabel – in kindlicher Direktheit. Ihr Vater sei nicht Herr Springer, erläuterte sie dem unwissenden Kinderfräulein, sondern Horst-Herbert Alsen. Und dann setzte sie Friede ins Bild, so gut sie es mit ihren elf Jahren eben konnte.

Helga Babette Ilse Luise Springer, genannt Mausi, geborene Ludewig, war Springers vierte Ehefrau. Wegen Springer hatte sie sich von ihrem ersten Ehemann Horst-Herbert Alsen getrennt, mit dem sie bis 1962 immerhin zwölf Jahre verheiratet gewesen war. Aus dieser Ehe stammten die beiden Kinder Stefan und Isabel, die, als Friede ins Haus kam, vierzehn und elf Jahre alt waren. Im September 1962 wurde Raimund Axel Nicolaus geboren. Geheiratet hatten sie und der Verleger ein halbes Jahr zuvor – das Kind war schon unterwegs. Für Helga Alsen hatte sich der Verleger von seiner dritten Frau Rosemarie scheiden lassen, mit der er zwar neun Jahre verheiratet gewesen war, aber keine Kinder hatte.

Rosemarie Springer war jene Dressurreiterin, von der auch Friede schon gehört hatte. Rosemarie Alwine Anneliese, geborene Lorenz, acht Jahre älter als Helga, war mit Springer ebenfalls in zweiter Ehe verheiratet, denn auch sie war vorher Frau des Hamburger Zementherstellers Alsen, den sie, ebenso wie später Helga, wegen Axel Springer verlassen hatte. So hatte Alsen zweimal das Nachsehen gegenüber seinem Freund, dem Verleger, dessen Charme fast jede Frau zu erliegen schien. Daß ihn dieser gleich zweimal düpierte, erregte in Kreisen der feinen Gesellschaft nicht nur Mitleid. Manch einer zeigte sich amüsiert von der Chuzpe des Verlegers, ohne genau zu wissen, wie die Liaisons mit den beiden Frauen wirklich entstanden waren. Und schon bald nach dem zweiten Vorfall machten Zitate des Gehörnten selbst die Runde, der offenbar mit Selbstironie gesegnet war. »Bevor ich mich wieder verheirate, stelle ich meine Braut Herrn Springer vor«, soll er gesagt haben. Und als ihn ein Hamburger Freund in Berlin antraf und fragte, was er dort triebe, entgegnete er trocken: »Die nächste Frau für Springer suchen.«

Vor den beiden Alsen-Damen hatte Springer schon zweimal ein Stelldichein auf dem Standesamt: 1933 heiratete er mit einundzwanzig Jahren seine damals bereits hochschwangere Jugendliebe Martha Else Meyer, die ein Jahr jünger war als er und sich nicht nur von ihm »Baby« nennen ließ. Im selben Jahr wurde die Tochter Barbara geboren, die häufig im Grotiusweg erschien. Sie war neun Jahre älter als das friesische Kindermädchen. Fünf Jahre hielt Springer es mit Martha »Baby« aus und sie mit ihm. Springer war jung und bekanntermaßen stets auf Freiersfüßen, womit es allerdings im Dezember 1939 zum zweitenmal ein Ende hatte, als er seine zweite Frau, das Berliner Mannequin Erna Frieda Berta, genannt Kathrin, geborene Küster, bis dahin verheiratete Holm, ehelichte. Mit ihr zusammen hatte er einen Sohn, Axel junior, der eineinhalb Jahre vor Friede zur Welt gekommen war.

Vier Ehen, drei eigene Kinder und noch zwei fremde dazu – Friede brauchte eine ganze Weile, bis sie die Familienverhältnisse des Verlegers in ihrem Kopf geordnet hatte. Über die Heiratsfreudigkeit Springers staunte sie nicht schlecht, ging ihren Gedanken aber nicht weiter nach. Mit Axel Springer hatte sie schließlich nicht viel zu tun. Was sollte sie sich da um seine Frauen scheren. Er war für sie der Vater des kleinen Raimund Nicolaus und schwebte ansonsten in ganz anderen Sphären.

Daß irgend etwas im Hause Springer nicht stimmte, hatte Friede allerdings schon früh gespürt. Helga und Axel Springer führten keine Ehe, wie Friede sie kannte. Sie sprachen kaum miteinander. Der Verleger war immer unterwegs, er floh ihrer Meinung nach aus dem Haus. Auch ihre Chefin, mit der sie sich sehr gut verstand, war viel auf Reisen, meistens ohne ihren Mann. Sie besuchte die berühmten Modeschauen in Paris und Mailand oder fuhr nach London, wo sie bergeweise neue Kleider mitbrachte und auch ihren kleinen Sohn mit hübschen Höschen und Hemdchen bedachte, die der auf seinen Spaziergängen mit Friede nicht gebrauchen konnte. Einmal brachte sie sogar dem Kindermädchen ein Twinset aus der britischen Hauptstadt mit und einen passenden Schottenrock dazu. Sie war ja großzügig, die Hausherrin, nach Ansicht der sparsamen Friede vielleicht sogar verschwenderisch.

So entfernt von ihr, wie Friede ihn wähnte, war Axel Springer gar nicht. Immer wieder, wenn er gegen Abend aus dem Verlag kam, stieg er die Treppe hinauf in den zweiten Stock, wo sie mit seinem Sohn zu Abend aß, ihn badete oder ihm seinen Schlafanzug überzog. »Hast du mir etwas mitgebracht?« fragte der Kleine seinen Vater jedesmal. Er redete ihn mit »Herr Vater« an, weil das Personal ihm gegenüber stets von seinem »Herrn Vater« sprach. »Ich kann dir doch nicht immer etwas mitbringen«, antwortete der Verleger freundlich, aber bestimmt und runzelte im Scherz die Stirn, bevor er sich auf das kleine Sofa sinken ließ, das im Kinderzimmer stand. Er war gern oben bei Friede und dem Kleinen, die es sich in ihrer Zweisamkeit recht gutgehen ließen. Nicolaus hing an Friede bald mehr als an seiner Mutter. »Deine liebe Hand«, sagte er immer wieder, wenn er sich fürchtete oder ihn sonst irgendein kindlicher Kummer plagte. Springer schaute den beiden zu, beobachtete Friede, die im Umgang mit Kindern überhaupt nichts von einer Gouvernante hatte, sondern sich fast kameradschaftlich verhielt. Manchmal war sie dabei allerdings recht streng, was seine Wirkung nicht verfehlte.

Wenn Springer in die Kinderetage hinaufstieg, nahm er sich ein Glas Wein mit, und wenn Friede und Nicolaus zu Abend aßen, setzte er sich dazu, um sich mit dem bildhübschen Kindermädchen über Gott und die Welt zu unterhalten. Er erzählte von seinen Blättern, sprach über Politik und fragte sie nach ihrer Meinung. Was sie über den neuen amerikanischen Präsidenten Lyndon B. Johnson dächte, der 1965 sein Amt angetreten hatte, und über die Luftangriffe, die die Vereinigten Staaten nun schon in steigender Intensität gegen Nordvietnam flogen, ohne daß sie eine kriegsentscheidende Wirkung zeigten. Friede antwortete knapp. Sie war ja nicht firm in den Dingen der großen Politik, aber interessiert war sie allemal. Ihre Unsicherheit bekam der Verleger nicht so recht mit, denn er redete am liebsten selbst. Ein anderes Mal sorgte er sich um die sich verdüsternde wirtschaftliche Lage in der Bundesrepublik. Dann philosophierte er über die Deutschlandfrage und ärgerte sich über Willy Brandt, der ein »geordnetes Nebeneinander« der beiden Teile Deutschlands gefordert hatte.

Er verhehlte dabei auch seine Enttäuschung über den Politiker nicht, den er als Berliner Bürgermeister im Grunde bewunderte. Seine Monologe unterbrach er immer einmal wieder mit einem: »Meinen Sie nicht auch?« Friede stimmte ihm zu, hatte nicht wirklich eine eigene Meinung und ein eher naives Verständnis politischer Vorgänge.

Friede Riewerts nahm das Leben im Hause Springer, wie es kam. Saß der Verleger oben bei ihr im Kinderzimmer, dann war das sein gutes Recht. Es war für sie nur natürlich, daß er seinen Jüngsten sehen wollte. Wenn er dann eine Unterhaltung mit ihr begann, nahm sie wißbegierig auf, was er erzählte, und fühlte sich geehrt. Gab er ihr damit nicht zu verstehen, daß sie dazugehörte, daß sie ernst genommen wurde von ihm – nicht nur als Kindermädchen? Mehr dachte sie sich nicht dabei, auch nicht, als seine Besuche längst schon zum Tagesablauf gehörten, wenn er in Hamburg und nicht gerade in Berlin war. Sie kam gar nicht auf den Gedanken, daß Axel Springer, der ihr Vater hätte sein können, nicht die Nähe seines Sohnes, sondern die ihre suchte.

Springer genoß wohl die unaufgeregte ruhige Freundlichkeit, die Friede ausstrahlte. Es war ihm angenehm, wie sie ihm bewundernd zuhörte und sich für das zu interessieren schien, was ihn bewegte. Er war fasziniert von ihrer Jugend, weil er seine längst hinter sich gelassen hatte. Er fühlte sich zu ihr hingezogen, weil sie so ganz anders war als all die Frauen, die er bisher gekannt und geliebt hatte – unverbogen, umgänglich und unkompliziert. Ihre langen blonden Haare, die strahlendblauen Augen und ihre helle Stimme erinnerten ihn immerzu an die Nordsee, an der er sich nicht satt sehen konnte, wenn er auf Sylt am Strand entlangging. Springer war oft auf Sylt, Friedes Heimat, die Nachbarinsel Föhr, kannte er kaum.

3. KAPITEL

»Ich wollte immer weg von der Insel«

Ein Ei ohne Schale.« Wie ein Ei ohne Schale habe er sich als kleiner Junge gefühlt, wenn ihn, kaum daß er von ihr getrennt war, die Sehnsucht nach seiner Mutter wie eine Krankheit überfiel. Immer wieder erzählte Axel Springer Friede von seiner Kindheit in der Hamburger Vorstadt Altona und sie ihm von ihrer auf Föhr. Sie verstand ihn in seiner Ängstlichkeit, denn als kleines Mädchen hatte sie sich nicht anders empfunden.

Blaß und schlaksig war Axel Springer als Kind gewesen. Stets schien er irgendwie erholungsbedürftig. Die Altonaer Luft, in der er aufwuchs, brachte keine Farbe in das Gesicht des Jungen mit den hellblauen Augen. Seine Mutter, die er über alles liebte, schickte ihn eines Tages fort, weit weg ins Nationaljugendheim nach Nieblum auf die Nordseeinsel Föhr, damit er sich in der frischen Seeluft erholte. Doch der Junge, noch keine zehn Jahre alt, litt unter Heimweh und konnte das Meer und den frischen Wind, der beständig über die grüne Insel hinwegwehte, nicht recht genießen. Wenn die Stromleitungen mit einer aufkommenden Brise zu summen begannen, erzählte er Jahrzehnte später seiner Lebensgefährtin, habe sich ihm die Kehle zugeschnürt, und Tränen seien ihm in die Augen gestiegen. Denn das Geräusch erinnerte ihn an das Knistern der Taftröcke seiner Mutter, die weit weg in Altona weilte.

»Ich habe als Kind das gleiche erlebt«, sagt Friede Springer. Unter Heimweh litt sie ständig – auch noch als junge Frau, die längst den Absprung von der Insel geschafft zu haben schien. »Ich weiß nicht mehr, wie oft ich mich in den Schlaf geweint habe, wenn ich fort war von meinen Eltern.« Sie brachte es kaum fertig, bei ihrer Tante zu übernachten, die ganz in der Nähe wohnte. Heftige Bauchschmerzen überfielen sie dann plötzlich, so daß sie wieder zu Vater und Mutter gebracht werden mußte. Schon auf dem Weg zurück, ein Steinwurf, ein paar Schritte nur, verschwanden die vermeintlichen Magenkrämpfe so schnell, wie sie gekommen waren. Sogar als junge Frau suchte sie hin und wieder noch die Sehnsucht nach der Insel heim, in England oder Spanien etwa, wo sie ein paar Monate verbrachte. »Erst als ich Axel kennenlernte und dann mit ihm zusammenkam, hatte ich kein Heimweh mehr.« Dafür gab es an der Seite des besitzergreifenden Verlegers auf Dauer keine Zeit.

Die Welt, in die Friede Riewerts hineingeboren wurde, war eng und bieder. Der Horizont der kleinen Friede, dem Mädchen mit den langen blonden Zöpfen, reichte noch nicht einmal über die ganze Insel Föhr, die zwischen den schon damals viel bekannteren Nordseeinseln Sylt und Amrum liegt. Ihre Welt, das war die große Familie Riewerts mit dem geliebten Vater, der ständig arbeitenden Mutter, die nur wenig Zeit für ihre Kinder hatte, mit vier Geschwistern, Großeltern und Tanten; dazu die Nachbarn und eine Handvoll Freunde in Oldsum, einem kleinen Dorf in Westerland Föhr, dessen Bewohner Friesisch sprachen. Auch Friede sprach, wie alle Kinder in Oldsum, die noch nicht zur Schule gingen, ausschließlich Friesisch, die urgermanische Sprache, die neben dem Baskischen und dem Rätoromanischen zu den ältesten Sprachen Europas gehört. In der Mitte der Insel unterhielten sich die Menschen hingegen häufig auf plattdeutsch. Und Wyk, die einzige Stadt auf der Insel, gerade einmal fünfzehn Kilometer von Oldsum entfernt, war eine ganz andere, fast unverständliche Welt. Denn in Wyk, aus Sicht echter Großstädter freilich noch immer ein Kaff, sprachen die Leute Hochdeutsch.

Friedes Mutter Elise entstammte der wohlhabenden Föhrer Bauernfamilie Hassold. Friedes Vater, Erich Riewerts, war das dritte von fünf Kindern des Rosenzüchters Cornelius Riewerts. Als Erich am 1. September 1939 Elise Hassold das Jawort geben wollte, lag die Verlobung der beiden Friesen immerhin schon fünf Jahre zurück. Da der

Bräutigam aber zum 29. August seine Einberufung zum Kriegsdienst erhielt, mußte in aller Eile einen Tag vor seiner Abreise im Hause der Braut ohne große Feier geheiratet werden.

Elise erwartete bereits ihr erstes Kind. Sie blieb im Haus ihrer Eltern in Midlum wohnen, wo am 27. Januar 1940 ihr Sohn Christfried geboren wurde. Erst im Sommer zog sie mit dem Baby in eines der Häuser der Familie Riewerts nach Oldsum, dessen Eigentümer, ein Onkel von Erich, der Insel den Rücken gekehrt hatte und nach Amerika ausgewandert war. Später sollte er seinem Neffen das Haus verkaufen.

Im Herbst 1941 war Elise wieder schwanger. Sie hatte ihren Mann wiederholt besuchen können, der zu der Zeit als Ausbilder in Dänemark stationiert war. Früh war klar, daß der Name ihres zweiten Kindes Friedrich oder Friede sein sollte. Denn Fritz, Erichs älterer Bruder, der die Gärtnerei hätte übernehmen sollen, war bei Wjasma in Rußland verwundet worden und einen Tag vor Weihnachten 1941 in der Fremde gestorben. Am frühen Morgen des 15. August 1942 war es soweit: Elise lag in den Wehen. Sie schickte Tante Emma, die Schwester ihres Schwiegervaters, ins Dorf, um die Hebamme zu holen. An Ärzte und Krankenhäuser war nicht zu denken, Telefonleitungen gab es kaum. Hausgeburten waren an der Tagesordnung, etwas anderes kam nicht in Frage. So hatte die Hebamme an jenem Morgen nicht nur eine Kreißende zu betreuen, sondern pendelte zwischen zwei Häusern, um die Dinge voranzubringen. Friede kam friedlich zur Welt, ihre Geburt war unkompliziert, viel einfacher als die des Älteren, an die sich die Mutter im nachhinein nur ungern erinnerte. Kaum hatte das kräftige kleine Mädchen geschrien und seinen ersten tiefen Atemzug getan, war die Hebamme auch schon wieder aus der Tür hinaus.

Die Riewerts' nannten das Haus, in dem Elise mit den Kindern die nächsten Jahre zubrachte, das »Kalte Haus«, denn es gab keine Heizung, eine nur wackelige Stromversorgung und gerade einmal fließendes Wasser. In den Wintermonaten konnte es bitterkalt werden, trotzdem blieb der große Kachelofen häufig unbeheizt. Holz war knapp auf der Insel. Nur Hagedorn gab es, der mühsam zu hacken war und die Finger blutig werden ließ, so daß sie sich entzündeten. Elise sammelte alles, was brannte und das »Kalte Haus« ein bißchen wärmen konnte. Getrocknete Kuhfladen wurden auf Leiterwagen geladen und als Brennstoff genutzt. Auf den Deichen, auf denen die Schafe weideten, wurden deren Ausscheidungen zusammengetragen, die sich ebenfalls abfackeln ließen. Elise zog ins Watt, um Torf zu stechen, der auch als Brennmaterial taugte. Allerdings mußte er zunächst am Ufer in der Sonne ausgelegt werden, ehe man ihn trocken nach Hause schaffen konnte. Und wenn es zu kalt wurde und gar nichts mehr ging, dann band Erich – im Fronturlaub – Stroh zu dichten Bündeln, um sie im Ofen anzuzünden und so wenigstens ein bißchen Wärme zu haben. Für den Fall, daß die Stromversorgung wieder einmal zusammenbrach, hielt Elise einen bescheidenen Vorrat an Kerzen, die sie aus Ziegentalg gedreht hatte. Und immer wieder kam es vor, daß sie abends beim kümmerlichen Schein einer einzigen Kerze allein in der Stube saß.

Christfried und Friede vermißten ihren Vater nicht, denn sie kannten ihn kaum. Elise aber fehlte der Ehemann – und das sicher nicht nur, weil sie mit der Verantwortung für die Kinder auf sich gestellt war. Auch um ihren Mann sorgte sie sich. Der war im April 1942 an die Front nach Rußland, an den Nordabschnitt um Nowgorod, abkommandiert worden. So bedeutete die Nachricht, daß Erich 1943 durch einen Granatsplitter im rechten Arm schwer verwundet worden war, eine gewisse Erleichterung. Zwar würde er den Ellbogen nie mehr bewegen können, doch bewahrte ihn seine Verletzung vor einem weiteren Einsatz an der Front in Rußland. Er überlebte den Krieg. Monatelang lag er in Lazaretten, zuerst in Porchow, später dann in Allenstein, Husum und Schleswig, wo Elise ihn so oft es ging besuchte. In dieser Zeit kam auch ihr drittes Kind zur Welt, das nach seiner Großmutter auf den Namen Ingke getauft wurde.

Vier Monate vor der deutschen Kapitulation wurde der Unteroffizier Erich Riewerts aus dem Wehrdienst entlassen – mit einer fünfzigprozentigen Kriegsbeschädigung. Er kam nach Hause, für die kleine Friede als Fremder. Sie weinte, als sie ihn zum erstenmal sah, und wollte nichts von ihm wissen. »Geh nur, sag deinem Vater guten Tag«, ermutigte Elise sie. Doch Friede war zu schüchtern, hielt sich an der Mutter fest. Sie vermied es, dem Fremden zu nahe zu kommen, mochte schon gar nicht auf seinen Arm. Doch das sollte sich mit den Jahren ändern. Nach und nach entwickelte sie eine viel engere Bindung zum Vater als zur Mutter und war damit diejenige unter den fünf Geschwistern, die sich am besten mit ihm verstand. Der Vater war sehr streng. Die Kinder hatten Respekt und manchmal auch ein wenig Angst vor ihm. Wenn sie ihn zu etwas überreden wollten, dann schickten sie Friede vor. Im Oktober, Erich war seit zehn Monaten zu Hause und die Wunde an seinem Arm gut verheilt, wurde er wieder Vater. Und diesmal konnte er bei der Geburt dabeisein. Er und Elise tauften ihren zweiten Sohn Nahmen.

Die unscheinbare Nordseeinsel war vom Krieg weitgehend verschont geblieben. Die Kinder verbrachten unbeschwerte Jahre in den Gärten und am Meer. Die Mutter war ganz für sie da – anders als später in den ersten Nachkriegsjahren, in denen sie alle Hände voll zu tun hatte, ihrem Ehemann und ihrem Schwiegervater beim Wiederaufbau der Gärtnerei zur Hand zu gehen. Hungrig mußte keiner bleiben, denn vom Hassoldschen Hof kamen frisches Gemüse, Fleisch und Kartoffeln. Im Haushalt und für ihre Kinder hatte Elise Unterstützung. Mit den Flüchtlingen und Vertriebenen, die es überwiegend von Pommern auf die Insel verschlagen hatte, fanden sich bereitwillige Helfer, die froh waren, sich in den friesischen Haushalten und auf den Feldern etwas zu essen verdienen zu können. Im Grunde sind die Vertriebenen das einzige aus der Kriegs- und Nachkriegszeit, was den Kindern nachhaltig im Gedächtnis blieb. Zwar mußten die Riewerts' niemanden bei sich einquartieren, denn mit vier Kindern, einer Tante und dem Küchenmädchen war es bereits recht eng. Doch schon bei Erichs Schwester waren Flüchtlinge untergebracht. Auf Decken im Kartoffelkeller hausten dort eine Zeitlang zwei Frauen aus Ostpreußen. Und in der Turnhalle der Oldsumer Dorfschule waren übergangsweise Vorhänge angebracht, damit möglichst viele Flüchtlinge unterkommen konnten. Die Verluste und Tragödien, die der Krieg fast allen Familien bescherte, bekamen die Kinder nur am Rande mit.

Während des Krieges war die Gärtnerei der Riewerts' so weit geschrumpft, daß sie gerade noch den Eigenbedarf deckte. Nach Kriegsende und mit Erichs Genesung wurde dann der Betrieb samt der Rosenveredelung erneut aufgenommen. Erich, der 1948 Gärtnermeister geworden war, pachtete die Gärtnerei zwei Jahre später von seinem Vater Cornelius und zog mit der Familie in das an der Gärtnerei gelegene Wohnhaus in Süderende. Die Nachkriegsjahre standen damit ganz im Zeichen des Wiederaufbaus. Bald schon beschäftigte der Meister drei Lehrlinge und mußte zur Ernte noch eine Handvoll Saisonarbeiter anheuern. Helfen mußten auch die Kinder – beim Erdbeerenpflücken zum Beispiel, einer, wie sie fanden, gräßlichen Arbeit, wenn sie da stundenlang auf der Erde hockten. Einmal in der Woche kam eine Waschfrau, die die Wäsche in riesigen Kesseln kochte, auf dem Waschbrett rubbelte und sie dann zum Bleichen in die Sonne brachte. Die Kinder standen drum herum, immer wieder, als hätten sie das wöchentliche Spektakel noch nie gesehen, und hatten ihren Spaß daran. Auch das gehörte zum Idyll der Familie Riewerts. Mittags aßen dann alle miteinander, der Meister mit seiner Familie, den Lehrlingen, den Haushaltshilfen. Oft war der Tisch für ein Dutzend Personen gedeckt.

Die Eltern Riewerts vermittelten ihren Kindern ein starkes Traditionsbewußtsein. Erich Riewerts, ein feinsinniger und sehr musikalischer Mensch, war stolz auf seine Vorfahren, von denen es einige in der Inselgeschichte zu größerer Bedeutung gebracht hatten. Er war ein passionierter Ahnenforscher und verfolgte die Ursprünge seiner Familie bis zu einem gewissen Brar Rörden zurück, der von 1773 bis 1854 lebte und, wie die meisten Föhringer seiner Zeit, viele Jahre zur See fuhr. Ganz nach den Gepflogenheiten seiner Landsleute hatte er schon in jungen Jahren seinen Taufnamen abgelegt, um sich – seiner Meinung nach wohlklingender – Broder Riewerts zu nennen.

Friede war ein eher praktisch veranlagtes Kind. Sie liebte es, mit ihrem Vater aufs Feld hinauszufahren oder mit dem Anhänger Bäume zu holen, wollte überall dabeisein und tat beflissen, was man von ihr verlangte. Hingebungsvoll kümmerte sie sich um ihren jüngsten Bruder Erk, der im Februar 1949 geboren wurde. Sie brachte ihm das Laufen und Sprechen bei, sie fütterte ihn und tröstete ihn bei seinem ersten Kummer. Er war stets still und artig, folgte ganz dem Vorbild der großen Schwester. Denn Friede war unauffällig, fast immer zurückhaltend und im ersten Moment sogar schüchtern. Spät hatte sie Laufen gelernt, noch viel später Sprechen. Lange plapperte sie unverständliches Zeug vor sich hin. Ihr älterer Bruder erzählt, sie habe ihn lange Zeit »Duta« genannt, nicht etwa Chris wie die anderen in der Familie. »Ist das dein Bruder?« habe sie mal jemand auf der Insel gefragt und dabei auf ihren Bruder gezeigt, der neben ihr stand. Deutsch verstand sie nicht. Aber gedeutet hatte sie den Fingerzeig des Fremden richtig und aus dem ihr unbekannten Wort »Bruder« Duta gemacht.

Friede ging in Oldsum zur Schule. »Ich war furchtbar ängstlich, und das nicht nur am ersten Schultag«, sagt sie. Doch sie ließ sich nicht anmerken, daß ihr vor allem im ersten Schuljahr oft bang ums Herz war. In der zweiten Klasse ging es schon besser. Denn damals zog Tattje Petersen aus Kiel ebenfalls nach Süderende, die schon bald Friedes beste Freundin wurde. Jeden Morgen kam sie mit ihrem Ranzen auf dem Rücken bei den Riewerts' vorbei, um Friede abzuholen. »Und dann sind wir Hand in Hand am Feld entlang zur Schule nach Oldsum gegangen.« Der Weg war nicht weit und das Schulhaus von Süderende aus gut zu sehen. Kaum einen Kilometer mußten die Mädchen zurücklegen. Allerdings auch bei Wind und Wetter.

Die Volksschule in Oldsum, die die Kinder aus dem Dorf, den umliegenden Orten und auch die Sprößlinge der Vertriebenen für neun Jahre besuchten, hatte damals drei Stufen. Jeweils drei Jahrgänge wurden gleichzeitig von einem Lehrer unterrichtet. Häufig genug fanden sich mehr als vierzig Schüler in einer Klasse. Vom ersten Tag an mußten die Kinder Hochdeutsch lesen und schreiben lernen, obwohl sie diese Sprache nicht sprechen konnten. Sie verstanden ihren Lehrer nicht und der Lehrer nicht seine Schüler, es sei denn, er war des Friesischen mächtig. Das allerdings waren die wenigsten. Die meisten Lehrer kamen vom Festland.

So begann für Friede wie für alle anderen friesischen Kinder die Schulzeit mit vielen Mißverständnissen. Denn was der Lehrer so alles auf deutsch erzählte, konnten die Kinder nur erahnen. Bereits nach einem Jahr hatten sie dann schon erhebliche Fortschritte gemacht, waren aber noch lange nicht in der Lage, fließend Deutsch zu sprechen. Oft rutschte ein friesisches Wort in einen der Sätze hinein, die zum Teil noch mit friesischer Satzstellung gebildet waren. Auch in den höheren Klassen war oft noch zu merken, daß die Kinder beim Abfassen ihrer Aufsätze auf friesisch gedacht und auf deutsch geschrieben hatten.

Friede, die nicht zu den sprachbegabten Schülern ihrer Klasse gehörte, ging es lange so. Später sollte sie in dieser fremdsprachigen Welt leben. Doch ihre Muttersprache ist und bleibt Friesisch, was aufgrund der hohl gesprochenen und gedehnten Vokale auch heute noch zu hören ist. Mit ihrer Mutter, ihren Geschwistern und Schulfreunden wird sie ihr Leben lang Friesisch sprechen und sich nur der Höflichkeit halber, wenn andere dabei sind, die dies nicht verstehen, auf deutsch unterhalten.

Friede durchlief die Schule glatt. Ihre Mutter hatte keine Zeit, sich um die schulischen Angelegenheiten ihrer Kinder zu kümmern. Die Lehrer fanden an Friedes Freundlichkeit Gefallen. Sie merkten, daß sie sich trotz ihrer Schüchternheit für all jene Dinge interessierte, die gerade nicht aus ihrer kleinen Welt kamen. Während sich die meisten Föhrer Kinder mit den Worten: »Det san Freemen« in ihre friesische Geborgenheit zurückzogen, suchte und fand Friede gerade bei den Besuchern der Insel Anschluß. Nichts war für sie interessanter, als wenn Familienmitglieder ihrer Lehrer zu Besuch auf die Insel kamen. Dann überwand sie sogar ihre Schüchternheit und fragte nach dem Leben auf dem Festland. »Ich wollte immer weg«, sagt Friede Springer über sich selbst. Bei allem Heimweh, das sie später immer wieder befiel, würde sie so bald wie möglich versuchen, die kleine friesische Insel zu verlassen.

Friede war ein harmoniebedürftiges Kind, das Streitigkeiten haßte. Zudem war sie nicht gerade wortgewandt, alles andere als schlagfertig und deshalb immer wieder um eine Antwort verlegen, vor allem

dann, wenn die Jungen sie ärgerten. Viel zu arglos war sie, um zu erkennen, daß so manch einer versuchte, ihre Aufmerksamkeit auf sich
zu ziehen. »Die sind nur neidisch, weil du so hübsch bist«, tröstete
sie ihre Freundin Marrin Carlsen dann, die viel couragierter und fre-
cher war als Friede und manchmal über die Stränge schlug. Oft überkam Marrin das Gefühl, sie müsse sich schützend vor Friede stellen.
Und wenn es in der Klasse einmal hoch herging, die Jungen sich bekriegten oder die Mädchen sich in den Haaren lagen, dann hielt
Friede sich heraus und wartete, bis das Gewitter vorüber war. »Sie ist
gut mit jedermann«, berichtet ihre Freundin Tattje.

Ihr ausgeprägtes Harmoniebedürfnis sollte sich für Friede nach
dem Tod ihres Mannes zu ihrem großen Nachteil auswirken. In der
Hoffnung auf Frieden mit den Rivalen traf sie Fehlentscheidungen,
die sie Millionen kosteten. Es sollte Jahre dauern, bis sie begriff, daß
man sich auch streiten können muß.

Am 15. März 1958 war es soweit: Friede Riewerts erhielt ihr Ab-
gangszeugnis der Volksschule in Oldsum und mit ihm ihr Bäum-
chen, das sie neun Jahre zuvor auf dem Schulhof eingebuddelt hatte.
So war es Tradition in dem kleinen Dorf auf Föhr. Zu Beginn der
Schulzeit setzten die Schüler ein Pflänzchen in die Erde, um es während der neun Jahre wachsen zu sehen, die sie in der Schule ein und
aus gingen.

Neun Jahre Volksschule lagen hinter ihr, und in ihrem Zeugnis
fand sich das, was ihre Eltern, Freunde und Lehrer beobachtet hatten.
Die Noten spiegelten das Bild eines zuverlässigen Mädchens, das die
Schule ohne Schwierigkeiten hinter sich gebracht hatte. Sie war eine
beflissene, aber in keiner Weise herausragend gute Schülerin; sie be-
nahm sich stets vorbildlich und erhielt deshalb für ihr »Betragen« die
Note »sehr gut«. Ihre Beteiligung am Unterricht war über die Jahre
immer besser geworden, was ihr zuletzt eine »Zwei« einbrachte – für
Friede eigentlich erstaunlich, hatte sie doch immer wieder ihre Scheu
überwinden müssen, sich zu melden und irgend etwas zum Unterricht beizutragen. Sie hatte sich, wie sie erzählt, täglich kleine »Mutproben« auferlegt und die selbstgestellten Aufgaben zur eigenen Zu-

friedenheit erledigt: »Heute meldest du dich mindestens einmal in Rechnen.« Ferner hatte sie sich immer wieder dazu durchgerungen, Gedichte aufzusagen, wenn es anstand. Auswendig – denn das konnte sie, dann war ihre Aufgabe überschaubar, und sie würde nicht in die Verlegenheit kommen, improvisieren zu müssen. Mit derartigen Vorsätzen war sie morgens aus dem Haus gezogen und hatte sich daran gehalten. Ihre »Mutproben« hatten ihr über die Jahre genügend Übung gebracht, ihre Schüchternheit zu überspielen. Im Grunde aber blieb sie unsicher, wenn es darum ging, vor mehreren Personen zu sprechen und die Blicke und Aufmerksamkeit auf sich zu ziehen – was sich ein Leben lang nicht ändern sollte.

In Deutsch, Geschichte, Erdkunde, Rechnen, Religion und in den Naturwissenschaften schloß sie die Schule ebenfalls mit »gut« ab, genauso wie in »Nadelarbeit«. In »Leibesübungen« hatte sie der Lehrer für eher mittelmäßig begabt befunden und ihr ein »befriedigend« gegeben. Gleiches galt für Musik, Musikalität schien ihr nicht gerade in die Wiege gelegt worden zu sein, was nicht hieß, daß ihr Musik nicht viel bedeutete. Keine Noten gab es für Fremdsprachen, da sie auf der Dorfschule nicht unterrichtet wurden. Doch all das zählte im Moment der Zeugnisübergabe schon nicht mehr. Für Friede war nur noch eines wichtig: Sie war jetzt frei. Nur wußte sie nicht so recht, wohin mit der grenzenlosen Freiheit, die sie am Ende der Schulzeit empfand. Die weiterführende Schule, auf der es die Kinder immerhin zum Realschulabschluß bringen konnten, befand sich in Wyk. Doch kam derlei für die Riewerts-Kinder nicht in Frage. Keiner von ihnen wurde dort zur dreitägigen Aufnahmeprüfung angemeldet. So etwas lag außerhalb der traditionellen Vorstellungen der alteingesessenen Föhrer Familie.

Christfried verließ die Insel mit dem Ende der Volksschule, um auf dem Festland eine Lehre als Baumschulgärtner zu machen – ganz nach dem Wunsch seines strengen Vaters, der die Gärtnerei an den Ältesten abgeben wollte. Für Friede, die ein Jahr nach ihrem Bruder Chris die Volksschule beendete, war der Weg nicht so vorgezeichnet. Sie konnte wählen, doch wußte sie zunächst nicht, was. Schließlich entschied sie sich für eine Lehre im Hotelfach. Eine Lehrstelle wurde mit Hilfe der Eltern schnell gefunden, und bald trat sie ihren Dienst im Duus-Hotel in Wyk an. Lange hielt sie die Plackerei dort nicht aus. Denn die Lehrlinge wurden nicht geschont. Sie mußten hart arbeiten, so wie im Hotelfach eben geschuftet wird: Betten machen, Zimmer putzen, tagelang in der Wäscherei zubringen und in der Küche, wenn es nicht anders ging, auch schon einmal vierzehn Stunden am Tag. Friede war die Arbeit eigentlich gewöhnt, sie hatte ja nach der Schule und ihren Hausaufgaben immer noch in der Gärtnerei mit angepackt. Doch im Hotel fühlte sie sich unwohl und dachte häufig daran, wieviel lieber sie in Oldsum bei ihren Eltern geblieben wäre. »Es ist unglaublich, aber auch dort hatte ich Heimweh«, erinnert sie sich. Sie war froh, wenn sie nach getaner Arbeit endlich wieder auf ihr Fahrrad steigen konnte, um zu ihrer Familie zu kommen.

Elise und Erich Riewerts, die ihre Tochter nicht länger leiden sehen wollten, beschlossen nach wenigen Monaten den Abbruch der Lehre. Weil Friede nichts anderes in Aussicht hatte, keine Lehrstelle und auch keine andere Arbeit, blieb sie in Oldsum bei ihren Eltern, und das für viele Monate. Sie half ihrem Vater in der Gärtnerei so gut sie konnte, fuhr mit ihm Kränze aus, schrieb Rechnungen, verkaufte Pflanzen und begleitete ihn in seinem Lastwagen zum Pflanzenkauf aufs Festland. Bald kannte sie nicht nur die Friesen aus den vielen Orten der Insel, die nach Oldsum kamen, um sich bei Erich Riewerts Rosen, Bäume, Sträucher oder Gebinde zu besorgen. Zunehmend kam sie auch mit den wohlhabenden Leuten in Kontakt, die aus den großen Städten Kiel und sogar Hamburg kamen, um in ihren reetgedeckten Häusern auf der Insel Föhr ihre Wochenenden und Ferien zu verbringen.

Friede Riewerts ging gern unter Leute, war viel mit Freunden unterwegs. Sie war Mitglied der Föhrer Trachtengruppe, die nicht nur friesische, sondern auch allerlei andere Volkstänze einstudierte, aber ausschließlich in friesischer Tracht auftrat. Diese Tracht – ein schweres schwarzes Gewand, bodenlang, mit silbernem Gehänge auf der Brust und einer Haube, die die Haare streng hinter dem Kopf zusammenhält – war schon die Tracht ihrer Mutter und Großmutter gewesen. Sie durfte sie zu den Vorführungen anlegen und tat das mit Begeisterung. In der Hochsaison kam das nicht selten vor, denn die Insel zog mit der Zeit immer mehr Feriengäste an, die unterhalten werden wollten. Auch Ausflüge unternahm die tanzende Truppe, an denen die unternehmungslustige Friede mit Vergnügen teilnahm. Die Geschwister berichten, daß Friede die leutseligste von ihnen allen gewesen sei. Und bekannt dazu, nicht nur durch ihre Arbeit in der Gärtnerei und den ständigen Kontakt mit den vielen Kunden. Vielmehr galt sie als ausgesprochen hübsches Mädchen, für das viele Jungen schwärmten.

Zweimal in der Woche radelte sie nach Wyk, um Schreibmaschine, Stenographie und Englisch zu lernen. Denn so ganz ohne Ausbildung, das hatte sie begriffen, würde sie den Absprung von zu Hause niemals schaffen. »Ich wollte immer weg von der Insel, doch ich wußte nicht wie«, sagt sie. Wenn nur dieses schreckliche Heimweh nicht gewesen wäre und ihre Angst vor der eigenen Courage, es endlich einmal irgendwo anders zu versuchen.

Die Lösung ihres Zwiespalts lag in Ratzeburg, dem kleinen grünen Städtchen zwanzig Kilometer südlich von Lübeck. Auf der Insel im Ratzeburger See thronte über der Altstadt der Dom, und in einem der anliegenden Stiftsgebäude war eine christlich ausgerichtete »Heimvolkshochschule« untergebracht. Dort konnten Mädchen ein Studium generale absolvieren, auf schlichtem Niveau eine Art Ausbildung fürs Leben. Sie lernten, was nützlich war: das freie Sprechen, die Ausarbeitung von Vorträgen. Sie hatten Englisch- und Musikunterricht und Mathematik. In Ratzeburg fühlte sich Friede wohl, wurde plötzlich selbstbewußter und merkte, daß es sich nicht nur in dem alten nordfriesischen Gärtnerhaus in Süderende bei ihren Eltern aushalten ließ. Sie konnte offenbar auch anderswo unbeschwert und sogar glücklich sein und hatte mit dieser Erkenntnis endlich die so sehr ersehnte Freiheit gewonnen, der Insel bald ganz den Rücken zu kehren. In Ratzeburg hatte sie sich bereits ein gutes Stück von ihrer friesischen Welt gelöst, in die sie nie wieder ganz eintauchen würde.

Bei ihrer Rückkehr von der Heimvolkshochschule waren die Eltern zufrieden. Sie nahmen einen fröhlichen Teenager in Empfang, der rundherum glücklich zu sein schien und überhaupt nicht mehr so schüchtern wie noch vor einem halben Jahr. Sie habe sich entwickelt, bestätigte die Mutter, und auch der ältere Bruder konstatierte mit Befriedigung eine positive Veränderung bei seiner jüngeren Schwester. Auf der Insel machte Friede erst einmal ihren Führerschein, half dann in der Gärtnerei, lieferte an und aus und war dank ihrer Fahrerlaubnis noch viel nützlicher als früher.

Klaus Boje, einem vom Festland nach Föhr entsandten jungen Lehrer, fiel sie damals auf. Bei einem der vielen Dorffeste ergriff er seine Chance, sie kennenzulernen. Sie trafen sich immer häufiger und freundeten sich an. Friede achtete allerdings sehr darauf, ihre Unabhängigkeit zu wahren. Von Hochzeit konnte keine Rede sein. Sie machte sich einen Spaß daraus, den Lehrer immer wieder auf Abstand zu halten, was dem wiederum imponierte. Manchmal, wenn sie ihn besuchen kam, brachte sie auch ihren Bruder mit. Klaus Boje reizte ihre selbständige und unnahbare Art. Ihr leichter friesischer Akzent gefiel ihm. Sie gingen, wenn sie Zeit hatten, am Meer spazieren und abends oft zum Tanzen, vor allem dann, wenn die Schülerband aus Niebüll spielte. Sie bestand aus ein paar Gymnasiasten, die in dem Städtchen auf dem Festland im Internat lebten, um ihr Abitur zu machen, und immer mal wieder auf die Insel kamen. Die Jungen aus der Band himmelten Friede an, erzählen ihr Bruder und Klaus Boje, und manch einer habe vergeblich versucht, mit ihr in Kontakt zu kommen. Das aber war kaum möglich, denn sie ging mit dem Lehrer aus, und das immerhin für ein Jahr.

Friede war häufig eingeladen, nicht nur bei ihren Freunden von der Insel, sondern auch bei Familien, die ihre Wochenenden und Ferien auf Föhr verbrachten. Durch ihre Arbeit in der Gärtnerei, vor allem durch das Austragen bestellter Blumensträuße und Gestecke, die sie mit dem Auto zu den Kunden nach Hause fuhr, kam sie herum. Zu den Kunden der Riewerts' zählte auch Hans Müthling, der Oberbürgermeister von Kiel, der über die Wochenenden mit seiner Familie regelmäßig nach Föhr kam. Seine Frau, eine Ärztin, und er hatten zwei kleine Töchter, die Friede häufiger hütete, wenn die Familie in ihrem Haus am Südstrand wohnte. Oft nahm sie die Kinder mit zu ihren Eltern in die Gärtnerei, wo die Kleinen aufgeregt herumliefen und sich von Elise Riewerts verwöhnen ließen.

Bald schon bot der Kieler Oberbürgermeister Friede an, sich in seinem Haus in der Landeshauptstadt ein Jahr lang um die Mädchen zu kümmern. Friede zauderte nicht lange. Sie willigte ein und zog zum zweitenmal für eine längere Zeit aufs Festland. Die Eltern waren froh, daß es mit Friede endlich weiterging. Die Stelle bei Müthlings war ganz nach Friedes Geschmack. Sie lernte viele Leute kennen, interessante und wohlhabende dazu, die ein anderes Leben führten, weil sie zu einer anderen gesellschaftlichen Schicht gehörten und deren Kinder anders aufwuchsen als sie und ihre Geschwister auf der Insel. Der Bürgermeister nahm sie öfter zu offiziellen Anlässen mit, was sie genoß. Immer hatte sie sich für andere Menschen interessiert, die mehr erlebt hatten und aufgrund ihres Hintergrundes auch mehr erleben konnten. So hatten sie ihr sozialer Ehrgeiz und ihre Neugierde im Alter von neunzehn Jahren ein gutes Stück vorangebracht – immerhin in das Haus des Kieler Oberbürgermeisters.

Das Jahr in Kiel ging schnell vorüber. Im evangelischen Sonntagsblatt, das die Familie Riewerts las, entdeckte sie die Annonce einer Unternehmerfamilie aus Wermelskirchen. Die Familie war auf der Suche nach einem Kindermädchen. Friede stellte sich dort vor und trat 1961 ihre neue Stelle in der Kleinstadt zwischen Remscheid und Wuppertal an. In dem Unternehmen der Familie wurde alles produziert, was mit Rollen und Kugeln zu tun hatte. Raymond und Huberta Schulte hatten drei Söhne, von denen der älteste ein Internat besuchte, während seine jüngeren Geschwister zu Hause lebten. Wieder wurde Friede herzlich aufgenommen, war mit der äußerst lebenslustigen und umtriebigen Hausherrin, die sie bald wie deren Freunde und Bekannte »Hubs« nennen durfte, umgehend per du. Huberta Schulte studierte Rechtswissenschaften und hatte es fast bis zum Ende des Studiums gebracht. Sie bereitete sich auf das zweite Staatsexamen vor und wollte sich danach eine Beschäftigung suchen.

Die Zeit bei Schultes – es sollten schließlich mehr als drei Jahre werden – ist Friede in bester Erinnerung geblieben. Noch lange hielt sie Kontakt zu den Kindern. Sie hatte dort gefeiert und gelacht, nächtelang bis in die frühen Morgenstunden mit der unterhaltsamen Hubs und einem Neffen gepokert. Sie war mit der Familie auf Reisen gegangen und hatte Hubs bei der Organisation des Haushalts geholfen. Sie war Kind und Stütze der Familie zugleich gewesen, mit jedermann gut ausgekommen und hatte irgendwie immer zwischen den Eltern gestanden, die sich so langsam auseinanderlebten. Nach Friedes Empfinden paßte die lebensfrohe Hubs »so gar nicht zu ihrem christlichen Ehemann mit seinem fast immer ernsten und schmalen Gesicht«. Bei Schultes hatte Friede gelernt, welche Lebensformen es sonst noch geben konnte und daß sich Eheleute nicht unbedingt immer treu sein mußten. Denn als Vertraute von Hubs deckte sie deren Eskapaden und Ausflüchte aus der Familienwelt.

Im Frühjahr 1965 allerdings wurde Friede klar, daß die Kinder sie nicht mehr brauchten und daß es an der Zeit war, sich eine neue Aufgabe zu suchen. Zwar hatte sie immer noch keine reguläre Ausbildung, war weder Kindergärtnerin noch sonst mit einem staatlich anerkannten Berufsnachweis versehen. Doch das machte ihr wenig aus. Sie liebte Kinder über alles und auch die Arbeit in Familien, die ihr Einblicke in immer neue Welten ermöglichten. Ihre nächste Stelle als Kindermädchen wollte sie sich in Hamburg suchen, wo eine ihrer Freundinnen beschäftigt war. Und so blätterte sie an den Wochenenden im Stellenteil der *Welt am Sonntag*, die die Schultes abonniert hatten, bis sie schließlich auf jene Anzeige stieß, die Axel Springer hatte schalten lassen. Bei Schultes hatte sie nicht unter Heimweh gelitten. Doch das Leben an der Nordsee mit den leuchtenden Farben, dem Wind und dem Geruch des Meeres ging ihr noch immer ab. Ihre neue Arbeit in Hamburg sollte sie dem Meer wieder näher bringen. Sie war dreiundzwanzig Jahre alt.

4. KAPITEL

Der Verleger und die Gärtnerstochter

Die Auflösungserscheinungen in Springers vierter Ehe waren bald auch für Friede nicht mehr zu übersehen. Das Personal machte sich bereits seinen eigenen Reim auf den Zustand der Ehe. Putzfrau, Köchin und Chauffeur tauschten sich, wenn sie gemeinsam in der Küche aßen, über die neuesten Vorfälle aus, den einen oder anderen heftigen Wortwechsel des Verlegers und seiner Frau oder die auffallend häufige Abwesenheit des Hausherrn. Alles bekamen die ebenso dienstbaren wie wißbegierigen Angestellten natürlich nicht mit. Aber immerhin genügend Bruchstücke, um unschwer zu erkennen, daß sich auch diese Ehe des Hamburger Verlegers im Niedergang befand. Sie ließen Friede bei ihren Mutmaßungen weitgehend außen vor. Als Kindermädchen gehörte sie nicht ganz zu ihnen. Sie hatte ein fast freundschaftliches Verhältnis zur Hausfrau und dazu ganz offensichtlich einen gewissen Draht zum Verleger. Daß der sich immer, wenn er kam, in den Kindertrakt des Hauses begab, war den Dienstboten keineswegs verborgen geblieben.

Eines Montagmorgens im Frühjahr 1966 schien Axel Springer auffällig gut gelaunt, als Friede die Treppe ins Erdgeschoß herunterstieg. »Friede, trinken Sie mit uns ein Gläschen Champagner«, forderte er sie auf. Sein engster Freund Pierre Pabst, Cheflektor im Verlag, erhob sich beim Anblick des Kindermädchens aus seinem Fauteuil. Er war seit Sonntag abend im Haus. Springer hatte ihn herbeizitiert, um ein paar Verlagsangelegenheiten zu besprechen. Es wurde spät, und Pabst, der eigentlich noch zu seiner Frau nach Hause fahren wollte, entschied sich kurzerhand zu bleiben. Friede stieß mit den beiden älteren Herren an, ohne zu wissen worauf. Springers Heiterkeit erschien ihr sonderbar, fragend sah sie ihn an. »Mausi ist weg«, erklärte er kurz; zu einer weiteren Bemerkung kam er nicht mehr, denn atemlos stürzte Isabel ins Zimmer, die im Haus vergeblich nach ihrer Mutter gesucht hatte: »Wo ist Mami?« schrie sie ihrem Stiefvater entgegen. »Sie ist weggefahren«, antwortete der dem armen Mädchen schonungslos, das offenbar bereits ahnte, was er damit wohl meinte. Isabel brach in Tränen aus. Friede versuchte nach Kräften zu trösten, obwohl sie selbst, erst seit etwa einem halben Jahr im Haus, noch gar nicht erfaßt hatte, was Springers knappe Sätze bedeuten sollten. Später half ihr das Hauspersonal auf die Sprünge: In der Nacht zum Montag sei es zu einer heftigen Auseinandersetzung zwischen Herrn und Frau Springer gekommen, die nicht zu überhören gewesen sei, sagte der Diener Heinz. Türen hätten geknallt, und die Eheleute hätten sich angeschrien und wüst beschimpft, bis Helga Springer schließlich mit einem lauten »Ich komme nie wieder« von dannen gerauscht sei.

In den Tagen nach dem Eklat rief der Verleger das junge Kinderfräulein ein paarmal zu sich in seine Bibliothek, denn er wußte, daß er ihr zumindest eine Erklärung darüber schuldig war, wie es weitergehen sollte. »Das wird nun wohl so bleiben«, bedeutete er ihr entschlossen und meinte damit die endgültige Trennung von seiner vierten Frau. »Lumpi« – diesen Spitznamen hatte Springer seinem jüngsten Sohn kurz nach der Geburt gegeben – »bleibt vorerst bei Ihnen, und Sie bleiben hier im Haus, wenn Sie das wollen.« Für Friede stand außer Frage, das Arbeitsverhältnis fortzusetzen. Ihr gefiel es bei Springers, sie mochte die Kinder sehr und fühlte sich verantwortlich. Vor allem den Kleinen wollte sie in diesen chaotischen Verhältnissen nicht zurücklassen.

Helga Springer kam nicht wieder. Die vierte Ehe des Verlegers war zerbrochen. An jenem Sonntagabend verließ sie das Haus für immer und zog sich auf das Anwesen auf Sylt zurück. Die Kinder wohnten weiterhin in der Villa am Falkenstein, und der Alltag des Kinderfräuleins blieb damit zunächst unverändert. Der kleine Nicolaus hatte von der Abreise seiner Mutter nicht allzuviel Notiz genommen. Isabel hingegen war untröstlich. Sie litt. An den Wochenenden wurde sie zu ihrer Mutter hinauf nach Sylt gebracht und am Sonntag abend wieder abgeholt, damit sie in der Woche in die Schule gehen konnte. Wochentags verließ sie sich auf Friede.

Das taten auch Axel und Helga Springer. Sie kommunizierten nur noch über das Kindermädchen. »Was hat er gesagt?« – »Was macht sie auf Sylt?« – »Zeigt er sich reumütig?« – Friede saß zwischen allen Stühlen. Sie erledigte die Aufträge, die sie fast täglich bekam, denn aufgrund ihrer überstürzten Abreise fehlte Mausi das ihrer Meinung nach Nötigste zum Leben. Und das waren vor allem ihre Kleider. Im Hintergrund wurde bereits die Scheidung ausgehandelt, die jetzt Sache der Juristen war. Von den Details bekam Friede wenig mit – zumindest nicht, um wieviel Geld es ging. Nur von dem Hin und Her darüber, wo Mausi und die Kinder künftig leben sollten, hörte sie bisweilen, weil es auch sie betraf. Im Frühsommer 1966 klärte sich die Lage. Helga Springer wollte Deutschland den Rücken kehren. Sie sollte in Springers neues Haus in Gstaad in der Schweiz ziehen, das Weihnachten 1965 fertig geworden war. Dort hatte die Familie, als die Welt noch in Ordnung schien, fröhliche Festtage verbracht – Springer, Helga, Friede und die Kinder. Sogar Springers Schwiegereltern hatten mitgefeiert.

Schon im Sommer 1966 hatte sich das Familienleben ganz in die Schweiz verlagert. Isabel ging in Gstaad in die Schule. Stefan blieb im Internat. Und Friede genoß auch hier ihre wohleingeübte Zweisamkeit mit dem kleinen Raimund Nicolaus. Manchmal ging sie mit ihm auf Reisen, wenn den Verleger die Sehnsucht nach seinem Söhnchen und wohl auch nach Friede ergriff. Die Villa am Grotiusweg in Blankenese stand häufig leer. Das Leben der Mausi Springer hatte in Gstaad nach außen hin längst wieder seine Ordnung und Springer selbst in Hamburg seine Freiheit.

Ein halbes Jahr blieb Friede Riewerts in Gstaad. Ihr gefiel das hübsche Städtchen im Berner Oberland. Oft war sie mit zwei Amerikanerinnen unterwegs und lernte sogar ein wenig Ski fahren, als im

Winter der erste Schnee die Hänge bedeckte. Hin und wieder wurde sie von Axel Springer angerufen: »Wie geht es dem Jungen?« Er ließ sich vom täglichen Leben in Gstaad berichten, fragte nach seiner Frau, erzählte aus Hamburg und Berlin und wollte vor allem Friedes Stimme hören. Sie antwortete eher knapp als wortreich und immer freundlich. Sie kam gar nicht auf den Gedanken, daß er die Telefonate ein wenig in die Länge zog. Für sie war es erklärlich, daß er mit ihr und nicht mit Mausi sprechen wollte. Die zerstrittenen Eheleute handhaben es ja seit langem so.

Mit der Fahrt auf den Brettern, die Friede nicht unbedingt beherrschte, war es schnell wieder vorbei. Sie stürzte, verdrehte sich das Kniegelenk und war erst einmal außer Gefecht gesetzt. Zwei Wochen verbrachte sie im Krankenhaus. Immerzu wurde ihr Knie punktiert und die viele Flüssigkeit herausgesogen. Doch so schnell, wie die ungeduldige Friede es gern gehabt hätte, wollte es nicht besser werden. Als sie im Rollstuhl ins Springersche Haus in Gstaad zurückkehrte, fühlte sie sich zum erstenmal fehl am Platz.

Ihr Gelenk wollte nicht heilen, schwoll immer wieder an und schmerzte. Sie konnte nicht arbeiten und beschloß, sich nach Hause zu ihren Eltern zurückzuziehen, bis die Malaise vorüber wäre. Dort machte ihr die Knieverletzung noch monatelang zu schaffen. Bewegungsunfähig lag sie mit einem überstrapazierten und immer noch entzündeten Gelenk bei ihren Eltern in Süderende auf dem Sofa. Mit Mausi Springer blieb sie in Kontakt, konnte ihr allerdings nicht sagen, wann sie wiederkommen würde. So mußte die sich schon bald um eine neue Lösung für die Betreuung ihrer Kinder bemühen. Das Frühjahr 1967 war naß und kalt, der Frühling ließ auf sich warten, ebenso wie Friedes Genesung. Sie beschloß daher, bei Helga Springer zu kündigen. Ihre Zeit als Kindermädchen bei Springers war vorüber.

Es kursiert allerdings noch eine andere Version ihrer Kündigung, die ihre Neider später in Umlauf gebracht haben: Sie sei ein fröhliches Mädchen gewesen, das sich in Gstaad mehr für Männer interessiert habe als für den ihr anvertrauten kleinen Springer-Sohn. Immerzu sei sie auf den »Zwutsch« gegangen, habe getanzt und es sich gutgehen lassen, so daß sie morgens nicht früh genug aus dem Bett gekommen sei, um ihrem Schützling das Frühstück zu bereiten. Ihr Lebenswandel habe schließlich die Kündigung seitens der Springers zur Folge gehabt, denn einem derart lebenslustigen Geschöpf habe Axel Springer seinen Sohn nicht anvertrauen wollen.

Friede Riewerts war lebensfroh und unternehmungslustig. Nichts lag ihr ferner, als nur im Hause der Mausi Springer zu sitzen, um fromme Bücher zu lesen. Das tat sie erst ein paar Jahre später an der Seite des Verlegers. In Gstaad nutzte sie ihre Freizeit und genoß sie auch, hätte dabei aber nie gegen ihr stark ausgeprägtes Pflichtbewußtsein verstoßen.

Daß der Verleger sich Hals über Kopf in sie verliebt hatte, kam Springers Entourage im Frühjahr 1967 noch gar nicht in den Sinn. Das wußte nur eine: Springers enge Vertraute Hulda Seidewinkel. Sie stand seit Jahren in Springers Diensten, organisierte sein gesellschaftliches Leben, besorgte die Einrichtung seiner diversen Wohnungen und Häuser und bestückte seine Yacht »Schierensee« mit antikem Mobiliar – das allerdings derart ungeschickt, daß es die Jungfernfahrt des Schiffes in schwerer See nicht überstand. Doch sie tat noch mehr für den Verleger, den sie vergötterte: Sie kümmerte sich um seine Amouren, aktuelle und abgelegte; besorgte für die Damen Geschenke, Schmuck und Pelze und überließ Springer ihre Wohnung in der Blumenstraße in Hamburg, wenn der wieder auf Freiersfüßen wandelte. »Hulda, ich bin vielleicht verschossen«, erzählte er ihr mit einemmal sehnsuchtsseufzend. »Na denn mal los«, ermunterte diese ihn fröhlich, wohl ahnend, daß sie bald wieder im Einsatz sein würde. Sie wußte bereits, wer die neue Auserwählte war – das Kindermädchen. Eine Göre in ihren Augen, reichlich ungebildet, aber jung und wunderschön. Immerhin hatte sich Springer schon vor einiger Zeit die Schallplatte mit dem Schlager »Siebzehn Jahr, blondes Haar, so stand sie vor mir ...« zugelegt, um immer wieder der schmachtenden Stimme des jungen Udo Jürgens zu lauschen und dabei an die blonde Friede von der Insel zu denken.

Sobald sich Friede auf Föhr etwas erholt hatte, war sie ihren Eltern wie üblich in der Gärtnerei behilflich – so wie alle in der Familie es handhaben, wenn sie zu Hause waren. Ihr kleiner Bruder Erk würde – das hatte sich inzwischen herausgestellt – die Nachfolge des Vaters antreten und die Gärtnerei übernehmen. Friede selbst hatte im Frühjahr 1967 wieder einmal keine berufliche Perspektive. Sie dachte daran, für eine Zeitlang nach London zu gehen. Mit Fremdsprachen tat sie sich schwer, denn sprachbegabt war sie nicht. Und obwohl das Englische ihrer Muttersprache Friesisch recht nahekommt, fehlte ihr die Übung. Sie teilte Erich und Elise Riewerts ihren Entschluß mit und schrieb auch Mausi Springer von ihren Plänen. Die riet ihr zu.

Derweil hatte Axel Springer – womöglich dank der tatkräftigen Unterstützung von Hulda Seidewinkel – Friede ausfindig gemacht. Er scheute sich nicht, ein ums andere Mal im Riewertsschen Haus anzurufen, meistens unter irgendeinem Vorwand. »Ich komme rüber«, kündigte er ihr an einem Tag im Frühjahr plötzlich an, »wo wollen wir uns treffen?« Er weilte in seinem Anwesen auf Sylt und wollte Friede endlich wiedersehen. Mit dem Hubschrauber würde er auf der Insel landen, um einen Nachmittag mit Friede zu verbringen. Sie war derart perplex, daß sie auf die Schnelle nichts zu sagen wußte. Da sie den Verleger aber nicht länger in der Leitung warten lassen wollte, nannte sie ihm den Glockenturm in Wyk als Ort des Stelldicheins. Springer war für Friede noch immer der allmächtige Verleger und Hausherr und damit eine natürliche Respektsperson, der man nicht einfach sagen konnte, er möge sich gedulden, bis man über das eingeforderte Rendezvous in Ruhe nachgedacht hätte. Sie wollte ihn ja treffen, sein Interesse, dessen sie sich zunehmend gewahr wurde, schmeichelte ihr. Den weltläufigen charmanten Herrn Springer hatte sie schon immer bewundert ob seines Erfolgs, seiner gepflegten Erscheinung und seiner Eleganz.

Der Nachmittag mit Axel Springer verging im Flug. Die Gärtnerstochter fühlte sich wie im Traum. Da schwebte der Verleger ein, und das nur ihretwegen, wobei sie zunächst gar nicht wußte, was sie die verbleibenden Stunden über mit ihm anfangen sollte. »Komm, zeig mir die Insel«, sagte er zu ihr, zog sie in einen Wagen und ließ sich mit ihr zusammen kreuz und quer über das flache Eiland fahren. Während der Fahrt redete er, sie schwieg die meiste Zeit. »Sag Axel zu mir und laß das mit dem Herrn Springer«, forderte er sie plötzlich auf. Er selbst hatte immer Friede und Sie gesagt und duzte sie jetzt einfach. Es gab kaum Menschen, die Springer duzen durften. Aus seiner Sicht mußte sein Angebot für die kleine Riewerts einer Auszeichnung gleichkommen. Die allerdings hatte enorme Schwierigkeiten, sich umzustellen, sagte mal du, dann wieder Sie, dann Herr Springer und im gleichen Satz Herr Axel. Dabei bemühte sie sich so sehr, es gut zu machen, um bloß nicht des Verlegers Unbill auf sich zu ziehen. Denn daß der ungeduldig war und sich ungehalten zeigte, wenn etwas nicht gleich so erledigt wurde, wie er es angeordnet hatte, war ihr nicht verborgen geblieben.

Sie erzählte ihm an diesem Nachmittag von ihren Plänen, einige Zeit in London als Au-pair-Mädchen zu verbringen – für ein paar Pfund im Monat, die ihr weniger wichtig waren als die Sprache, die sie endlich besser sprechen können wollte. Springer redete ihr zu, obwohl ihre Pläne ihm nicht allzusehr behagten. Einmal vor ihrer Abreise mußte er sie noch sehen. Das war das mindeste. »Besuch mich in Hamburg, bevor du abfliegst«, schlug er ihr vor. Sie sagte zu. Dann bestieg er den Hubschrauber und entschwand. Er ließ sie zurück, verwirrt und aufgeregt. Nachdenklich machte sie sich auf den Heimweg, bedrückt von dem so offensichtlichen Werben des Verlegers. Tagelang noch grübelte sie über den merkwürdigen Auftritt. An die Verabredung in Hamburg vor ihrer Abfahrt über den Kanal würde sie sich halten. Zumindest das hatte er erreicht. Weiter aber war er auf seinem Feldzug, das Herz der blonden Friesin zu erobern, an diesem Nachmittag auf Föhr nicht gekommen.

Ende April fuhr Friede zu Axel Springer. Sie trafen sich in der Wohnung von Hulda Seidewinkel. »Du verdienst ja schrecklich wenig«, sagte er ihr und hatte vorsorglich schon englisches Bargeld besorgen lassen. Er gab ihr einen dicken Briefumschlag mit Scheinen. Es waren etwa 2.500 britische Pfund, wie sie später zählte. In seiner Gegenwart wagte sie nicht, den Briefumschlag zu öffnen. »Nimm das mit. Nicht, daß du in Schwierigkeiten kommst«, munterte er sie auf, ohne zu wissen, daß sie das Geld bald wirklich brauchen würde. Friede zögerte. Dann nahm sie das Kuvert und schob es in ihre Handtasche. Sie hätte gar nicht den Mut gehabt, Springer zurückzuweisen. Wenn er ihr nahelegte, die Scheine anzunehmen, dann war das für sie weniger ein Vorschlag als eine Anordnung. Und da sie wußte, daß er genug davon besaß, schob sie ihre Bedenken beiseite und beschloß, die Gabe als väterliche Geste zu deuten. Ein Notgroschen für alle Fälle, dachte sie sich schließlich, war nicht verkehrt.

Friede hatte sich über eine Au-pair-Vermittlung zum 1. Mai eine Stelle bei einer Familie besorgt, die am südlichen Stadtrand von London lebte. Dort sollte sie zwei kleine Mädchen betreuen. Der Vater der Kinder, der polnischer Abstammung war, betrieb ein Ledergeschäft. Schon nach ein paar Wochen packte sie das Heimweh. Sie merkte, daß ihr Knie noch immer nicht richtig in Ordnung war. Die vielen Treppen des typisch englischen Vorstadthäuschens machten ihr zu schaffen. Die Eltern der Kinder empfand sie als unerträglich, vor allem den Vater, der sich als Choleriker entpuppte. Schrien die kleinen Mädchen nachts im Schlaf, dann war es an ihr, sie wieder zu beruhigen. Und wenn ihr das nicht schnell genug gelang, stand der Alte in seinem Schlafgewand in der Tür und brüllte Friede an. An ihrem Unwohlsein änderte auch die liebevolle Großmutter der kleinen Mädchen nichts, die in der Nähe wohnte. Selbst der Besuch ihrer Schwester Ingke, mit der sie durch London zog, um von Springers Geld ordentlich einzukaufen, brachte sie nicht auf andere Gedanken. Sie wollte weg.

Im Juli packte sie ihre Koffer und bestieg den Zug in die Londoner Innenstadt. Dort hatte sie sich mit ihren ehemaligen Klassenkameraden aus der Heimvolkshochschule in Ratzeburg verabredet, die eine Reise nach London unternahmen. Sie traf die Gruppe im YMCA, wurde mit großem Hallo empfangen und war erleichtert, die Familie los und wieder frei zu sein. Dank Springers Geld konnte sie sich die Tage in der Metropole leisten, die sie von dem betrüblichen Gedanken ablenkten, daß ihr Au-pair-Dasein so kläglich gescheitert war.

Springer hatte mit ihr in London immer Kontakt gehalten. Unablässig schrieb er ihr oder rief an, sie hatte ihm in Hamburg ja noch ihre Londoner Adresse hinterlassen. Er erzählte ihr von seiner Reise zum Präsidenten der Vereinigten Staaten, Lyndon B. Johnson; sprach mit ihr über seine Sorge wegen des Sechstagekriegs in Israel, in dem das israelische Militär die Sinai-Halbinsel bis zum Suezkanal, Jordanien bis zum Jordan und Alt-Jerusalem besetzt hatte. Er habe, sagte er ihr, das schon alles vorher geahnt und auf seiner Reise in die Vereinigten Staaten dem amerikanischen Außenminister mitgeteilt. Friede bewunderte seine Voraussicht und seine Umtriebigkeit. Welcher deutsche Verleger bekam schon einen Termin bei amerikanischen A-Klasse-Politikern, wie dem amerikanischen Präsidenten und dem Außenminister persönlich? Die Bemühungen des Verlegers ließen ihr keine Ruhe. Unablässig beschäftigte sie sich mit dem Gedanken, was er wirklich von ihr wollte und wie sie ihm fortan begegnen sollte. Eigentlich wußte sie längst, wie es um ihn stand, und wollte es doch nicht wahrhaben.

Nach Hamburg wollte sie vorerst auf keinen Fall zurück. Was sollte sie ihm denn sagen? Trotz seines hartnäckigen Werbens blieb sie geistesgegenwärtig genug, sich von Springers Geld ein Flugticket nach Madrid zu kaufen, wo ihre Schulfreundin Marrin Carlsen lebte. Dort mußte sie sich den Bedürfnissen des Verlegers nicht stellen und auch nicht ihren eigenen. Schließlich wußte sie selbst nicht, was sie wollte.

Von London aus hatte sie Marrin geschrieben, die schon 1961 Föhr verlassen hatte und 1965 über Umwege nach Madrid gelangt war. Verwandte hatten ihr dort ein Apartment beschafft. Friede hatte über die Jahre hinweg Kontakt zu ihr gehalten. Jetzt wollte sie sie gern besuchen kommen, für nicht absehbare Zeit, und sie hatte die Freundin gefragt, ob sie denn einverstanden wäre. Marrin war begeistert. Ein weiteres Mädchen, dachte sie sich, fände in der lebenslustigen Wohngemeinschaft, in der sie seit zwei Jahren mit einer Französin und einer anderen Deutschen lebte, durchaus noch Platz.

Friede wurde mit offenen Armen empfangen. Marrin zeigte ihr die Stadt, machte sie mit ihren Verwandten und Freunden bekannt und tat alles dafür, daß das gestrandete Kinderfräulein seinen Kummer über den verkorksten London-Aufenthalt schnell vergaß. Vor allem aber hatte Friede in ihrer Freundin Marrin eine Gesprächspartnerin, die sie schon ziemlich bald in die Sache mit Axel Springer einweihte. Davon, daß die intensiven Bemühungen des Verlegers nicht die Ausgeburt der überbordenden Phantasie einer etwas überkandidelten Vierundzwanzigjährigen waren, bekam die bodenständige und patente Marrin schnell eine Ahnung. Denn Axel Springer hatte sich inzwischen beim Gärtnermeister Riewerts nach dem Verbleib der Tochter erkundigt, nach deren Plänen und vor allem nach ihrer Anschrift in Europas südlichster Metropole. Umgehend wußte er, wo sie erreichbar war, und schickte ihr alsbald Beweise seiner Zuneigung. Fast täglich flatterten Telegramme oder Briefe ins Haus. Und immer wieder wurden wunderschöne Blumensträuße von einem eifrigen Floristen vorbeigebracht. Marrin kam aus dem Staunen nicht heraus.

»Was soll ich denn machen?« fragte Friede ihre Freundin ratlos. Sie hatte auch in Madrid keine Möglichkeit, den Verleger aus dem Kopf zu bekommen, der sich so vehement bei ihr in Erinnerung rief. Ob sie denn verliebt in ihn sei, fragte Marrin zurück, ohne eine eindeutige Antwort zu erhalten. Sie merkte, daß ihre Freundin den dreißig Jahre älteren Mann bewunderte, der es wie kaum ein zweiter in Deutschland geschafft hatte, ein mächtiges Zeitungshaus aus dem Nichts zu erbauen. Allerdings hatte Marrin nicht den Eindruck, als habe Friede Schmetterlinge im Bauch. Sehr verliebt erschien sie ihr nicht, eher verunsichert und dann doch irgendwie fasziniert von dem mächtigen Mann und der Tatsache, daß er nun ausgerechnet auf sie ein Auge geworfen hatte. So richtig nach dem Geschmack der bodenständigen Carlsen war die Sache wohl nicht. Ein gewisser Grad an Verliebtheit gehörte für die junge Frau schon dazu, wenn man sich auf einen Mann einließ. Und dann spielten auch Macht, Einfluß und Geld keine Rolle mehr. Da sie Axel Springer nicht kannte, konnte sie ihrer Föhrer Freundin auch nicht die Sorge nehmen, daß sich der Verleger nur so lange für sie interessieren würde, bis er sie herumgekriegt hätte, um danach die Begeisterung für die Neue zu verlieren. Die beiden

Freundinnen wußten um das Phänomen, daß Unerreichbarkeit die Sehnsucht nährt, was bei Springer ja durchaus der Fall war. Hätte Marrin den Verleger gekannt und dazu seine Reputation in Hamburg, dann hätte sie Friede womöglich vehement abgeraten, sich auf ihn einzulassen. Denn Springer eilte nun einmal der Ruf voraus, ein echter Weiberheld zu sein, für den meist der Weg schon das Ziel war und der sich mit seiner neuen Eroberung im Arm bald wieder nach der nächsten umdrehte.

Marrin tat alles, damit sich die Freundin in Madrid wohl fühlte. Sie schlug ihr vor, sich, wie sie selbst es getan hatte, bei einer Fluggesellschaft als Stewardeß zu bewerben. So würde sie die Welt richtig kennenlernen. Sie empfahl ihr, Spanischkurse zu belegen, Spanisch sei doch neben Englisch eine der am meisten gesprochenen Sprachen auf dem Erdball. Doch Friede erschien ihr unschlüssig, irgendwie hin und her gerissen. Im August flog Marrin nach Bogotá, wo sie mit dem langersehnten Lehrgang als Stewardeß begann. Vor ihrer Abreise hatte sie der Freundin immerhin noch eine Beschäftigung als Babysitterin bei ihren Verwandten vermittelt, die kleine Kinder hatten.

»Liebe Marrin«, schrieb Friede im September nach Bogotá. »Ich habe mich entschlossen, nach Hamburg zurückzukehren.« Sie bedankte sich für alles, was Marrin für sie getan hatte, auch wenn sie deren Vorschläge, in Spanien zu bleiben und Stewardeß zu werden, nicht beherzigte. Sie buchte einen Flug nach Genf. Von dort wollte sie noch einmal ins Berner Oberland nach Gstaad fahren, um den kleinen Nicolaus und ihre ehemalige Arbeitgeberin zu besuchen.

Das Wiedersehen mit Helga Springer und den Kindern war herzlich. Der Kleine flog Friede in die Arme. Und auch die anderen freuten sich. Mausi war ihr vertraut wie eh und je. Friede übersah freilich nicht, wie sehr die vierte Frau Springer unter der Trennung von ihrem zweiten Mann gelitten hatte. Sie sah mitgenommen, fast krank aus. Friede blieb zwei Tage, dann flog sie nach Hamburg. Dieses Mal hatte ihr Entschluß, nach Deutschland zurückzukehren, mit Heimweh nichts zu tun.

5. Kapitel

Anstandsunterricht

Zwei Jahre hatte Axel Springer warten müssen, bis er Friede endlich an seiner Seite hatte. An dem Tag, an dem sie sich als Kindermädchen in seinem Haus vorstellte, hatte er sich Hals über Kopf in sie verliebt. »Um Himmels willen! Wie soll das gutgehen, wenn die in unser Haus kommt?« hatte er gedacht, als er sie beim Hinausgehen noch einmal musterte, wie er ihr später erzählte.

Als Friede im September 1967 aus Spanien zurückkehrte, hatte er bereits Vorkehrungen getroffen und die Organisation ihres Daseins veranlaßt, ohne daß sie dazu befragt worden wäre. Friede Riewerts wurde zunächst einmal in einem kleinen Apartment untergebracht, das zu der Wohnung von Hulda Seidewinkel gehörte, die in einem der vornehmen Hamburger Viertel an der Außenalster wohnte. Dort schien Friede nach Springers Meinung richtig aufgehoben. Die Seidewinkel hatte sich über die Jahre als äußerst diskret erwiesen und sollte die unbedarfte Friede nun unter ihre Fittiche nehmen. Sie tat es mit Leidenschaft. Für Axel Springer gab sie ihr Bestes, sie lebte für ihn, sie machte ihm alles recht, und das geradezu mit Hingabe. Seit Jahren stand sie in seinen Diensten. Sie hatte ihn über seine dritte Ehefrau Rosemarie kennengelernt, die ihrem Mann empfahl, sich bei der Einrichtung einer Berliner Immobilie ihrer Dienste zu bedienen. Innenarchitektur hatte sie nicht gelernt, aber sie hatte einen treffsicheren Geschmack und viel Geschick. Sie erledigte die ihr übertragene Aufgabe für ein passables monatliches Gehalt offenbar so zufriedenstellend, daß sie sich fortan um Aufträge keine Sorgen mehr machen mußte. Sie hatte seine Villa am Falkenstein ebenso eingerichtet wie sein Berliner Privathaus oder sein Büro sowie den Journalistenclub im Springer-Hochhaus in der geteilten Stadt. Sie organisierte Abendessen und Gesellschaften, sie stellte Einladungslisten zusammen und scheuchte gnadenlos entnervtes Personal hin und her, wenn lange Tafeln einzudecken waren und etwa eine der Rosen, die jeder an seinem Platz vorfinden sollte, nicht frisch genug war. Immer handelte sie in der festen Überzeugung, daß sie schon wußte, wie Springer es gern hätte. Er mochte sie, schätzte ihren Humor und ihre Schlagfertigkeit und traf sich in regelmäßigen Abständen mit ihr im Kempinski am Kurfürstendamm auf einen Teller Kaviar. In Keitum auf Sylt hatte sie ihn einmal zum Gottesdienst begleitet, hatte mit ihm in der letzten Bank gestanden und andächtig mitgesungen, der Verleger immer eine Sekunde hinter der Seidewinkel, weil sie die Liedtexte beherrschte und er nicht. Sie hatte die Gabe, ihn zum Lachen zu bringen mit ihrem schauspielerischen Talent. Die Nähe zu ihm verschaffte ihr Autorität, die sie auch gegenüber dem Mädchen aus Föhr einsetzte, das da plötzlich in Hamburg erschien.

Hulda Seidewinkel wußte, was für Frauen Springer geliebt hatte und liebte, und sie wußte, wie sie sein sollten. Sie hatte Kredit bei den Antiquitäten- und Einrichtungsgeschäften in der Hansestadt und bei den Boutiquen für die Damen der besseren Gesellschaft. Sie kannte die besten Schneider und Schuhmacher, bei denen schon die anderen Springer-Frauen hatten arbeiten lassen. Wenn sie für ihn etwas besorgen mußte, drehte sie die Mark nicht ein einziges Mal um. Sie ließ die Rechnung vom Büro des Verlegers zügig begleichen. Hulda Seidewinkel brachte Friede zum Modesalon von Irmgard Bibernell, die von all den wohlhabenden Bekannten nur Bibi genannt wurde und eine alte Freundin des Verlegers war. Er kannte sie seit einer halben Ewigkeit. Sie hatte in den dreißiger Jahren einen vornehmen Modesalon in Berlin betrieben und sich nach dem Krieg in Hamburg niedergelassen – zusammen mit ihrem Mann und Axel Springer im Harvestehuder Weg. Dort teilten sie sich zwischen den Trümmern eine Wohnung, in der die Bibernell ihren Modesalon aufbaute und Springers Aufstieg seinen Anfang nahm.

Hulda Seidewinkel ließ das Föhrer Mädchen bei der Bibernell in marinefarbene Kostüme einkleiden mit weißen Blusen, an denen handgedrehte Knöpfe hingen. Sie hatte die Aufgabe, sich um Friede zu kümmern, und meinte, aus dem Mädchen vom Land eine Dame machen zu müssen: wie man ißt, wie man sitzt, wie man spricht – als hätte Friede das nicht auch alles gewußt. Sie war gut erzogen, sprach zwar mit einer leichten Einfärbung, die das Friesische erkennen ließ, verwechselte manchmal mir und mich, aber gravierend war das nicht. Sie konnte sich nur nicht gut verkaufen, hatte überhaupt keinen Sinn für Eleganz und nur wenig Gefühl dafür, wie man sich auf Dauer an der Seite des Verlegers zu geben hatte. Sie war das ganze Gegenteil von Hulda Seidewinkel, die in ihrem Selbstbewußtsein nicht zu erschüttern war. »So kannst du nicht gehen. Das kannst du nicht machen!« – Noch immer klingen ihr die scharfen Anweisungen der Seidewinkel im Ohr, die ihrerseits meinte, ganz im Sinne des Verlegers zu handeln. Alles habe sie ihr beigebracht, sich für Friede aufgeopfert, um es ihrem Herrn recht zu machen.

Das »Fräulein Riewerts« war unsicher, hatte weder Geld noch Arbeit, hatte nur den Verleger, der sich immer wieder mit ihr traf. Sie hatte der dominanten Gouvernante nichts entgegenzusetzen. Und sie litt darunter, auch weil die Seidewinkel allzusehr nach außen trug, was sie dem Mädchen angeblich alles beizubringen hatte. Die Vertrauten des Verlegers bekamen schnell mit, daß Friede Riewerts offenbar erst einmal das Essen mit Messer und Gabel lernen mußte – zumindest nach Meinung von Hulda Seidewinkel. Friede wiederum war nicht nur das zu Ohren gekommen, sondern auch, daß die Seidewinkel, wenn sie den Verleger gerade einmal wieder mit ihren Witzen unterhalten hatte, nebenbei so manchen Giftpfeil gegen sie abschoß. Sie konnte so vieles ins Lächerliche ziehen, wenn sie die Menschen nachäffte, worüber sich der Verleger meist köstlich amüsierte. Friede beschlich bald das Gefühl, daß Hulda Seidewinkel versuchte, ihre noch so frische Beziehung zu dem Verleger zu zerstören. Sie begann, die Seidewinkel zu verabscheuen. Eine Handhabe gegen sie hatte sie jedoch nicht. Es sollte noch ein paar Jahre dauern, bis sie

Springer dazu brachte, diese enge Vertraute, die so köstlich auf seine Kosten lebte, immer mehr auf Abstand zu halten.

Weder Geld noch die fehlende Beschäftigung waren Friede Riewerts' Sorge im Jahr 1967. Sie meldete sich an der Fremdsprachenschule an, ging vormittags tagein, tagaus zum Englischunterricht und folgte an so manchem Nachmittag der energischen Frau Seidewinkel in die Geschäfte. Immer wieder traf sie sich mit Axel Springer, so wie er es einrichten konnte und wollte. Er führte sie aus ins Kino, ins Theater, ins Konzert, ein für Friede häufig unerquickliches Unterfangen. Denn Springer litt, wie er es formulierte, unter seinen »restless legs«. Er könne die Beine nicht stillhalten, klagte er immer wieder, um schon in der Pause mit seiner Freundin aus den Konzert- und Theatersälen zu verschwinden. Meist nahm sie es hin, nur einmal zog sie deutlich die Augenbrauen hoch, weil sie das Theaterstück gern zu Ende gesehen hätte, und schwieg.

Er verwöhnte sie, wann immer er sie besuchte. Er kaufte ihr sündhaft teure Schuhe, die er im Schaufenster entdeckte, vermied es aber, mit seiner Neuen das Geschäft zu betreten. »Das Paar gefällt mir. Geh schnell hinein und kauf es dir«, sagte er zu ihr, drückte ihr ein paar große Scheine in die Hand und wartete, bis sie im Handumdrehen mit einer Tüte wieder aus dem Laden kam.

Springer unterhielt sich mit ihr – meinte er zumindest, denn was er für Unterhaltung hielt, endete häufig in Monologen. Er erzählte ihr von seinem Verlag und seiner Arbeit, von seinen Begegnungen und den Gedanken, die ihn beschäftigten. Nur zu Freunden und Bekannten nahm er sie nicht mit. So blieb sie allein, wenn er nicht bei ihr war, eingesperrt in einem goldenen Käfig. Sie fühlte sich einsam und nicht wirklich glücklich. Deshalb vermied sie es, die Nachmittage in ihren vier Wänden zu verbringen und auf Springer zu warten. Sie rannte aus dem Haus, besuchte Ausstellungen und Museen, ging spazieren und floh vor ihren eigenen Gedanken. Sie lenkte sich ab, so gut es ging. Über sich selbst und ihre Situation wollte sie nicht grübeln. Auf keinen Fall. Ihrem Unwohlsein wollte sie sich nicht stellen. Dann hätte sie sich eingestehen müssen, daß sie sich aushalten ließ, das Leben einer Mätresse führte, einer heimlichen Geliebten, deren Wohl und Wehe nur von ihrem Gönner abhing. Und das wiederum wollte sie nicht wahrhaben. Es konnte und durfte nicht sein.

Ein wenig Erleichterung verschaffte ihr der Umzug aus dem Apartment bei Hulda Seidewinkel in eine eigene Wohnung in der Milchstraße zur Weihnachtszeit 1967. Die Hofdame Springers hatte ihr stets das Gefühl vermittelt, sie sei zwar Geliebte, aber noch lange keine Vertrauensperson. Was waren schon die Geliebten, die für eine kurze Zeit ihn, aber nicht sein Vertrauen besaßen? – »Wie viele habe ich im Laufe der Jahre kommen und gehen sehen!« Friede hatte Angst vor ihr. Sie konnte dem Verleger nicht einfach sagen, daß ihr seine Vertraute nicht geheuer war. Ein Unding wäre es gewesen, Axel Springer mit derart profanen Sorgen zu belasten, zumal er offensichtlich so große Stücke auf die Seidewinkel hielt. Es wäre nicht absehbar gewesen, wie er reagiert hätte.

Die Wohnung in der Milchstraße lag über einem Antiquitätengeschäft, das Springers Freund Eduard Brinkama gehörte. Der Verlag hatte sie für Mitarbeiter angemietet. Sie befand sich in einem weißgetünchten Eckhaus im schicken Pöseldorf, wo die Häuser niedriger sind als in der Innenstadt und die Geschäfte noch vornehmer. Das Dach war mit schiefergrauen halbrunden Schindeln gedeckt und mit Zinnen verziert. Alles in allem war die Wohnung nett anzusehen. Auch der Verleger hatte vor Jahren einmal selbst im ersten Stock des Häuschens residiert, später dann sein Sohn aus zweiter Ehe, Axel junior.

Die Wohnung war vornehm möbliert mit edlen Schränken und Stühlen aus Brinkamas Laden. Friede selbst hatte keine Möbel und auch keinen eigenen Geschmack. Der Verleger ließ ihr gar keine Möglichkeit, sich einzurichten. Hulda Seidewinkel blieb immer noch präsent. Sie versuchte weiterhin, das Fräulein Riewerts zu dominieren, brachte Springers Neue immer einmal wieder zum Weinen. Auf ihren Abstechern nach Berlin wohnte sie später mit Friede und Axel Springer in einem Haus, und Friede atmete auf, wenn sie endlich wieder fort war. In Hamburg war es Friede gelungen, Hulda Seidewinkel schon einmal ein kleines bißchen auf Distanz zu bringen, zumindest räumlich. Springers Vertraute bekam jetzt nicht mehr direkt mit, daß sich der Verleger bei seiner neuen Freundin immer häufiger blicken ließ. Er wohnte bei ihr, wenn er in Hamburg war. Das Haus am Grotiusweg, in dem Friede zwei Jahre zuvor als Kindermädchen begonnen hatte, stand dagegen leer. Allerdings fuhr er zu dieser Zeit schon häufig nach Berlin, wo er genau ein Jahr zuvor, am 6. Oktober 1966, sein Verlagshaus eingeweiht hatte, direkt an der Mauer, nur einen Steinwurf vom Checkpoint Charlie entfernt.

Zwei Jahre, bis 1969, blieben Springer und Friede in der Milchstraße. Sie lebte zurückgezogen und fernab öffentlichen Interesses und gesellschaftlicher Ereignisse an seiner Seite. Nur sein engster Kreis, seine Assistenten und Sekretärinnen wußten, wie er zu ihr stand. Und natürlich Hulda Seidewinkel, die bald mit einem gewissen Argwohn bemerkte, daß die Beziehung zwischen Springer und seiner Neuen schnell an Intensität gewann. Sie waren unzertrennlich. Springers Entourage dachte sich ihren Teil, besprach sich und lästerte. So eine junge Geliebte habe der Verleger noch nie gehabt. Es sei bloß ihre Jugend und ihr hübsches Gesicht, die es ihm angetan hätten. Sie, ehrgeizig, wie sie sei, nähme den Altersunterschied gern in Kauf. Springer sei schließlich ihr Garant für ihren gesellschaftlichen Aufstieg, für Luxus und ein unbeschwertes Leben:»Dreißig Jahre Altersunterschied tun doch nicht weh, wenn man sonst nichts hat.« Natürlich würde sie ihn nicht mehr aus den Augen lassen und versuchen, jeden wegzubeißen, der ihm nahestand.

Der Verleger, der sich um die Gunst des jungen Mädchens so lange bemüht hatte, wollte sie nicht mehr loslassen. Er hatte sich verliebt wie schon lange nicht mehr. Er fand die Friesin hinreißend in ihrer etwas spröden Art. Tatsächlich erfrischte er sich an ihrer Jugend, verspürte Auftrieb, wenn sie ihn anhimmelte, und genoß, daß sie ihn niemals in Zweifel zog. Nur wenn er wieder einmal etwas kaufte, was sie für unnötig hielt, protestierte sie schüchtern. Zwar sparte auch sie mit seinem Geld nicht über die Maßen, trug teure Sachen, die ihr von Springers Kleidermachern auf den Leib geschneidert wurden. Doch war sie die erste Frau in seinem Leben, die ihn mit ihrer hellen Stimme ab und an zur Ordnung rief: »Aber Axel, das ist doch viel zu teuer!« Über Springers Geld hatten sich die Ehefrauen bisher kaum Gedanken gemacht, Friede aber, im Grunde ihres Herzens sparsam bis hin zur Knauserigkeit, fand ihn mitunter zu verschwenderisch. Das ganze Geld! – Sie mochte nicht, wenn er praßte. Stolz erzählte sie ihm, wenn sie im Supermarkt die Tafel Schokolade nicht für 1,08 Mark, sondern für 68 Pfennig gekauft hatte. Und wieder war Springer derart begeistert, daß er seinen engsten Mitarbeitern die Geschichte gleich mehrfach zum besten gab. Friede, so meinte er, war noch nicht verdorben wie alle anderen um ihn herum. Sie wußte, was Geld bedeutete und was es wert war, und dafür liebte er sie noch mehr. Hatte er nicht vor Jahren versucht, seinem Sohn Axel zu vermitteln, wie mühsam die Mark zu verdienen war? Als der im Alter von elf Jahren den Vater auf einem Spaziergang durch die Hamburger Innenstadt um 50 Pfennig bat, zeigte der Vater auf einen *Bild*-Zeitungs-Verkäufer vor dem Bahnhof. Die Zeitung kostete damals noch 10 Pfennig. Zwei Pfennig verdiente der Verkäufer. Tatsächlich ließ Springer den Sohn im naßkalten Wetter so lange warten, bis der Verkäufer seine fünfundzwanzigste Zeitung an den Mann gebracht und damit 50 Pfennig verdient hatte. Dann erst bekam der Sohn, inzwischen völlig verfroren, den erbetenen Betrag. Friede brauchte derartige Lektionen nicht.

Sie konnte es schwer ertragen, wie viele seiner Angestellten das Geld mit den Händen zum Fenster hinauswarfen, wie sie sich beschenken ließen und Zuwendungen regelrecht erwarteten. Dazu gehörte auch die Seidewinkel, die sich von Springer gern verwöhnen ließ und in Tränen ausbrach, als er ihr einen Pelzmantel für 39 000 Mark spendierte.

Auch Friede lebte von Springers Geld. Er hatte ihr ein kleines Budget gegeben, eine ansehnliche Summe für so ein junges Mädchen, mit der sie bis über das nächste Jahr kommen sollte. Friede ging damit sparsam um, brauchte gerade einmal die Hälfte und ließ den Rest auf dem Konto, das ihr Springer hatte einrichten lassen. Sie dachte nicht in seinen finanziellen Dimensionen und sollte das auch später nicht tun. Ein paar hundert Mark waren für sie damals unendlich viel Geld. Aufgelöst saß sie einmal in ihrer Wohnung, als sie merkte, daß sie soeben ihre Geldbörse mit 300 Mark verloren hatte. »Um Himmels willen. Wie soll ich das denn Axel sagen?« Sie zitterte. Am besten gar nicht, dachte sie sich mit schlechtem Gewissen. Sie hätte es ihm nicht beichten müssen, aber sie fühlte diese innere Verpflichtung, ihm die Wahrheit nicht zu verschweigen. Irgendwann fand sich das Portemonnaie wieder, und das Gespräch mit dem Verleger erübrigte sich.

Friede Riewerts war Axel Springer ausgeliefert. Sie litt unter ihrer Unsicherheit. Sie war verdammt zu warten, bis der Verleger kam. Sie traute sich kaum, ihre Wünsche zu äußern und ihm ihre Bedürfnisse mitzuteilen. Zwar gab ihr sein stets zuvorkommender und liebevoller Umgang zunehmend Vertrauen. Doch lebte sie ständig in der Angst, womöglich irgend etwas falsch zu machen, was seinen Unmut hätte erregen können, und dann wieder verstoßen zu werden, wie so viele vor ihr. Dann hätte sie nichts gehabt und wäre nichts gewesen.

Die Sorgen, die Friede Riewerts Ende der sechziger Jahre in Hamburg bewegten, waren aber nicht stark genug, um sich aus ihrer Abhängigkeit vom Verleger zu befreien. Sie verbot sich jede Art der Reflexion über ihr merkwürdiges Dasein und blieb. Denn wenn sie zusammen waren, ging es ihr gut. Wenn er kam, waren alle Zweifel und Sorgen wie weggeblasen, dann zählten nur er und das, was war. Die Gedanken daran, was wohl die Zukunft bringen würde, spielten in den Stunden der Zweisamkeit überhaupt keine Rolle mehr. Und so hangelte sie sich von Begegnung zu Begegnung, erwartete sehnsüchtig das nächste Treffen, verabschiedete ihn nur ungern und war froh, wenn er wieder bei ihr war.

Mit dem Beginn ihres neuen Lebens als Fräulein Riewerts an der Seite Axel Springers endete ihr Mitteilungsbedürfnis. Sie brach mit ihrer Vergangenheit. Zwar verleugnete sie nicht ihre Herkunft und ihr Elternhaus oder gar die Tatsache, daß sie nur einen Volksschulabschluß hatte. Aber sie machte fortan fast alles mit sich allein aus. Radikal reduzierte sie die Kontakte zu ihrer Familie und ihren Freunden auf ein fast unpersönliches Minimum. Eine Karte zu Weihnachten an Tattje, ein pflichtbewußter Telefonanruf bei den Eltern – mehr nicht. Nie mehr würde sie mit jemandem ihre tiefsten Gedanken teilen; weder bei Beginn der Beziehung mit Springer, als sie immer wieder Verlustängste plagten, noch gegen Ende seines Lebens, als sie sich zunehmend über seine Gesundheit und seine schwindenden Lebensgeister sorgte. Ihre Eltern und Geschwister ließ sie vollkommen außen vor. Ihre Freundinnen sowieso. An der Seite Axel Springers hatte sie auch bald keine Zeit mehr, ihre alten Freundschaften zu pflegen. Sie hatte sich auf den Verleger zu konzentrieren – die Bedingung dafür, daß sie bleiben konnte. Und sie wollte es so.

Die Familie beobachtete das Verschwinden der Tochter und Schwester in eine völlig andere Welt mit Besorgnis. Doch die Eltern redeten ihr nicht hinein. »Wir hatten unser Leben und sie ihres«, erzählt ihre Mutter. Friede war ihnen keine Erklärung schuldig für den Mann, mit dem sie zusammen war. Das mußte sie selber wissen. Aber traurig waren die Eltern allemal. Sie spürten allmählich, daß Friedes neue Welt nicht mehr zur alten paßte. Sie merkten schnell, wie besitzergreifend Springer war. Sie hatte plötzlich für niemanden mehr Zeit, konnte nicht einfach mal zwei Tage zu ihren Eltern und mit ihrem Fahrrad über die Insel fahren.

Auch ihr älterer Bruder Christfried betrachtete den Weg seiner Schwester mit Skepsis und Argwohn. Er hatte sich immer ein wenig verantwortlich gefühlt für sie und war froh, daß sie irgendwann wie er den Absprung von der Insel geschafft hatte. Aber daß sie sich jetzt so entfernte? Noch mit regem Interesse hatte er sie am Grotiusweg aufgesucht, als sie Kindermädchen bei Springer war. Fasziniert hatte er feststellen können, in welchem Umfeld sie gelandet war und arbeitete. Aber was für ein Dasein führte sie jetzt?

Chris Riewerts lebte schon länger in Hamburg. Er interessierte sich zunehmend für Zeitungen und Zeitschriften. Als gelernter Fotograf wollte er weiterkommen. Natürlich hatte er schon viel über Axel Springer gehört und gelesen und mit großer Aufmerksamkeit verfolgt, wie der Verleger in den Jahren 1967 und 1968 aufgrund seiner

Machtfülle zu einer Haßfigur der Linken wurde. Außerdem kursierten über Springers Privatleben die wildesten Gerüchte, an denen sich die Hamburger Gesellschaft und die Medienwelt ergötzten. Der elegante Herr, so hörte Chris immer wieder, ließe sich nur allzuhäufig mit den Damen ein. Er stellte den Frauen nach, die sich ihm gern in die Arme warfen. Und ausgerechnet der hielt seine Schwester aus, die – eingesperrt in eine mit teurem Mobiliar bestückte Wohnung – eigentlich ein Kurtisanen-Dasein führte. Immerhin ging sie zur Schule, was ihn beruhigte. Insgesamt aber war ihm ihr neues Leben nicht geheuer. Es paßte nicht zu dem Bild, das er von seiner Schwester hatte.

Einmal, Ende 1968, kam er auf ihren Wunsch hin, um Porträtaufnahmen von ihr in der Wohnung in der Milchstraße zu machen. Es sollte für viele Jahre der letzte Kontakt mit seiner Schwester sein. Denn über die Fotos gerieten sie in einen heftigen Streit. Christfried fand die Aufnahmen von jenem Tag nicht gut. Sie zeigten nicht die Friede, die er kannte, sondern eine andere junge Frau, verunsichert und fahrig, verpflanzt in eine fremde Welt. Als er ihr dann auch noch eröffnete, er würde demnächst als Fotograf beim *Spiegel* anfangen, brach die Verbindung ab. Auf das eine oder andere Signal, das Chris aussandte, kam keine Antwort mehr. »Vielleicht haben meine Signale sie auch gar nicht mehr erreicht.« Wie die Familie und Freunde fand auch er sich irgendwann mit dem Entschwinden Friedes in eine völlig andere Welt ab.

6. Kapitel

Das ewige Fräulein Riewerts

Friede Riewerts wurde zur Geliebten des Verlegers in einer Zeit, da sich die Welt gegen ihn zu verschwören schien. Die unbeschwerten Jahre, in denen es mit seinem Konzern unaufhörlich aufwärts- und im Privatleben hoch herging, waren unwiederbringlich vorbei. Im Herbst 1966 noch wurde er gefeiert und bewundert für seinen Mut, nahezu 100 Millionen Mark in ein Bürohochhaus zu investieren, das er direkt an die Berliner Mauer bauen ließ.

Einer allerdings verfolgte bereits im Oktober 1966 den vermeintlichen Siegeszug Axel Springers eher kritisch. Rudolf Augstein gratulierte – natürlich mit der gebührenden Portion Zynismus – dem Verleger zum neuen Hochhaus in der Kochstraße. »Ave Cäsar«, rief er Springer in seinem *Spiegel* zu, als alle Welt das Gebäude als Zeichen enormer wirtschaftlicher Macht und unternehmerischen Mutes würdigte. Augstein, in diesem Falle nicht nur kritischer Beobachter, sondern auch Konkurrent, legte schon damals den Finger in die vermeintliche Wunde der Republik: die Machtfülle des Zeitungszaren, der mit seinen Gazetten Millionenauflagen erreichte und einen noch nie dagewesenen Einfluß auf die öffentliche Meinung ausübte. »Je größer, je reicher, je mächtiger das Haus Springer emporwächst, desto höher wird das Hindernis, das Springer selbst mittlerweile auf dem Weg zu einer friedlichen Ordnung in Europa darstellt. Er selbst steht seinen eigenen Wünschen nach einem nicht länger geteilten Deutschland entgegen, je mehr Büroburgen, Auflagen und Druckereien ihm gehören.«

Damals war Friede noch in der Schweiz. Doch hatte sie die Eröffnung des Verlagshauses in Berlin aus der Ferne verfolgt. Immerhin war das Hochhaus, das Axel Springer zu Hochzeiten des Kalten Krieges bauen ließ, ein unübersehbares Bekenntnis für die geteilte Stadt, der immer mehr Unternehmer den Rücken kehrten. Springer aber blieb und investierte, was die Einweihung des Hauses zu einem politischen Ereignis machte. Willy Brandt war zugegen als Regierender Bürgermeister West-Berlins, und auch Bundespräsident Heinrich Lübke kam, um dem mächtigen Verleger seine Aufwartung zu machen.

Augsteins Worte waren die Vorboten einer Auseinandersetzung, die in den folgenden Jahren heftige Wellen schlug. Studenten, Intellektuelle, Politiker – alle meinten plötzlich, sich mit der Machtfülle des Verlegers aus Altona befassen zu müssen. Springer wurde zu einem politischen Problem und zu einer Figur des Hasses. Er wurde, wie er im Frühjahr 1968 von sich selbst sagte, der »Buhmann der Nation«. Und er litt darunter. Denn Springer wollte geliebt werden. Nicht nur von Friede, die ihm ganz ergeben war, sondern von allen – von den jungen Menschen, von Deutschland.

Der Auftakt der Studentenrevolte war Friede entgangen. Als sich aus der Pistole eines Polizisten eine Kugel löste und den Romanistik-Studenten Ohnesorg tötete, war sie als Au-pair-Mädchen in London gewesen. Benno Ohnesorg starb am Abend des 2. Juni 1967 in Berlin, am Tag des Schah-Besuches in der geteilten Stadt. Mit dem Tod des Studenten wurde der 2. Juni 1967 zu einem historischen Datum, das in Deutschland den Auftakt einer ganzen Serie zum Teil gewalttätiger Proteste gegen das Establishment markierte.

Als Schah Reza Pahlewi und seine Frau Farah Diba in Berlin landeten, war die Stadt von den Sicherheitsbehörden bereits in eine Festung verwandelt worden. Gefürchtet wurden viel weniger die Proteste deutscher Studenten als die der Gegner des persischen Regimes. Die Regierung rechnete mit Attentaten auf den hohen Besuch, zu denen die Regimegegner allen Mutmaßungen nach bereit schienen. Doch die Proteste gegen den persischen Machthaber kamen aus dem Land der Gastgeber. Dabei machte es gerade die *Bild*-Zeitung den jungen Leuten leicht: Schon zehn Tage vor der Ankunft des Schahs hatte sie das genaue Programm der zweiundzwanzig Stunden abgedruckt, die der Herrscher in Berlin verbringen sollte. Die Studenten wußten also, wo sie sich zu welcher Stunde einzufinden hatten. Als das Kaiserpaar am Abend eine Aufführung der »Zauberflöte« in der Oper verfolgte, kam es zu blutigen Straßenschlachten – nicht nur zwischen den protestierenden Studenten und der Polizei, sondern auch mit den schahtreuen persischen Studenten, die ihrerseits mit Schlagstöcken auf ihre deutschen Kommilitonen einprügelten. Nachdem sich die meisten schon wieder zurückgezogen und die Schlägereien offenbar ein Ende gefunden hatten, fiel der Schuß, der Benno Ohnesorg das Leben kostete.

Am folgenden Tag war in der ersten Ausgabe der *Bild*-Zeitung, die damals eine Auflage von mehr als vier Millionen Exemplaren erreicht hatte, noch nichts zu lesen; erst in einer späteren Ausgabe des Boulevardblattes wurde darüber berichtet. Die Zeitung behielt sich ihre eigene Interpretation der Ereignisse vor und heizte den Unmut der Studenten damit weiter an. Sie bezeichnete die Demonstranten als »Radikalinskis«, »Schreihälse« und »Randalierer«, zeigte das Bild eines blutüberströmten Polizisten und deutete die Ereignisse der vorangegangenen Nacht auf ihre Weise: »Dieser Polizist stand vor dem Wagen des Schahs. Ihn traf der Stein, der den Gast aus Persien treffen sollte. In Berlin gab es bisher Terror nur östlich der Mauer. Gestern haben bösartige und dumme Wirrköpfe zum erstenmal versucht, den Terror in den freien Teil der Stadt zu tragen.«

Die Wut der Studenten richtete sich zunehmend gegen die Springer-Blätter, die ihrer Meinung nach den Lesern millionenfach einen falschen Eindruck der Lage vermittelten und ihr Anliegen nicht ernst nahmen. Doch die Springer-Journalisten berichteten unverdrossen weiter über die »Fernsteuerung« der Studentenbewegung durch die Machthaber jenseits der Mauer. Auch als sich zehntausend Studenten aufmachten, den Sarg mit dem Leichnam Benno Ohnesorgs von Berlin in seine Heimat zu begleiten, versuchten sie nicht, den wahren Gründen des Aufruhrs nachzugehen.

In den darauffolgenden Monaten wurde immer wieder demonstriert und protestiert: »Springers Schreiberhorden halfen Benno morden«. Die Revolte gegen das Establishment wurde auch zum Kampf gegen die Springer-Blätter und den Verleger selbst, der als Verfechter konservativer Werte für die Studenten eindeutig auf der falschen Seite stand. Als Reaktion auf die Kritik formulierte er noch im selben Jahr vier Leitsätze, in denen seine Haltung zum Ausdruck kommen und nach denen sich die redaktionelle Arbeit vollziehen sollte: Die Redakteure verpflichteten sich fortan, für die Herstellung der deutschen Einheit und für die Aussöhnung zwischen Deutschen und Juden einzutreten. Sie hatten jegliche Art von politischem Totalitarismus abzulehnen und die soziale Marktwirtschaft zu bejahen. »Die Unruhe auf den Straßen wird keine grundsätzliche Veränderung der verlegerischen und redaktionellen Arbeit der Zeitungen des Hauses Springer bewirken«, bekräftigte Springer öffentlich.

Im Herbst 1967 ebbte die Welle der gewalttätigen Proteste ab. Es kam die Stunde der Schriftsteller und anderer Intellektueller, die sich mit den Ereignissen und der Rolle des Springer-Konzerns auseinandersetzten. Forum für den öffentlichen Diskurs um die Meinungsmacht des Hamburger Zeitungskönigs war *Die Zeit*, in der der Chefredakteur Josef Müller-Marein selbst zur Feder griff: »Wenn ein Verleger so groß wird wie Springer es geworden ist, und wenn es wahr ist, daß er seinen Einfluß auf die Chefredakteure seiner Blätter unablässig geltend macht, ist da ein Problem berührt, das allgemeiner Sorgen wert ist: das der Macht.« Springer wiegelte ab: »Ich habe diesen Zipfel Macht nicht ererbt. Er ist mir von den Lesern meiner Zeitungen […] verliehen worden. Deshalb betrachte ich sie [die Macht] auch nur als Lehen.«

Bald mischte sich auch Günter Grass in die Debatte ein mit einer – wie *Die Zeit* es nannte – »flammenden Philippika« im Fernsehen. Die Pressekommission hatte derweil die Bundesregierung aufgefordert, die Entwicklung der Springer-Blätter zu beobachten. Die deutsche Presse befand sich nach einhelliger Meinung offenbar in einer Krisensituation ob der Übermacht des Großverlegers. Am 13. April 1968 unterzeichneten zwölf Professoren und zwei Schriftsteller, darunter

Theodor W. Adorno, Walter Jens, Golo Mann und Alexander Mitscherlich sowie Heinrich Böll und Hans Dieter Müller, eine Erklärung, die am 19. April in dem Hamburger Wochenblatt erschien. Hart gingen sie dabei mit dem Springer-Haus ins Gericht. Sie sahen einen neuen »autoritätsbestimmten Nationalismus« heraufziehen, gefördert durch die Herrschaft der Springer-Presse über »unmündige Massen«. Damals erreichte allein die *Bild*-Zeitung etwa ein Fünftel der westdeutschen Bevölkerung. Vier Fünftel der gesamten Zeitungsauflage, die in West-Berlin erschien, waren Springer-Blätter.

Kurz vor Erscheinen dieser »Erklärung der Vierzehn« hatte eine neue Welle nie dagewesenen innenpolitischen Aufruhrs die noch junge Bundesrepublik überzogen. Am Gründonnerstag war der Soziologiestudent und Sprecher der APO Rudi Dutschke bei einem Attentat schwer verletzt worden. Rudi Dutschke, Mitglied des Sozialistischen Deutschen Studentenbundes (SDS) und für viele der führende Kopf der Studentenrebellion, wurde unweit der Zentrale des SDS von dem vierundzwanzig Jahre alten Hilfsarbeiter Josef Bachmann mit drei Schüssen lebensgefährlich verletzt. Das Attentat löste Unruhen aus – nicht nur in Berlin, sondern auch in Hamburg, Frankfurt, München, Essen und Hannover. Zehntausende Studenten gingen auf die Straße und hatten den Schuldigen für das Attentat längst ausgemacht: die Springer-Presse mit Axel Springer an der Spitze.

Am Abend desselben Tages beschlossen die Studenten auf einer Veranstaltung des SDS in Berlin, vor das Springer-Hochhaus in der Kochstraße zu ziehen. Sie trafen auf ein bereits mit Stacheldraht gesichertes Gebäude, denn weder für die Polizei noch für den Konzern selbst kam der Aufmarsch der Studenten, die die Auslieferung der *Bild*-Zeitung verhindern wollten, überraschend. Als die Studenten das Gebäude erreichten, hatte die Polizei bereits die ersten Autos, die die Ausfahrt blockierten, weggeschoben, so daß die Lastwagen mit den druckfrischen Zeitungen das Verlagshaus verlassen konnten. Die Studenten skandierten die bekannten Parolen: »Enteignet Springer«, »Mörder Springer«, »*Bild* hat mitgeschossen«. Fünftausend von ihnen lieferten sich mit der Polizei eine handfeste Straßenschlacht – sie warfen Molotowcocktails und setzten den Fuhrpark in Brand. Auch eine Halle ging in Flammen auf. Der Aufruhr an den Osterfeiertagen endete mit zwei Schwerverwundeten: einem Pressefotografen und einem Studenten, die beide später ihren Verletzungen erlagen.

Springer selbst befand sich an diesem Wochenende in der Schweiz, zusammen mit Friede und seinem Generalbevollmächtigten Christian Kracht – einem ängstlichen Manager, der schon seit Jahren für den Verleger arbeitete. Im Laufe des Gründonnerstags hatte dieser ein Flugzeug bereitstellen lassen, in dem die drei stundenlang auf dem Rollfeld warteten und erst abflogen, als die Polizei in Berlin bereits Entwarnung gegeben hatte. Peter Tamm hingegen, der zunächst ebenfalls an der Spitze des Konzerns stand und dann im Laufe des Jahres alleinzeichnungsberechtigter Geschäftsführer des Verlages wurde, hielt in Berlin die Stellung.

Die *Bild*-Zeitung brachte am Karsamstag sieben Sonderseiten zum Aufruhr. Und sie machte weiter Stimmung gegen Rudi Dutschke und die Studenten. Die Redakteure fuhren alles auf, was sie an anheizendem Vokabular parat hatten. Sie titelten: »Terror in Berlin« und kommentierten: »Seinen [Dutschkes] Freunden scheinen die drei Kugeln, die ihn trafen, nur willkommener Anlaß für neue Haß- und Gewaltakte zu sein. [...] Sie ernennen einfach Dutschke zum Opfer der bürgerlich-demokratischen Gesellschaft. Und sie belügen sich damit selbst.«

Während Friedes Altersgenossen die Revolte auf den Straßen organisierten und ihrer Wut gegen die Elterngeneration freien Lauf ließen, stand sie auf der Seite des Verlegers. Sie hielt zu ihm, bedingungslos. Von ihr wurde er bewundert und geliebt. Mit ihr mußte er nicht diskutieren, wenn er über die geballte Kritik sprach, die ihn so stark verunsicherte. Er war erschüttert. Zum erstenmal bekam er zu spüren, daß Zeitungmachen nicht nur Lust, sondern auch eine Last sein konnte. Sein Konzern jagte ihm Angst ein. Bald plagten ihn erste Selbstzweifel, die ihn bis zu seinem Lebensende nicht mehr verlassen sollten.

Verständnis für die Studenten brachte Friede Riewerts kaum auf.

Sie hatte längst nicht mehr die Außensicht. Zudem war sie keine Person, die Auseinandersetzungen suchte. Sie hatte nie das Bedürfnis verspürt, sich gegen die kleine biedere Welt, der auch ihre Eltern angehörten, aufzulehnen. Sie hatte sie irgendwann verlassen. Als Lebensgefährtin des Verlegers stand sie auf der anderen, auf Springers Seite. Die Studenten kennen ihn ja gar nicht, dachte sie sich immer wieder und sagte es ihm auch. Sie wünschte sich, daß seine Kritiker wüßten, wie er war und wie sehr er sich die Kritik zu Herzen nahm. Ihm sagte sie: »Axel, sie wissen nicht, wie du mit deinen Journalisten streitest und was du für Kämpfe mit ihnen ausfichst. Sie wissen doch gar nicht, daß du nicht jede Zeile liest, bevor die Zeitungen sie drukken.« Sie versuchte mit geradezu kindlicher Naivität, ihm das Verhalten seiner Gegner zu erklären. Nicht um bei ihm Verständnis für seine Gegner zu wecken, sondern damit er die Kritik besser ertragen konnte. Unablässig rechtfertigte sie den Verleger und damit sich selbst, daß sie so bedingungslos zu ihm hielt. Sie hatte in dieser Zeit genug damit zu tun, erst einmal den Mann zu begreifen, und war nicht in der Lage, sich auf die Argumente der Studenten und Schriftsteller einzulassen. Dazu fehlte ihr wohl damals auch noch das Abstraktionsvermögen. Als Springer dann noch in eine heftige Auseinandersetzung mit der evangelischen Kirche geriet, entrüstete sie sich aufs neue. Sie konnte einfach nicht verstehen, warum der Mann, den sie nicht als machthungrig erlebte, sondern als feinfühlig und humorvoll kannte, all die Angriffe ertragen mußte. Sie litt mit ihm.

Bereits im Herbst 1967 hatte Springer ihr eine Eigentumswohnung in List geschenkt, dem Hafenstädtchen am Sylter Ellenbogen. Dort wohnten sie, wenn sie zusammen auf die Insel fuhren. Für den Verleger war die Nordseeinsel seit seiner Jugend wie ein zweites Zuhause. Als er Friede kennenlernte, besaß er in Kampen am Watt den »Klenderhof«, der als Gästehaus des Verlages fungierte, sowie ein Privathaus, das nicht weit davon gelegen war. Wenn sie auf Sylt waren, übernachtete Friede nie in diesem Haus, sondern stets in ihrer Lister Wohnung. Ebenso der Verleger, aber inkognito. Wenn er mit der Gesellschaft in seinen eigenen vier Wänden oder anderswo feierte, war

Friede nicht dabei. Sie blieb in ihrer Wohnung, stand am Fenster und wartete auf Springer, der zu später Stunde kam.

Er führte sie nicht ein, stellte sie keinem seiner Bekannten richtig vor, plazierte sie manchmal, wenn sie ihn auf eine öffentliche Veranstaltung begleitete, lieber als Tischdame eines seiner Angestellten, damit sie nicht mit ihm in Verbindung gebracht wurde. Seiner Freundin erklärte er sein Verhalten so: »Die Gesellschaft ist schrecklich. Wenn ich dich mitnehme, dann zerpflücken sie dich sofort.« Was auch immer seine Beweggründe gewesen sein mochten, Friede so sehr aus allem herauszuhalten – sie nahm es ihm nicht übel. Sie wollte auch gar nichts anderes als das, was er bestimmte. Sie verdrängte die immer wieder einmal aufkommende Unsicherheit und wartete.

Natürlich tauchte sie manchmal auch im offiziellen Gästehaus oder in Springers Privathaus auf, wenn Springers Freunde zusammensaßen. Mary Lahmann und Ernst Gabel etwa, eine alte Sylter Bekanntschaft, die er bereits mit achtzehn Jahren gemacht hatte. Sie setzte sich aber nicht an den Tisch, sondern beaufsichtigte das Personal und trug Sorge, daß alles ordentlich angerichtet war für die Gäste. Später brachte sie den Kaffee und setzte sich dann kurz dazu, allerdings ohne ein Wort zu sagen. Springer nahm kaum Notiz von ihr und stellte sie nicht vor. Die anderen aber waren um so aufmerksamer. Sie warfen sich fragende Blicke zu. »Wer ist das, gehört sie zum Personal oder zu Springer?« Sie wußten nicht, wie die junge Frau einzuordnen war. Erst Monate später bemerkten sie, daß sie immer dort erschien, wo Springer war. Und erst da dachten sie sich ihren Teil. Friede ihrerseits nahm diese Art der Behandlung hin, verbot sich, darüber nachzudenken und an den Worten des Verlegers zu zweifeln. Sie hätte auch nicht gewagt, ihn zu einem öffentlichen Bekenntnis zu ihr zu drängen, denn sie wußte, daß sie sich ihm unterzuordnen hatte. Nur dann würde sie an seiner Seite bleiben können.

Ende der sechziger Jahre kannte kaum jemand Springers Gesicht. Damals konnte er noch mit seiner jungen Freundin am Meer entlangwandern, um Ruhe zu finden und die Aufregung um seine Person zu verdrängen. Doch dem Haß, der ihm so plötzlich entgegenschlug, entkam er nicht. In großen schwarzen Buchstaben sah er immer wieder seinen Namen vor sich: »Enteignet Springer«, hatte irgend jemand auf eine der hellen Baracken gesprüht, die am Strand als Schuppen dienten. Wenn sie ihn doch nur kennenlernen könnten, dachte sie sich wieder einmal. Sie hatte miterlebt, wenn er mit Menschen sprach, deren Bild des Verlegers von der öffentlichen Diskussion geprägt war. Wie oft hatte sich sein Besucher beim Hinausgehen noch einmal umgedreht: »Ach, Herr Springer, Sie sind so ganz anders, als ich gedacht habe.« Einer von ihnen war der Pfarrer Jobst Schöne von der lutherischen Kirche in Berlin.

Im April 1969 bat der Verleger um ein Gespräch bei ihm. Er hatte gerade seinen Wohnsitz von Hamburg nach Berlin verlegt und war in eine Villa in der Bernadottestraße gezogen. Und er war auf der Suche nach einer neuen Gemeinde, wollte mit der unierten evangelischen Kirche in Berlin nichts zu tun haben, die sich – politisch, wie sie sich gab – längst auf die Seite der Studenten geschlagen hatte. Springer besann sich also seiner Herkunft. Er kam aus einer evangelisch-lutherischen Gemeinde in Hamburg-Altona, und lutherisch sollte seine Zugehörigkeit auch wieder sein. Von seinem Freund Max Schmeling kam der Vorschlag, sich den sogenannten Altlutheranern zuzuwenden. Lange sprach er mit Schöne, viel länger, als der sich das vorgestellt hatte. Denn Schöne hatte eher einen profitgierigen Pressezaren erwartet, der mit Zeitungen von zweifelhaftem Wert die einfachen Menschen verführte.

Er nahm den Verleger in seine Gemeinde auf – allerdings mit klaren Worten: Seine Kirche sei keine Plattform für die Verbreitung politischer Ansichten, auch nicht für die des Verlegers. »Herr Springer, wir in unserer Kirche haben hier eine andere Botschaft zu übermitteln. Erwarten Sie nicht, daß ich von der Kanzel aus zu tagespolitischen Fragen Stellung nehme«, sagte er, was Springer sofort akzeptierte. Nichts hätte er weniger gewollt, als auch noch beim Kirchgang mit der aktuellen Debatte konfrontiert zu werden. Jobst Schöne wurde Springers Seelsorger, der ihm in vielen Gesprächen das Wort

Gottes erklären, seinen Sohn Raimund Nicolaus taufen, ihn kirchlich trauen und irgendwann beerdigen sollte.

Während sich die öffentliche Kontroverse um den Pressezaren nicht beruhigen wollte und sich die auflagenstarken Magazine *Stern* und *Spiegel* daranmachten, den Verleger mit seitenlangen Geschichten über seinen Aufstieg und sein Privatleben auch persönlich in Mißkredit zu bringen, trat der innerlich die Flucht an. Er suchte sich und seiner Freundin eine neue Rückzugsmöglichkeit, fernab des politischen und gesellschaftlichen Trubels, dem er sich zwar immer noch stellte, dem er aber auch ausweichen können wollte. Er hielt Ausschau nach einem Anwesen – stattlich und gut erreichbar, womöglich in Dänemark –, an dem er seinen Gestaltungsdrang unbehelligter ausleben konnte als in seinen Blättern. Ein Immobilienmakler bot ihm ein altes Herrenhaus in Schleswig-Holstein an, ein Schloß mit Ehrenhof, Wirtschaftsgebäuden und Ländereien. Es nannte sich Gut Schierensee, war südlich von Kiel mitten in der holsteinischen Landschaft gelegen und interessierte Springer sofort. Er liebte die Wiesen und Wälder des nördlichen Bundeslandes, den Wind und das kühle Wetter, bei dem er oft genug Gelegenheit hatte, den Kamin anzuheizen. Friede ging es ähnlich. Als Kind von Föhr war ihr der Norden lieber als der Süden. Sonne und Regen, Wind und Wetter, der Wechsel der Jahreszeiten. Das war sie gewohnt. Darüber hinaus hatte sie bereits in der kurzen Zeit ihres Zusammenseins mit Springer begriffen: Wenn der sich wohl fühlte, dann ging es auch ihr am besten. Dann war er unkompliziert und liebenswürdig, die Ruhe in Person. Dann konnte auch sie entspannen, ohne fortwährend auf der Hut zu sein, welche Laune oder Unruhe den Verleger womöglich im nächsten Moment wieder überkam.

Gut Schierensee – Friede Riewerts und Axel Springer waren gespannt. Sie wollten nicht warten, bis der Makler mit der Besitzerin, einer älteren Dame, einen ersten offiziellen Termin zur Besichtigung vereinbart hatte, sondern beschlossen, einfach schon mal hinaufzufahren. Kurz vor Kiel verließen sie die verkehrsreichen Straßen und fuhren durch das kleine Örtchen Blumenthal in Richtung Schierensee. Die Straßen waren nicht mehr durchgängig geteert und wurden schmaler. Sie fragten sich, ob die Felder, an denen sie vorbeirollten, schon zu den Ländereien des Landgutes zählten. Auf einem Feldweg fast am Gipfel einer Hügelkuppe hielten sie an und stiegen aus dem grünen VW Käfer, den Springer für Friede gekauft hatte. Ein paar hundert Meter vor ihnen war das herrschaftliche Anwesen zu sehen – in einer Senke unweit des Großen und Kleinen Schierensees. Sie blickten auf die Südseite des Schlosses, die mit einer kleinen, im 19. Jahrhundert angebauten Loggia, viel Efeu und sehr kleinen Fenstern ein bißchen heruntergekommen wirkte. In die Wiese hinter dem Haus war ein runder kleiner Springbrunnen eingelassen. Die Gärten, die ehemals um den Herrensitz angelegt waren, mußten prachtvoll gewesen sein, soviel konnten sie gerade noch erahnen. Jetzt waren sie zugewachsen und damit fast nicht mehr vorhanden.

Sie ließen das Auto stehen und gingen über die Felder auf die Gebäude zu. Das Haus, so war ihnen gesagt worden, sei dauerhaft bewohnt. Aber es wirkte so verlassen, als wären die Besitzer schon vor Jahren ausgezogen und hätten gerade einmal die Türen und das große Tor hinter sich zugezogen. Springer und Friede stiefelten durch den Garten und um das Haus herum zur Vorderseite. Auch dort trafen sie niemanden an. Sie standen im Ehrenhof. Rechts und links vom Eingang des Hofes, der durch ein breites hohes Tor verschlossen war, befanden sich zwei kleinere Pavillons. Ins Herrenhaus selbst gelangte man über eine großzügig angelegte Freitreppe. Rechter Hand lag etwas oberhalb des Ehrenhofs ein Wirtschaftshof, um den sich Scheune, Torhaus und ein alter Kuhstall gruppierten. Die Landwirtschaft schien aufgegeben.

Sie waren begeistert. Schon auf den ersten Blick war zu erkennen, daß der Verleger viel würde investieren müssen, um das Gut wieder instand zu setzen. Aber trotzdem: Springer wollte das Schloß erwerben. Er war sich sofort sicher. Das Refugium für sich und Friede sollte Gut Schierensee sein. Dort konnte er gestalten: das Schloß, die Höfe, den Park und die Gärten. Voller Tatendrang stiegen sie die Anhöhe wieder hinauf und traten den Heimweg an – Springer mit dem festen

Entschluß, möglichst bald mit dem Makler und der Besitzerin zusammenzutreffen. Geduld war seine Stärke nicht.

Die Besitzerin Elsabe von Buchwaldt, Gräfin von Baudissin, hatte ihre Mühe mit dem Unterhalt des Gutes, dessen Gebäude allesamt etwa zweihundert Jahre alt waren. Manche wurden teilweise noch genutzt, andere standen ganz leer. Sie versuchte, das riesige Herrenhaus durch die Einrichtung von Einzelwohnungen im Obergeschoß rentabler zu machen, denn das Anwesen verschlang unendlich viel Geld, und vieles ließ sich mit ihren Mitteln nicht mehr renovieren. Die Anfänge von Gut Schierensee lassen sich bis in die zweite Hälfte des 16. Jahrhunderts zurückverfolgen, als der damalige Eigner dort ein zweistöckiges Fachwerkhaus errichten ließ. Gut Schierensee wechselte immer wieder die Besitzer, bis 1752 schließlich Caspar von Saldern die Ländereien mit dem dazugehörigen Haus übernahm. 1768 begann er mit seiner Bautätigkeit auf Schierensee, die sich bis zu seinem Tod im Jahre 1786 hinzog. Schon 1762 war er von der russischen Zarin Katharina II. zum Wirklichen Geheimrat und Mitglied des Geheimen Regierungs-Conseils in Kiel ernannt worden und avancierte zu einem unentbehrlichen Ratgeber in holsteinischen Fragen. Von Saldern wurde eine historische Figur; sein Schloß war eine kulturgeschichtliche Pretiose und damit für Springer der richtige Rahmen. Noch befand er sich auf dem Gipfel seiner Macht.

Im Herbst 1968 traf er zu einem offiziellen Besichtigungstermin auf Gut Schierensee ein. Mit dabei war nicht nur seine Freundin, sondern auch der befreundete Antiquitätenhändler Eduard Brinkama, der wiederum zur Beurteilung der Bausubstanz einen Architekten mitgebracht hatte. Die grundsätzliche Entscheidung des Verlegers, sich hier auf Schierensee niederzulassen, war schon gefallen. Jetzt ging es um die Einzelheiten, die Bewertung der Bestände und damit um den Preis. In seinen Bestrebungen, die Anlage und die Gebäude wiederherzustellen, konnte der künftige Besitzer nicht frei schalten und walten, denn Gut Schierensee stand seit kurzem unter Denkmalschutz. Bestimmte Bilder, Möbel und Kunstgegenstände sowie das Archiv und die Bibliothek mußten als Sammlung im Schloß verbleiben und von den Käufern mit übernommen werden. Bei der Renovierung würde das Denkmalamt mitreden – Springer war sich nur nicht bewußt, in welchem Ausmaß. Ebensowenig war ihm klar, daß er einen fast vier Jahre dauernden Renovierungsmarathon vor sich hatte, der mehr als ein Zehnfaches des Kaufpreises verschlingen würde. Am 1. Oktober 1968 kam der Kaufvertrag zustande. Springer ließ sich die Gebäude und insgesamt 538 Hektar Land, zu dem auch die beiden Seen gehörten, 8 Millionen Mark kosten.

Der Kauf von Gut Schierensee änderte Friedes zurückgezogenes Dasein entscheidend. Zwar lebte sie weiterhin in ihrer Wohnung in der Milchstraße, ging täglich auf die Sprachenschule und wartete abends auf das Eintreffen Springers. Doch hatte sie sich dazu nun um den Fortgang der Renovierungsarbeiten auf Gut Schierensee zu kümmern. Sie konnte zwar nichts entscheiden, sondern mußte mit jeder neuen Idee und jedem Vorschlag immer wieder aufs neue zum Verleger. Doch fuhr sie jeden Mittwoch nachmittag mit Eduard Brinkama raus aus der Hansestadt in Richtung Kiel, um die Fortschritte auf Gut Schierensee zu begutachten. Erstmals hatte sie als Frau an der Seite des Verlegers eine Aufgabe. Und das wertete sie auf, nicht nur vor anderen, sondern auch vor sich selbst. Aus der Geliebten wurde die Lebensgefährtin, mit der der Zeitungskönig ein Schloß beziehen wollte.

Zur Jahreswende 1968/69 war ihre Existenz an der Seite des Verlegers noch immer weitgehend unbekannt geblieben – vor allem in der Gesellschaft, in der sich der Verleger bewegte. Doch die entscheidenden Personen aus seinem engen Umfeld, von denen der ein oder andere noch kaum einen Gedanken an die Neue verschwenden mochte, wurden plötzlich hellhörig. Das unscheinbare Fräulein Riewerts vertrat den Bauherrn auf Gut Schierensee? Eine jedenfalls bekam die neue Rolle der Riewerts deutlich zu spüren: Hulda Seidewinkel. Stets war sie für die Einrichtung der Springerschen Immobilien zuständig gewesen und war sich sicher, für den Verleger unverzichtbar zu sein. Auf Gut Schierensee aber war sie plötzlich nicht erwünscht. Sie blieb zum erstenmal außen vor. Und Friede setzte alles daran, daß das auch so blieb.

Gut Schierensee wurde zu einer Großbaustelle, an der teilweise bis zu hundert Arbeiter gleichzeitig beschäftigt waren. Gestützt auf die Dokumente des Gutsarchivs, das Friede und Brinkama durchforsteten, ließ sich vergleichsweise gut rekonstruieren, wie der ursprüngliche Zustand gewesen war. Das wiederum weckte die Begehrlichkeiten des Denkmalamtes, mit dem Springer in langwierigen Verhandlungen stand. Das Landesamt für Denkmalpflege unter Leitung des Kirchenoberbaurats Carlheinrich Seebach verlangte nach dem historischen Zustand, Springer aber hatte auch das Anliegen, das Gut als Wohnsitz und nicht nur als Museum zu gestalten. Es war ein zähes Ringen um den ein oder anderen Kompromiß, der den Vorstellungen des Amtes genauso entgegenkam wie den Bedürfnissen des Verlegers. »Wir müssen die Südseite verändern, die Fenster vergrößern und Licht hineinlassen«, sagte Friede. Der Verleger war begeistert, das Denkmalamt nicht. Es tat sich schwer. Unterstützt von Friede, blieb Springer hart: »Sie werden niemanden mehr finden, der bereit ist, soviel Geld in die Renovierung eines historischen Landguts zu investieren. Aber ich will dort auch leben. Und ich brauche Licht.«

Nicht immer behielt Springer während der dreieinhalb Jahre der Renovierung die Nerven. Immer dann, wenn Friede Riewerts mit Brinkama von ihren wöchentlichen Arbeitsausflügen nach Schierensee zurückkehrte, hagelte es aus Sicht des Verlegers unerträgliche Botschaften: Die Fenster auf der Rückseite brauchten historisch getreue Umrahmungen aus Sandstein. Die Seidentapete für dieses oder jenes Zimmer mußte auf den alten Webstühlen in Lyon gewebt werden, so wie damals, als sie dort in Auftrag gegeben wurden. Wurmbefall im Dachstuhl, angefaulte Balken, Silikonschutzschicht für die Außenwände, eine englisch-chinesische Papiertapete für das Speisezimmer, vergoldete Schnitzereien für das Gartenzimmer, Täfelungen aus altem Holz aus dem Berner Oberland – alles handgearbeitet, versteht sich. »Friede, ich werde wahnsinnig. Das kostet ein Vermögen. Ich werde das nicht bezahlen.« Dem Verleger drohte der Ausbau von Gut Schierensee über den Kopf zu wachsen. Er fühlte sich den Launen des Denkmalamtes sowie eines beflissenen Kunsthistorikers des

Altonaer Museums ausgeliefert, der ebenfalls zu Hilfe geholt wurde. »Axel, wir schaffen das«, beruhigte ihn Friede immer dann, wenn er das Handtuch werfen wollte. Und natürlich zahlte Springer – aufgemuntert von seiner Lebensgefährtin – Millionen für Millionen, Monat für Monat, bis im Frühjahr 1972 auch der letzte Handwerker das Gelände verlassen hatte. Rechnungen über mehr als 80 Millionen Mark hatten sich bis dahin im Verlegerbüro aufgetürmt, allesamt beglichen aus dessen Privatvermögen.

Zu dieser Zeit bestand das Leben des Verlegers mit Friede Riewerts bereits aus vielen Ritualen. Die Zweisamkeit hatte ihre Regeln, die heimliche Geliebte war im Laufe der Jahre auch zur offiziellen Frau an seiner Seite geworden. Sie bezog im Schloß ihren eigenen Trakt. Sie frühstückten gemeinsam, Springer meist im Bett und Friede auf der Bettkante. Dann verließen sie das Haus für ihren täglichen Spaziergang durch die Gärten von Schierensee, immer dieselbe Strecke, die sie in genau einer Stunde und zehn Minuten zurücklegten. Die Wohnung in der Milchstraße gehörte der Vergangenheit an. 1969 war Springer mit Friede nach Berlin übergesiedelt.

Springer liebte Schierensee, Friede bevorzugte Berlin. Viele Monate im Jahr hielten sie sich auf dem holsteinischen Schloß auf, an Weihnachten und Silvester immer. Springer war immer seltener in seinem Berliner Büro, wo seine Assistenten Ernst Cramer und Claus Dieter Nagel die Stellung hielten. Seine Sekretärin Erika Rüschmann reiste mit den Jahren häufiger an, nicht nur nach Schierensee. Dort wurde sie im Torhaus untergebracht und erschien täglich ein paar Stunden zur Erledigung der Post und zum Diktat. Mit Friede ging Springer viel auf Reisen. Zweimal im Jahr verbrachte er mehrere Wochen in Jerusalem, wo er sich eine eigene Wohnung zulegte. Er reiste in die Vereinigten Staaten, hielt sich wochenlang in London auf und seit Mitte der siebziger Jahre auch auf der griechischen Insel Patmos, auf der er sich eine Sommerresidenz errichten ließ. Er versuchte, die öffentliche Auseinandersetzung um seine Person zunehmend hinter sich zu lassen.

Vielleicht hätte sich das Verhältnis des Verlegers zu seiner jungen Lebensgefährtin anders entwickelt, hätte ihm nicht in den ersten Jahren ihrer Liaison die öffentliche Kritik seine Unbeschwertheit und einen Teil seiner Lebensfreude genommen. Sein Elan ließ nach, und das rapide. Der öffentliche Haß wollte sich nicht legen und ließ ihn altern. Im März 1970 erschien er nach fünf vergeblichen Ladungen endlich zur Zeugenvernehmung im Prozeß um den Angeklagten Horst Mahler und entging damit gerade noch der Zwangsvorführung. Seine Befragung vor der vierten Großen Strafkammer des Berliner Landgerichts geriet zum Tribunal. Die Verteidiger Horst Mahlers, dem die Staatsanwaltschaft Rädelsführerschaft bei den Osterunruhen 1968 vorwarf – darunter der junge Anwalt Otto Schily –, wollten klären, welchen Einfluß Springer selbst auf die Berichterstattung in seinen Zeitungen nahm. Die Auseinandersetzung um seine Person riß über Jahre nicht ab. Morddrohungen gingen bei ihm ein, nicht eine oder zwei, sondern unendlich viele. Sein Name stand später auf den Todeslisten der Rote-Armee-Fraktion, als die Studentenproteste längst abgeebbt und der wahre Terror einiger weniger geblieben war.

Seine Ruhe fand er in all den Jahren bei Friede. Schnell wuchs die Nähe zwischen beiden, eine verschworene Vertrautheit, die manch einer, der sich am Hofstaat des Verlegers unangefochten wähnte, mit Argwohn beobachtete. Andere wiederum waren froh, daß sie immer zur Stelle war – wenn auch für ihren Geschmack etwas zu sehr zu Diensten. Doch er wollte es offenbar nicht anders. Fräulein Riewerts war überall dabei und durfte alles wissen. Sie hörte zu und schwieg. Sie merkte sich viel und behielt wichtige Details – und das bis heute. Hin und wieder sagte sie ihm ihre Meinung, nicht laut, ganz leise und vorsichtig, wenn sie nach manch denkwürdigem Gespräch zu zweit zurückblieben.

Vielleicht hätte der Verleger, wenn die öffentliche Hatz auf ihn nicht stattgefunden hätte, sein munteres Leben noch ein paar Jahre weitergeführt. Vielleicht hätte er Friede anders wahrgenommen, wäre alles weniger verbindlich gewesen zwischen ihm und ihr. Die Zweisamkeit von Axel Springer und Friede Riewerts, das enorme Vertrauen, das sie sich entgegenbrachten, und die Radikalität, in der sie sich einander zu- und von anderen abwandten, ist ohne den öffentlichen Druck, unter dem der Verleger seit den sechziger Jahren stand, und sein damit verbundenes Leid kaum vorstellbar.

Schon Ende der sechziger Jahre, als die Studenten immer wieder gegen Springer auf die Straße gingen, wurde ihm hin und wieder Personenschutz gewährt. Beamte in Zivil begleiteten ihn fast unbemerkt, wenn er einen öffentlichen Auftritt hatte. Als sich die Rote Armee Fraktion formierte, wurde Springer als eine der gefährdetsten Privatpersonen der Bundesrepublik eingestuft und unter Staatsschutz gestellt. Stets wurde er, wenn er im Auto unterwegs war, von gleich zwei Wagen eskortiert. Meistens saß der Verleger in seinem Mercedes, der in der Mitte fuhr. Die Begleiter tummelten sich mit ihm auf Bällen, saßen hinter ihm im Flugzeug, wenn er in die Schweiz, nach Israel oder Amerika reiste. Sie standen am Rand der Bühne, während er am Pult seine Rede hielt. Und sie saßen im Schichtdienst in ihren Wagen vor der Einfahrt seiner Anwesen.

Axel Springer hatte Angst, manchmal sogar Todesangst. Friede erging es nicht anders. Aber sie sagte es ihm nicht. Neben dem staatlich gewährten Personenschutz hatte Springer noch einen privaten Sicherheitsdienst engagiert, der ihn in erster Linie schützen sollte, wenn er zu Hause war. Er beschäftigte einen eigenen Sicherheitschef, der die Bewachung seiner Person zu organisieren hatte. Außerdem besaß er eine Waffe mit Waffenschein, die er allerdings nicht in Berlin mitführen durfte, wo das aufgrund des Berlinabkommens verboten war. Er hielt sich zwei abgerichtete Schäferhunde und für den Fall, daß die einzige Straße von der Halbinsel Schwanenwerder versperrt sein sollte, ein Schnellboot.

Direkte Anschläge auf seine Person hat es nicht gegeben, auf seinen Verlag und seine Anwesen schon. Am Nachmittag des 19. Mai 1972 explodierten zwei Bomben im dritten und sechsten Stock des Verlagshauses in der Hamburger Innenstadt. Siebzehn Mitarbeiter wurden verletzt. Springer, der sich zur Zeit des Anschlags in Berlin aufhielt, zeigte sich entsetzt: Die Teufelssaat von Linksradikalen sei nun aufgegangen. Ein »Kommando 2. Juni« drohte mit weiteren Terroranschlägen, sollten die Springer-Blätter die »antikommunistische

Hetze« nicht einstellen. Ein Jahr später, im August 1973, setzten unbekannte Brandstifter Springers Gästehaus auf Sylt in Brand, als sich dort gerade der ehemalige Wirtschafts- und Finanzminister Karl Schiller aufhielt. 1975 brannte sein Berghaus im Berner Oberland ab, das mit den gleichen Brandsätzen angezündet worden war wie zuvor der Klenderhof. »Tötet Springer«, hatten die Täter an die Hauswand gesprüht.

An dem Verleger, der die Anschläge äußerlich mit Fassung trug, ging die physische Bedrohung nicht spurlos vorüber. Dabei hatte er nicht nur Angst um sich selbst. Er hatte auch Angst um seine Lebensgefährtin, die – anders als er – nicht unter dem Schutz des Staates stand. »Sie können Frau Springer nicht mit einem Schraubenzieher verteidigen«, fauchte er noch viele Jahre später einen seiner Mitarbeiter an, der Friede von ihrem Haus in Klosters in die Stadt gefahren und keinen privaten Bodyguard mitgenommen hatte. Springer und Friede lebten mit den Mitarbeitern der Sicherheit. Und sie lebten nach Regeln, die die ihnen vorgaben.

Die Diskussion um die Person Axel Springer und die akute Bedrohung, die sich vor allem Ende der siebziger Jahre in der Ermordung verschiedener Manager durch die RAF manifestierte, versetzten auch Friede in Besorgnis. Bei Springer aber förderten sie eine Entwicklung, die sich schon Ende der sechziger Jahre abgezeichnet hatte: Springer war auf dem Rückzug, die Entfernung zwischen ihm und dem Verlag wuchs, und er begann, sich in der Öffentlichkeit von der Arbeit seiner Journalisten zu distanzieren. 1969 ließ er zwei Mitarbeiter mit einem amerikanischen Medienkonzern über eine Kooperation verhandeln. 1970 verkaufte er einen Teil seines Hauses an Bertelsmann, um es dann, kaum war das Geld Reinhard Mohns auf seinem Konto, wieder zurückzuholen. 1974 hieß es plötzlich, Springer wolle deutsche Großbanken, allen voran die Bayerische Landesbank und die Bayerische Hypotheken- und Wechselbank, zu 25 Prozent an seinem Verlag beteiligen. Sogar der britische Mischkonzern Lonrho war nach Meinung von Journalisten als Mehrheitseigner im Gespräch. Das allerdings erst 1981. Springer freilich dementierte.

Das junge Mädchen von Föhr, das nach fast zehn Jahren des Zusammenlebens mit Axel Springer so jung nicht mehr war, begann schon gegen Ende der siebziger Jahre zu begreifen, daß sich der Verleger innerlich auf dem Rückzug befand. Immer weniger verband ihn mit dem Konzern, immer intensiver wurde seine Suche nach einer Aufgabe, die er womöglich noch zu erfüllen hatte. Zunehmend unwillig übernahm er die Verantwortung für seine Blätter, distanzierte sich plötzlich, wenn man ihn kritisierte. Entsetzen löste er nicht nur in der Chefetage der *Bild*-Zeitung aus, als er in einem Interview in der *Zeit* zugab, er leide »wie ein Hund darunter, daß manches in meinen Blättern steht, womit ich überhaupt nicht einverstanden bin«. Das zielte auf sein ertragreichstes Produkt, die *Bild*-Zeitung. Er wollte das alles gar nicht mehr allein besitzen und damit auch nicht verantworten. Nur herrschen wollte er noch uneingeschränkt oder zumindest herrschen können. Er tat es ja nicht unbedingt, ließ sich mitunter monatelang nicht blicken und seinen Vorstandsvorsitzenden ohne Budget. Springers verlegerischer Schaffensdrang war erschöpft. Er beschäftigte sich mit seiner Nachfolge und seinem Testament. Er betete zu Gott, nach dem er suchte, und das nicht nur auf der Insel Patmos. Er las mit Friede theologische Bücher. Das hieß, er las zuerst, dann sie. Und das mit wachsendem Interesse. Ihrer Freundin schrieb sie mit Begeisterung von Walter Nigg. Auf ihrem Nachttisch stapelten sich die Schriften und Abhandlungen über den Herrgott, die ihr Springer gab. Sie sollte und wollte wissen, was darin stand, um ihm dann eine gute Zuhörerin zu sein. Früher hatte sie mit ihrem unerschütterlichen Kinderglauben nach derlei Lektüre wenig Bedürfnis verspürt. Doch auch das hatte sie Springer zuliebe geändert.

Hatte sie noch am Anfang ihres Zusammenlebens versucht, etwas für sich zu tun, so hatte sie das inzwischen aufgegeben. Denn der Verleger brauchte sie ganz. Er hatte es kaum ausgehalten, als sie einmal für zwei Wochen nach Paris gereist war, um sich in einem Schnellkurs ein wenig Französisch anzueignen. Viel lernte sie nicht, was nicht nur ihrer mangelnden Sprachbegabung zuzuschreiben war, sondern vor allem der fehlenden Bereitschaft des Verlegers, weiterhin unter der

Woche auf sie zu verzichten. Er wollte sie soviel wie möglich um sich haben, minütlich ansprech- und abrufbar. Nicht anders erging es ihr mit ihren Versuchen, das Abitur auf der Abendschule nachzuholen. Zwar unterstützte sie Springer anfänglich noch. Doch als sie immer mehr lernen mußte und sich vor allem mit Mathematik zunehmend schwertat, gestattete er ihr erleichterten Herzens den Abbruch des Unterfangens. Friede Riewerts würde weiterhin von ihrer Volksschulbildung zehren müssen und von all dem, was ihr Springer vom Leben beibrachte.

Sie lebte Springers Leben. Ein eigenes hatte sie nicht mehr. Sie war genauso geworden, wie er sie hatte haben wollen. Das war es, was er brauchte. Wie an seinen Zeitungen und seinen Besitztümern, so hatte er auch an Friede seinen Gestaltungsdrang ausleben können. Hätte sie ihn irgendwann zurückgewiesen, wäre sie nicht seine Frau geworden. Sie diente ihm bedingungslos. Als Dienerin sah er sie, was er auch anderen sagte, ohne daß er ihrem Dienen den Beigeschmack einer niederen Tätigkeit gegeben hätte. Im Gegenteil: In ihrer dienenden Funktion war sie für ihn das Höchste.

An seiner Seite hatte sie keinen Glanz und keine Aura mehr, hatte sich längst ihre auffälligen dicken blonden Haare abgeschnitten und sich die freche Lücke zwischen ihren Schneidezähnen richten lassen. Sie kleidete sich sittsam, wenn auch mit einer inzwischen antrainierten Eleganz, blieb meistens ungeschminkt und unauffällig. Sie strahlte nicht heller und schöner als der Verleger. Auch das war unausgesprochene Voraussetzung für ihr Zusammensein. Sie mußte im Hintergrund bleiben und tat es auch. Friede Riewerts hatte sich ganz auf Springer zu konzentrieren. Nur noch unbemerkt konnte sie mit ihren Eltern telefonieren, was sie vor allem dann tat, wenn er nicht im Haus war. Sobald er den Raum betrat, legte sie auf, nicht ohne versprochen zu haben, später wieder anzurufen. Springers Miene hatte sich dann meistens schon verfinstert, weil er merkte, daß Friede mit den Gedanken nicht bei ihm, sondern anderswo weilte. Ungeduldig ging er im Zimmer auf und ab und signalisierte ihr unmißverständlich: »Muß das jetzt sein?« So blieb Friede nichts anderes übrig, als immer mal wieder unbemerkt zum Telefonieren in die Waschküche zu verschwinden. Ihre Familie wußte, daß sie sie nicht einfach anrufen konnte. Sie hatte lange Jahre überhaupt keine Telefonnummer. »Wer mich sucht, der weiß ja, wo er mich finden kann« – ihre Worte von damals klingen ihren Familienmitgliedern noch heute im Ohr. Niemals hätte einer von ihnen im Büro des Verlegers angerufen und nach ihr gefragt.

Sie nahm Springer seine Eifersucht nicht übel. So war er halt. Dafür ließ er sie an allem teilhaben, an seinen Gedanken, seinen Begegnungen und Gesprächen. Dafür nahm er sie mit auf Reisen, auf denen sie bedeutende Persönlichkeiten kennenlernen konnte. Sie liebte Springer auch für das, was er ihr beibrachte. Wißbegierig war sie seit jeher, nur gelernt hatte sie nicht allzuviel. Das holte sie bei Springer nach. In ihrer Bewunderung bemerkte sie gar nicht, daß er, wenn er sie belehrte, mit ihr wie mit einem kleinen Mädchen sprach, wovon Umstehende manchmal etwas peinlich berührt waren. Getragen wurde sie an seiner Seite vor allem aber von dem hundertprozentigen Vertrauen, das er ihr schenkte, und davon, daß er auch seine Schwächen nicht vor ihr verbarg. Viele Jahre später würde sie ihn vor allem für seine Schwächen lieben.

Nicht alle engen Mitarbeiter des Verlegers waren ihr wohlgesinnt. Sie legten ihr ihre friesische Verschlossenheit als Kälte aus. Kühle Berechnung und nicht heiße Liebe verleihe ihr den Langmut, es Tag und Nacht mit dem Verleger auszuhalten, der all seiner Liebenswürdigkeit zum Trotz schnell zum Unhold werden konnte. Sie habe sich ihm völlig unterworfen und sich einsperren lassen, um schließlich seine Gattin und damit eine gemachte Frau zu werden. Ihre dienende Rolle habe immer nur dieses eine Ziel gehabt. Sie sei klug genug gewesen, ihn nie in Frage zu stellen, ihn nie mit ihren eigenen Bedürfnissen zu konfrontieren oder gar bloßzustellen. Sonst hätte sie nicht an seiner Seite bleiben können, ebensowenig wie die vier anderen Frauen vor ihr, die zwar üppig abgefunden und auf immer versorgt verschwanden, aber auch ihre gesellschaftliche Bedeutung verloren. Nein, Friede sei auf ihre Art genial gewesen. Ihre Genialität habe darin bestanden, nach vielen Jahren des gemeinsamen Lebens seine Frau zu werden.

7. Kapitel

Endlich Frau Springer

Mit der Weihnachtszeit 1977 neigte sich ein dramatisches Jahr seinem Ende zu, dessen September und Oktober als »Deutscher Herbst« in die Geschichte eingehen sollten. Am 30. Juli hatten Mitglieder der RAF den Vorstandsvorsitzenden der Dresdner Bank Jürgen Ponto ermordet. Dann hatten sie am Spätnachmittag des 5. September den Präsidenten des Arbeitgeberverbandes Hanns Martin Schleyer entführt und dabei seine vier Begleiter erschossen. Am Donnerstag, dem 13. Oktober, wurde die Lufthansa-Maschine »Landshut« auf ihrem Flug von Palma de Mallorca nach Frankfurt entführt, zur Landung in Mogadischu in Somalia gezwungen und dort festgehalten. Wie schon zuvor im Fall Schleyer, der sich zu der Zeit schon mehr als fünf Wochen in den Händen der RAF befand, forderten die Entführer die Freilassung der RAF-Häftlinge im Hochsicherheitstrakt der Justizvollzugsanstalt Stuttgart-Stammheim. Kurz nach Mitternacht, am 18. Oktober, beendeten GSG9-Beamte die Flugzeugentführung erfolgreich und befreiten alle sechsundachtzig Geiseln. In derselben Nacht nahmen sich die RAF-Mitglieder Andreas Baader, Gudrun Ensslin und Jan-Carl Raspe in ihren Zellen das Leben. Irmgard Möller überlebte die Nacht schwerverletzt. Einen Tag später ermordeten die RAF-Mitglieder ihren Gefangenen Hanns-Martin Schleyer. Ponto und Schleyer waren tot – für Springer und seine Lebensgefährtin war klar, was das hieß. Die Terroristen der Roten Armee Fraktion bekamen jeden, den sie haben wollten, und das konnte auch Springer sein. Die Sicherheitsbeamten des Kriminalamtes jedenfalls erschienen machtlos. Das wußten nicht nur sie beide, das wußten im Grunde auch jene, die sie schützen sollten. Und Springer stand, soviel war klar, auf der Todesliste der Terroristen ganz oben.

Einen herben Schlag auf persönlicher Ebene stellten für den Verleger 1977 die Enthüllungen des Journalisten Günter Wallraff dar. Der hatte sich als Hans Esser und damit unter falschem Namen in die Redaktion der *Bild*-Zeitung in Hannover eingeschlichen, dort gearbeitet und danach sein Buch »Der Aufmacher« über die vermeintliche Lügenwerkstatt *Bild* geschrieben. Vor ausverkauften Sälen hatte er sein Werk präsentiert und Unglaubliches berichtet. In der Öffentlichkeit entstand der Eindruck, daß es die Herren des in Deutschland auflagenstärksten Blattes mit der Wahrheit nicht allzu genau nahmen, sondern sie drehten und wendeten, Fakten wegließen und hinzufügten, bis sie den Vorstellungen des Verlegers und seiner Chefredakteure paßte. Springer litt, *Bild* war sein Produkt, sein Flaggschiff, und sollte seine Grundsätze verbreiten, freilich immer wieder unterbrochen von den unglaublichen Geschmacklosigkeiten, die die Redakteure des Boulevardblattes noch auf Lager hatten, um die Auflage zu steigern. Damit waren sie allerdings erfolgreich. An manchen Tagen verkaufte sich das Blatt mehr als 5 Millionen Mal. Ungeachtet dieser Affäre gratulierte der sozialdemokratische Bundeskanzler Helmut Schmidt Springer 1977 zum fünfundsechzigsten Geburtstag und bezeugte seinen Respekt vor dessen verlegerischer Leistung. Denn schon damals war es opportun, sich mit Springer immer wieder gutzustellen, der mit seiner *Bild*-Zeitung Politikern durchaus nützlich sein konnte.

Jenseits der politischen Ereignisse war Springer durch den Tod seines Freundes Pierre Pabst schwer getroffen. »Unwiederbringlich« ließ er auf die Todesanzeige des Vertrauten setzen. Fortan kümmerte er sich zusammen mit Friede in rührender Weise um die Witwe des Cheflektors, die russische Schauspielerin Irina Pabst. »Witwen und Waisen darf man nicht im Stich lassen«, davon war er überzeugt, sagte es Friede immer wieder und litt aufrichtig mit den Hinterbliebenen. Im gleichen Jahr starb auch Karl Andreas Voss, sein Vertrauter aus den Anfangsjahren, dessen Stern zwar längst zugunsten anderer gesunken war, dessen Tod Springer aber dennoch mit Wehmut erfüllte.

1977 also war kein gutes Jahr für Deutschland und auch nicht für Axel Springer. Aber es sollte wenigstens gut enden. Die Tage wurden kürzer, gegen vier Uhr am Nachmittag brannten schon die Lichter in den Zimmern. Weihnachten stand vor der Tür, und Springer würde das Fest wie immer mit Friede auf Schierensee begehen. An einem Adventswochenende hatte er mehrere Freunde zu einem großen Konzert in die Lübecker Marienkirche eingeladen, das der Leiter der Musikhochschule der Stadt veranstaltete. Für die kleine Gesellschaft von vielleicht fünfzehn bis zwanzig Gästen war vor dem Konzert noch ein Abendessen in der Altstadt vorgesehen. Springer und Friede fuhren schon am Vortag nach Travemünde, um die letzten Vorbereitungen für den geplanten Abend zu treffen. Sie stiegen im Strandhotel Maritim ab, wo der Verleger eine Suite hatte reservieren lassen.

Nachdem sie gegessen hatten, verbrachten sie den Rest des Abends in der großräumigen Suite. Während sie dort in den bequemen Fauteuils versanken und schon einmal über das Programm des nächsten Tages sprachen, zog der Verleger ein kleines, mit Samt bezogenes Kästchen aus der Tasche. Unvermittelt schob er es zu Friede hinüber. Sie klappte den Deckel auf und blickte auf einen schmalen, fast unauffälligen Bandring, der rundherum mit einer Kette von Brillanten besetzt war. Während sie das Schmuckstück betrachtete, bemerkte Axel Springer fast beiläufig: »Friede, wollen wir nicht heiraten? Ich kann dieses ›Fräulein Riewerts‹ nicht mehr hören.« Friede schaute ihn an. Sie hatte noch nichts zu dem Ring gesagt und konnte nach dieser Frage erst recht nichts entgegnen. Sie hatte mit vielem gerechnet und war über den Ring als solchen nicht besonders überrascht, denn teuren Schmuck schenkte er ihr häufig. Aber doch nicht mit einem Heiratsantrag. Warum ausgerechnet jetzt? Sie lebten wie ein Ehepaar, gingen auf Reisen, waren unendlich oft gemeinsam in Israel gewesen, hatten Häuser zusammen gebaut. Und jetzt plötzlich wollte er heiraten? »Ich habe das ganze Jahr über mit allen möglichen

Leuten gesprochen, mit Claus Jacobi, mit Peter Boenisch, mit Mary und Ernst. Und alle waren dafür«, sagte Springer weiter, der ahnte, was seiner jungen Freundin durch den Kopf gehen mochte. Er war tatsächlich so verfahren, hatte sich mit vielen beraten. Sogar seine gute Freundin Mary Lahmann, die für ihn schon seit mehreren Jahren Gut Schierensee führte, hatte er eigens nach Hamburg in sein Haus am Neuen Jungfernstieg 17a zitiert. »Was meinst du, soll ich Friede heiraten?« hatte er sie gefragt. Mary Lahmann allerdings war skeptisch und brüskierte ihn: »Nein, sollst du nicht, und ich sage dir auch warum: Ich habe Friede gern. Du hast schon vier Ehefrauen gehabt, und mit jeder ist es schiefgegangen. Dies soll mal endlich gutgehen.« So plausibel das klang, einen solchen Rat wollte der Verleger im Grunde gar nicht mehr hören. Er hatte sich längst entschieden, seine Lebensgefährtin endlich zu ehelichen.

Friede ließ ihn reden an dem Abend. Sie zuckte nur mit den Schultern, was Springer als Zustimmung deutete. Dann fuhr er fort: »Friede, dafür brauche ich deine Hilfe, ich brauche deinen Paß und die ganzen Papiere, wenn wir im Januar das Aufgebot bestellen wollen.« Im Januar also sollte sie Frau Springer sein. Für Friede war das an dem Abend ein bißchen viel. Nach so langer Zeit in »wilder Ehe« war sie nun im Handumdrehen verlobt und schon bald verheiratet. Sie konnte es nicht glauben. So surreal, wie Springer sie damals vor gut zehn Jahren auf Föhr besuchen kam, mit dem Hubschrauber landete, um einen Nachmittag mit ihr auf der Insel zu verbringen, und dann wieder abhob, so unwirklich kam ihr auf einmal der Abend in Travemünde vor. Heiraten. Endlich heiraten. Lange hatte sie darauf gewartet und dann doch vor etlichen Jahren den Gedanken daran aufgegeben, weil dem Verleger offensichtlich nicht danach zumute war, ein fünftes Mal vor einen Standesbeamten zu treten.

Friede war vor Aufregung wie gelähmt. Sie blieb wortkarg, bis beide beschlossen, zu Bett zu gehen. Noch immer begriff sie nicht, was Springer ihr eine Stunde zuvor angetragen hatte. Die ganze Nacht tat sie kein Auge zu. Sie wälzte sich vom Rücken auf die eine, dann auf die andere Seite und wieder auf den Rücken, starrte die

Zimmerdecke an und grübelte:»Einen Tag, lieber Gott, laß mich einmal in meinem Leben nur einen Tag Frau Springer sein. Einen Tag nur verheiratet mit Axel. Einen einzigen Tag.«

Nichts hatte sich Friede mehr herbeigesehnt und doch nicht mehr daran geglaubt. Über all die Jahre. Sie hatte ihn nie danach gefragt. Und er hatte nie davon gesprochen. Schließlich hatte sie sich damit abgefunden, daß sie womöglich niemals Frau Springer werden würde, obwohl sie inzwischen zur wichtigsten Person in seinem Leben geworden war. Vor Jahren hatte er ihr erklärt, daß er keine Kinder mit ihr haben wolle, nachdem sie ihm gestanden hatte:»Irgendwann möchte ich Kinder haben.« Sie hatte ihn nicht gleich damit überfahren, daß sie ihm am liebsten vier Söhne geboren hätte, schnell nacheinander, wie die Orgelpfeifen, eine richtig große Familie. Aber wenigstens *ein* Kind.»Wenn du Kinder willst, dann mußt du Herrn Müller oder Herrn Meier heiraten«, hatte er ihr knapp geantwortet und damit jede weitere Frage dazu im Keim erstickt. Für sie hieß das nichts anderes, als daß sie sich entscheiden mußte zwischen ihm und einem anderen, den es nicht gab, mit dem sie aber womöglich hätte Kinder haben können. Später erklärte er ihr, warum er nicht noch einmal Vater werden wollte: Er wollte sie nicht teilen. Sie sollte ganz für ihn dasein und ihre Gedanken nicht auch noch an den Nachwuchs verschwenden. Springer war eifersüchtig. Er hatte ganz einfach Angst, er könne zu kurz kommen. Da er wußte, wie sehr Friede Kinder am Herzen lagen, vermutete er auch, daß sie niemals bereit sein würde, die Kinder auf ein Internat zu schicken, damit er sie wieder ganz für sich haben konnte. So hatte er es mit seinen Söhnen gemacht, er hatte sie mit der Begründung fortgeschickt, ihnen eine besonders gute Ausbildung angedeihen lassen zu wollen. Daß sich weder Axel noch Nicolaus in den teuren Internaten in der Schweiz und in England konventionellen Vorstellungen entsprechend entwickelten, schien den Verleger lange Zeit weniger zu stören. Er dachte in erster Linie an sich. Ob die Söhne oder jetzt seine Lebensgefährtin darunter litten, war für ihn nachrangig.

Friede litt. Sie kam aus einer traditionellen Familie, in der zwar die Rollen nicht unbedingt klassisch verteilt waren – das ging schon deshalb nicht, weil ihr Vater wegen seiner Kriegsverletzung bestimmte Aufgaben in der Gärtnerei seiner Frau überlassen mußte, während er sich um die Kinder kümmerte. Aber die Riewertssche Großfamilie mit vielen Geschwistern, Großeltern, Onkel und Tanten hatte Friedes Vorstellung vom Leben geprägt. Für sie war es daher nur ganz natürlich, irgendwann einmal Mutter mehrerer Kinder zu sein. An Springers Seite mußte sie sich damit arrangieren, daß er das anders sah. Sie tat es und legte sich eine erträgliche Begründung für sein Verhalten zurecht: Er war ein schlechter Vater und würde den Kindern nicht das geben, was sie brauchten. Trotzdem gelang es ihr nicht, sich mit dem kategorischen Nein des Verlegers abzufinden. Eine Zeitlang ging es ihr schlecht. Sie war müde und abgespannt, hatte Schwierigkeiten mit dem Kreislauf, mußte sich hin und wieder setzen, weil ihr schwarz vor Augen wurde. Zudem war sie verstimmt und manchmal traurig. Schließlich suchte sie den Arzt auf, der ihr die körperlichen Symptome erklärte, die sie plagten. Seine Diagnose aber blieb unbefriedigend. Sie leide, sagte er ihr, an einer vegetativen Dystonie, einer Erkrankung des Nervensystems. Dabei gerate der Körper aus der Balance. Medikamente dagegen gebe es keine. Autogenes Training, Yoga oder Sport würden helfen, alles das, was den Körper wieder ins Gleichgewicht bringe. »Kriegen Sie ein Kind, dann wird es Ihnen bessergehen«, sagte der Arzt damals zu Friede. Doch genau das war nicht möglich. Entweder Kinder oder Axel Springer. Friede mußte sich wohl oder übel entscheiden, obwohl sie sich gar nicht mehr frei entscheiden konnte. Sie hatte sich ganz auf den Verleger eingelassen, sein Leben, sein Denken, seinen Geschmack angenommen und ihre Eigenständigkeit aufgegeben. So ergeben, wie sie ihm war, schloß sie mit ihren Familienplänen ab. Zu dem erträumten Idyll würde es nicht kommen. Ein Leben mit Axel bedeutete ein aufregendes luxuriöses Leben ohne Kinder. Axel Springer war ihr Kind genug. Sie mußte sich kümmern, unentwegt, vierundzwanzig Stunden am Tag, zu jeder Zeit.

oben links: 28. August 1939: Elise und Erich Riewerts am Tag ihrer Hochzeit – einen Tag vor Erichs Einberufung zum Kriegsdienst

oben rechts: 1952 in Süderende, Erich Riewerts mit seinen Töchtern

links: Die beiden »Großen«: Friede und Christfried Mitte der vierziger Jahre

unten : Die fünf Geschwister Anfang der fünfziger Jahre: Nahmen, Friede, Erk, Christfried und Ingke

Das Haupthaus der Familie Riewerts in Süderende auf Föhr

In friesischer Tracht

23. März 1958:
Konfirmation mit Tattje

1969 auf Sylt

Ende der sechziger Jahre

Mit 23 Jahren in der Milchstraße
in Hamburg

In Norwegen,
Sommer 1977

Axel Springers
Lieblingsbild:
Friede Riewerts in
Norwegen

Hulda Seidewinkel, 1967

Axel Springer in den sechziger Jahren

Der Zeitungskönig auf dem Gipfel seiner Macht

Gut Schierensee

»Wie eine Königin«, 1979

Mit Irina Pabst Anfang der achtziger Jahre auf Schwanenwerder

Der Glas-Bungalow auf Schwanenwerder Ende der sechziger Jahre

Springers Villa »Tranquillitati« auf Schwanenwerder

Bibliothek und Gartensaal

Hauskonzert auf Schwanenwerder: Mstislaw Rostropowitsch, 1981

Schwanenwerder, 1982

Ruhe auf Patmos

Yacht »Schierensee«

Die Veranda

Das Refugium

Ende der siebziger
Jahre: Glücklich
auf Patmos

Blick über den
Garten aufs Meer

Das Haus in Klosters

Ein letztes Foto: 15. August 1985 – Friede Springers Geburtstag in Klosters

Mit Enkel Axel Sven,
»Aggi«, auf Sylt

Schierensee Mitte der siebziger
Jahre: Barbara Choremi *(Mitte
links)* mit Tochter Carina
(unten links), Springers
Schwiegertochter Rosemarie
(Mitte) mit Sohn Axel Sven
(Mitte rechts), Springer-Sohn
Nicolaus *(oben rechts)*,
Springers Schwager Leuver
Lynder *(oben links)* und
Friede Springer *(unten rechts)*

Axel Springer mit
Tochter Barbara auf
Schierensee, 1975

1989 mit Nicolaus
in Gstaad

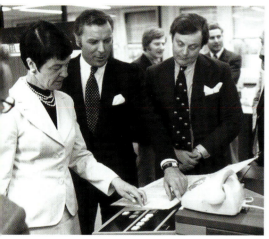

Umzug der *Welt*-Redaktion nach Bonn
1975: Claus Jacobi mit Loki Schmidt und
Springer-Sohn Axel jr.

Axel Springer mit
Sohn Nicolaus und
Enkel Axel Sven

In Momenten wie diesen, als Springer ihr mit ungeheurer Härte den Kinderwunsch verweigerte, zeigte sich, was ihre wahre Stärke war: Sie konnte sich bis an die Grenze der Selbstverleugnung zurücknehmen, um sich an eine neue Situation anzupassen. Dann blickte sie nicht mehr zurück. Sie haderte nicht weiter mit dem Schicksal, sondern nahm die Dinge, wie sie waren, und versuchte, das Beste daraus zu machen. Sie schloß mit ihrem Kinderwunsch ab und konzentrierte sich wieder ganz auf den Verleger, der ihre Aufmerksamkeit in zunehmendem Maße brauchte. Bald war sie mit sich selbst wieder im Einklang, und damit verschwand auch die diagnostizierte Krankheit. Es ging ihr besser.

Viele Jahre nach dem Tod Springers, als sie erstmals zur Reflexion über ihr Leben an der Seite des Verlegers in der Lage war, wurde ihr bewußt, auf was sie ihm zuliebe verzichtet hatte. Sie hatte keine Familie, würde niemals Enkel haben, kein kleines Kind, das nach der Großmutter fragt. Und wenn sie gestorben wäre, würde nichts von ihr bleiben, auch keine Gemeinsamkeit von ihr und Springer. Sie würde ganz einfach verschwinden und statt Kindern und Kindeskindern einen Verlag hinterlassen, den sie – besser geordnet als beim Tod des Verlegers – der Zukunft übergeben würde. Das ist ihr Lebensziel.

Gerade einmal vier Leute begaben sich am 20. Januar 1978 ins Standesamt von Berlin-Charlottenburg. Der Standesbeamte verlas die Namen und Berufe, Friede Riewerts, fünfunddreißig Jahre alt, wurde als Lektorin des Verlages vorgestellt, die beiden Trauzeugen, Ernst Cramer und Claus Dieter Nagel, als Chefredakteure. Zehn Minuten dauerte der Akt, in dem sich der Verleger und Friede das Jawort gaben. Dann verließ die Gesellschaft das Gebäude wieder, und Cramer und Nagel kehrten an ihre Schreibtische im Springer-Hochhaus zurück. Friede und Axel Springer fuhren nach Schwanenwerder in ihre Villa am Wannsee, der sie den Namen »Tranquillitati«, »der Ruhe gewidmet«, gegeben hatten.

So wenige die Formalitäten auf dem Standesamt mitbekommen hatten, so viele wußten doch darüber Bescheid und konnten sich ihre bissigen Kommentare nicht verkneifen. »Jetzt ist sie am Ziel und ist das, was sie immer sein wollte.« Sie konnten es nicht fassen: Das unbedarfte Fräulein Riewerts, das da mit einem kleinen Köfferchen im November 1965 als neues Kindermädchen in den Hamburger Grotiusweg gezogen war, saß nun auf dem Thron. Springer hatte große Frauen gehabt mit eigenen Vorstellungen oder eigenen Berufen: ein Mannequin, eine berühmte Dressurreiterin und eine Industriellengattin. Und jetzt ausgerechnet Friede, die sich von ihren Vorgängerinnen gerade dadurch unterschied, daß sie so gar nichts darstellte! In ihrem Ehrgeiz hatte sie sich unentbehrlich gemacht für den Verleger, sich all die Jahre aufgeopfert, damit er sie irgendwann belohnte. Für ihre Neider lag diese Logik auf der Hand.

Mit der Eheschließung auf dem Charlottenburger Standesamt hatte Friede tatsächlich ausgesorgt. Mit dem Trauschein bekam sie 20 Millionen Mark, der Preis dafür, daß sie im Falle des Todes des Verlegers auf ihren Pflichtteil des Erbes verzichtete. Das hatten auch die anderen Familienmitglieder getan, die für diesen Verzicht nicht ganz so großzügig abgefunden wurden. Wie später das Testament des Verlegers ausfallen würde, war eine andere Frage. Ob also Friede nach dem Ableben ihres Mannes etwas erben würde, konnte sie an diesem Januartag mit Sicherheit nicht wissen.

Am Nachmittag des 20. Januar rief die frisch Vermählte ihre Eltern auf Föhr an. »Papa, stell dir vor, ich habe heute geheiratet«, teilte sie ihrem Vater mit, der noch verblüffter war als sie selbst zum Zeitpunkt von Springers Antrag. »Ich habe geheiratet. Auf dem Standesamt in Charlottenburg. Papa, ich bin jetzt Friede Springer«, rief sie ins Telefon und erhielt doch keine Reaktion. Der Vater konnte nichts sagen, denn die Tränen liefen ihm über das Gesicht. Es war das erstemal in ihrem Leben, daß Friede mitbekam, wie ihr Vater weinte. Vor Rührung, vor Glück? Sie wußte es nicht.

Zwei Tage später flog das Ehepaar Springer nach London. Sie stiegen in Springers Haus in der Upper Brook Street ab, das er, lange bevor er Friede kennengelernt, im Zentrum der Stadt gekauft hatte. Es lag am Rande des Stadtteils Mayfair, einen Steinwurf entfernt vom

Hyde Park. Auch hier hielt sich der Verleger Personal. Ein Ehepaar und einen Chauffeur, der den Verleger und seine fünfte Frau im Rolls-Royce durch die Metropole kutschierte. Springers Freund, Sir Walter Salomon, ein Londoner Merchant Banker, sollte in die Innung der Patternmakers aufgenommen werden. Die Zeremonie fand im Mansion House statt, Springer erschien im Frack, Friede in einem hellblauen Abendkleid. Beide hatten zuvor beschlossen, diesen festlichen Anlaß als ihre Hochzeitsfeier anzusehen. Zwar wurde dort die Vermählung des Verlegers mit einer gewissen Friede Riewerts bekanntgegeben, doch waren die Gäste im Grunde fremde Leute. Friede und Axel Springer störte das kaum. Sie waren festlich gekleidet, der Rahmen war feierlich. Und die wenigen Gäste, die sie kannten, allen voran Springers enger Freund Sir Walter und seine Frau Kate, freuten sich mit ihnen und prosteten ihnen zu.

Von London aus rief Springer seine älteste Tochter Barbara an, um ihr von seiner Vermählung zu berichten. Seinen Sohn Axel junior hatte er schon vorher informiert. Wie immer hatte Friede die Nummer gewählt und ihrem Mann den Telefonhörer in die Hand gedrückt. Da sie weder die Tochter noch den Sohn persönlich sprach, wußte sie auch nicht um deren Meinung. Aber die hätten die Kinder ihrem Vater in einem solchen Moment auch nicht ehrlich gesagt. Alles in allem ließ jeder von ihnen der fünften Ehefrau seine Freude darüber ausrichten, daß der Verleger sein langjähriges Glück nicht nur gefunden, sondern auch geehelicht hatte.

Kurz nach der heimlichen Hochzeit besuchte Springers Sohn Axel seinen Vater und die neue Stiefmutter in Berlin. Die Villa auf Schwanenwerder war gerade fertig geworden und der Glasbungalow, den Springer und Friede bis dahin bewohnt hatten, bereits abgerissen. In ihm hatte sich der Verleger nie richtig wohl gefühlt. Er entsprach nicht seinem Stil. Aber gravierender noch waren die Bedenken der Polizei:»Herr Springer, in Ihrem Glashaus sitzen Sie wie in einem Aquarium. Jeder, der auf dem Wannsee segelt, kann Sie nicht nur sehen, sondern auch erschießen.« Das Argument der Polizei, die sich um den Schutz des Zeitungsverlegers zu sorgen hatte, war nicht von der Hand zu weisen. Springer baute sich eine prächtige Villa mit dik-ken Mauern und viel kleineren Fenstern, mehreren Terrassen und Balkons, so daß der Blick auf die Havel immer noch möglich war.

»Es ist schön bei euch«, sagte der Junior, der Friedes Bruder hätte sein können. »Warum habt ihr so heimlich geheiratet und mich nicht zu eurer Hochzeit eingeladen?« Friede wunderte sich ein wenig über die sentimentale Anwandlung des sonst immer zu Späßen aufgelegten Springer-Sohns. Sie strich ihm über seine Hand und gab belanglos zurück: »Ach, Axel, wir haben gar nicht richtig gefeiert. Aber das holen wir nach.« Ihm aber schien es ernster zu sein. »Macht das mal bald, ich brauche das!« sagte er, stand auf und ließ Friede verwundert zurück. Mit dem Junior hatte sie sich immer gut verstanden und vor allem viel gelacht. Vor ein paar Jahren war er einmal zu ihren Eltern gefahren, um herauszufinden, woher sie kam. »Eine richtig feine Familie hast du«, hatte er ihr danach gesagt. Denn dort, in dem biederen Häuschen der Eltern, die ihn herzlich begrüßten und bewirteten, hatte er sich wohl gefühlt. Friede schätzte den Junior in seiner urkomischen, lebenslustigen Art, die er eher von seiner Mutter denn vom Vater geerbt zu haben schien. Nie war Springers Sohn um eine Antwort verlegen, hatte immer eine ironische Bemerkung auf den Lippen. Er war ein brillanter Beobachter und Imitator derer, die sich in der Nähe seines Vaters sonnten. Er amüsierte sich über den Hofstaat, der sich um den Verleger gebildet hatte und aus durchaus nützlichen Handlangern bestand, die sich zunehmend wie Hofschranzen benahmen. Zusammen mit Friede mokierte sich der Junior darüber, wie die Assistenten und Chefredakteure, Büroleiter und Manager die Zeit verglichen, die ihnen der Verleger für ein Tête-à-tête gewährte. Der eine hatte in zehn Minuten das Verlegerbüro wieder verlassen, der andere hielt sich fünfundfünfzig Minuten auf Schwanenwerder auf. Derjenige, der mehr von Springers knapper Zeit ergatterte, wähnte sich in der Gunst des Alten ein wenig höher. Dem Junior erzählte Friede auch, wie die Sekretäre und Verlagskaufleute um sie herumschlichen, um sich für ihre Anliegen an Axel Springer Rat zu holen. Denn sie wußte zu jeder Zeit, welcher Stimmung er war und was seinen Unmut erregen konnte. Dann kamen sie zum Gespräch und plusterten sich auf, heimsten sein Lob ein und fühlten sich dem Monarchen schon wieder etwas näher.

Seinem Sohn Axel war das Getue um den Verleger eher zuwider. Als Fotograf hatte er sich längst von seinem Vater unabhängig gemacht. In München hatte er unter seinem Pseudonym Sven Simon eine gutlaufende Fotoagentur aufgebaut. Unter diesem Namen wurde er in Deutschland und auch international bekannt. Irgendwann hätte er die Nachfolge seines Vaters antreten sollen. »Es wäre sicher auf ihn zugelaufen«, sagt Friede Springer heute, obwohl der Junior das so richtig gar nicht gewollt hatte. »Aber es lag in der Luft, unausgesprochen, es war Axels heimlicher Wunsch.« So jedenfalls hatte sie ihren Mann immer verstanden.

1976 wurde Axel junior einer von drei Chefredakteuren der *Welt am Sonntag*, zusammen mit Claus Jacobi, mit dem er eng befreundet war. Regelmäßig verbrachten sie mit ihren Familien gemeinsam Silvester auf Sylt, spielten bis weit über Mitternacht Monopoly mit den Kindern. 1980 sollte der Springer-Sohn im Verlag noch weiter aufsteigen. Angeblich. Springer wollte ihm, wie er viele Jahre später in einem Fernsehinterview erzählte, am 3. Januar 1980 auf Gut Schierensee eine entscheidende Position in seinem Verlagshaus anbieten. Doch dazu sollte es nicht mehr kommen.

Friede Springer hat den Junior in bester Erinnerung und auch den Wunsch ihres Mannes, ihn irgendwann an die Spitze zu hieven. Doch der Sohn, sagt sie, wollte nicht, hegte schon damals das gleiche Gefühl wie sein Vater in den letzten Jahren vor seinem Tod. Der Junior fürchtete das Zeitungsimperium und empfand es als ein gefräßiges Monster, das immer weiter wachsen wollte. »Ach, Papa, warum hast du nicht eine Autowerkstatt? Eine feine Reparaturwerkstatt mit zwanzig Angestellten. Das wäre etwas für mich.« Und dann pflegte er halb im Scherz und halb im Ernst zu sagen: »Statt dessen komme ich in die Kaiser-Wilhelm-Straße und stehe vor diesem Koloß.« Er blähte die Backen auf und ließ sich fast nach hinten fallen, als würde ihn das Lebenswerk des Vaters erschlagen. »Ich kann doch nichts dafür«, hatte ihm der Alte dann gesagt. »Das Haus ist von allein so groß geworden, es ist einfach immer weiter gewachsen«, und ein wenig hat er die Vorbehalte seines Sohnes wohl verstanden.

Der Springer-Sohn kam oft nach Schwanenwerder, zuletzt häufig mit seiner Lebensgefährtin und deren Tochter. Friede sorgte dafür, daß sich der Verleger regelmäßig bei seinen Kindern meldete. Sie organisierte die Treffen und forderte ihren Mann immer wieder auf, die Kinder anzurufen. Sie hielt ihn an, sich zu kümmern, da er selbst kein Familienmensch war. Für die Kinder war er eigentlich nicht zu sprechen, und mit den Sorgen der Enkel konnte er nur hin und wieder etwas anfangen. Mal war er der liebevolle Vater und Großvater, dann aber war er wieder fast unerreichbar. Das wußte er selbst, und so ließ er Friede gewähren, sich um die Beziehung zu den Kindern und Enkeln zu kümmern. Friede tat es nicht nur aus Pflichtbewußtsein, sondern auch aus dem Bedürfnis heraus, Teil der Familie ihres Mannes zu werden. Sie sehnte sich dabei nicht nur nach familiärer Harmonie, sondern auch nach der Anerkennung der Kinder und Enkel, die allesamt wußten, wie sie an Springers Seite aufgestiegen war. Ihre Sehnsucht nach Akzeptanz wurde nur oberflächlich erfüllt, vielleicht dem Vater zuliebe, der sich in ihrer Gegenwart so wohl fühlte. Das aber merkte sie nicht, sondern empfand sich als festes Mitglied der Springer-Familie. Und noch Jahre nach dem Tod ihres Mannes würde sie vergeblich darauf hoffen, sich mit den Kindern und Enkeln wieder gut zu verstehen. Denn kaum hatte Springer die Augen für immer geschlossen, sollten sich seine Nachfahren über sein Erbe zerstreiten und heftig gegen die Witwe stänkern.

Von der standesamtlichen Hochzeit Springers erfuhr ein paar Wochen später auch Jobst Schöne, der Bischof der lutherischen Kirche in Berlin. Springer gehörte nun schon seit Jahren zu seiner Gemeinde, besuchte hin und wieder auch den Gottesdienst, am liebsten aber den Bischof persönlich. Er kam zu Gesprächen über die Bibel, seinen Glauben und den Tod. Immerhin pflegte er einen derart regen Austausch mit dem Geistlichen, daß dieser sich bemüßigt fühlte, dem Verleger nach seiner standesamtlichen Hochzeit die kirchliche Trauung nahezulegen. Im Frühjahr schrieb er dem Verleger und seiner jungen Frau einen Brief, gratulierte bischöflich, um den beiden dann die kirchliche Eheschließung zu empfehlen. Wenn Springer meinte, in Friede einen Menschen gefunden zu haben, mit dem er sein Leben bis zum Tode teilen wolle, dann sei das nicht nur vor den Menschen, sondern auch vor Gott festzumachen. Schöne kannte das Vorleben des Verlegers und wußte, daß er bereits vier Ehen hinter sich gebracht hatte, von denen immerhin die erste vor dem Altar geschlossen worden war. Für einen Geistlichen konnte eine Ehe, die mit dem Segen des Himmels versehen war, nicht einfach wieder gelöst werden. Den Bischof muß die Angelegenheit in arge Gewissensnöte gebracht haben. Dennoch entschloß er sich, den Brief an den Verleger aufzusetzen. Schließlich war Springer mit den Jahren ins Nachdenken gekommen über seine Vergangenheit. Er hatte dem Geistlichen zu verstehen gegeben, daß er in seinen Beziehungen zum anderen Geschlecht wohl nicht alles richtig gemacht hatte. Schöne hatte den Eindruck, daß ihn vieles reute. Als Springer die Glückwünsche und den Vorschlag des Bischofs empfing, war er begeistert und mit ihm natürlich Friede. Sie antworteten postwendend, um bald den Termin für die kirchliche Trauung festzulegen. Es sollte der 17. Dezember 1978 sein.

Wieder wurde im kleinen Kreis gefeiert, allerdings um einiges festlicher als auf dem Standesamt. Die moderne kleine Marienkirche der »Altlutheraner« in der Berliner Riemeisterstraße war mit weißen Blumen geschmückt. Zwei Dutzend Gäste hatten sich bereits in den Bänken versammelt, als drei Limousinen auf den Hof hinter der Kirche rollten. Aus dem mittleren Mercedes stiegen Friede und Axel Springer aus. In den beiden anderen saßen die Beamten der Kriminalpolizei. Unbemerkt huschte das Brautpaar in das schlichte Backsteingebäude hinein, das im Februar 1973 feierlich zur St.-Marien-Kirche geweiht worden war. Nagel, Springers Assistent, war wieder Trauzeuge und dazu Irina Pabst. Der Sohn des Bischofs spielte die Orgel. Und Schöne predigte von der Liebe Gottes, die die Menschen am Ende ihres Lebens in sein Reich hinübertrage. Friede war sechsunddreißig Jahre alt. Neben ihr vor dem Altar stand Springer, weit über sechzig. Er befand sich vor dem letzten Abschnitt seines Lebens. In weniger als sieben Jahren sollten die Hochzeitsworte Schönes Wirklichkeit werden. Friedes Familie fehlte in der Kirche, sie war nicht eingeladen. In Friedes Leben mit Springer hatte ihre eigene Familie keinen Platz. Sie wurde hin und wieder mit einem Kurzbesuch auf Föhr bedacht. Für zwei oder drei Stunden ließen sich der Verleger und seine Frau bei ihren Eltern auf dem Sofa nieder auf eine Tasse Tee. So auch nach ihrer standesamtlichen Hochzeit im Januar. Damals trafen sie nicht nur auf Erich und Elise Riewerts, sondern auch auf ihre Brüder Nahmen und Erk. Der eine legte sich gleich mit dem Verleger an, nur spaßeshalber, aber derart respektlos, daß den anderen das verbale Scharmützel im Gedächtnis blieb. Springer parierte die kleine Attacke mit Humor, auch daran erinnern sich die Brüder.

Friedes Eltern hatten sich damit arrangiert, daß ihre Tochter ihre beiden Welten fein säuberlich getrennt hielt. Die Mutter hatte über die Jahre gemerkt, daß Springer ein schwieriger und anspruchsvoller Mensch war, auf den sich ihre Tochter voll und ganz einzustellen hatte. Elise wußte, wieviel Springer Friede abverlangte. Immerzu mußte sie auf der Hut sein und versuchen, den nächsten Wunsch des Verlegers zu erahnen. Dann erledigte sie alles im Handumdrehen und noch bevor er überhaupt darauf kam, daß ihm etwas fehlen könnte. »Sie hatte es wirklich nicht leicht«, meint die Mutter, die damals schon eingesehen hatte, daß die Familie Riewerts in die glamouröse Welt des Verlegers nicht paßte.

Die kirchliche Trauung gab Springer Auftrieb – womöglich den letzten in seinem Leben. Er war so glücklich mit Friede, daß er sie in jeder leeren Kirche, die sie in den Jahren darauf betraten, vor den Altar zog, um ihr noch einmal das Jawort geben: »Komm, Friede, hier heiraten wir noch einmal. Es war so schön.« Von langer Dauer war Springers Glück nicht. Die Katastrophe brach Anfang 1980 herein, als sich sein Sohn Axel in der Nacht zum 3. Januar in Hamburg auf einer Parkbank das Leben nahm. Die Nachricht erreichte den Verleger am Vormittag durch einen Anruf der Polizei. Er hatte auf den Sohn gewartet, der auf dem Rückweg von Sylt, wo er in seinem Haus in Morsum Weihnachten und den Jahreswechsel verbracht hatte, vielleicht bei seinem Vater und Friede auf Schierensee vorbeischauen wollte. Zu Silvester hatte er ein letztes Mal mit ihm telefoniert: »Komm auf dem Rückweg von Sylt nach Hamburg bei uns vorbei«, hatte Springer zu seinem Sohn gesagt, der zum Zeitpunkt des Gesprächs in einer seltsamen Verfassung schien. »Nein, ich kann nicht, ich will nicht«, soll er sich gewunden haben. Richtig verabredet hatten sich Vater und Sohn nicht mehr. Trotzdem hoffte Springer auf das Erscheinen seines Sohnes. Ihr Verhältnis hatte sich in den letzten Jahren sichtbar gebessert. Der Vater war milder geworden, hatte dem Sohn ein Haus auf Sylt geschenkt, weil auch Axel junior die Nordseeinsel so liebte, über die er mit Jacobi einen Bildband herausgebracht hatte.

Der Sohn kam nicht mehr, er fuhr von Sylt direkt nach Hamburg zu seiner Lebensgefährtin und verließ nachts mit seinem Hund und einer Waffe sein Haus in der Brabandstraße, von der es nicht weit zu jener Parkbank an der Alster war, auf der er sich erschoß. Am Vormittag des 3. Januar rief die Polizei bei Springer an, um ihm den Grund für das Fernbleiben seines Sohnes mitzuteilen.

Springer behielt einen kurzen Moment noch die Fassung. Dann brach er zusammen. Er war erschüttert. Über Stunden konnte er das Geschehene nicht begreifen. Dann weinte er tagelang. Er machte sich Vorwürfe, erinnerte sich an viele Situationen, in denen er sich um seinen Sohn hätte kümmern sollen und es nicht getan hatte. Erstmals in seinem Leben überkam ihn die Gewißheit, versagt zu haben. Auf die Frage nach dem Warum fand er keine Antwort, auf den Tod keinen Trost. Von diesem Schicksalsschlag sollte er sich nie mehr ganz erholen.

Die Polizei riet Friede und Axel Springer davon ab, den Toten zu identifizieren. Der Leichnam böte ein Bild des Grauens, das Antlitz des Sohnes sei durch den Schuß in die Stirn entstellt. Die traurige Aufgabe der Identifikation sollte ein anderer übernehmen. Claus

Jacobi hatte den Kindern Axel Sven und Ariane die Nachricht vom Tod ihres Vaters überbracht und war mit ihnen zum Großvater nach Schierensee gefahren.

Die Frage nach dem Grund des Suizids wurde nie geklärt. Einen Abschiedsbrief hatte Axel junior nicht hinterlassen. Woran war er zerbrochen? Lange hatte der Vater den Sohn nicht richtig ernst genommen. Er wollte zunächst nichts wissen von der jungen und sehr hübschen Rosemarie Koschwald, die Axel mit einundzwanzig Jahren heiratete. Nach ein paar Jahren hatte er sich an sie gewöhnt und mochte sie gern. Die Ehe, aus der der Junior zwei Kinder hatte, hielt kein Jahrzehnt, und der Sohn tauchte bald mit einer Neuen auf den Besitztümern des Vaters auf.

Von diesem hatte er sich längst emanzipiert, war als Fotograf unter fremdem Namen erfolgreich und hatte dem Vater gezeigt, daß er besser ohne ihn als mit ihm konnte. Claus Jacobi berichtet, daß der Junior ähnlich wie der Vater aufgrund seiner Schilddrüse seit Jahren unter Stimmungsschwankungen gelitten hatte. Dazu kam eine Kinderkrankheit, die ihn kurz vor seinem Tod ereilte. Viele Tage lang lag er mit hohem Fieber im Krankenhaus, bis er sich körperlich von der Strapaze wieder erholt hatte. Friede erschien er danach allerdings zunehmend mutlos und manchmal sogar sentimental. Das kannte sie an ihm noch gar nicht. Er weinte viel. »Axel, du mußt dir helfen lassen!« hatte sie ihm hin und wieder gesagt. Und auch der Vater redete dem Sohn ins Gewissen. Nein, er gehe nicht zum Beknacktendoktor, soll der geantwortet haben. Das ganze letzte Jahr vor seinem Tod ging es ihm offenbar nicht gut. Er hatte zugenommen und wirkte aufgedunsen. War es die kräftezehrende Kinderkrankheit, die auf seinem Gemüt tiefe Furchen hinterlassen hatte?

Kurz vor seinem Tod war Axel junior noch in London gewesen. Er wohnte nicht wie sonst im Haus des Vaters am Hyde Park, sondern blieb im Hotel. Kurz vor seiner Abreise fuhr er dann doch noch einmal zur Upper Brook Street. Er klingelte beim Butler, der mit seiner Frau, einer Köchin, dort lebte. Er rannte die Treppen hinauf und rief atemlos: »Just to say goodbye to you«, umarmte die verblüffte

Köchin heftig, küßte sie auf die Wange, drehte sich um und verschwand – für immer.

Der Tod des jungen Axel blieb nicht nur dem Vater unerklärlich. Die Kinderkrankheit, die ihm so auf die Seele geschlagen haben sollte, diente als offizieller Grund für den Freitod des Juniors. Dem Verleger aber reichte die Erklärung nicht. Immer wieder sprach er mit Friede, die ihm weder eine Antwort geben noch Trost spenden konnte. Sie selbst war erschüttert und blieb lange fassungslos. Wie immer zeigte sie wenig davon und verdrängte ihre Bestürzung, denn sie hatte sich auf Springer zu konzentrieren. Und der brauchte sie nach dem Tod des Sohnes mehr denn je.

Der Suizid von Axel junior bedeutete für den Vater einen Tod auf Raten. Das spürte Friede deutlich, weil ihn viel häufiger als früher die Schwermut überkam. Er war unruhig, suchte nach einer Aufgabe, die er noch erfüllen mußte. Friede verstand ihn nicht: »Axel, du hast keine Aufgabe mehr. Du hast so viel für die Menschen getan.« Sie wußte, daß er ein großzügiger Spender war, der zwar Millionen hatte, aber auch Millionen gab. »Was, um Himmels willen, willst du denn noch machen?« Irgendeinen Auftrag meinte er noch zu haben, mehr noch müsse er tun für die Wiedervereinigung Deutschlands und gegen den Sozialismus jenseits der Mauer. »Du hast genug getan, du hast gegen den Kommunismus gekämpft. Er ist unrecht und wird zu Ende gehen.« Friede versuchte, ihn mit seinen eigenen Argumenten zu beruhigen. Sie hatte das alles so sehr verinnerlicht, daß sie wie er von der Überwindung der deutschen Teilung vollkommen überzeugt war. Es half nichts. Botschafter in Polen, erzählt sie, wäre er am liebsten noch geworden, hätte er ein politisches Amt wählen können. »Die Aussöhnung mit den Polen, diese Aufgabe würde ich gerne noch erfüllen«, hatte er ihr öfter gesagt.

Zusammen mit ihr überlegte Springer, wen er in seinem Leben schlecht behandelt hatte. Er wollte es wiedergutmachen, Stück für Stück. Friede merkte, wie er sich ganz allmählich von seiner Umgebung verabschiedete, auf der verzweifelten Suche nach innerer Ruhe. Sie sah, wie ihr Mann körperlich abbaute. Mayo-Klinik, Kneipp-Kur,

Frischzellen – er fand keine Remedien für seine Abgeschlagenheit. An eine geordnete Einnahme der Präparate für seine Schilddrüsenunterfunktion konnte er sich trotz ihrer Ermahnungen nicht gewöhnen. Mal nahm er zuviel und dann wieder zuwenig. Immer wieder plagten ihn grippale Infekte. Und sein Herz machte ihm zu schaffen.

Wenn sie auf Reisen waren, packte Friede dreißig Unterhemden ein, damit ihr Mann, der ob der Infekte unaufhörlich unter Schweißausbrüchen litt, stets etwas zum Wechseln hatte und nicht noch kränker wurde. Sie blieben kaum noch länger in Berlin, hielten sich auf Gut Schierensee oder auf Patmos auf, der Insel des Johannes. Viel Zeit verbrachten sie in der Schweiz auf der Suche nach einer Bleibe in Klosters, wo sie bisher immer nur eine Wohnung gemietet hatten. Das kleine Haus, das sie dort bauen ließen, schenkte er ihr zum vierzigsten Geburtstag. Sie bewohnt es heute noch.

Seine Sorge galt weiterhin dem Verlag, doch immer nur mit einem Ziel: Er wollte ihn loswerden, Kasse machen und seine Ruhe haben. Er brauchte das Geld gar nicht. Trotzdem wollte er das Zeitungshaus in Teilen verkaufen. Sein ältester Sohn Axel war tot. Seinen jüngsten, Raimund Nicolaus, hatte er in der Fassung seines Testaments von 1983 nicht bedacht. Nicolaus, der in London lebte, war auf kostspielige Abwege geraten und trieb fernab eines geregelten Lebens in anderen Sphären. Er wurde zum Sorgenkind, zu dem der gealterte Vater keinen Zugang mehr fand. Hin und wieder tauchte Nicolaus in fürchterlichem Zustand bei Axel und Friede auf – fremd und abwesend. Wenn er keinen Ausweg fände, würde er keinen Pfennig erben – der Verleger blieb hart.

Springer suchte nach einem Nachfolger im Geiste und tat sich schwer. Seine Hoffnung ruhte auf Matthias Walden, mit richtigem Namen Otto Freiherr von Sass. Der Kommentator und politische Meinungsmacher des Verlages, der stets im Sinne des Verlegers schrieb, erkrankte jedoch plötzlich an Krebs. »Wir sind sehr traurig«, schrieb Friede an eine Freundin. »Denn mit Matthias Walden geht es zu Ende. […] Er sollte der Nachfolger von meinem Mann sein. Nun steht er da wieder allein – es ist schrecklich.« Schrecklich war für

Friede aber auch, mit anzusehen, wie ihr Mann immer weniger wußte, wie er die Zukunft des Hauses gestalten wollte. So jemand war nicht zu beraten. Sie fürchtete, daß er Fehler machen könnte, die dem Verlag nicht gut bekämen. Wohlmeinende Berater kamen und gingen, hatten immer ihre eigenen Interessen im Kopf, was Friede – zunehmend mißtrauisch – schnell durchschaute. »Axel, ich traue denen nicht«, redete sie ihm ins Gewissen, ohne daß er allzuviel darauf gab. Sie ahnte, daß ihr Mann kurz davor stand, sein Werk zu demontieren. Er war der einzige, der das konnte, weil noch immer er allein das Sagen hatte. Das aber wollte sie nicht mit ansehen.

Letztlich hat sie ihn nicht beeinflussen können. Sie konnte ihn nicht davon abbringen, ein Viertel des Verlages an Burda zu verkaufen und die Hälfte an die Börse zu bringen. Doch damit stand sie nicht allein. Die letzte Entscheidung Springers, das Unternehmen zur Hälfte einem breiten Publikum anzubieten, hatte viele Gegner – vor allem, als es sich im nachhinein als schwerer Fehler entpuppte. Auch Peter Tamm und Springers privater Anwalt Bernhard Servatius hielten nicht viel davon, den Verlag zur Publikumsgesellschaft zu machen. Heute sagen sie, sie hätten schon damals gewußt, daß der Verlag trotz der vinkulierten Namensaktien, die an die Investoren ausgegeben werden sollten, vor Begehrlichkeiten Dritter nicht gefeit wäre. Niemand aber schaffte es, dem in den letzten zwei Jahren immerzu kränkelnden Springer seinen Plan auszureden.

Während Friede und Axel Springer immer mehr über vergangene Zeiten sprachen, über sein Testament und seine Nachfolge, wirkte er bei öffentlichen Auftritten noch sehr präsent. Dann saß sie in der ersten Reihe, den Blick nach oben gerichtet, hörte ihm mit strahlenden Augen zu und klatschte. Für ein paar Minuten war er noch einmal der Axel Springer, den sie vor fast zwanzig Jahren kennengelernt hatte. Souverän hielt er seine Ansprachen, wie etwa bei der Einweihung der Druckerei in Ahrensburg. Würdevoll empfing er Ehrungen, Medaillen und Orden, bevor er zu Hause wieder in sich zusammensackte. Seine Ruhe aber fand er nicht mehr. Immerfort befanden sich er und Friede auf Reisen. Und Friede litt unter dem Leben aus dem Koffer.

»Ich bin geschafft«, ließ sie die Freundin Anfang 1985 wissen. »Nicht nur von den Aufregungen der letzten Wochen, den vielen Reisen (immer wieder Klimawechsel), Arztterminen, Kummer, Sorgen und Krankheitsattacken. Ich wünsche mir nichts als Ruhe und Frieden. Aber ich glaube, daß mein Leben weiter so stürmisch verlaufen wird.« Es fiel ihr zunehmend schwerer, so »ohne Ziel« mit ihrem Axel durch die Welt zu ziehen.

»In den letzten zwei Jahren seines Lebens hat sich Axel nie mehr richtig wohl gefühlt«, sagt Friede Springer heute. Sie versuchte es ihm recht zu machen und rieb sich auf. Im Frühsommer 1985 notierte sie ihrer Freundin auf einer Postkarte von Patmos aus: »Zuerst hatte ich viel zu tun, um Haus und Garten in Schuß zu kriegen, dann wurde mein Mann krank. So bin ich Krankenschwester, Köchin, Mutter, Wäscherin, Sekretärin, Fahrerin und so weiter.« Aber: »Die viele Arbeit lenkt mich ab.«

Das Jahr 1985 glich einer Odyssee. Im Januar weilte Springer noch in Klosters. Im Februar flogen Friede und er nach Israel, wo Springer in Jerusalem zu einer versöhnlichen Begegnung mit Willy Brandt zusammentraf, die der Bürgermeister Teddy Kollek arrangiert hatte. Im Oktober wollte er wieder dort sein. Zweimal im Jahr Israel, so war es immer, und so sollte es bleiben. In Israel litt er jedoch unter heftigen Herzbeschwerden, so daß Friede einen Kardiologen kommen ließ. Wieder ging es zurück nach Zürich und von dort weiter nach Klosters, nicht ohne den Umweg über Vevey, wo sie im Hotel Trois Couronnes übernachteten. Beide wollten sich in der Niehansklinik Frischzellen spritzen lassen, die dem schwachen Springer auf die Beine helfen sollten und auch Friede nicht schaden konnten. Die Zellen, die Springer bekam, verschafften ihm Besserung, hielten aber nicht lange vor.

Im naßkalten April hielten sie sich in Berlin auf. Auf Schwanenwerder war noch ein großes Treffen zum bevorstehenden Börsengang angesetzt, an dem der Verleger die grundsätzliche Entscheidung fällen wollte, sich bis auf ein Viertel von seinem Verlag zu trennen. Von Berlin aus fuhren sie zur Kur in den Sonnenhof nach Bad Wörishofen.

Danach stand der Flug über Athen nach Patmos auf dem Programm. Dort wurde Springer wieder krank. Im Juli kehrten sie über Zürich zurück nach Schierensee, und wieder gab es in Sachen Börsengang zu tun. Der Verleger mußte endlich die Verträge mit der Deutschen Bank unterzeichnen, die Bernhard Servatius bereits geprüft und allesamt für in Ordnung befunden hatte. Bald schon wollte die Bank die Springer-Aktien am Markt den Investoren zum Kauf anbieten. Von Schierensee aus fuhr Springer wieder in die Schweiz, zunächst nach Klosters, dann weiter nach Zürich und nach Vevey. Er wollte sich noch einmal das Serum mit den Frischzellen spritzen lassen, das ihm im Frühjahr gut bekommen war. Doch diesmal war er bereits krank und geschwächt. Seine Frau vertraute auf die Ärzte der Niehansklinik, die den Verleger untersuchten, um ihm dann die gewünschte Injektion zu setzen – mitten hinein in seinen Infekt. Hatte ihm sein Zürcher Arzt, dem die Betreuung seiner Schilddrüsenkrankheit oblag, nicht vorher davon abgeraten? Frischzellen beleben das Immunsystem, im Falle eines Infektes aber können sie es leicht überfordern.

Anfang September kehrten sie zurück nach Berlin und waren endlich wieder zu Hause auf Schwanenwerder – nicht ohne vorher einen Abstecher nach Zürich eingelegt zu haben. Dort sprachen sie noch einmal über das Testament. Der Verleger trug sich seit längerem mit dem Gedanken, seinen Letzten Willen neu zu fassen. Er wußte nur nicht wie. Es war ein Dauerthema. Immer wieder hatte er davon gesprochen, seine Frau zur Alleinerbin zu ernennen – wider ihren Willen. So auch diesmal. Sie lehnte ab. Er insistierte: »Friede, warum nicht? Du berätst mich so gut, du weißt doch, wie ich es möchte!« Es ging nicht nur um den Verlag. Auch das Privatvermögen war erheblich und Springer ratlos. »Du siehst ja, wie sich alle entwickeln«, sagte er ihr mit Blick auf seinen Sohn Nicolaus und seine beiden Enkel. »Tu mir das nicht an«, flehte ihn Friede an, »dann habe ich am zweiten Tag Prozesse.« Sie wollte die Rolle der Alleinerbin nicht spielen, wollte nicht teilen und herrschen nach dem Stil ihres Mannes. Sie wollte keine Verantwortung für den Verlag und schon gar nicht die

Aufgabe, das Erbe ihres Mannes zusammenzuhalten. Über die Zeit nach Springers Tod hatte sie nie ernsthaft nachgedacht. Tag für Tag lebte sie mit ihm und setzte alles daran, daß es noch lange so weiterging. Friede gab nicht nach, ihr Mann lenkte ein: »Gut, dann will ich gerecht sein. Ich lasse jetzt Servatius kommen und mache ein neues Testament.«

Zurück auf Schwanenwerder, verließ Springer das Haus nur noch ungern. Er war abgemagert, kaum mehr als Haut und Knochen, und konnte sich nur noch auf Friede gestützt aufrecht halten. Seine Wangen waren eingefallen, die Haut fahl und fleckig. Er war schwerkrank. Am 4. September raffte er sich ein letztes Mal auf, um seinen Verlag in der Kochstraße zu betreten. Es war der Tag der ersten Sitzung des neuen Aufsichtsrates. Im Juli hatte sich das Gremium konstituiert und Bernhard Servatius, ganz wie es Springer wollte, zum Vorsitzenden gewählt. Friede Springer und sein Büroleiter und engster Vertrauter Ernst Cramer waren als Aufsichtsratsmitglieder ebenfalls anwesend. Und Friedrich Wilhelm Christians von der Deutschen Bank, der über die Anliegen der freien Aktionäre wachen sollte. Während der Sitzung, die am Vormittag begann, blieb Springer zunächst auf Schwanenwerder. Friede hatte ihn aufgrund seiner schlechten Konstitution zurückgelassen und seine Sekretärin Erika Rüschmann einbestellt. Viel war an diesem Tag nicht zu tun. Sie brachte die Post und nahm das eine oder andere Diktat auf. Springer sollte beschäftigt werden, um sich nicht aufzuregen, was seinem Herzen nicht bekäme. In der Sitzungspause rief Friede ihn wie verabredet an, denn er wollte anläßlich der ersten regulären Zusammenkunft des Aufsichtsrats jedem persönlich die Hand schütteln. »Axel, ich glaube, jetzt solltest du kommen«, sagte sie ihm. Der Verleger erhob sich mit der Hilfe seines Butlers und zog sich an. Sein Verlagshaus, das er vor fast zwei Jahrzehnten hatte erbauen lassen, betrat er durch den Hintereingang. Er ließ sich in sein Schlafzimmer im neunzehnten Stock bringen und legte sich umgehend wieder hin. Friede ging zu ihm. Seine Haut war schon wieder naß und kalt. Er wechselte das Oberhemd und trat dann, auf sie gestützt, vor die wartenden Herren, die sich in der großen Bibliothek versammelt hatten.

Sie blickten den Verleger an und konnten ihre Bestürzung kaum verbergen. Auf sie zu kam ein schwerkranker Mann, gealtert, abgemagert, verhärmt. Von dem Springer, den sie einstmals gekannt hatten, war nichts geblieben. Er sprach ein paar Worte, leise und eindringlich; er sagte etwas über die Anfänge und die Zukunft seines Hauses und gab jedem einzeln die Hand – dem Vorstandsvorsitzenden Peter Tamm zum Schluß. Er legte ihm langsam die Hand auf die Schulter, wie er es immer tat, wenn er Vertrautheit schaffen wollte, und drehte sich zu den anderen Herren um: »Dem habe ich viel zu verdanken«, sagte er müde und wandte sich ab. Kurz darauf zog er sich mit Ernst Cramer zurück, um über einen Artikel zu sprechen, den er bald schreiben wollte. Plötzlich war er verschwunden.

Friede kam am Nachmittag nach Hause. Sie wollte ihm von der ersten Sitzung berichten. Doch er wollte nichts davon hören, lag im Bett und fieberte. Sie legte ihre kühle Hand auf seine Stirn und hoffte, er würde sich bald erholen, wenn er nur endlich Ruhe gäbe und ein paar Wochen an einem Ort bliebe. Das eine oder andere Telefonat konnte er noch führen, die eine oder andere Zeile noch schreiben. Für alles andere war er zu schwach.

Friede verließ das Haus im September kaum häufiger als er. Hin und wieder kam der Hausarzt, der riet, ins Krankenhaus zu gehen. Springer aber wollte zu Hause bei Friede bleiben. War sie nicht besser für ihn als die Menschen in weißen Kitteln? »Herr Springer, wie geht es Ihnen heute?« fragte ihn einmal ein Arzt in seinen letzten Tagen. »Friede, wie geht es mir?« entgegnete Springer zu seiner Frau gewandt. »Axel, ich glaube, die Frage mußt du selbst beantworten«, forderte sie ihn daraufhin auf. Doch Springer ließ sich nicht beirren und schüttelte den Kopf: »Aber du weißt es besser«, setzte er hinzu, so daß Friede schließlich die erwünschte Antwort gab.

Sie sorgte sich. Doch daß er den Infekt diesmal nicht überleben würde, kam ihr gar nicht in den Sinn. Eine Welt ohne Axel konnte sie sich nicht vorstellen. Dabei war es so naheliegend, daß es irgendwann so kommen mußte. Eine ganze Generation lag zwischen ihnen. Ein Leben ohne ihn bedeutete für sie ein Dasein ohne Sinn. Denn ihr Lebensinhalt war der Verleger, so viele Sorgen, soviel Kummer er ihr auch bereitete. Trotz all seiner Gebrechen konnte er sie noch immer zum Lachen bringen – und sei es nur mit einem Augenzwinkern im richtigen Moment. »Meine liebe treue Freundin«, hatte sie schon im Juli auf dem Rückweg von Patmos aus dem Dolder Grand Hotel in Zürich geschrieben, als Springer bereits sehr krank war: »Ich habe mich bemüht, alles richtig und gut zu machen. Und ich muß sagen, daß mein geliebter Mann mit mir zufrieden war, das ist mein schönster Dank.«

8. KAPITEL

Entscheidung auf Patmos

Wie so oft in diesen Tagen des September 1985 konnte Friede Springer nicht schlafen. Immer wieder stand sie auf, ging hinüber ins Schlafzimmer ihres Mannes. Da lag er, seit Tagen krank und kaum noch in der Lage aufzustehen. Wenn er schlief, kehrte sie zurück in ihr Bett, um selbst ein bißchen Ruhe zu finden. Doch statt dessen lag sie mit offenen Augen da, starrte an die Zimmerdecke und grübelte. Sie dachte an ihr Haus auf der Insel Patmos und an diesen frühsommerlich warmen 17. Juni 1985, an dem die Föhrer Rosen, die sie um das flache weiße Anwesen auf der griechischen Insel gepflanzt hatte, schon in voller Blüte standen. Was für ein seltsamer Tag, an dem binnen einer Stunde so vieles entschieden worden war, was eigentlich noch gründlicher Überlegung bedurft hätte. Erst vor drei Monaten waren sie dort gewesen und doch schien alles, was an diesem Tag passierte, schon so weit in der Vergangenheit.

Die Insel Patmos, auf der sich Axel Springer und Friede eine ebenso schlichte wie eindrucksvoll gelegene Sommerresidenz bauen ließen, ist eines der kleineren griechischen Eilande, die dem türkischen Festland vorgelagert sind. Entdeckt hatten Springer und Friede Patmos auf einem Segeltörn in der Ägäis, die sie 1972 mit Springers Yacht, der »Schierensee«, durchkreuzten. Damals, an Springers sechzigstem Geburtstag am 2. Mai, waren sie zunächst nach Athen geflogen und hatten dort sein Schiff bestiegen, eine eindrucksvolle Hochseeyacht mit zwei Masten, die er ein paar Jahre zuvor in Schottland gekauft, gründlich restauriert und mit einer eigenen Crew besetzt hatte. Die »Schierensee« brachte den Verleger, seine junge Freundin und seinen engsten Freund und Cheflektor des Verlages, Pierre Pabst, von einer Insel zur anderen. Sie durchsegelten die hellenistische Welt unter Führung des humanistisch äußerst gebildeten Pabst, der Griechenland aus seiner Studentenzeit kannte und die Reiseroute festgelegt hatte, um Springer eine neue Welt zu erschließen.

Springer hatte nicht die Absicht, sich auf einer einsamen Insel niederzulassen, schon gar nicht auf Patmos, das kaum bewohnt und wenig bekannt war. Der Kapitän der »Schierensee« segelte nach den Anweisungen von Pierre Pabst und Friede Riewerts. Immer wieder gingen die zunehmend begeisterten Griechenlandreisenden an Land und besichtigten auf den Inseln alles, was es zu sehen gab. Wenn das Schiff nicht gerade in einem Hafen oder vor Anker lag, sondern segelte, lag Axel Springer meist in seiner Kajüte auf dem Bett und las. So wie er es immer tat – im Bett frühstückend, lesend, diktierend.

Friede hingegen verbrachte die meiste Zeit mit Pierre Pabst auf dem sonnenbeschienenen Deck an der frischen Seeluft. Sie konnte sich an dem dunkelblauen Wasser und den Inseln nicht satt sehen, die sich immer wieder als dunkle Flecken am Horizont abzeichneten. Sie liebte das Spiel, das die Luft jeden Tag aufs neue mit den Inseln trieb. Mal waren sie klar zu sehen und erschienen zum Greifen nahe. Dann wieder verschwammen sie im Hitzedunst und rückten weit weg an den Horizont. Immer wieder tauchte neues Land auf, und zwischen Friede und Pierre Pabst begann das Ratespiel von neuem: Haben wir diese Insel schon gesehen? Welche ist es?

Eines Nachmittags stieg sie hinunter in den Bauch des Schiffes, um nach ihrem Mann zu sehen und ihm von einem neuen Reiseziel zu berichten: »Die nächste Station, Axel, werden wir erst morgen nachmittag erreichen. Dann werden wir auf Patmos sein.« Springer schaute sie an, ohne etwas zu sagen, und griff über seine Schulter in das kleine Bücherregal hinter sich, in dem sich vor allem religiöse Schriften befanden. Er zog ein dünneres Bändchen heraus: »Patmos? Patmos, diesen Namen habe ich schon einmal gelesen«, sagte er und setzte sich auf. Ganz plötzlich wurde er lebendig und begann, in dem Büchlein zu blättern. Es handelte sich um einen der Bände des österreichischen »Sehers« Jakob Lorber, der, einer inneren Stimme folgend, in fünfundzwanzig Bänden die Erlösungs- und Heilslehre aufgeschrieben hatte. Springer hatte den Band, der von der Offenbarung des Johannes handelte, eher aus Zufall mit auf die Reise genommen. Er versank bald in der Lektüre und nahm kaum wahr, daß seine Lebensgefährtin schon nicht mehr vor ihm stand.

Friede war inzwischen wieder an Deck zurückgekehrt. Später ging sie noch einmal zu dem Verleger, der sich ganz in das Buch vertieft hatte, sie dann aber doch plötzlich ansah und fast ein wenig apodiktisch sagte: »Patmos, da müssen wir hin.« Dann erzählte er ihr, was er gelesen hatte. Patmos, das schon in der Antike besiedelt war, diente den römischen Kaisern als Ort der Verbannung für all jene, die vom Römischen Reich, der heidnischen Huldigung des Kaisers und verschiedener Götter nichts wissen wollten. Das waren vor allem die Urchristen, die unter einer blutigen Verfolgung durch die römischen Kaiser zu leiden hatten. Unter ihnen befand sich jener Johannes, dessen apokalyptische Zeilen, die die »Offenbarung des Johannes« genannt werden, das letzte Buch des Neuen Testaments bilden. Jener Johannes – nach Meinung der Forscher handelt es sich nicht um den Jünger Christi, dem das Johannes-Evangelium zugeschrieben wird – war wahrscheinlich ein Judenchrist, der als Wanderprediger durch Asien gezogen und zu erheblichem Einfluß gelangt war. In den Jahren 95 und 96 nach Christus lebte er als Verbannter des römischen Kaisers Domitian auf der griechischen Insel. In einer Grotte hatte Johannes seine Vision der Apokalypse empfangen und, so die Überlieferung, seinem Schüler Prochoros diktiert.

Was Springer Friede über Johannes und die Insel erzählte, nahm sie auf und erwartete die Ankunft am nächsten Tag nun selbst mit einer besonderen Spannung. Der Ort, an dem der Wanderprediger seine Vision empfangen hatte, wäre sicher zu besichtigen.

In seinem angelesenen Wissen um die historische und theologische Bedeutung der Insel fieberte der Verleger dem nächsten Tag entgegen, bis die »Schierensee« endlich in den kleinen Hafen von Skála einlief. Schon während sich die Yacht des Verlegers dem einzigen Städtchen der Insel näherte, war das Johannes-Kloster, das wie eine graue Trutzburg aus dem weißen Häusergürtel der Ansiedlung Chóra herausragt, zu sehen. Es lag auf einer Anhöhe oberhalb von Skála und wurde just an dem Ort der Grotte errichtet, wo Johannes seine Visionen empfangen hatte. Für Springer schien es ein Zeichen des Himmels, daß ihn sein Weg durch die Ägäis ausgerechnet nach Patmos führte, auf diese kleine Insel, die in den siebziger Jahren noch fernab jeglicher Touristenströme ein sehr einsames Dasein fristete.

Anfang der siebziger Jahre war die Insel kaum besiedelt, von den Mönchen im Kloster einmal abgesehen. Es lebten dort einige hundert Menschen, es gab ein Dutzend dreirädrige Autos und einen Taxifahrer, der mit seiner alten amerikanischen Limousine Lasten und hin und wieder auch Menschen transportierte. Er konnte ein paar Fetzen Englisch, weil er irgendwann einmal in Australien gewesen war, und erbot sich, Springer, seiner Lebensgefährtin und dem beflissenen Pierre Pabst die Insel zu zeigen. Mit dem Buch des Verlegers in der Hand, ließen sich die drei dort herumfahren, bevor sie sich – jeder für sich – zu Fuß auf den Weg machten, um alles im einzelnen zu erkunden. Beim Frühstück schon hatte Springer festgelegt, wer sich was anschauen sollte. Nach einigen Stunden trafen sie sich wieder an Bord, beseelt, eine heilige Stätte entdeckt zu haben, und fasziniert von der Einsamkeit der Insel, deren Ruhe und fast mystischer Ausstrahlung sich die drei Urlauber nicht entziehen konnten. »Mir ist etwas Seltsames passiert«, berichtete Pierre Pabst. »Irgend jemand hat mich beim Namen gerufen. Immer wieder. Pieeeeerre, hat es gehallt, aber gesehen habe ich niemanden.« Friede schüttelte den Kopf, und Springer sagte: »Wir haben dich nicht gerufen.« Er überlegte einen Moment und fuhr flüsternd, fast beschwörend fort: »Aber ich habe es auch gehört.« Sie schwiegen, dann setzte der Verleger eindringlich hinzu: »Wir sind hier bei unserem Namen gerufen worden. Wir gehören hierhin. Hier werde ich mir ein Haus bauen.«

Auch Friede hatte die Insel in ihren Bann gezogen, nicht allerdings deren mystische Ausstrahlung, die den Verleger beseelte, sondern eher die Geschichte des Johannes, der in der Verbannung zu leben hatte. Daß eine Stimme vom Himmel gerufen haben könnte, daß sich der Herrgott nicht nur dem Wanderprediger Johannes, sondern auch dem Verleger Axel Springer über dessen Vertrauten Pierre Pabst gezeigt hatte, das allerdings erschien ihr wenig wahrscheinlich. Zwar betete sie Springer an, diesen Mann, der seit einem halben Jahrzehnt ihr Leben bestimmte, aber so weit ging es dann doch nicht. Bodenständig, wie sie war, lächelte sie kaum sichtbar und dachte: Das hätte er wohl gerne. Aber so einfach ist es nicht. Derlei behielt sie wie immer für sich. Sie wußte, daß Springer in der Überzeugung lebte, Gott gäbe den Menschen immer wieder Hinweise, aus denen sie schließen könnten, was richtig und was falsch ist. Nur seien die Menschen Gott eben nicht nah genug, um seine Zeichen immer zu bemerken. Friede also ließ ihn in seinem Glauben, und das auch dann noch, als sie längst auf des Rätsels Lösung gekommen war: Nicht Pierre wurde beim Namen gerufen und schon gar nicht von Gott; die Inselbewohner, die ihre Lasten vor allem auf Eseln transportierten, trieben diese mit einem eindringlichen »Ehhh« an, wiederholten es immer wieder, bis die trägen Tiere endlich ihre Hufe über die kargen Böden setzten. Ehhh – aus der Ferne klang das dem französischen Vornamen des jungen Lektors verblüffend ähnlich. Und so war es kein Wunder, daß sich der von der Insel ergriffene Pierre Pabst auf das Rufen hin umdrehte, ohne jemanden zu sehen, der nach ihm verlangt hatte. Die Hitze tat ihr übriges, um die Stimme des Allmächtigen zu vermuten.

Ein halbes Jahr nach ihrer ersten Reise in die Ägäis unternahmen Axel Springer und Friede eine weitere. Und dieses Mal sollte es nicht bei einer bloßen Urlaubsreise bleiben. Der Verleger hatte schon Vorbereitungen dafür getroffen, auf Patmos ein Grundstück zu kaufen. Der Grund, auf dem er sein Haus bauen wollte, gehörte dem Geistlichen Athenagoras, dem Bischof von Thyateira, der von seiner Kirche aus nach Großbritannien entsandt worden war. Der Bischof entstammte einer großen patmonischen Familie, die viele Quadratmeter Grund besaß. Die Kosten für das Fleckchen karges Land waren im Vergleich zu dem, was der Verleger üblicherweise für eine Bleibe bezahlte, eher gering. Später kaufte er dem Bischof das Nachbargrundstück ebenfalls ab. Diesmal sollte es ein wenig teurer werden, doch für Springer waren ein paar hunderttausend Mark keine Summe, derentwegen er sich den Kopf zerbrach.

Bei seinem zweiten Aufenthalt auf Patmos waren die Notare anwesend sowie ein Amtsvertreter von der Insel Kalimnos, die, nur wenig größer als Patmos und nördlich der Insel Kos gelegen, Verwaltungssitz war.

Die zweite Reise nach Patmos, die von Palermo aus beginnen sollte, stand allerdings unter einem ungünstigeren Stern als die erste. Ein heftiger Sturm machte die Pläne des Verlegers, sich in aller Ruhe nach Patmos segeln zu lassen, bereits unweit der Küste Siziliens zunichte. Der Baum der »Schierensee« ging in dem Unwetter zu Bruch, der Verleger und auch Friede bangten unter Deck in dem schaukelnden Schiff eine Nacht lang um ihr Leben, bis sich die Winde nach einem Tag verzogen und die Mannschaft den angeschlagenen Kahn mühsam wieder in den Hafen zurücksteuerte.

Um das versehrte Prachtstück kümmerten sich andere; Springer orderte sein Privatflugzeug, eine Jetcommander, die unter amerikanischer Lizenz in Israel gebaut worden war, und trat die Reise nach Patmos nun durch die Lüfte an. Von Palermo flogen die Herrschaften nach Athen, stiegen im Hotel Grand Bretagne ab und bestellten sich tags darauf einen Hubschrauber, der sie von Athen direkt nach Patmos bringen sollte. Die Ausläufer des Unwetters waren auch im Hubschrauber noch zu spüren, der ausgesprochen unruhig in der Luft lag und in unregelmäßigen Abständen kräftig hin und her schwankte. Doch als sie sich der Insel näherten, wurde es ganz plötzlich ruhiger.

Die Landung mit dem Hubschrauber mitten auf dem Marktplatz am Hafen in Skála war Friede schon beim erstenmal unangenehm. Während der Hubschrauber sich mit dem üblichen Getöse vom Himmel senkte, wirbelten seine Rotorblätter den Staub auf, der sich dann in einer dichten Wolke auf die Tische und Teller derjenigen legte, die draußen am Hafen ihr Mittagessen einnahmen. Friede sollte es fortan jedesmal peinlich sein, wenn Springer und sie in dieser auffälligen Weise auf Patmos landeten. Dem notorisch ungeduldigen Verleger sagte sie nichts davon. Es wäre undenkbar gewesen, bei ihren vielen Reisen nach Patmos jedesmal die Überfahrt in Kauf zu nehmen, um die aufsehenerregende Landung zu umgehen. Für eine Reise auf der Fähre, die vom Hafen in Pyräus bis nach Skála elf Stunden dauerte, hatte Springer nicht den Langmut. Ganz im Gegensatz zu Friede, die unter der aufwendigen Anreise in den Lüften und der auffälligen Landung im Hafen so sehr litt, daß sie ihr Haus auf der Insel nach Springers Tod meistens auf konventionelle Weise zu Wasser ansteuerte.

Das Haus erbaute der griechisch-englische Architekt John Stefanidis, der auf der Insel schon mehrere Häuser saniert hatte und dem Verleger eines seiner eigenen Anwesen für die Sommerwochen überließ, solange das seine noch nicht fertig war. Es dauerte fast zwei Jahre, bis die Bauarbeiter endlich abzogen. Kostbares Mobiliar wurde angeschafft, die Antiquitäten von Deutschland aus verschifft. Immer mehr Pretiosen sammelten sich dort, dazu Bücher und allerlei andere Dinge, die die flachen Räume wohnlich werden ließen, nicht aber so überladen wie etwa Gut Schierensee oder die anderen Anwesen des Verlegers.

Neben Gut Schierensee wurde Patmos zu dem Aufenthaltsort, an dem sich Springer am wohlsten fühlte und damit auch Friede. Zwei- bis dreimal im Jahr pflegte das Paar in die Ägäis zu reisen: Sie kamen über Ostern, auch wenn es da vor allem für den stets fröstelnden Verleger manchmal noch etwas kühl war; sie verbrachten den Mai und Juni dort, und sie kamen häufig für mehrere Wochen im September, wenn es in Deutschland schon wieder unwirtlich zu werden drohte und in der Ägäis die größte Hitze einem spätsommerlich warmen Klima gewichen war.

Im Mai und Juni 1985 weilten die Springers wie gewohnt auf der griechischen Insel. Der Verleger war geschwächt und fror unablässig. Er hatte in dem Jahr bereits den einen oder anderen Infekt erlitten und fühlte sich nicht wohl. Doch das Klima der Ägäis tat ihm gut und auch die Ruhe, die er dort fand, fernab vom Verlagsgeschehen in Berlin und Hamburg und weit weg von dem üblichen gesellschaftlichen Auftrieb, dem er sich immer weniger ergeben wollte. Im Kontakt mit seinem Büro stand er allerdings unablässig, denn so ganz konnte der kränkelnde Verleger sich nicht verabschieden. Er wollte natürlich wissen, was sich tat in Berlin und wie sich seine Zeitungen entwickelten. Täglich wurde ihm die Post gesandt. »Nicht immer soviel, schicken Sie mir nicht immer soviel Post hierher«, beklagte sich Springer dann bei seinem Büroleiter Claus Dieter Nagel, der stets in der Sorge lebte, sich Springers Unbill zuzuziehen, wenn er ihm nicht alles zustellte, was auf dem Schreibtisch landete. Im Juni 1985 ging es dabei vor allem um ein Thema: den bevorstehenden Börsengang des Verlagshauses. Es ging um nicht weniger als die letzten notwendigen Entscheidungen über die Zukunft seines Lebenswerkes.

Die Dinge lagen zu dieser Zeit weitgehend klar: Springer hatte bereits 24,9 Prozent seines Verlages an Burda verkauft, 49 Prozent sollten mit Hilfe der Deutschen Bank über die Börse an ein breites Publikum gestreut werden. Rund ein Viertel wollte er selbst behalten. Die Gespräche mit der Deutschen Bank waren weit fortgeschritten, und das nicht nur auf der Fachebene, die alle Einzelheiten vorzubereiten und zu klären hatte. Der Entschluß, den Springer-Verlag, der bereits seit 1970 in der Rechtsform einer Aktiengesellschaft geführt wurde, in eine Publikumsgesellschaft zu verwandeln, war bereits im Frühjahr getroffen worden. Springer hatte die Herren von der Deutschen Bank, den Alleinvorstand des Verlages Peter Tamm, ferner Ernst Cramer und einige Rechtsanwälte im Frühjahr in seinem Haus auf Schwanenwerder versammelt. In großer Runde wurde mehrere Stunden über den Börsengang des Verlages diskutiert. Wortführer war nicht etwa der Verleger selbst, sondern der Chef der Deutschen Bank, Friedrich Wilhelm Christians, der Springer schon zuvor immer wieder zu erläutern versucht hatte, daß sich ein Unternehmen auch kontrollieren ließe, wenn man es nicht mehr ganz besitze.

Im Juni 1985 war der Weg für die Emission der Aktien des Medienhauses grundsätzlich frei, die Verträge darüber zwischen der Bank und dem Verleger längst in Arbeit. Springers persönlicher Assistent

Ernst Cramer sollte den Aufsichtsratsvorsitz der Aktiengesellschaft übernehmen, Peter Tamm selbstverständlich an der Spitze eines dann erweiterten Vorstandes stehen. Nur einer hätte um Haaresbreite seine Chance verpaßt, diesem strategisch bedeutsamen Treffen auf Schwanenwerder beizuwohnen: Springers privater Rechtsanwalt Bernhard Servatius. Seit fünfzehn Jahren war er Springer zu Diensten. Aber diesmal hatte er den Unbill des Verlegers auf sich gezogen, weil er gegen den Börsengang votiert und dem Verleger das auch gesagt hatte. Das Verhältnis zwischen dem Verleger und seinem Anwalt schien nicht mehr das beste.

Axel Springer wollte den Börsengang. Er war längst den Einflüsterungen des Bankers Christians erlegen, der ihm die Vorzüge einer börsennotierten Aktiengesellschaft wortreich geschildert hatte. Tamm, Servatius und auch Friede, die dagegen waren, konnten ihn von seinem Entschluß nicht abbringen. Springers Energie hatte sich während seiner langen Suche nach einer zukunftsfähigen Struktur für sein Haus erschöpft. Er hatte im Frühsommer 1985 wohl nicht mehr die Kraft, sich noch einmal mit einer Nachfolgeregelung zu befassen. Gleichwohl fiel es dem Verleger schwer, sich von einem so großen Anteil an seinem Verlag zu trennen. Das allerdings war für seine Umgebung und vor allem für Friede nichts Neues. Er weiß nicht, was er will, dachte sie sich häufig, wenn er in gewohnter Manier über die Zukunft seines Verlagshauses monologisierte und sich im Grunde gar nichts sagen ließ. Immer wieder hatte sie mitbekommen, wie eine vermeintlich gute Lösung für die Zukunftsfrage zum Greifen nahe schien, sich dann aber verflüchtigte, weil ihren wankelmütigen Ehemann plötzlich neue Zweifel plagten. Nun aber war der geplante Börsengang beschlossene Sache.

Zweimal waren die Herren der Deutschen Bank im Frühjahr 1985 bei Springer in Bad Wörrishofen angereist, wo der Verleger mit Friede zur Kneipp-Kur weilte. Zweimal hatten sie sich unverrichteter Dinge zurückgezogen, ohne daß es ihnen gelungen war, dem unentschlossenen Springer eine weiterführende Entscheidung abzuringen, die angeblich notwendig war, um fast die Hälfte des Konzerns über den

Aktienmarkt an Fremde zu verkaufen. Es tat sich nichts, aber für Christians drängte die Zeit, sollte sich das vielversprechende Mandat, das er sich mit dem Springer-Verlag an Land gezogen hatte, doch noch im selben Jahr in der Gewinn- und Verlustrechnung der Bank niederschlagen.

Vollmundig hatten die Banker Springer den Börsengang seines Unternehmens schon vorab als Erfolgsgeschichte verkauft. Sie hatten aber offenbar Sorge, daß sich nicht alle Aktien plazieren ließen, denn sie wollten ein großes Aktienpaket an den Münchner Filmhändler Leo Kirch verkaufen. Ließe sich bei ihm ein Teil der Aktien unterbringen, wäre alles Weitere nicht mehr schwierig. Für knapp 40 Prozent würde die Aufnahmefähigkeit des Aktienmarktes reichen, wenn nur 10 Prozent schon einmal sicher verkauft wären.

Entscheidungen mußten her. Der Börsengang war für den Herbst geplant. Das ewige Hin und Her mußte ein Ende haben. Mit dem Verleger, dessen Unsicherheit und körperliche Schwäche überhandzunehmen schienen, sollte endlich ein letztes Wort gesprochen werden, um das unwürdige Schauspiel um die Zukunft des Verlages zu beenden.

Den 17. Juni 1985 hatten sich die entscheidenden Herren zusammen mit dem Banker als den Tag ausgeguckt, an dem sie den Verleger auf Patmos aufsuchen wollten, um ihm endlich ein Ja für den Börsengang abzuringen. An diesem Tag wollten sie ihm auch die Kröte schmackhaft machen, die er zu schlucken hatte, bevor der Verkauf der Hälfte des Verlages seinen Gang nahm. Sie wollten ihm sein Einverständnis abringen, vorab 10 Prozent des Stammkapitals an Leo Kirch zu veräußern. Wo sollte das einfacher sein als auf der abgeschiedenen Insel des heiligen Johannes, auf der der Verleger nicht gewillt war, sich allzu lange den weltlichen Dingen zu widmen?

Der Hubschrauber, der Cramer und Christians nach Patmos bringen sollte, wartete bereits in Athen. An Bord war auch Walter Blüchert, ein guter Freund der Familie und ein noch geschickterer Makler, der mit Springers Geschäften Millionen verdiente. Vor Jahren hatte er den Verkauf des Springer-Verlages an Bertelsmann eingefädelt und daran verdient, auch wenn sich der Verleger kurzerhand entschlossen hatte, den Verlagsteil, den er abgegeben hatte, wieder zurückzuholen. Blüchert war jedenfalls Freund genug, um vom Verleger immer mal wieder das eine oder andere lukrative Geschäft zugeschanzt zu bekommen, mit dem er seine Millionen machen konnte.

Der 17. Juni versprach ein klarer Tag zu werden. Pünktlich hoben sie ab und flogen gen Osten. Schon bald tauchten die ersten ägäischen Inseln im bläulichen Dunst auf. Ernst Cramer schaute zum Fenster hinaus, still und tief bewegt von der Sicht, die mit jeder Flugminute klarer wurde. Immer dann, wenn sie über eine der vielen Inseln flogen, bat er den Piloten, tiefer zu gehen, um sie besser sehen zu können. »An jenem Morgen«, so meint der Vertraute Springers, »bin ich in wenigen Stunden durch meine gesamte humanistische Bildung geflogen.« Diesen eindrucksvollen Flug, auf dem er mit den anderen kaum ein Wort gewechselt hatte, sollte er sein Leben lang nicht vergessen, ebensowenig wie das, was auf Patmos geschah.

Der Hubschrauber landete wie üblich auf dem Marktplatz in Skála und wirbelte den Staub in die Kaffeetassen der Restaurantbesucher. Die Herren stiegen in die alte Limousine des Taxifahrers Yannis Michelis, der seit der ersten Begegnung mit dem Verleger in dessen Diensten stand. Am späten Vormittag trafen sie auf Springers Anwesen ein. Friede hatte Getränke vorbereitet und einige Kleinigkeiten zu essen. Sie bat die Herren auf die Terrasse. Dort, sagte sie, warte Springer bereits. Der Verleger begrüßte die Ankömmlinge freundlich, war allerdings zu schwach, um aufzustehen, denn wieder einmal litt er unter einem dieser unseligen Infekte, die ihn seit mehreren Jahren mit unangenehmer Regelmäßigkeit plagten. Eigentlich wollte er sich hier auf Patmos gar nicht mit der Zukunft seines Hauses befassen.

Cramer und Christians setzten sich zu Springer auf die Terrasse, die durch ein Dach aus Bambusstäben vor der Sonne geschützt wurde. Der Makler Walter Blüchert, schon bald stiller Gewinner des Ganzen, hielt sich im Hintergrund. Der Blick zum Meer hinunter und auf die Hafeneinfahrt von Skála ließ die Gäste einige Minuten lang innehalten, bevor sie mit dem üblichen Wortgeplänkel über Anreise und Flug, über die Schönheit des Anwesens und die Ruhe der biblischen

Stätte das Gespräch begannen. Bald schon kam der Banker zur Sache und setzte zu einem kurzen Vortrag an. Friede hörte aufmerksam zu, sagte wie in all den Jahren zuvor aber kaum ein Wort, sondern kümmerte sich darum, daß jeder gut bewirtet war. Sie hatte nichts dazu zu sagen, wenn der Verleger über die Zukunft seines Hauses nachdachte, zumindest war sie nicht öffentlich gefragt. Das hatte sie gelernt, hatte auch begriffen, daß ihre Chance, auf ihren Mann Einfluß zu nehmen, in den Momenten ihrer Zweisamkeit lag und nicht vor anderen. An diesem Tag allerdings sollte es zu spät sein, noch Einfluß zu nehmen. Vor allem aber ahnte sie nicht im geringsten, daß die Entscheidungen, die an diesem Frühsommertag gefällt würden, schon in einigen Monaten sie selbst betreffen sollten.

Wortreich und in rosigsten Farben muß der Banker dem Verleger den Stand der Dinge in Sachen Börsengang wohl geschildert haben. Denn die Zustimmung Springers, ein Aktienpaket bei Leo Kirch zu plazieren, war ihm wichtig. »Ein Medienhaus an der Börse, Herr Springer, das ist ein Novum, das hat es noch nie gegeben«, sagte er beschwörend. »Es wird ein Erfolg. Die Aktien werden gekauft und gehandelt werden. Und Sie werden weiterhin das Sagen haben.« Daß Springer die Zügel nicht würde aus der Hand geben müssen, auch wenn er nach dem Börsengang nur mehr ein Viertel seines Verlagshauses besitze, hatte Christians ihm mehrfach versichert. Mit Burda zusammen betrage die Verlegermehrheit immerhin die entscheidenden 51 Prozent. Unmittelbar am Börsengang Beteiligte wollen aus des Bankers Mund sogar den Satz vernommen haben: »Herr Springer, Sie führen das Unternehmen auch noch mit nur einer Aktie.« Daß die »Verlegermehrheit« zusammen mit den Burdas kaum etwas wert war, vermochte Springer nicht vorherzusehen. Denn er hatte in diese Familie ja seine ganze Hoffnung gesetzt, seine Wahlverwandtschaft gefunden, ganz im Goetheschen Sinne.

Schließlich versuchte Christians – vorsichtig zwar, aber bestimmt – den Verleger endlich davon zu überzeugen, 10 Prozent der Aktien direkt bei dem Münchner Filmhändler Leo Kirch zu plazieren. Er schilderte seine Sorge, daß anders der Börsengang womöglich nicht abzuwickeln wäre. Ein kleines unbedeutendes Paket bei Kirch, nur 10 Prozent, was war das schon? Dabei verschwieg er Springer nicht, daß die Deutsche Bank kein Interesse daran hatte, selbst Anteilseigner am Springer-Konzern zu werden, sollten sich nicht alle Aktien am Markt unterbringen lassen. Dann nämlich würde sie selbst Anteile am Konzern in ihre Bücher nehmen müssen. Und genau das sollte vermieden werden. Ein ertragreiches Geschäft sollte es werden, ohne eigenes unternehmerisches Risiko.

Vehement lehnte Springer eine Beteiligung des Münchner Medienunternehmers ab. Er hatte es schon vorher getan, als die Herren ihn im Frühjahr in Bad Wörrishofen aufgesucht hatten. Er hatte kategorisch nein gesagt, obwohl er Leo Kirch gar nicht persönlich kannte. Er war ihm in seinem Leben noch nie begegnet, und er würde ihm auch nicht begegnen wollen, dafür hatte der Münchner Medienunternehmer seiner Meinung nach einen zu einschlägigen Ruf. »Verlaß dich nie auf Kirch«, hatte ihn sein großer Freund Franz Josef Strauß immer wieder gewarnt. Und das schon vor Jahren, als er regelmäßig auf Springers Klenderhof auf Sylt zu Besuch war, Weißwürste mitbrachte und frische Scholle wieder mit nach Bayern nahm. »Axel, halte dich fern von Kirch«, hatte Strauß dem Verleger eindringlich geraten. »Er unterstützt mich im Wahlkampf. Aber er ist ein Haifisch. Wenn du ihm den kleinen Finger reichst, reißt er dir die Hand ab.« Springer, der Strauß als einen feinsinnigen und humorvollen Menschen kennen- und schätzengelernt hatte, nahm ihn gern beim Wort. Denn vor Jahren schon hatten seine Mitarbeiter ein Geschäft mit Kirch gemacht und den kürzeren dabei gezogen, woraufhin sich Springer derart geärgert hatte, daß er den Münchner Unternehmer kurzerhand einen »Kriminellen« nannte. Und auch Friede, die die Unterhaltungen zwischen ihrem Mann und dem bayerischen Ministerpräsidenten jedesmal aufmerksam verfolgt hatte, nahm sich die Worte des Bayern zu Herzen: Ein Haifisch – Strauß wird ihn kennen und wissen, warum er uns das sagt, hatte sie sich gedacht und wie immer nichts dazu gesagt. Es widersprach ihrer Natur, Urteile über Menschen zu fällen, denen sie noch nie begegnet war. Aber die Eindringlichkeit der Worte des scharfzüngigen Bayern gaben ihr zu denken. Am 17. Juni auf Patmos hatte sie deshalb vor allem eines im Kopf: Kirch, dieser Münchner Filmunternehmer, war einer, vor dem man sich hüten mußte.

»Die Plazierung der Aktien müssen Sie anders organisieren«, sagte Springer dem eleganten Banker, der innerlich zusammengezuckt sein muß, aber wohl genau wußte, daß er in dem Moment, in dem er sich seine Ungeduld anmerken ließe, verloren hätte. »Herr Springer, zehn Prozent haben keinerlei strategische Bedeutung. Mit diesem Paket kann Herr Kirch nichts ausrichten.« Natürlich hatte die Deutsche Bank bei dem Münchner Unternehmer längst vorgefühlt und die Bereitschaft ausgemacht, Anteilseigner des mächtigen Springer-Verlages zu werden. Daß der dabei damals schon seine Hintergedanken gehabt haben mochte, war Christians Sorge allerdings nicht. Er hatte nur einen möglichst erfolgreichen Börsengang im Kopf, der der Bank Geld und Renommee bringen sollte. Wenn es etwas Neues gab im Wirtschaftswunderland, so neu wie einen börsennotierten Medienkonzern, dann sollte das die Handschrift der Deutschen Bank tragen und keines anderen Kreditinstituts. Es war daher nicht opportun, sich mit dem nachhaltigen Interesse eines Leo Kirch zu befassen und schon gar nicht mit der Frage, was diesem 10 Prozent eigentlich bringen würden. Gar nichts nämlich, und deswegen würde Kirch über die Zeit versuchen müssen, Anteile am Springer-Verlag hinzuzukaufen. Sonst machte sein gesamtes Engagement keinen Sinn.

Zustimmen sollte der Verleger endlich – sein Ja zum Verkauf des Aktienpakets an Kirch wollte Christians mit auf den Rückflug nehmen. Doch Springer zauderte, und Friede hielt den Atem an. Mach es nicht, dachte sie sich, während ihr wieder die Worte von Franz Josef Strauß im Ohr klangen. Um Himmels willen, mach es nicht! Sie wußte doch, daß ihr Mann die 10 Prozent nicht an Kirch verkaufen wollte. Aber ihr schwante schon, daß der beredte Banker ihn bearbeiten würde, bis er einlenkte. Doch ihre Befürchtungen behielt sie für sich, sie hatte keine Argumente, kannte Kirch nicht und ebensowenig die Erfahrungen der Mitarbeiter des Springer-Verlages mit dem Filmhändler. Sie wollte die Worte des bayerischen Ministerpräsidenten in dem Moment nicht zitieren. Denn die waren für Springer bestimmt gewesen und nicht für die Deutsche Bank oder Ernst Cramer, die mit Kirch gut standen. Außerdem wußte sie, daß ihr Mann ihren Rat zwar hören wollte, aber nicht unbedingt beherzigte, schon gar nicht, wenn er sich zu etwas entschlossen hatte. So war es auch diesmal. Er würde die Kröte schlucken. Sie schwieg.

Bei diesem Hin und Her, das sich auf Patmos nun zum drittenmal wiederholte, hatte Christians aber noch einen Trumpf, den er ziehen konnte:»Ihre Frau Friede«, sagte er dem Verleger, der seine Frau in dem Moment unwillkürlich ansah,»bringen wir als Mitglied in den Aufsichtsrat. Dann haben Sie eine Stimme für sich.« Friede, die bis dahin kein Wort von sich gegeben hatte, schüttelte den Kopf. Jetzt, da es um sie ging, mußte sie Stellung beziehen.»Das will ich nicht«, warf sie sehr dezidiert dazwischen und dann noch:»Das kann ich nicht, ich habe doch keine Erfahrung.«

Natürlich glaubte sie, es nicht zu können. Von doppelter Buchführung hatte sie keine Ahnung und schon gar nicht davon, was man in so einem Gremium eigentlich können mußte. Auch Springer war zunächst skeptisch. Nicht etwa, weil er seiner Frau die Aufgabe nicht zugetraut hätte, sondern weil sie dann während der Sitzungen nicht an seiner Seite sein konnte.»Aber ich brauche meine Frau immer bei mir«, sagte er zu Christians, der ihm ein weiteres Mal versicherte, daß das Pöstchen für die Frau Springer die Zweisamkeit der beiden nicht gefährden würde. Springer ließ sich überzeugen. Und im Handumdrehen redeten er und die anderen mit einer Zunge auf Friede ein. Springer, weil er Friede über alles liebte und ihr seit Jahren vertraute wie keinem anderen Menschen auf der Welt, und Christians, weil er fast am Ziel war. Du kannst, du mußt, du wirst … Was bekam sie nicht alles zu hören. Christians hatte Springer auf seiner Seite. Zu Friede gewandt, zirzte er weiter:»Sie haben zwar keinerlei Erfahrung, aber Sie haben mehr. Sie haben einen guten Menschenverstand. Sie kennen das Haus, und Sie kennen die Menschen. Das, was ein Aufsichtsrat wissen muß, werden Sie schnell lernen.«

Springer war erschöpft. Er hatte genug von dem hohen Besuch aus Frankfurt, der inzwischen aufgestanden war und unablässig mit ausladenden Gesten auf ihn einredete. Mehrfach hatte auch Springer versucht, sich aus seinem Liegestuhl zu erheben, um mit Christians wenigstens auf Augenhöhe zu kommen. Doch er war zu schwach, er war nicht hinaufgekommen und hatte sich deshalb wieder zurücksinken lassen, den Kopf im Nacken, der ihn jetzt schmerzte. Er konnte nicht mehr. »Also gut. Zehn Prozent an Kirch und keine Aktie mehr«, sagte er schließlich und nickte. »Und keinen Sitz im Aufsichtsrat.« Die anderen nickten auch – mit Genugtuung. Christians hatte Erfolg gehabt. Seine Bank würde bald um die Provision aus einem lukrativen Geschäft reicher sein. Cramer, der Kirch schätzte und ihm freundschaftlich verbunden war, würde den Vorsitz im Aufsichtsrat bekommen. Die Vorbehalte Springers und Friedes hatte Cramer nie richtig nachvollziehen können. Die Deutsche Bank indes behauptet heute, sie habe damals in ihrem Bemühen, 10 Prozent der Aktien bei Kirch zu plazieren, dem ausdrücklichen Wunsch Springers entsprochen.

Neben den drei Herren gab es an diesem Tag noch zwei Gewinner: Peter Tamm, den Vorstandsvorsitzenden, und Günter Prinz, seinen Stellvertreter. Sie beide würden mit Vollzug des Börsengangs je ein Prozent des Aktienkapitals erhalten und damit auf einen Schlag ein Vermögen von mehreren Millionen Mark. Die Beteiligung der beiden sollte sicherstellen, daß sie dem Konzern erhalten blieben und noch einige Jahre über den Börsengang hinaus die Kontinuität im Hause wahrten. Es war als Signal an die Aktienmärkte gedacht, stieß aber bei anderen engen Mitarbeitern des Verlegers nicht nur auf Zustimmung. Ausgerechnet diese beiden! Daß Tamm und Prinz ihre Anteile bei nächster Gelegenheit an Strohmänner von Kirch verkaufen würden, für immerhin jeweils 16,8 Millionen Mark, sollte der Verleger nicht mehr erfahren. Aber Friede sollte es mitbekommen und zumindest Tamm in ihrer Erschütterung zur Rede stellen.

Der eigentliche Verlierer des Vormittags blieb noch lange in seinem Liegestuhl auf der Terrasse sitzen, in sich gekehrt und mit seinen Gedanken schon wieder ganz woanders. Er suchte seinen Gott, dafür war er auf der Insel, und dafür brauchte er seine Ruhe. Mehr wollte er nicht. Endlich waren die drei Gestalten verschwunden, zusammen mit seiner Frau waren sie hinauf zum Kloster gefahren. Sie hatte ihnen eine Besichtigung empfohlen, den Taxifahrer Yannis Michelis kommen lassen, der die Herren, die mit dem Himmel weniger zu tun hatten als mit weltlichen Geschäften, zur Wirkungsstätte des heiligen Johannes brachte. Für Friede war ein Besuch der Insel ohne den Gang zum Kloster undenkbar. Die Herren folgten ihrem Rat, taten es ihr und Springer zuliebe und um des besseren Eindrucks willen, obwohl sie an jenem Tag anderes wohl mehr interessierte als die Apokalypse des Verbannten.

Die Rotorblätter des Hubschraubers fegten den Sommergästen der Insel, die sich am Hafen in der Sonne niedergelassen hatten, den Staub ins Gesicht. Christians, Cramer und Blüchert gingen schnellen Schrittes über den Platz auf die Maschine zu, schoben sich durch die kleine Öffnung hinein auf ihre Plätze und entschwanden mit lautem Getöse, so wie sie am frühen Vormittag gekommen waren.

Anders als sonst sprachen Friede und Axel Springer an diesem Tag nicht mehr über den denkwürdigen Besuch aus Deutschland. Der Verleger wollte nichts mehr davon hören. Einsilbig hatte er sich in die Hängematte auf der Terrasse gelegt. Seiner Frau erschien er mit seinem Hut wie der alternde Gauguin. Friede räumte die Gläser und Teller zusammen, die noch von der Besprechung auf der Terrasse standen, setzte sich zu ihm und versuchte zu lesen. Doch der Auftritt dieses aalglatten Bankers ging ihr nicht aus dem Kopf. Seine zudringliche Art, mit der er auf Axel eingeredet hatte, hatte ihr mißfallen. »Zehn Prozent und keine Aktie mehr« – darauf würden sie sich verlassen müssen, dachte sie sich. Immerhin hatte sie an diesem Vormittag gelernt, daß nicht jeder einfach Aktien kaufen konnte. Denn die Springer-Papiere sollten als vinkulierte Namensaktien ausgegeben werden und damit erst dann stimmberechtigt sein, wenn Vorstand und Aufsichtsrat des Verlages der Übertragung der Anteile an einen Dritten zugestimmt hätten. Mehr als 10 Prozent würde Kirch ohne den Willen des Verlegers also nicht bekommen können. Ihre zukünftige Mitgliedschaft im Aufsichtsrat bereitete ihr indes weniger Sorgen. Axel würde ihr helfen und ihr sagen, was sie zu kontrollieren und wie sie zu stimmen hätte. Wie immer würde er ihr all das erklären, was sie nicht verstand.

Alle Beteiligten des Treffens auf Patmos am 17. Juni 1985 hatten sich in ihrer Einschätzung der Zukunft getäuscht – teils aus Unwissenheit über die bevorstehenden Ereignisse, teils, weil sie nicht weiterdenken wollten. Springer selbst hatte die Fäden, an denen er die Geschicke seines Konzerns lenkte, zu weit aus der Hand gelassen. Friede konnte und wollte ihren Mann nicht mehr beeinflussen. Sie konnte nicht ahnen, daß es schon bald nach dem Börsengang zu ersten Schlachten um das Erbe Springers kommen würde und sich die Burda-Brüder mit Kirch verbündeten, um den Erben die Macht über das Zeitungshaus zu entreißen. Die Deutsche Bank hatte nicht weit genug gedacht. Ernst Cramer war, was seinen Freund Leo Kirch anging, zu gutgläubig gewesen. Vor allem aber eines konnte damals niemand wissen: daß Axel Springer ein Vierteljahr nach diesem Vormittag auf Patmos nicht mehr am Leben sein würde.

9. KAPITEL

Leben ohne Springer

Es war naß und kalt an diesem Dezembertag, die Straße war glatt, die Sicht verschwommen. Der Himmel blieb den ganzen Tag über düster. Trotz des schlechten Wetters hatte sich Friede Springer entschlossen, von Berlin nach Gut Schierensee zu fahren. Mit dem Auto würde sie gut dreieinhalb Stunden brauchen, angesichts des strömenden Regens an diesem Tag aber wahrscheinlich eher vier. Sie würde dort das erstemal in ihrem Leben ohne ihren Mann ankommen. Lange hatte sie überlegt, ob sie überhaupt fahren sollte, ausgerechnet vor Weihnachten.

Der Adventsschmuck. Der Geruch verglühender Tannenzapfen im Kamin, den sie täglich eingeheizt hatte, weil Axel ständig fror. Die Gäste, die in der Vorweihnachtszeit zum Tee gekommen waren. Schließlich der prachtvoll geschmückte Christbaum – Weihnachten auf Schierensee war etwas Besonderes gewesen. Und immer zu Beginn der Adventszeit war ihr feierlich zumute geworden in Vorbereitung auf das Fest. Dieses Jahr war ihre Stimmung trüb und grau und alles andere als weihnachtlich. Sie hatte sich überwinden müssen, wenigstens einmal vor Jahresende nach dem holsteinischen Schloß zu sehen und sich ins Gewissen geredet: »Wenn du jetzt nicht fährst, dann wirst du es nie wieder tun.«

Sie kauerte zusammengesunken auf dem Beifahrersitz und starrte nach draußen. Am Steuer saß ihr Koch aus Berlin, den sie gebeten hatte, sie über die holprige Autobahn durch die DDR und weiter über Hamburg nach Schierensee zu fahren. Das Wasser fiel vom Himmel auf die Scheiben. Stundenlang. Sie zählte die Lastwagen, die sie auf der Strecke bis kurz vor Kiel überholen mußten, und kam auf mehrere Hundert. Schließlich bogen sie von der Autobahn auf die Hauptstraße ab, von dort in ein kleines Wäldchen und auf den Zufahrtsweg zum Schloß. Der Wagen rollte die gepflasterte enge Straße hinauf und links wieder hinunter auf das herrschaftliche Gutshaus zu. Das Tor war verschlossen. Es war niemand zu sehen. Keiner der Angestellten. Das Gut wirkte verlassen, so verlassen wie damals im Herbst 1968, als sie mit Springer zum erstenmal dort gewesen war. Sie erinnerte sich daran, wie sie während ihrer Besichtigung jenseits der offiziellen Termine, die dem Kauf des Anwesens vorausgingen, heimlich um das Haus geschlichen waren. Schierensee stand am Anfang ihres gemeinsamen Lebens. Es hätte vor wenigen Tagen gewesen sein können, dachte sie unwillkürlich, wäre der Herrensitz jetzt nicht soviel schöner, so prächtig renoviert und mit beängstigender Perfektion gepflegt.

Wortlos stieg Friede aus und ging über die rutschigen Pflastersteine auf die Freitreppe zu. Es regnete immer noch. Sie stieg die Stufen zum Eingang hoch und hielt den Atem an, bevor sie die Tür öffnete, eintrat und horchte. Sie konnte die Stille förmlich hören, wie sie auf dem schwarz-weißen Marmorboden in der Empfangshalle stand. Sie schloß die Tür und stieg die Treppe hinauf in den ersten Stock, wo sie in den linken Flügel bog, den ihr Mann bewohnt hatte. Kurz hielt sie inne, dann faßte sie sich ein Herz und lief weiter direkt auf sein Zimmer zu.

Plötzlich stand sie in Springers Welt. Sie schaute sich um. Es war noch alles so, wie er es hatte haben wollen. Sie dachte an das letztemal, das sie gemeinsam auf Schierensee gewesen waren, ein paar Wochen vor seinem Tod. Sie faßte nichts an, bewegte sich nicht, ließ nur ihren Blick durchs Zimmer gleiten. Die Stille war ihr unerträglich. Sie setzte sich auf sein Bett. Wartete. Ihre Augen füllten sich mit Tränen. Das Haus war kalt und leer und schwer. Seine dicken Wände und diese Stille stürzten auf sie ein.

Fast drei Monate waren seit dem 22. September vergangen, und jetzt erst begann sie zu begreifen, daß ihr Mann für immer fort war.

Fort waren sein Humor, sein Lachen und das liebevolle »Wo bist du, Friede?«. Fort waren seine Unruhe, seine Schwermut, seine Ungeduld. Fort waren all die vielen Rituale, die ihr gemeinsames Leben durchzogen hatten. Das Frühstück im Bett, die Spaziergänge, die Abende vor dem Kamin, die vielen Gespräche, die meist er bestritt und in denen sie nur hin und wieder etwas sagte. Fort war der Mann, der die riesigen Räume von Schierensee füllen konnte. Und sie? Was sollte sie noch? Wo sollte sie hin? Friede Springer spürte, daß der Tod ihres Mannes ihre wohlgeordnete Welt, in deren Zentrum der Verleger gestanden hatte, zum Einsturz gebracht hatte. Sie hatte für Springer gelebt, ausschließlich. Er hatte sie vollkommen vereinnahmt und ihr kaum Freiräume gelassen. Aber das unbegrenzte Vertrauen, das er ihr schenkte, war ihr Glück. Es trug sie über all die Jahre, die sie nur ihm gewidmet hatte. Und es war der Grund ihres Bewußtseins, daß das fremdbestimmte Leben, dieses abgeleitete Dasein, das sie an seiner Seite führte, nicht sinnlos war. Sie weinte. Zum erstenmal seit seinem Tod war sie verzweifelt und haltlos aufgelöst. Lange blieb sie in seinem Zimmer. Sie weinte bis zur Erschöpfung. Und irgendwann schlief sie auf seinen Kissen ein.

Die Monate nach seinem Tod waren anstrengend gewesen. Ruhe hatte sie sich kaum gegönnt, ein wenig war sie auch davor geflohen. Am 30. und 31. Oktober war das Testament eröffnet und vom Nachlaßgericht den Erben verlesen worden. Dafür hatte sich die ganze Familie Springer auf Schwanenwerder zusammengefunden und dort die Woche verbracht. Springer hatte sein Testament 1983 verfaßt und Friede darin mit 50 Prozent bedacht. Sie sollte die Hälfte seines Verlagsanteils und seines beträchtlichen Privatvermögens erben mit den prachtvollen Besitztümern und Hunderten Millionen Mark, die zu einem Großteil im Ausland angelegt waren. Springers Tochter Barbara Choremi und sein Enkel Axel Sven waren jeweils mit 25 Prozent der Erbmasse bedacht worden. Sein Sohn Raimund Nicolaus, der sich Nicolaus rufen ließ, war 1983 außen vor geblieben. Seinen gesamten Nachlaß hatte Springer der gemeinsamen Testamentsvollstreckung durch Friede, Bernhard Servatius und Ernst Cramer unterworfen, die nach seinem Tod dreißig Jahre lang dafür Sorge tragen sollten, daß alles in seinem Sinne erhalten bliebe: der Verlag und das Privatvermögen. Die Familie wurde, so hatte Springer weiter verfügt, mit regelmäßigen Zahlungen großzügig versorgt. Doch die Verfügung von 1983 war nicht die letzte, die Springer gemacht hatte. Es war nur diejenige, die er als letzte vor seinem Tod in rechtsgültige Form gebracht hatte. Sie galt. Und nach ihr sollte sein einzig verbliebener Sohn leer ausgehen.

Ein gewichtiger Anlaß, sein Testament 1985 noch einmal zu ändern, war Nicolaus, der bereits seit längerem in London lebte. Im Herbst 1983 erkrankte er schwer an Krebs. Mit aller Macht stemmte er sich gegen den Tod und siegte. 1985 hatte er sich bereits sichtbar von den Strapazen der Krankheit erholt und mit ihr auch seine Vergangenheit hinter sich gelassen, die dem Vater so großen Kummer bereitet hatte. Aus Klosters schrieb Springer seinem Freund Frederik Ullstein am 8. August 1985 erleichtert: »Lieber Frederik, ich bin Ihnen und den Ihren immer wieder dankbar für all die Liebe und den Fleiß, die Sie für diesen Jungen [Nicolaus] aufgebracht haben. Er scheint seine Krankheit total überwunden zu haben, und ich hoffe auch sehr, daß seine Tätigkeit in einer Werbefirma in London ihn ausfüllen wird.« Dafür, daß er von dem Letzten Willen seines Vaters ausgeschlossen blieb, gab es also keinen einsichtigen Grund mehr. Springer wollte in einem neuen Testament auch Nicolaus bedenken.

Doch er wußte nicht wie, die Vergangenheit seines Sohnes lag noch nicht weit genug zurück. Am liebsten wäre es ihm gewesen, Friede, der er hundert Prozent vertraute, zur Alleinerbin zu machen. Sie wehrte sich vehement. Erfolgreich. Im Beisein von Friede und Bernhard Servatius, den er für den 2. September in seine Suite im Dolder Grand Hotel in Zürich einbestellt hatte, änderte Springer seinen Letzten Willen zugunsten seines Sohnes Nicolaus, seiner Enkelin Ariane und seiner Frau Friede und zu Lasten seiner Tochter Barbara und seines Enkels Axel Sven, dem Bruder von Ariane. Fortan sollten andere Quoten gelten. Friede sollte zwar nicht 100, aber immerhin mit 70 Prozent noch deutlich mehr bekommen als vorher. Die verbleibenden 30 Prozent wollte Springer zu gleichen Teilen auf die Stämme seiner drei Kinder aufteilen: Nicolaus und Barbara Springer sollten nach seinem Tod je 10 Prozent des Nachlasses bekommen, seine Enkel Axel Sven und Ariane, die Kinder seines verstorbenen Sohnes Axel junior, jeweils 5 Prozent. Im Gegensatz zu 1983 ließ Springer auch die Dauer der Testamentsvollstreckung offen. Dreißig Jahre erschienen ihm zu lange, zehn oder fünfzehn Jahre wären angemessener. Servatius diktierte das alles Springers Sekretärin Erika Rüschmann in Berlin.

Zurück in Berlin, blieb Springer krank im Bett und die maschinenbeschriebenen Seiten mit seinem Letzten Willen auf seinem Nachttisch liegen, unter einem Stapel von religiösen Büchern und anderer Lektüre. Irgendwann, wenn er sich endlich erholt hatte von diesem hartnäckigen Infekt, wollte er die Zeilen mit der Hand abschreiben und sie damit in rechtsgültige Form bringen. Die notarielle Beurkundung wollte er sich, wie so manches Mal zuvor, aus Kostengründen sparen. Doch zu einer rechtsgültigen Form kam es nicht mehr.

Unmittelbar nach der Testamentseröffnung Ende Oktober 1985 einigten sich die fünf Erben darauf, nicht das Testament, sondern den letzten Wunsch des Verlegers umzusetzen. Servatius hatte der auf Schwanenwerder versammelten Familie die Sache dargelegt. Ernst Cramer war anwesend. Barbara Choremi hatte einen Anwalt an ihrer Seite. Axel Sven war eigens aus seinem Zuozer Internat eingeflogen worden. Friede, Barbara Choremi und Axel Sven legten sich auf die neuen Quoten fest, ein Notar setzte seine Unterschrift darunter. Der Mangel, daß Springer seinen Letzten Willen nicht noch einmal handschriftlich und damit rechtsgültig verfaßt hatte, schien geheilt. Servatius lobte die Erben mit einer gehörigen Portion Pathos: Solche Erben, die bereit seien, zugunsten anderer auf erhebliche Vermögenswerte zu verzichten, um dem Letzten Willen von »Daddy« und »Granddaddy« zu folgen, solle man ihm erst noch einmal bringen. Und Friede berichtete am 1. November erleichtert ihrer Freundin, wie gut sich die Kinder Springers verhalten hätten. »Oh, darüber bin ich ja so froh«, schrieb sie. Der letzte Wunsch ihres Mannes hatte posthum noch Gültigkeit erhalten. Die Aufregung um das Testament hatte sie viel Kraft gekostet.

Die Zeit nach seinem Tod war unendlich mühsam gewesen. Es war ein täglicher Kampf gegen die lähmende Trauer, der schon mit dem Aufstehen begann. Sie mußte sich oft zusammenreißen. Dann lenkte sie sich ab, begann schon bald nach der Beerdigung, regelmäßig in Springers Büro im neunzehnten Stock des Verlagshochhauses zu gehen. Sie setzte sich an seinen Schreibtisch; immer um die gleiche Zeit, morgens um 9 Uhr. Zuerst las sie ein paar Zeitungen und dann die Post, blieb bis mittags, fast nie zum Mittagessen. Sie hatte kaum Appetit und kam mit Joghurt und Knäckebrot über die Runden. Ihr tägliches Erscheinen im Büro ihres Mannes brauchte sie jetzt. Sie brauchte einen Rhythmus. »Nur nicht am Vormittag allein sein!« In Springers Vorzimmer saß nach wie vor Erika Rüschmann, seine Sekretärin. Freundlich, still, diskret und unendlich dienstbar. Eine Vorzimmerdame aus alten Zeiten, stets loyal und dabei ein bißchen antiquiert. Sie strahlte Verständnis aus für die junge Witwe, ohne daß sie ihr gegenüber über den Tod des Verlegers ein Wort verloren hätte. Ihre Anwesenheit beruhigte Friede, und sie half ihr. Bei ihr brauchte sie sich nicht zu entschuldigen, wenn ihr der Kummer ins Gesicht geschrieben stand, wenn sie sich klein und verloren fühlte und vor allem so allein, wie sie da in sich zusammengesunken am Schreibtisch des Verlegers hockte.

Schon bald nach dem Tod ihres Mannes saß sie auf seinem Platz. Sie behielt seine Sekretärin. Und immer öfter stand sie nun im Büro von Cramer, das sie durch die direkte Verbindungstür erreichte, wie auch der Verleger es getan hatte. Sie blätterte in Springers Unterlagen und Aktenordnern und erkundigte sich oft bei Frau Rüschmann nach Einzelheiten zu verschiedenen Geschäftsfeldern. Erika Rüschmann, seit 1967 in Springers Diensten, hatte unendlich viele Vorgänge bearbeitet und immer noch im Kopf, und sie wußte, wo Springer welche Dokumente aufbewahrte. Sie erledigte die Ablage für ihre neue Chefin, führte bald deren Terminkalender und stellte Telefongespräche durch. Für die junge Witwe war das zunehmend wichtig, denn sie bekam immer mehr zu tun. Das Büro ihres Mannes ließ sie unverändert. Die Bilder blieben an der mit Pinienholz vertäfelten Wand, das Mobiliar an Ort und Stelle. Die vielen Fotos, die sich ihr Mann in silbernen Rahmen neben seinem Schreibtisch aufgestellt hatte, rührte sie nicht an. Und auch nichts von dem, was auf der Fensterbank vor der breiten Glasscheibe stand, durch die hindurch sie von hoch oben direkt auf den Todesstreifen hinter der Mauer und weit über Ost-Berlin blikken konnte.

Sie saß zwar an seinem Platz. Aber sie wollte nicht an seine Stelle, sie wollte nicht sein wie er. »Ich bin hier nur zu Gast«, sagte sie jedem Besucher, der sie im Büro ihres Mannes aufsuchte. Sie hatte von alledem nichts geschaffen. Und so hatte sie sich diesen schlichten Satz zurechtgelegt, um weitere Erklärungen zu vermeiden. Es war ein nützlicher Ausspruch, den sie stereotyp auch dann noch wiederholte, als sie längst Verlegerin geworden war. Sie fühlte sich verpflichtet, die Ämter, die Springer ihr vor seinem Tod zugewiesen hatte, ordentlich auszufüllen. Noch 1984 hatte er sie zur Mitgeschäftsführerin der Axel Springer Gesellschaft für Publizistik gemacht, in der die Verlagsanteile gebündelt waren. Im Sommer 1985 war sie Mitglied des Aufsichtsrates geworden und mit Springers Tod auch Testamentsvollstreckerin. Mit ihrer Verantwortung war sie nicht allein. Sie war ihrem Mann damals sehr dankbar, daß er ihr mit Ernst Cramer und Bernhard Servatius zwei seiner Vertrauten zur Seite gestellt hatte, mit denen sie gemeinsam für die Zukunft des Verlages Sorge tragen sollte. Noch verstand sie viel zuwenig vom Verlag, von Finanzen, von Gewinn und Verlust, von den juristischen Notwendigkeiten und davon, was ihre ureigenen Rechte waren.

Sie wurde korrekt behandelt. Von allen – zumindest vordergründig. Sie war die Witwe und Haupterbin. Respektlosigkeit verbot sich von selbst. Doch insgeheim hatte kaum einer von Springers Hofstaat wirklich Achtung vor ihr. Was war sie denn, was hatte sie denn gelernt? Friede Springer würde als Witwe künftig stets mitzureden haben, wenn es um Entscheidungen über die Zukunft des Verlages ging. Also mußte jeder, der dort gestalten wollte, die Witwe auf seiner Seite haben. Und so mancher dachte, er hätte leichtes Spiel, weil sie die Dinge nicht durchschaute. Das war auch so – zumindest in den ersten Jahren, in denen sie vor allem damit beschäftigt war, sich von den Interessen derer ein Bild zu machen, die sie berieten. Ihre Lernfähigkeit, die sich nicht nur auf die Geschäftszahlen des Verlages beschränkte, haben fast alle unterschätzt. Wer ihr nicht die Wahrheit sagte, den stellte sie zur Rede, kaum daß die Unwahrheit ans Licht gekommen war. Und mit jeder Lüge oder auch nur Manipulation der Tatsachen, der sie auf die Schliche kam, wurde sie mißtrauischer und vorsichtiger. Nachtragend war sie nicht, aber auch nicht vergeßlich. Friede Springer lernte – in der Anfangsphase unter den Schmerzen bitterer Enttäuschung. Sie lernte vor allem, sich zunehmend auf sich selbst zu verlassen.

Die Nachmittage verbrachte sie auf Schwanenwerder – meist allein. Der alte Diener Heinz Hoffmann war bei ihr und Werner Drössler, der ehemals zur Besatzung von Springers Yacht »Schierensee« gehörte und inzwischen auf Schwanenwerder das Amt des Hausmeisters bekleidete. Manchmal ging sie ins Kino oder ins Theater. Immer schaute sie irgendwann gehetzt auf die Uhr und eilte wieder nach Hause. Wie zu Springers Zeiten: Sie konnte nicht beliebig fortbleiben, sondern mußte zurück, weil er schon auf sie wartete. Sie wollte in keinem Fall seinen Unmut auf sich ziehen. Noch lange sollte es dauern, bis sie den inneren Zwang abschüttelte, stets schnell wieder nach Hause zurückzukehren, wo niemand mehr auf sie wartete.

Die ersten Monate nach dem Tod ihres Mannes war sie damit beschäftigt, die Kondolenzpost zu beantworten. Brief für Brief legte ihr Erika Rüschmann vor. Sie antwortete fast immer persönlich, nicht lang, aber wenigstens mit ein paar Worten. Sie hatte zu tun. Schon im Oktober, kurz vor der Testamentseröffnung, reiste sie mit der Springer-Familie nach Israel, einträchtig wie danach nicht wieder, um eine der vielen Ehrungen entgegenzunehmen, die dem Verleger noch vor seinem Tod zugedacht worden waren.

Erst gegen Weihnachten wurde es ruhiger. Anders als die Jahre zuvor wollte sie die Feiertage in Klosters verbringen, zusammen mit Springers Tochter Barbara Choremi und deren Kindern. Im Januar wollte sie dann vier Wochen in London sein. Wieder einmal hatte sie sich für einen Englischkurs angemeldet. Ich muß etwas für mich tun, hatte sie sich damals gedacht. Endlich. Nach so vielen Jahren. Sie hatte begriffen, daß sie herausfinden mußte, was für ein Leben sie ohne Springer führen wollte. Sie hatte kein eigenes. »Von einem Titan kommt man nie los«, sagte sie später einmal zu einer Freundin, die unter der Trennung von ihrem sehr erfolgreichen Mann zu leiden hatte.

Die Verzweiflung, die sie auf Gut Schierensee kurz vor Weihnachten ergriffen hatte, überkam sie während der Festtage in Klosters immer wieder. Weinkrämpfe schüttelten sie. Telefonate beendete sie unter Tränen, auch wenn sie mit Springer gar nichts zu tun hatten. Sie öffnete Briefe und fing wieder an zu weinen. Die Springer-Tochter Barbara ließ sich auf all das nicht ein und zeigte äußerlich kaum Mitgefühl. Ihre nüchterne Art tat Friede gut und trug sie immer wieder zurück ins Leben.

Der Januar in London verging und auch das Frühjahr, grau, kalt und naß. Die Trauer begleitete sie. Um ihr zu entkommen, hatte Friede in London mit Sport begonnen. Sie lief von Springers Haus in der Upper Brook Street, in dem sie so viele Wochen gemeinsam verbracht hatten, über die Park Lane in den Hyde Park und befand sich in der anonymen Gesellschaft vieler Jogger, die in der kalten Winterluft ihren Kreislauf auf Touren brachten. Sie lief nicht lange, zwanzig Minuten vielleicht. Aber es reichte, um die schweren Träume der Nacht und die Sehnsucht nach ihrem Mann zurückzudrängen und den Tag einigermaßen geordnet zu beginnen, der sich jeden Morgen wie ein leeres Blatt vor ihr auftat. Den Sport vor dem Frühstück sollte sie auch in Berlin über Jahre beibehalten.

Zurück in Deutschland, stürzte sie sich in die Arbeit. Und zum erstenmal dachte sie an den Verlag, um dessen Entwicklung sie sich bisher nicht gekümmert hatte. Nur noch einer Aufsichtsratssitzung des Springer-Konzerns am Jahresende hatte sie beigewohnt, dort allerdings kaum etwas gesagt, sondern sich, wie vorher auch, aufs Zuhören konzentriert. Im Frühjahr 1986 änderte sich ihr Gemütszustand ein wenig. Sie wurde aktiver, hatte mehr Tatendrang, wurde auch mehr gefordert. Alle vierzehn Tage traf sie sich mit Cramer und Servatius zu den Sitzungen der Testamentsvollstrecker. Zudem war sie zusammen mit Servatius Geschäftsführerin der Axel Springer Gesellschaft für Publizistik, daneben Vorstandsmitglied der Axel Springer Stiftung Schierensee und der Axel & Friede Springer Stiftung Chur in der Schweiz. Richtig eingearbeitet war sie noch nicht, war aber immer, wenn ihr Mann Geschäftsbesuche empfangen hatte, anwesend gewesen, hatte die Gespräche aufmerksam verfolgt und sich vielerlei gemerkt.

Im Aufsichtsrat des Spinger-Verlags saß sie als einfaches Mitglied und ließ sich erst viele Jahre später zur stellvertretenden Vorsitzenden wählen. »Ich möchte in keine Ausschüsse«, hatte sie den Kollegen des Gremiums knapp mitgeteilt, als es bei seiner Konstituierung im Juli 1985 um die Besetzung verschiedener Posten und vor allem des Arbeitsausschusses ging, dem eigentlichen Machtzentrum des Konzerns. Noch traute sie sich wenig zu. Sie wollte zunächst lernen, was man als Mitglied eines solchen Gremiums wissen mußte. Einige Jahre später sollte sich das allerdings ändern, als ihr Interesse am Verlag wuchs und auch ihr Selbstbewußtsein, den Herren des Gremiums Paroli bieten zu können. Dann würde sie in die Ausschüsse drängen. Vorerst aber blieb sie einfaches Mitglied. Die Arbeit half ihr, mit ihrem Kummer zurechtzukommen.

Doch die Nachmittage in der großen Villa auf Schwanenwerder und auf Gut Schierensee blieben noch lange bedrückend. Sie begann, Springers Sachen aufzuräumen, trug sie von hier nach dort und wieder zurück. Ohne Sinn und Ziel, einfach um irgend etwas zu tun und sich danach zu fragen: »Was machst du eigentlich?« Den Angestellten gegenüber gab sie sich zugeknöpft und manchmal sogar garstig. Sie hatte plötzlich das Gefühl, daß alle etwas von ihr wollten. Geld für unbeglichene Rechnungen, ein Ja oder Nein für eine notwendige Anschaffung oder einfach auch nur Auskunft darüber, wie es mit den Angestellten ohne Springer weiterginge. Können sie bleiben, müssen sie gehen? Anders als Springer konnte sie mit deren Erwartungshaltung nicht umgehen. Sie hatte ihn immer nur beraten, nie selbst entschieden. Zwar hatte sie das Personal angewiesen, aber an seiner Statt und so, wie er es wollte. Jetzt hatte sie das Sagen und spürte sofort die Ansprüche derer, die eigentlich dazu da waren, ihr das Leben zu erleichtern. Manchmal machte sie es ihnen absichtlich schwer, war aggressiv und mußte sich sehr zusammennehmen. Den Umgang mit all denjenigen, die etwas von ihr wollten, würde sie erst lernen müssen. Sie besaß nun einmal nicht die Großzügigkeit ihres Mannes und auch nicht die Gabe, sich über den einen oder anderen zu amüsieren, der versuchte, sich an seinem Geld zu bereichern. Schon bald wurde sie als geizig empfunden, als kleinkariert und knauserig bezeichnet. Ich habe das ganze Geld ja nur geerbt, dachte sie sich und fühlte sich nicht befugt, es einfach auszugeben.

Schierensee, Patmos, Schwanenwerder, das vornehme Wohn- und Bürohaus am Neuen Jungfernstieg in Hamburg, die Upper Brook Street mit Rolls-Royce und Chauffeur in London, die Wohnung in Jerusalem und ihr Haus in Klosters – das alles kostete Millionen. Dabei benötigte sie die vielen Immobilien gar nicht. Der Rahmen, den Axel Springer zum Leben gebraucht hatte, war zu groß für sie. Sie wollte keine Besitztümer, die sie mit ihrer Präsenz füllen mußte. Sie brauchte keinen Knopf unter dem Tisch, den sie während des Essens drückte, damit der Butler den nächsten Gang servierte. Sie mochte nicht immer im Mercedes gefahren werden, sondern setzte sich meist selbst hinter das Lenkrad ihres Golfs. Die prachtvolle Fayencen-Sammlung in Schierensee steigerte ihr Wohlbefinden nicht. Ebensowenig verspürte sie den inneren Drang, stets aufs neue Pretiosen anzuschaffen, um sie in den Wohnräumen ihrer Residenzen auszustellen, wie es ihr Mann nicht nur auf Schierensee getan hatte. Zwar wußte sie in den ersten Jahren nach Springers Tod noch nicht, wie sie alleine leben wollte. Aber sie merkte schon bald, daß ihr die Residenzen mit den vielen Angestellten mehr Last als Freude bereiteten.

Dann und wann empfing sie Besuch, den sie gar nicht empfangen wollte. Mit den Gästen trank sie Tee, saß kerzengerade auf einem der hellen Sofas im Gartensaal auf Schierensee zwischen all den Antiquitäten, die die Wohnräume im Erdgeschoß nicht wohnlich, sondern zum Museum machten, und blieb teilnahmslos. Sie sprach über Belanglosigkeiten und kam aus ihrem Panzer nicht heraus. Es waren alles Springers Freunde und Bekannte, die der Witwe ihre Aufwartung machten. Was wollten die von ihr? Weil ihr Mann sich mit ihnen umgeben hatte, hatte sie ihnen gegenüber Sympathie entwickelt. Doch jetzt, wo er nicht mehr da war, wußte sie nicht so recht, was sie noch mit diesen Menschen verband.

Sie genoß vielmehr die Besuche von Dirk Kowalski, einem Studenten der Zahnmedizin, der an Springers Bett im Krankenhaus gesessen hatte. Er hatte ihr, obwohl er sie gar nicht kannte, nach dem Tod ihres Mannes einen Beileidsbrief geschrieben. Und sie hatte sofort das Bedürfnis gehabt, ihn einzuladen. Er war es nun mal, der bei Springer die letzte Nacht gewacht hatte. Ihm gegenüber war sie unbefangen. Sie fühlte sich ihm verbunden durch die gemeinsam erlebten letzten vierundzwanzig Stunden im Leben ihres Mannes. Obwohl es eigentlich nur Zufall war, daß ausgerechnet er für die Nachtwache bei Springer gerufen wurde. Sie erzählte ihm von ihrer Sorge davor, was die nächsten Jahre brächten, und schilderte ihm die starke Verpflichtung, die sie empfand, sich um das Erbe zu kümmern. Immer wieder sprach sie von einem »Auftrag«, den sie für ihren Mann zu erfüllen habe. Ihre tiefe Unsicherheit verbarg sie nicht. Ein paar Jahre lang lud sie ihn immer wieder ein, auch in Gesellschaft und sogar nach Schierensee. Ihre vermeintlichen Freunde, die alle aus dem Umfeld des Verlages kamen, wunderten sich.

Sie kümmerte sich auch um eine Freundin, die mehrere Schicksalsschläge straucheln ließen und die depressiv und tablettenabhängig in der Klinik lag. Fast jeden Tag schaute Friede bei ihr vorbei und versuchte, sie aufzuheitern. Das half auch ihr, weil sie sich nicht mit ihrer eigenen Einsamkeit befassen mußte. Dann stürzte sie sich in die Arbeit an einem Gedenkband für ihren Mann, der zu seinem ersten Todestag unter dem Titel »Die Freunde dem Freund« erscheinen sollte. Mit Akribie sammelte sie die Beiträge ausgewählter Freunde und Weggefährten des Verlegers aus verschiedenen Phasen seines Lebens. Begeistert schrieb sie ihrer Freundin:»Ich bin so froh, daß mein eigener Beitrag gelungen ist. Jedenfalls sagt das Ernst Cramer. Etwa 30 Weggefährten und Freunde schreiben je 2 Seiten über AS. Etwa 10 Schreiben sind schon gekommen, fast alle gut und unterschiedlich und sehr interessanter Lesestoff.« Schließlich sollten es mehr als fünfzig werden.

Kaum jemand hat Friede Springer wirklich trauern sehen. Ihre Familie hielt sie fern. Sie gehörte nicht in ihr Leben mit dem Verleger, dem nun, nach seinem Ende, auch die Trauer zugeordnet wurde. Noch nicht einmal den Eltern offenbarte sie sich wirklich, sondern machte alles mit sich allein aus – ohne ein Wort der Klage. Nur vor Barbara Choremi und Irina Pabst verbarg sie ihren Schmerz und Kummer nicht. Die anderen aber – Cramer, Servatius, Tamm, Springers alte Freunde auf Schierensee Mary Lahmann und Ernst Gabel, der Butler Heinz Hoffmann, die Journalisten des Verlages und die vielen anderen Bekannten Springers – erlebten Friede als sehr beherrschte Frau, die kaum etwas von dem, was sie empfand, nach außen trug. Manch einer von ihnen legte ihr ihre Selbstbeherrschung zum Nachteil aus: Litt sie überhaupt unter dem Tod des Verlegers, der sie alle so sehr bestürzt hatte? War sie zu tiefer Trauer fähig? Sie sei schon immer sehr unterkühlt gewesen und hätte es womöglich nur dadurch so lange mit Springer aushalten können.

Doch Friede Springer trauerte. Im Mai 1986 fuhr sie das erstemal allein nach Patmos. Ihrer Freundin schrieb sie:»Ich nehme kaum etwas mit. Im Geiste reise ich noch mit meinem Mann dorthin. Es wird nicht leicht sein, allein dort auf der geliebten Insel anzukommen.«

Ganz zaghaft ins Leben zurück kehrte sie mit Tattje, ihrer alten Schulfreundin aus Föhr. Im Sommer 1986 auf Sylt. Sie weiß noch ganz genau, wie sie der Freundin, die sie seit Jahren nicht gesehen hatte, in die Arme fiel. Sie hatte sich mit ihr für einen gemeinsamen Urlaub im Juli verabredet. Vierzehn Tage wollten sie zusammen in Friedes Lister Wohnung verbringen, die sie vor neunzehn Jahren geschenkt bekommen hatte. Eine halbe Ewigkeit war sie nicht dort gewesen. Noch immer stand ihr Mädchenname auf Briefkasten- und Klingelschild. In den vergangenen Jahren hatte sie die Wohnung immer nur verliehen, an Freundinnen und ihre Schwester, die dort Urlaub machen wollten. Tattje Dankleff, ehemals Petersen, die Schulfreundin von Föhr, mit der sie jeden Tag von Süderende übers Feld zur Schule nach Oldsum gelaufen war, nahm sich gern die Zeit, ließ ihren Mann und ihre zwei gerade erwachsenen Kinder zu Hause und reiste auf die Insel. Allein, zum erstenmal ohne Familie.

Sie war aufgeregt und konnte sich nicht vorstellen, was in all den Jahren aus Friede geworden war. Nur einmal hatten sie und ihr Mann Friede und Axel Springer in Berlin besucht, Anfang der siebziger Jahre, als der Verleger mit seiner neuen Lebensgefährtin von Hamburg gerade dorthin gezogen war. Es war eine seltsame Begegnung in Springers Villa in der Bernadottestraße. Friede war gar nicht mehr die alte, fand Tattje damals, irgendwie verändert, weniger herzlich und distanziert. Tattje selbst war damals ein bißchen nervös gewesen, weil sie wußte, daß auch der Verleger anwesend sein sollte. Sein abgerichteter Schäferhund Wulfus ließ den Besuch nicht aus den Augen, lief unruhig um Tisch und Stühle, zu Springer, dann zu Friede und wieder zurück. Sie aßen Pflaumenkuchen, den Springer so gern mochte. Dann badeten sie im Pool, die Kindergärtnerin Tattje und ihr Ehemann, ein Architekt vom Landesbauamt. Er lieh sich Springers Badehose. Irgendwann verschwanden sie wieder. Sie kehrten in ihr kleines Einfamilienhaus in Itzehoe zurück. Und dabei blieb es bis zu Springers Tod.

Ganz anders war es im Juli 1986. Als sich Tattje und Friede nach fünfzehn Jahren wiedersahen, war Friede so wie früher. Ein bißchen schmaler vielleicht als damals. »Aber eigentlich hatte sie sich überhaupt nicht verändert«, sagt die Freundin heute. Die Tage verbrachten sie am Strand, sie kochten gemeinsam, machten lange Spaziergänge und plauderten ununterbrochen in ihrer Muttersprache. Für Friede war es ein Urlaub ohne Dienstboten und Chauffeur. Kein Wort verlor die Freundin darüber, daß sich Friede in den Jahren mit Springer nie gemeldet hatte. Als Frau des Verlegers, das war ihr klar, hatte sie für Föhrer Freundinnen kaum Zeit. Sie hatte es ihr nicht übelgenommen. »In diesem Sommer«, sagt Friede Springer, »habe ich zum erstenmal wieder gelacht.« 1986 auf Sylt erlebte sie nach vielen Monaten kurze Momente ohne die Trauer, die sie unterschwellig bis dahin immer belastet hatte. Manchmal fiel ihr auf, daß sie ein paar Stunden hintereinander nicht an ihren Mann gedacht hatte. Ein paarmal war sie in diesen zwei Wochen sogar ohne das erdrückende Gefühl aufgewacht, daß Springer fort und sie allein war. Sie hatte ein wenig von ihrer Unbeschwertheit zurückerhalten und dazu das Gefühl von Freiheit. Sie mußte sich nicht immerzu um den Verleger kümmern und um seine Gesundheit sorgen, mit der er bisweilen so unvernünftig umging.

Im Sommerurlaub auf Sylt nahm die Witwe zum erstenmal wahr, daß ein wenig Selbstbestimmung mehr Lebensqualität bedeuten konnte. Ihr wurde bewußt, wie sehr sie das Leben aus dem Koffer angestrengt hatte. Diese Odyssee der letzten Jahre mit Axel, die permanenten Wechsel von einem Besitztum zum nächsten, um dem plötzlich aufkommenden Unwohlsein zu entfliehen und sich durch einen Ortswechsel Erleichterung zu verschaffen, die dann wieder nicht lange anhielt. All das war nicht mehr. Friede Springer hatte ihre Trauer ein Jahr nach dem Tod ihres Mannes nicht abgeworfen, aber sie hatte sich der Zukunft zugewandt. Im September war sie noch einmal auf Patmos – wieder allein. An ihre Freundin schrieb sie: »Noch ein paar Tage vollkommene Ruhe auf Patmos tut mir gut. [...] Jeden Tag denke ich an die Tage vor einem Jahr. Ich trauere nach wie vor.«

Die Urlaube allein gehörten bald der Vergangenheit an. Als Reisebegleiterin der Witwe etablierte sich Ursula Tamm, die Frau des Vorstandsvorsitzenden des Verlages. Friede und sie reisten zusammen mit Malo Lindgens, einer unverbogenen und sehr unterhaltsamen Person, die noch aus Springers Umkreis stammte und wenig auf gesellschaftliche Zwänge gab. Ihr Mann hatte in Berlin für den Warenhauskonzern Hertie gearbeitet und war für die Springer-Zeitungen ein bedeutender Anzeigenkunde. Mit seiner Frau Malo wurde er in das Gästehaus des Verlages, den Klenderhof auf Sylt, eingeladen und lernte dort auch den Verleger persönlich kennen. Als Malo Lindgens an einem Hirntumor erkrankte, wandten sich Friede und Axel Springer dem Ehepaar zu. Sie kümmerten sich, ließen die todkranke Frau mit ihrem Mann im Gästehaus wohnen, damit sie sich auf der Insel erholen und genesen konnte. Der Kontakt wurde enger und vertrauter; Springer mit zunehmendem Alter gütiger und freundlicher.

Die unkonventionelle Malo Lindgens erlebte Friede Springer nach dem Tod ihres Mannes in sich gekehrt und zurückgenommen. Sie lachte wenig und gab nichts von sich preis. Nie schien sie entspannt, immer beherrscht, fast sittsam und so schrecklich pflichtbewußt. Sie trafen sich häufiger, saßen zusammen und führten Unterhaltungen, bei denen die Witwe kaum sprach. »So, Frau Springer, jetzt sagen Sie mal Scheiße!« forderte Malo die Bekannte einmal heraus. »Sagen Sie das einfach mal!« Friede zögerte, wie sollte ihr denn so ein Wort über die Lippen kommen, zumal es just in diesem Moment überhaupt keinen Grund zum Fluchen gab. Sie überlegte noch eine Sekunde. Dann tat sie wie ihr geheißen, laut und unüberhörbar, und fing plötzlich an zu lachen – über die Situation und vor allem über sich selbst. Seit diesem Moment duzte sie sich mit Malo Lindgens. Friede Springer, Ursula Tamm und Malo Lindgens – die Damen waren über viele Jahre einmal jährlich für ein paar Wochen unterwegs. Sie fuhren nicht nur nach Patmos. Sie flogen auch nach Spanien, bereisten Ägypten, Indien, Israel, Frankreich und Italien.

Weihnachten verbrachte Friede regelmäßig in Klosters – meist mit Ira Pabst. Sie war ihr aus Springers Zeiten geblieben und über die Jahre Freundin und Verpflichtung zugleich gewesen. Schließlich allerdings nahm die Freundschaft ein jähes Ende – durch den Freitod der russischen Schauspielerin. Friede sollte Ira Pabst im Sommer 2004 in ihrem Dahlemer Haus finden, das sie eines Nachmittags – bereits in Sorge um die Freundin – betrat. Für den Abend waren sie verabredet gewesen. Irina Pabst hatte häufig unter schweren Depressionen gelitten.

Friede Springer selbst datiert ihre Rückkehr ins Leben auf das Frühjahr 1987. »Da fing ich wieder ein bißchen an zu leben«, sagt sie und denkt an ihr erstes gesellschaftliches Ereignis, das sie sogar ein wenig genossen hat. Anläßlich der 750-Jahr-Feier Berlins hatte der Verlag vor dem Hochhaus ein Festzelt errichten lassen, um den Auftakt der Feierlichkeiten zu begehen. Friede Springer war stellvertretende Vorsitzende eines Kuratoriums zur Vorbereitung des Stadtjubiläums, dem Alt-Bundespräsident Karl Carstens vorsaß. Sie begann sich für Berlin zu engagieren. Ein Jahr später wurde sie von Volker Hassemer, dem ehrgeizigen und umtriebigen Senator für Stadtentwicklung, in die Vorbereitungen für Berlin als Kulturstadt Europas 1988 einbezogen. Mit ihm zusammen rief sie die »Frühstücksgespräche« ins Leben, zu denen Monat für Monat ein fester Kreis von Menschen in ihrer Villa auf Schwanenwerder zusammenkam. Es waren die Größen der Berliner Gesellschaft und immer ein Gast dazu, um die Geschicke der zunächst geteilten und schließlich wiedervereinten Stadt voranzutreiben. In dieser Runde hielt sich Friede noch immer im Hintergrund und ließ Hassemer reden, was der nur allzu gerne tat.

Nach dem Tod ihres Mannes war die Witwe von keiner Einladungsliste gestrichen worden. Im Gegenteil. Der Regierende Bürgermeister Diepgen und sein Protokollchef Bill von Bredow luden Friede Springer weiterhin zu den verschiedenen Anlässen, die das Protokoll erforderte, ein. Als Repräsentantin eines der wenigen Unternehmen, das Berlin nicht den Rücken gekehrt hatte, wurde sie stets hervorragend plaziert. Dabei ging es ihnen weniger um das Wohl der Witwe als vielmehr um das Wohl der Stadt. In der Phase des Exodus so vieler Konzerne würde wenigstens der Springer-Verlag bleiben. Und den repräsentierte inzwischen die Verlegerwitwe. Schon bald wurde sie zum Mittelpunkt der Veranstaltungen. Wenn sie kam, kamen andere auch. Die Stadtkommandanten wußten das genauso wie der Regierende Bürgermeister. Friede Springer war aus der Berliner Gesellschaft nicht mehr wegzudenken.

Nichts in der Welt hätte sie zurück nach Hamburg gebracht, das sie gemeinsam mit Springer Ende der sechziger Jahre verlassen hatte. In Berlin fühlte sie sich wohl und angenommen, anders als in den hochnäsigen Hamburger Kreisen, die ihren Aufstieg mitbekommen hatten. Für Berlin wollte sie etwas tun, ganz im Sinne ihres Mannes, der mit unerschütterlicher Überzeugung an die Wiedervereinigung und damit an die Zukunft der geteilten Stadt geglaubt hatte. Den Spott, den er sich von Politikern und Journalisten dafür hatte gefallen lassen müssen, hatte sie nicht verstanden. Den von Springer übernommenen Glauben an die Wiedervereinigung gab sie auch nach dessen Tod nie auf.

Im Frühjahr 1987 lud Friede Springer den Physiker und Astronauten Reinhard Furrer zu einer Gesellschaft in ihre Villa auf Schwanenwerder ein. Er hatte gerade den Ruf als ordentlicher Professor für Weltraumwissenschaft an die Freie Universität Berlin angenommen. Im Oktober 1985 war er nach zweijähriger Ausbildung in den Vereinigten Staaten mit der amerikanischen Raumfähre »Challenger« ins All gestartet, um eine Versuchsserie zur Auswirkung der Schwerelosigkeit auf das Wachstum von Kristallen und auf den menschlichen Organismus durchzuführen. Nach 112 Erdumläufen setzte die Raumfähre wieder auf der Erde auf. Friede hatte seine Mission schon damals mit regem Interesse verfolgt. Vom Weltraum, seiner Entstehung und seiner angenommenen permanenten Expansion war sie seit jeher fasziniert. Sie wollte Furrer unbedingt kennenlernen. Nach jenem Abend verbrachte der Wissenschaftler viele Nachmittage bei ihr auf Schwanenwerder. Immer wieder kam er zum Tee. Sie ließ sich von ihm über die Gestirne und das Universum erzählen und über seine Bücher, die er nach dem Flug ins All verfaßt hatte. Nach Lust und Interesse konnte sie ihn ausfragen und ihn für sein Wissen bewundern. Sie mochte ihn sehr. Furrer war nicht nur Physiker und Astronaut, sondern auch ein passionierter Flieger, der seine Freiheit liebte und sich nicht binden wollte. Er war unkonventionell, witzig, charmant, unterhaltsam. Darin unterschied er sich von den vielen Freunden des Verlegers, die automatisch zu Friedes Umfeld gehörten, die sie aber weder entdeckt noch sich selbst ausgesucht hatte. Furrer kam aus einer anderen Welt. Am 9. September 1995 stürzte er mit einer Messerschmitt ME 108 in den Tod. Nach dem Abschluß einer historischen Flugschau in Berlin-Johannistal war er mit einem Freund zu seinem letzten Privatflug gestartet.

In ihrem ersten Witwenjahr hatte Friede Springer mit Verlagsangelegenheiten nicht allzuviel zu tun. Noch blieb es ruhig. Peter Tamm führte den Konzern wie eh und je im Admiralsstil mit unnachgiebiger Hand. Er wirtschaftete erfolgreich und lieferte eine ordentliche Dividende ab. Nur eigenwillig war er. Friede Springer war ihm zugetan. Die Testamentsvollstrecker trafen sich regelmäßig. Die ersten Sitzungen verliefen angenehm und ohne Kontroverse. Über den Willen des Verlegers wurde gesprochen. Doch noch gab es kaum etwas zu entscheiden, was möglicherweise nicht in seinem Sinne gewesen wäre. Die vier Miterben Barbara, Nicolaus, Axel Sven und Ariane schienen ihr das Jahr über gewogen. Sie bekamen ihre vom Vater und Großvater zugedachte Apanage, die nicht zu knapp ausfiel und Monat für Monat auf ihr Konto floß. Sie lebten ihr Leben in dem Luxus, sich für ihre Existenz nicht ins Zeug legen zu müssen. Noch herrschte Harmonie. Doch das änderte sich bald, als sich die Vorboten des Machtkampfes um das Erbe Axel Cäsar Springers abzeichneten.

10. KAPITEL

Die Testamentsvollstrecker

Axel Springer hatte es nicht anders gewollt. Zwei Personen sollten nach seinem Tod eine zentrale Rolle im Leben seiner Frau spielen: Ernst Cramer und Bernhard Servatius. Sie sollten ihr zur Seite stehen bei der schweren Aufgabe, sein Erbe zu verwalten und weiterzuentwickeln. Mit Friede bildeten sie eine Troika, die er vor seinem Tod mit der Testamentsvollstreckung beauftragt hatte. Servatius hatte Springer zum Primus inter pares ernannt. Er saß der Testamentsvollstreckung vor. Friede, die immerhin 70 Prozent des Springerschen Vermögens geerbt hatte, war Großaktionärin des Verlages geworden und zudem eine der reichsten Frauen Deutschlands. Die beiden anderen Testamentsvollstrecker hingegen agierten nicht auf eigene, sondern auf fremde Rechnung, genaugenommen auf Rechnung der Erben, die den Herren für ihre Aufgabe eine fürstliche Entlohnung zu zahlen hatten, ganz so, wie es der Verleger vor seinem Tod verfügt hatte.

»Für Ernst, von dem nur Gott weiß, wie sehr er mir hilft«, schrieb Axel Springer Mitte November 1971 dem gebürtigen Augsburger als Widmung in sein Buch »Von Berlin aus gesehen – Zeugnisse eines engagierten Deutschen«. Und wie so häufig, wenn der sentimentale Verleger einem seiner Mitarbeiter sein Wohlwollen versicherte, schwang eine flehentliche Bitte zum Himmel mit, daß dies auch noch Jahre so bleiben möge. Ernst Cramer, der 1913 als Sohn eines Tabakwarenhändlers zur Welt gekommen war, blieb. Bis heute. Er blieb zunächst fast dreißig Jahre an Springers Seite und dann an Friedes, wich nicht von seinem Platz und ist noch immer einer der engsten Berater der Verlegerwitwe.

Daß Cramer für ihn persönlich und auch für den Konzern eine solche Bedeutung erlangen würde, konnte der Verleger freilich nicht ahnen, als er den Bayern im Dezember 1957 zum erstenmal in seine Hamburger Villa einlud. Seit 1954 war Cramer bei der amerikanischen Nachrichtenagentur United Press in Lohn und Brot gewesen. Er arbeitete in Frankfurt und war für den Verkauf der Agenturdienste an die Zeitungen verantwortlich. Alle möglichen Zeitungsverlage hatte der emsige Cramer bereits als Kunden akquiriert, nur mit der Springer-Presse wollte es nicht so recht funktionieren. Keine der großen Zeitungen des Hauses bediente sich der Dienste von UP. Axel Springer selbst könnte womöglich helfen, dachte sich Cramer. Wenn er nur eine Chance bekäme, ihn von der Qualität der Agenturleistungen zu überzeugen, dann würde es mit einem Abonnement schon etwas werden. Im Dezember war es soweit. Ein Bekannter, der – wie so viele – behauptete, ein enger Freund des Hamburger Verlegers zu sein, verschaffte ihm das Entree. Der Verleger lud Cramer ein, woraufhin der sich umgehend zu der prachtvollen Villa in Blankenese aufmachte.

Im Salon trug er sein Anliegen vor, begann von der Agentur und ihrer Nachrichtendienste zu berichten, aber kam nicht weit. Schon bald unterbrach ihn Springer:»Herr Cramer, das interessiert mich überhaupt nicht. Wenn Sie uns Ihre Dienste anbieten wollen, dann müssen Sie sich an Herrn Funk wenden und nicht an mich.« Etwas naiv und offenbar im vollkommenen Unwissen darüber, wie der Verleger sein Unternehmen führte, entgegnete der perplexe Cramer: »Aber Herr Springer, Sie sind doch der Chef. Sie können das entscheiden, wenn Sie es Ihrem Herrn Funk nur sagen würden ...« Ein weiteres Mal wurde er von Springer unterbrochen, der noch mitten in Cramers Satz das Thema gewechselt hatte. Längst war er bei seinen Überlegungen zu Amerika und berichtete dem verblüfften Besucher über die Erfahrungen seiner letzten Reise. Die waren nicht die besten, hatten seine Vorbehalte gegen die Vereinigten Staaten eher genährt als zerstreut und ihn darin bestärkt, daß es für das geteilte Deutschland einen dritten Weg geben müsse zwischen den beiden

Machtblöcken diesseits und jenseits des Atlantiks. »Wir müssen aufpassen, daß wir durch die amerikanische Besatzungsmacht nicht zu sehr amerikanisiert werden«, sagte er seinem Besucher am Ende eines längeren Monologes. Ernst Cramer war da ganz anderer Meinung, denn er kannte die Amerikaner besser als der Verleger: Er hatte als Emigrant und amerikanischer Offizier an der Befreiung Deutschlands mitgewirkt und ließ sich nicht beirren. Im Nu befanden sie sich inmitten einer heftigen Debatte über Ziele und Wege der Vereinigten Staaten, bis ihn der Verleger nach zwei Stunden unverrichteter Dinge wieder entließ. Erreicht habe ich nichts, dachte sich Cramer und verließ leicht verdrossen das Springersche Anwesen. Für die Nacht hatte er ein Zimmer gebucht, bevor er am nächsten Morgen mit leeren Händen nach Frankfurt zurückkehren würde.

Doch noch vor 7 Uhr in der Früh klingelte das Telefon im Hotel. Christian Kracht, der für Springer damals die Geschäfte führte, bestellte ihn für 10 Uhr ins Verlegerbüro. Vielleicht hat er doch ein schlechtes Gewissen, hoffte Cramer. Zur festgelegten Stunde stand er im Sekretariat des Verlegers, der wenig später aus der Tür trat und ihn zu sich holte: »Cramer«, sagte Springer vertrauensvoll zum Erstaunen des dunkelhaarigen Mannes, der neben dem stattlichen Springer fast zierlich wirkte. »Cramer« – war er doch am Nachmittag zuvor noch »Herr Cramer« gewesen –, »Cramer, Sie haben wenig Zeit und ich auch. Ich wollte Sie nur fragen, ob Sie stellvertretender Chefredakteur der *Welt* werden wollen.« Ernst Cramer konnte seine Verblüffung kaum verbergen, faßte sich aber schnell wieder. »Herr Springer, wir haben gestern einen interessanten Nachmittag zusammen verbracht. Aber wir waren in einem für mich essentiellen Punkt sehr unterschiedlicher Meinung.« Springer lächelte: »Cramer, I have yesmen enough«, entgegnete er ihm auf englisch, wie er es danach ein ums andere Mal wieder tat, wenn er jemanden davon zu überzeugen suchte, daß er ihn brauchte. »Ich suche Mitarbeiter mit eigener Meinung«, setzte er noch hinzu und hatte Cramer im Handumdrehen für sich eingenommen. »Auf der Basis nehme ich an«, antwortete Cramer. Sie schüttelten sich darauf kurz die Hand, bevor der Verleger schon wieder hinter der schalldichten Tür seines Büros verschwand. Nur wenige Monate nach dieser Begebenheit trat Cramer seinen Dienst im Hause Springer an, ohne zu wissen, daß er das Haus nie mehr verlassen würde.

Cramer hatte die Schule mit sechzehn Jahren beendet. Das Tabakwarengeschäft seines Vaters war in den Strudel der Weltwirtschaftkrise geraten und hatte das Jahr 1929 nicht überlebt. Der Vater arbeitete fortan in einer Wirtschaftsdetektei, die Mutter verdingte sich mit allerlei Nebentätigkeiten, und der Sohn begann als Lehrling in einem Augsburger Kaufhaus. Mit den paar Reichsmark, die er dort verdiente, konnte er immerhin ein wenig zum Lebensunterhalt der Familie beitragen. Nach der Machtergreifung Hitlers änderten sich die Zeiten für die jüdische Familie. Cramer, der inzwischen den Arbeitgeber gewechselt hatte und bei dem Warenhaus Schocken tätig war, spürte die zunehmende Feindseligkeit gegenüber den deutschen Juden. Doch er lehnte es ab, Deutschland zu verlassen, und schlug das Angebot des Warenhausbesitzers aus, ihn nach Südafrika zu schikken, was ihn vor dem Konzentrationslager bewahrt hätte. Cramer blieb. Wie Millionen anderer deutscher Juden konnte er sich nicht ausmalen, daß Deutschland unter dem Regime der Nationalsozialisten alsbald in Barbarei versinken würde – auch nicht, als in der Nacht vom 9. zum 10. November 1938 die Scheiben jüdischer Geschäfte klirrten und fast hundert deutsche Bürger jüdischen Glaubens ihr Leben ließen. Tausende wurden im Anschluß an die Reichspogromnacht in Konzentrationslager verschleppt, unter ihnen auch Ernst Cramer. Das KZ Buchenwald unweit von Weimar durfte er nach sechs Wochen wieder verlassen, denn er besaß inzwischen eine offizielle Bescheinigung der britischen Botschaft, mit der er aus Deutschland auswandern konnte. Er emigrierte über die Niederlande und Großbritannien in die Vereinigten Staaten. Seine Eltern und seinen jüngeren Bruder mußte er zurücklassen. Sie überlebten den Holocaust nicht, was Cramer erst bei seiner Rückkehr nach Ende des Zweiten Weltkriegs erfuhr. Er wußte, daß seine Eltern am Gründonnerstag, dem 2. April 1942, von den Nazi-Schergen geholt worden waren. Aber danach hatte er ihre Spur verloren und konnte nur noch hoffen, daß sie den Holocaust überlebt hatten. Doch sie traf das gleiche grausige Schicksal wie Millionen anderer Juden, die von ihren deutschen Mitbürgern ermordet wurden.

In Amerika verdiente sich der Emigrant seinen Lebensunterhalt zunächst als Landarbeiter. 1941 nahm er ein Landwirtschaftsstudium an einem College in den Südstaaten auf. Als Deutschland im gleichen Jahr den Vereinigten Staaten den Krieg erklärte, entschloß sich der gebürtige Bayer, als Mitglied der amerikanischen Streitkräfte gegen das nationalsozialistische Deutschland und für die Befreiung seines Vaterlandes zu kämpfen. Er meldete sich im Dezember 1941 zum Kriegsdienst. 1944 landete er mit den Alliierten in der Normandie. Den Tag des Kriegsendes erlebte er in seiner Geburtsstadt Augsburg.

So kehrte Cramer nach Deutschland zurück – und blieb. Er quittierte seinen Dienst als Leutnant der amerikanischen Armee und wurde einer der leitenden Redakteure der *Neuen Zeitung*, welche die amerikanische Militärregierung in München für Deutsche herausgab. Später wechselte er zur amerikanischen Nachrichtenagentur UP, von wo er von Springer nach jener engagierten, fast heftigen Debatte über die Rolle und Aufgabe der Vereinigten Staaten abgeworben wurde. 1958 begann er als stellvertretender Chefredakteur der *Welt*. Seine Zeit im Verlag blieb nicht frei von Auseinandersetzungen mit dem Verleger. 1965, Cramer war damals bereits dreiundfünfzig Jahre alt, schickte ihn Springer in die Verbannung, verärgert darüber, daß Cramer seinen Vorstellungen von einer weniger ausgewogenen und eher kritischen Berichterstattung über die damalige Bundesregierung nicht folgen wollte. Weltreise oder Rausschmiß – vor diese Alternative stellte ihn Springer. »Weltreise«, lautete die Antwort des widerspenstigen stellvertretenden Chefredakteurs, »dann können wir ja weitersehen.«

Auf seiner Station in New York erreichte ihn bald ein Anruf des Verlegers. Er wollte Cramer zurückholen und gleich auf seine erste Israelreise mitnehmen. So kehrte der Weltreisende als verlorener Sohn zurück und wurde herzlicher aufgenommen als zuvor. Er arbeitete fortan immer enger mit Axel Springer zusammen, beriet ihn in allen außenpolitischen Fragen, denen sich der Verleger meinte zuwenden zu müssen. Er bezog das Büro neben dem Kontor Springers, entwarf dessen Vorträge und begleitete ihn auf viele Reisen in die Vereinigten Staaten und nach Israel. Von 1969 an wich er nicht mehr von Springers Seite, leitete dessen Verlegerbüro und trat 1971 in die Geschäftsführung der Axel Springer Gesellschaft für Publizistik ein, der Holding, die seit 1970 die Anteile am Verlag besaß. 1981 machte ihn der Verleger zum Mitherausgeber der *Welt am Sonntag*. Dort schrieb er eifrig Leitartikel und Kommentare, in denen er sich als glühender Verfechter der Springerschen Leitmotive zeigte. Er schrieb gegen die deutsche Teilung, verfaßte viele Texte zur Aussöhnung zwischen Deutschland und Israel, er redete der Notwendigkeit eines engen deutsch-amerikanischen Verhältnisses das Wort und damit nicht dem Verleger nach dem Mund, sondern sich selbst aus der Seele.

Näher als Cramer war dem Verleger bald kaum noch einer. Er sah Springers Frauen kommen und gehen und wunderte sich häufig nicht nur über die Umtriebigkeit und Vergnügungslust seines Arbeitgebers, sondern auch über die Damen selbst, von denen sich etliche so mir nichts, dir nichts dem eleganten und vor allem reichen Herrn an den Hals warfen. Er versuchte, so manchen Streit zwischen Springer und seinen Frauen zu schlichten. Für die Dressurreiterin Rosemarie Springer, die er sehr mochte, ergriff er einmal wohl ein wenig zu offensichtlich Partei. Als sich Springers Ehe mit Rosemarie dem Ende entgegenneigte, der Verleger sich schon längst wieder auf Freiersfüßen befand und unverhohlen einer Helga Alsen den Hof machte, da konnte es Cramer nicht ertragen, Rosemarie leiden zu sehen. »Herr Springer«, fragte er ihn vorsichtig, »gibt es da keine Möglichkeit?« Nicht daß er die Ehe hätte retten wollen. Aber Fürsprache für Rosemarie mußte er ergreifen, dazu fühlte er sich verpflichtet. »Das ist nicht Ihre Sache«, wies ihn der Verleger zurecht. »Bitte kümmern Sie sich nicht darum.«

Seit jenem Moment hielt sich Cramer daran. Das Privatleben des Verlegers ging ihn nichts an. Wer kam, der kam. Wer gerade an Springers Seite war, war da. Irgendwann gegen Ende der sechziger Jahre war Friede da, das unscheinbare Kindermädchen aus Gstaad, von dem er bereits gehört hatte. Er machte sich keine Gedanken darüber, welche Bedeutung sie für Springer haben könnte. Sie war ihm sympathisch. Ihre Erscheinung war ihm angenehm, nicht zuletzt wegen ihrer Zurückhaltung, die sie von vielen anderen Frauen an Springers Seite deutlich unterschied. Sie trat nicht auf, mischte sich nicht ein und tat dem Verleger offensichtlich gut. Blieb sie, wäre es ihm recht, würde sie abgeschossen, so wäre das seine Sache nicht.

Doch eines Tages horchte er auf. 1969 hielt sich das stille Fräulein Riewerts in Begleitung des Verlegers in New York auf und hatte mit ihm im Carlyle Towers Quartier bezogen. Bereits vier Tage vor Springers Ankunft in der amerikanischen Metropole war sie mit Christian Kracht über den Atlantik geflogen und hatte sich die Stadt angesehen. Springer sollte vor dem Overseas Press Club eine große Rede halten und wollte dann weiter nach Rochester/Minnesota. Dort hatte er sich in der Mayo-Klinik zu einer Untersuchung angemeldet in der Hoffnung, die Ärzte des renommierten Krankenhauses würden den Grund seiner immer wiederkehrenden Abgeschlagenheit finden. Zudem hatte er Kontakte zu einem mächtigen amerikanischen Medienkonzern geknüpft und zwei seiner Mitarbeiter zu Verhandlungen dorthin geschickt. Während sie verhandelten, bat er Cramer in sein Hotelzimmer. »Können Sie absolut schweigen?« fragte er seinen Adlatus, der dem Verleger selbstverständlich sein Ehrenwort darauf gab. »Keine Silbe zu irgend jemanden«, setzte Springer noch nach und berichtete ihm dann von den laufenden Verhandlungen. Bald entspann sich zwischen ihm und Cramer eine Diskussion über das Für und Wider einer engeren Zusammenarbeit mit dem amerikanischen Medienriesen. Plötzlich betrat Springers neue Freundin den Raum, lautlos und fast unmerklich. Cramer wechselte noch mitten im Satz das Thema, redete von Gott und der Welt und ein wenig vom Offsetdruck, nur nicht von dem, was sie gerade besprochen hatten. Springer guckte ihn verblüfft an, beantwortete Friede ein paar Fragen zum Tagesablauf, bevor diese sich mit einem Lächeln wieder zurückzog, und wandte sich erneut Ernst Cramer zu. »Ernst, sind Sie verrückt geworden? Warum reden Sie plötzlich vom Offsetdruck und bleiben nicht beim Thema?«–»Keine Silbe zu irgend jemandem, haben Sie gesagt«, zitierte Cramer irritiert den Verleger,»daran habe ich mich gehalten.«Springer zog die Augenbrauen zusammen:»Aber das gilt doch nicht für Friede. Friede darf alles wissen.«

Dieser Satz gab Ernst Cramer zu denken. So etwas hatte es noch nicht gegeben unter den vielen Amouren des Verlegers. Friede durfte alles wissen – nun gut, dann war es so. Auch hier fragte der ergebene Diener seines Herrn nicht weiter nach. Aber er dachte sich seinen Teil und wunderte sich nicht mehr, wenn die Friesin immer häufiger bei wichtigen Gesprächen zugegen war und konzentriert zuhörte. Nur selten ergriff sie das Wort. Und das auch nur, nachdem sie vom Verleger dazu aufgefordert worden war. Über Jahre beobachtete Cramer die Entwicklung der Beziehung zwischen dem Verleger und der jungen Frau, die seine Tochter hätte sein können. Sie hatte einen beruhigenden Einfluß auf Springer, dessen größte Schwäche es seiner Meinung nach war,»gelegentlich die Fassung zu verlieren«. Springer, das merkte Cramer, wollte sie bald immer um sich haben. Er liebte sie ganz offensichtlich, und das nicht nur für ihre Jugend, sondern auch dafür, daß sie sich von ihm gefügig formen ließ, genauso, wie er sie haben wollte.

Cramer selbst war nicht so willfährig wie Friede, sondern geriet mit dem Verleger immer einmal wieder aneinander. Aber gerade das wußte Springer zu schätzen. Und was Springer schätzte, stellte Friede nicht in Frage. Sie mochte Cramer bald genauso wie ihr Mann. Er wurde zum Gesprächspartner des Verlegers über Zukunftsfragen des Verlages und der Axel Springer Stiftung. Cramer war oft dabei, als Springer laut über sein Testament nachdachte und darüber, ob er nicht alles Friede vermachen und es damit ihr überlassen sollte, das Vermögen irgendwann aufzuteilen. Ein Verlegerbüro ohne Ernst Cramer konnte sich Friede bald nicht mehr vorstellen. Und so war er der erste und einzige aus dem Verlag, den sie um Hilfe rief, als sie am 22. September 1985 im Martin-Luther-Krankenhaus am Bett ihres Mannes die Hoffnung verlor.

Während Friede und Ernst Cramer das freundschaftliche Band, das über die Jahre zwischen Springer und dem Verleger entstanden war, zusammenhielt, stand Bernhard Servatius der Witwe viel ferner. Und das nicht erst mit Beginn der Testamentsvollstreckung, als die drei in ihrer neuen Aufgabe noch zueinander finden mußten. Bernhard Servatius war mehr als schlau, er war ein raffinierter Jurist, dazu ein äußerst gebildeter Mann, phantasievoll nicht nur dann, wenn es um die Unterhaltung einer Abendgesellschaft ging. Seine Darstellungskunst, mit der er Abläufe und Sachverhalte drehen und wenden konnte, ohne daß ihm dabei der Fehler unterlief, nicht die Wahrheit zu verkünden, war gewaltig. Servatius war ein Meister der Interpretation. Er war nicht zu fassen und auch nicht unbedingt beim Wort zu nehmen. Denn festnageln ließ er sich nie.

Bernhard Servatius war das Kind einer strengen katholischen Familie aus Magdeburg. Der Offizierssohn legte die Abiturprüfungen am humanistischen Dom- und Klostergymnasium mühelos ab, um danach im schweizerischen Fribourg und in Hamburg Philosophie und Rechtswissenschaften zu studieren. Mit sechsundzwanzig Jahren hatte er bereits das zweite Staatsexamen bestanden, nachdem er zuvor auch noch zum Doktor der Rechtswissenschaften promoviert worden war. Er ließ sich daraufhin mit einer Praxis im Klosterstieg in Hamburg nieder. Später verlegte er seine Kanzlei in beste Lage am Hamburger Gänsemarkt. Bekannt wurde er durch die Strafverteidigung einer des Mordes angeklagten Frau, für die er nach einem spektakulären und vor allem langwierigen Prozeß schließlich den Freispruch erreichte. Kaum ein Beobachter des Verfahrens hatte das für möglich gehalten. Doch das wenig einträgliche Geschäft als Strafverteidiger ließ der Jurist bald links liegen. In den sechziger Jahren arbeitete er sich in das Presserecht und das Persönlichkeitsschutzrecht ein. Die Medien hatten es ihm angetan. In Verlegerkreisen war Servatius für seine Expertisen bald bekannt. Für den Springer-Verlag hatte er schon das ein oder andere Gutachten geschrieben – fernab des Sichtfeldes des Verlegers. Doch Springer hatte schon von ihm gehört. Er wollte ihn kennenlernen.

Der Verleger John Jahr arrangierte die Begegnung. Es war das Jahr 1970. Er lud Springer und Servatius zum Diner in sein Hamburger Privathaus ein. Am Ende des unterhaltsamen Abends wandte sich Springer an Servatius und bedeutete ihm, daß er ihn bald in einer Sache zu Rate ziehen wolle. Er hatte eine höchst komplizierte Angelegenheit auf dem Herzen, aus der Servatius ihm heraushelfen sollte: Er sollte ihn bei der Rückabwicklung des Kaufvertrages mit Bertelsmann beraten. Kurz zuvor hatte er ein Drittel seines Konzerns, der inzwischen in eine Aktiengesellschaft umgewandelt worden war, an Reinhard Mohn verkauft und dafür immerhin etwas mehr als 300 Millionen Mark kassiert. Doch schon tags darauf hatte er sich wieder anders entschieden. Er wollte den Kaufvertrag rückgängig machen, obwohl das Geld bereits auf seinem Konto eingegangen war. Er schickte Tamm in die Verhandlungen. Servatius sollte – zusammen mit dem Justitiar des Verlages – die juristische Seite abdecken. Und tatsächlich erfuhr die verblüffte Öffentlichkeit alsbald davon, daß die Verträge über die vorgesehene Übernahme eines Aktienpakets von einem Drittel des Verlages durch Bertelsmann keine Gültigkeit mehr hatten.

Servatius hatte in Springers Augen seine Sache hervorragend erledigt. Der Verlag gehörte wieder ihm. Reinhard Mohn war er los. Servatius blieb. Er reiste fortan häufig mit Springers Hubschrauber oder Privatflugzeug von Hamburg nach Sylt, wo Springer im Frühjahr 1970 viel Zeit in seinem Haus in Kampen verbrachte. Servatius übernachtete im Klenderhof. Fast täglich fand er sich beim Pressezaren ein, um nach Abschluß des Falles Bertelsmann nun an der gesellschaftsrechtlichen Fortentwicklung des Verlages zu arbeiten. Servatius schuf die Axel Springer Gesellschaft für Publizistik, die Holding, in der das Aktienkapital der Verlags-AG zusammengehalten wurde, und blieb fortan im Dunstkreis des Verlegers.

Juristen waren Springer nicht unbedingt sympathisch, gegen Banker und Anwälte hatte er grundsätzlich seine Vorbehalte: Man würde weder die eine noch die andere Spezies wieder los, sobald sie einmal ihre Klauen ins Fleisch des Opfers geschlagen hätten. Doch für den einfühlsamen Juristen war nichts leichter, als diese Klippe zu umschiffen. Bewußt hielt er sich in gebührendem Abstand zum König, und das auch dann noch, als dieser ihn Ende 1970 zu einem ernsten persönlichen Gespräch bat: »Wären Sie bereit, mich ständig zu beraten?« fragte er den Juristen damals. »Unter einer Bedingung«, antwortete Servatius sofort. Ganz in die Fänge des Verlegers wollte er sich nämlich nicht begeben, abhängig von dessen Gunst und Gutdünken. Das jedenfalls hatte er im Umkreis von Springer schon beobachten können: Männer kamen und gingen, wurden entlassen und reumütig zurückgeholt, ganz so, wie Springer zumute war. Er war alles andere als konstant in seiner Personalpolitik, sofern man von einer solchen überhaupt sprechen konnte. Servatius wollte sich diesem Wechselspiel nicht aussetzen und sagte deshalb: »Ich habe meinen Beruf wegen der Freiheit dieses Berufes gewählt. Ich möchte nie mehr als die Hälfte meines Geldes bei Ihnen verdienen und nie mehr als die Hälfte meiner Zeit bei Ihnen zubringen. Meine Freiheit kann und will ich auch in der Zusammenarbeit mit Ihnen nicht ganz aufgeben.« Springer fand sich damit ab. Er zürnte Servatius nicht, der weiter daran arbeitete, für den Verleger unverzichtbar zu werden.

Springer, der zunehmend Menschen um sich versammelt wußte, die die Konfrontation mit ihm scheuten, mußte beeindruckt gewesen sein von dem Unabhängigkeitsdrang des Juristen, der immerhin Manns genug schien, allzu großen Verlockungen zu entsagen. Genau darin lag Servatius' Stärke. Fünfzehn Jahre lang stand er Springer in unzähligen Angelegenheiten treu zu Diensten. Im Herbst 1984 starb Mathias Walden. Zwei Wochen später bestellte Springer Servatius zum Gespräch. »Serva«, sagte er hilfesuchend in seinem Kummer über den plötzlichen Verlust seines Intimus, »fünfzehn Jahre der klugen Ratschläge sind genug. Ich habe in dieser Zeit immer akzeptiert, daß Sie Ihre Unabhängigkeit behalten wollen. Jetzt aber müssen Sie sich entscheiden.« Statt einer klaren Antwort erbat sich Servatius Bedenkzeit. Zu bedenken allerdings gab es nicht viel. Denn längst war nicht Servatius von Springer, sondern der Verleger von der Expertise und dem Wissen des Juristen abhängig. So machte er ihn, noch ohne

dessen Antwort abzuwarten, im Dezember 1984 zu seinem Generalbevollmächtigten und zum amtierenden Vorsitzenden der Geschäftsführung der Holding, jener Axel Springer Gesellschaft für Publizistik,
die Servatius höchstpersönlich geschaffen hatte. Zu dieser Zeit trug
der Jurist bereits manch anderen Hut. Er mischte überall mit, war
Berater der Deutschen Bischofskonferenz und Vizepräsident des
Zentralkomitees deutscher Katholiken, fungierte als Delegierter des
Vatikans bei den Vereinten Nationen und amtierte als Aufsichtsratsvorsitzender des *Rheinischen Merkur*. Servatius war am Ziel. Nach
Springer war er einer der wichtigsten Männer im Konzern geworden.
In alle weiteren Pläne mußte ihn der Verleger mit einbeziehen, er
brauchte seinen Rat und juristischen Verstand.

Als Springer am 21. Januar 1985 in seinem Haus in Klosters die
Nachricht ereilte, sein neunzehnjähriger Enkel Axel Sven sei aus dem
Zuozer Internat Lyceum Alpinum entführt worden, war Servatius sofort zur Stelle. Kaum hatten die Entführer des Jungen eine Lösegeld-
summe von 15 Millionen Mark gefordert, machte er sich auf nach
München, so wie es die Entführer, darunter zwei ehemalige Mitschü-
ler des Enkels, gefordert hatten. Das Geld hatte Servatius nicht dabei,
statt dessen zwei Kriminalpolizisten, die hinter ihm im Flugzeug saßen. Die Polizei nahm die Sache sehr ernst. Die Entführer hatten
gedroht, dem Jungen Drogen zu spritzen, sollte Springer nicht bezahlen. In München wollten sie sich wieder melden, um den vermeintlichen Überbringer des Lösegeldes weiter in die Schweiz zu einem
Übergabeort zu lotsen. In der bayerischen Hauptstadt aber befahl die
Polizei den Abbruch der Aktion. Sie fürchtete, die Kontrolle über den
Fall zu verlieren, und brachte Servatius in ein reserviertes Zimmer im
Hotel Vierjahreszeiten. Noch einmal kam ein Kontakt mit den Ent-
führern zustande, bei dem Servatius ihnen mitteilte, daß er nicht wei-
terreisen werde. Dann brach die Verbindung ab. Die Aufregung war
groß. Doch am Abend meldete sich ein körperlich unversehrter Axel
Sven vom Zürcher Flughafen bei seiner Mutter.

Schon wenige Monate später aber schien der Stern des eifrigen Juristen zu sinken. Er hatte sich mit Springer über den Börsengang ent-

zweit. Die Aktienemission lehnte er ab. Mit seiner Meinung war er nicht allein, aber er war der einzige, der ihm das mehr als deutlich sagte. Springer ärgerte sich. Als dann im Frühjahr 1985 die Verhandlungen mit der Bank über die Plazierung der Verlagsaktien an der Börse begannen, hatte Servatius bei Springer plötzlich schlechte Karten. Der Verleger entschloß sich, nicht den Juristen, sondern Ernst Cramer zum Aufsichtsratsvorsitzenden der künftigen Publikumsgesellschaft zu ernennen, wenn die Aktien einmal an der Börse notiert waren. »Ernst, kannst du das nicht machen?« fragte er seinen stillen Diener, als er – wie so oft – unvermittelt durch die Verbindungstür seines Büros zu diesem ins Zimmer trat. »Ich habe in meinem Leben so viel gelernt, das werde ich auch noch lernen«, entgegnete ihm Cramer, der sich geehrt fühlte durch das neue Amt und seine Bedeutung wachsen sah.

Noch im Juni lagen die Dinge klar. Servatius hatte seinen Zenit in der Gunst des Verlegers bereits durchschritten und hatte Cramer weichen müssen. Doch noch kurz vor Springers Tod wendete sich das Blatt aufs neue – diesmal endgültig zugunsten des Juristen. Springer änderte wie so häufig plötzlich seine Meinung. Nicht Cramer, sondern doch Servatius sollte den Vorsitz des neuen Aufsichtsrats seines Verlages übernehmen. Zu dem Stimmungsumschwung des Verlegers hatten wahrscheinlich gleich mehrere beigetragen. Die Burda-Brüder hatten für Servatius votiert; Tamm und Prinz sollen sich ebenfalls beim Verleger für Servatius stark gemacht haben; und auch Christians, das war Servatius später zu Ohren gekommen, soll für den Juristen gewesen sein. Alle, die in dieser Angelegenheit bei Springer vorsprachen, waren im Aktienrecht unerfahren und hatten schlicht die Sorge, sie könnten auf Dauer ohne die juristische Expertise des Anwalts nicht auskommen. Ernst Cramer hatte das Nachsehen. Springer entschied sich für Servatius und machte ihn damit auf Jahre hinaus zum mächtigsten Mann im Springer-Konzern.

Cramer war verärgert, als ihm der Verleger seine jüngste Entscheidung en passant am Telefon mitteilte. Er war Springer derart gram, daß er laut überlegte, ob er überhaupt Mitglied des neu zu bildenden

Aufsichtsrats werden sollte. »Wenn du nicht willst, dann macht es ein anderer«, hatte ihm Springer daraufhin geantwortet und auch schon einen Namen genannt. Doch ganz im Streit sollte das unerfreuliche Telefonat mit seinem engsten Vertrauten nicht enden. Springer schlug zu guter Letzt wieder versöhnlichere Töne an: »Ernst, du bist doch immer an meiner Seite. Keiner ist es so wie du, ich brauche dich«, umwarb er seinen Freund. »Servatius hat mehr juristische Erfahrung, und auf die werden wir nicht verzichten können.« Cramer konnte sich dem Bitten seines Verlegers nicht entziehen. Wieder einmal erlag er seinem Charme. Er wird noch den Teufel dazu bringen, Weihwasser zu trinken, dachte er sich, gab sich weiterhin wortkarg, eine ganze Weile noch beleidigt und fand sich schließlich damit ab.

Seit jener Entscheidung war Servatius immer zur Stelle, dicht dran am Verleger, so nah es eben ging, damit bis zur konstituierenden Sitzung des Aufsichtsrats nicht wieder ein anderer auf den kränkelnden Alten Einfluß nahm. Feinde hatte Servatius viele. Sie hatten dem Verleger bereits im Frühjahr zugetragen, daß sich der Jurist hinter seinem Rücken schon wie der Zeitungskönig selbst gerierte, was Springer wiederum erboste.

Doch niemand konnte Servatius mehr etwas anhaben. Springer band ihn in alles ein, ließ ihn die Verträge mit der Deutschen Bank über den Börsengang prüfen, bevor er sie unterzeichnete. Im September ließ er ihn in Zürich anreisen, um sich bei der letzten Änderung seines Testaments beraten zu lassen, die die Erben akzeptierten, obwohl sie keine Gültigkeit besaß. Mit Ernst Cramer war Friede Springer befreundet, von Servatius war sie abhängig. Nach dem Tod ihres Mannes mußte sie sich immerzu auf ihn verlassen. Er hatte den Überblick, sie nicht. Sie konnte ihn nicht kontrollieren und litt darunter. Doch sie mußte sich fügen und mit ansehen, wie er immer mächtiger und reicher wurde. Richtig loswerden würde sie ihn nie. Sie und er waren die einzigen Zeugen, als der schon bettlägerige Verleger kurz vor seinem Tod ein neues Testament diktierte. Nur sie beide wußten, zu welcher Änderung des Testaments sich Springer an jenem Septembertag 1985 in Zürich entschlossen hatte.

11. KAPITEL

Der erste große Sieg

Angst befiel sie, unendliche Angst. Und das Gefühl der Ohnmacht, das erst langsam einer steigenden Wut wich, die sich wiederum gegen ihre Ohnmacht richtete. Jetzt ist alles aus, dachte sie sich und konnte doch nicht glauben, was sie an diesem Nachmittag Ende Februar 1988 erfahren hatte. Die Burda-Brüder, denen Axel Springer gut ein Viertel seines Verlags verkauft hatte, standen kurz davor, sich mit Leo Kirch gegen sie und die anderen Erben zu verbünden. Offenbar gab es bereits einen im Detail ausgearbeiteten unterschriftsreifen Pool-Vertrag zwischen Burda und Kirch. Sollte der Vertrag vollzogen werden, gerieten die Erben in die Minderheit. Kirch, das wußte Friede, verfügte über 26 Prozent der Aktien, die Burda-Brüder über fast genausoviel. Mit 52 Prozent, rechnete Friede weiter, hätten die anderen die Mehrheit und die Springer-Nachfahren nichts mehr zu sagen. Sie könnten nur noch verkaufen.

Friede Springer hat ein exzellentes Gedächtnis. Jeden Satz von Axel Springer kann sie rezitieren, jede Anekdote aus seiner Kindheit, fast jede Einzelheit seiner vielen geschäftlichen Gespräche, denen sie beigewohnt hatte. »Friede, wie war das noch?« hatte Springer sie immer wieder gefragt, wenn er von sich erzählte, sich aber an die Details nicht genau erinnern konnte. Friede half ihrem Mann dann über seine Gedächtnislücken hinweg. Die Wochen aber, in denen sie um die Stellung der Springer-Erben im Verlag zittern mußte und vor Sorge kaum einen Bissen hinunterbekam, hat sie weitgehend verdrängt. Sie kann sich nicht mehr erinnern, wer sie anrief, um ihr von dem bevorstehenden Zusammenschluß zwischen Kirch und Burda zu berichten.

Sie weiß nur noch, daß sie die Nachricht auf Gut Schierensee erreichte. Selbst in ihren Tagebüchern, in denen sie seit Jahren die Ereignisse eines jeden Tages akribisch notiert, findet sich nichts. Sie hat die Wochen im Frühjahr 1988, in denen ihr der maßgebliche Einfluß auf den Verlag und damit alles, was ihr wirklich wichtig war, genommen werden sollte, aus ihrem Gedächtnis gestrichen. Sie kann sich nur noch an die quälende Sorge erinnern, daß Springer nicht mehr Springer sein würde. »Kirch verbündet sich mit Burda gegen Springer« – das Undenkbare war eingetreten. Sosehr die Nachricht die Verlegerwitwe überraschte, so sicher hatte sie im Gefühl gehabt, daß nach dem Tod ihres Mannes Kräfte am Werk sein würden, die sie nicht einzuschätzen vermochte. Diffuse Sorgen hatten sie immer wieder beschlichen, daß es irgendwann zu einer ernsten Krise kommen würde. Doch um diese Sorgen zu konkretisieren, fehlten ihr die Kenntnisse im Aktienrecht. Planspiele, die der Münchner Filmhändler Leo Kirch seit Jahren betrieb, waren Friede Springer zweieinhalb Jahre nach dem Tod ihres Mannes noch immer nicht geläufig. In fast kindlicher Naivität glaubte sie damals, als Haupterbin des Verlegers bestimme sie die Regeln in dem großen Wirtschaftskrimi, der längst begonnen hatte, ohne daß sie es merkte.

In den folgenden Tagen, die sie unruhig auf Gut Schierensee verbrachte, ging ihr immer wieder eine Frage durch den Kopf: Was hatte Axel versäumt, daß der Einfluß der Testamentsvollstrecker auf sein Lebenswerk sowenig gesichert war? Sie dachte weit zurück und versuchte noch einmal nachzuvollziehen, wie sich ihr Mann von 75 Prozent seines Lebenswerkes hatte trennen können. Mit der Neuordnung seines Verlages hatte sich der Verleger lange befaßt. Bereits am 1. Januar 1970 wandelte er sein inzwischen weitverzweigtes Imperium mit elftausend Mitarbeitern in eine Aktiengesellschaft um. Alleiniger Aktionär der neuen »Axel Springer Verlag AG« blieb er selbst, alleiniges Vorstandsmitglied und damit Vorstandsvorsitzender wurde Peter Tamm, der damals bereits seit zwei Jahren für Springer die Geschäfte an der Spitze des Verlagshauses führte. Für die neue Aktiengesellschaft, die mit einer Kapitalausstattung von 76 Millionen Mark an den Start ging, hatte Springer neue Ziele. Er wollte sich nicht mehr nur im

Zeitungsgeschäft engagieren, sondern auch in der Filmherstellung und der elektronischen Kommunikation, der nach seiner Einschätzung die Zukunft gehörte. Der Verlag verdiente 1970 mit einem Jahresumsatz von einer Milliarde gut 100 Millionen Mark. Die Auflage der im Verlag erscheinenden Blätter summierte sich auf 12 Millionen. Die bloße Änderung der Rechtsform löste Springers Sorge um seine Nachfolge nicht. Friede hatte erlebt, wie er noch eine ganze Dekade auf der Suche nach einem Weg blieb, wie er sein Lebenswerk auch für die Zukunft würde sichern können. In der Offenburger Verlegerfamilie Burda meinte er schließlich, Verwandte im Geiste gefunden zu haben. Die Verhandlungen zogen sich bereits über Monate hin, bevor die Öffentlichkeit davon erfuhr. »Löst Burda die Nachfolgesorgen von Springer?« fragte die *Frankfurter Allgemeine Zeitung* Ende Juni 1981, als das Ansinnen des Verlegers und das rege Interesse der Offenburger Familie publik wurden. Beide Verlage bestätigten die Gespräche, noch ohne das Ergebnis zu nennen. Das Bundeskartellamt meldete seinerseits, daß Springer sich mit dem Gedanken trage, die Mehrheit an seinem Verlag in zwei Stufen der Verlegerfamilie Burda zu übertragen. Der Präsident Wolfgang Kartte berichtete, schon bald sollten in einem ersten Schritt 26 Prozent von Springer auf Burda übergehen, später, zum 30. Juni 1983, dann noch einmal 25 Prozent, so daß die Herausgeber der *Bunten* und anderer Zeitschriften in zwei Jahren 51 Prozent des Springer-Verlages und damit die Mehrheit halten sollten. Burda hatte bereits im Jahr 1980 die Umsatzmilliarde erreicht, der Springer-Verlag war inzwischen auf die doppelte Größe gewachsen. Deshalb hegte das Kartellamt schwere Bedenken gegen den Zusammenschluß der beiden Großverlage. Die Verträge zwischen Burda und Springer waren bereits ausgehandelt und paraphiert, als das Bundeskartellamt wenig später die geplante Fusion mit der Begründung untersagte, schon mit dem Erwerb von lediglich 26 Prozent erreichten die beiden Verlage eine marktbeherrschende Stellung.

Die Verlage beantragten daraufhin die Ministererlaubnis. Bundeswirtschaftsminister Otto Graf Lambsdorff sollte absegnen, was Wolfgang Kartte verboten hatte. Um den Minister milde zu stimmen, griff

Axel Springer am 20. November 1981 eigens zur Feder und erläuterte ihm die Überlebensfrage, vor die die Zeitungs- und Zeitschriftenhäuser künftig durch das Fernsehen gestellt würden. Dann drohte er:»... ich fürchte, daß unter solchen Bedingungen es mir allein nicht möglich sein würde, *Die Welt* am Leben zu erhalten. Eine Partnerschaft mit Burda würde dem vorbeugen helfen.« Und er grüßte als »Ihr Ihnen sehr ergebener Axel Springer«. Lambsdorff selbst äußerte sich nicht. Doch aus dem politischen Bonn war bald zu vernehmen, daß aus der Zustimmung nichts würde. Die Ministererlaubnis blieb in weiter Ferne.

Im Januar 1983 schließlich setzten Springer und Burda dem unerquicklichen Warten ein Ende. Sie unterzeichneten einen Vertrag, durch den die Burda Verwaltungs KG aus Offenburg, vertreten durch die beiden Brüder Frieder und Hubert Burda, rückwirkend zum 1. Januar 1983 24,9 Prozent des Kommanditkapitals der Axel Springer Gesellschaft für Publizistik GmbH & Co KG erwarb, die wiederum 100 Prozent an der Axel Springer Verlag AG besaß. Sie entsprachen damit den Vorgaben des Kartellamtes, das einen höheren Anteilserwerb nicht zuließ. Der Kaufpreis belief sich auf 250 Millionen Mark. Mit dem Vertrag hatten sie den Auflagen des Kartellamtes entsprochen. Axel Springer war um eine viertel Milliarde Mark reicher. Aber die ungeklärte Zukunft seines Lebenswerks quälte ihn immer noch. Mit 75,1 Prozent blieben ihm weiterhin das Sagen und die Sorgen.

Gut zwei Jahre nach dem Verkauf von 24,9 Prozent an die Familie Burda wandte sich Springer an die Deutsche Bank. Friedrich Wilhelm Christians, damals zusammen mit Alfred Herrhausen Sprecher des Instituts, sollte eine Lösung suchen für das Betreiben des Verlegers, seinem Haus über seinen Tod hinaus die Zukunft zu sichern. Christians sollte an einer gesellschaftsrechtlichen Konzeption zur langfristigen Sicherung der Existenz der Springer-Gruppe mitwirken. Der so verständnisvoll auftretende Banker besaß Anfang 1985 das volle Vertrauen Springers. Er kannte dessen oberstes Ziel: die verlegerische Unabhängigkeit. Springer wollte zwar den Verlag loswerden, seine Zeitungen aber nicht loslassen und bis zuletzt das Sagen haben. Christians empfahl Springer, 49 Prozent seines Verlages über die Börse an einen breitgestreuten Investorenkreis zu veräußern. Die »Verleger-mehrheit« von Burda und Springer, die nach dem Börsengang zusammen noch 51 Prozent des Verlagshauses besaßen, würde das Lebenswerk des Alten vor den Begehrlichkeiten und der Einflußnahme anderer schützen. Oft hatte Christians dem Verleger das erklärt. Und der hatte ihm voll vertraut. Daß es nichts gab, das Burda formell an Springer band, schien unerheblich, solange sich die beiden konservativen Häuser nur einig waren und an einem Strang zögen. Auch darauf vertraute der Verleger. Die Burdas waren ihm geistig nahe.

Bei der Aktienemission, versicherte Christians dem Verleger und der Öffentlichkeit weiter, würde die Bank dafür sorgen, die Bildung einer neuen Machtkonzentration zu verhindern. »Die Beteiligungsquote einzelner Anleger – seien es Unternehmen oder Privatpersonen – wird sich in einer Höhe bewegen, aus der sich weder ein unternehmerischer noch gar ein medienpolitischer Einfluß ableiten läßt«, versprach der Banker leichtfertig. Zur Sicherheit empfahl er dazu, die Aktien nicht als Inhaberpapiere, sondern als vinkulierte Namensaktien auszugeben, deren Verkauf an Dritte der Zustimmung des Verlages bedurfte, sollte der neue Eigentümer seine Stimmrechte ausüben wollen. Die Bank selbst hegte kein Interesse an Springer-Aktien, sondern wollte sich auf die reine Maklerfunktion beschränken.

Am 1. Juli 1985 bot die Deutsche Bank ihren Kunden 49 Prozent der Axel Springer Verlag AG im Nennwert von 170 Millionen DM an. 335 Mark sollte eine Aktie kosten, mindestens 100 Stück mußten die Investoren zeichnen. 6800 Aktionären teilte die Bank Aktien zu. Viele Bieter gingen wegen der hohen Nachfrage leer aus. Am 31. Juli 1985 war der Verkauf der 1,66 Millionen Aktien abgeschlossen und Axel Springer um 556 Millionen Mark reicher. Seine Suche nach einem geeigneten Nachfolger hatte ein Ende gefunden. Der größte Teil des Konzerns war nicht mehr sein eigen. Er hielt nur noch 26,1 Prozent, von denen ein Prozent vertraglich den Burda-Brüdern vorbehalten war und zwei Jahre später – im August 1987 – tatsächlich auf sie überging. Axel Springer war seine »Zwingburg« weitgehend los.

Am 1. Oktober 1985 und damit nur neun Tage nach dem Tod des

Verlegers wurden die Aktien zum Handel an den Wertpapierbörsen in Berlin, Düsseldorf und Frankfurt zugelassen. Der Axel Springer Verlag war zur Publikumsgesellschaft geworden mit einem angeblich – wie die Deutsche Bank berichtete – breitgestreuten Aktienkapital. Das Aktienbuch, in dem die Aktionäre des Verlages aufgelistet waren, blieb für die Öffentlichkeit unter Verschluß. Nur ein ganz kleiner Kreis wußte, daß es mit der breiten Streuung des Aktienkapitals nicht allzuweit her war. 10 Prozent des Verlages hatte die Bank vorab an Leo Kirch verkauft und damit einen Großaktionär ins Boot gehievt, von dem sie längst hätte wissen müssen, daß er ein massives strategisches Interesse am Springer-Konzern hegte. Trotzdem erklärte sie am 1. Oktober 1985 unverfroren:»Medienpolitische oder unternehmerische Einflüsse bestehen durch den neuen Aktionärskreis nicht.« Für ihren Erfolg ließ sich die Deutsche Bank von der Branche feiern und – wider früherer Ankündigungen – mit einem Sitz im Springer-Aufsichtsrat belohnen.

Jetzt, da Burda und Kirch gegen die Springer-Seite gemeinsame Sache machten, sah das alles freilich anders aus. Friede schüttelte den Kopf.»Die Bank hat uns das Blaue vom Himmel herunter versprochen«, sagte sie sich, während sie an die vielen Treffen ihres Mannes mit dem Banker zurückdachte. Die verlegerische Mehrheit, die Friede Springer, die Familie und die Nachlaßverwalter Servatius und Cramer so sicher wähnten, stützte sich auf Dritte. Mehrheiten, die sich auf Dritte stützen, sind instabil. Genau das war es, was Friede im Frühjahr 1988 erfuhr. Die ungeahnte Wendung des Spiels überraschte sie, Tamm und Cramer während der Abwesenheit von Servatius, der sich bereits vor Wochen für eine Weltreise abgemeldet hatte. Die Lage war prekär, trotzdem beschlossen Friede und Cramer, Servatius mit der Krise nicht zu behelligen und seine Rückkehr abzuwarten. Für Friede wurden es zwei schier endlose Wochen.

Als Servatius Anfang März nach Hause zurückkehrte und gerade bestens erholt seine Koffer abgestellt hatte, erreichte ihn der Anruf eines freien Journalisten, der im Auftrag des *Stern* die Geschichte recherchieren sollte. Den Fragen entnahm Servatius, was geschehen war, und traute seinen Ohren kaum. Er mäßigte sein Erstaunen nur mit Mühe und bestätigte oder dementierte nichts. Dann rief er sofort Friede Springer auf Gut Schierensee an. Er verabredete sich mit ihr für den Flug von Hamburg nach Berlin am nächsten Morgen. Am Vormittag wollten sie sich im Büro des Verlegers mit Cramer und Tamm besprechen.

Friede Springer, Tamm und Cramer berichteten Servatius, was sie bisher hatten in Erfahrung bringen können: Franz und Frieder Burda, die über ihre Holding F & F Burda inzwischen 25,9 Prozent am Springer-Konzern hielten, hatten mit Kirch einen Pool-Vertrag ausgehandelt, in dem beide Seiten ihre Stimmen bündeln wollten. Servatius vermutete, daß mit Friedrich Wilhelm Christians die Deutsche Bank ihre Finger im Spiel hatte. Der Pool-Vertrag lag ihnen noch nicht vor. Den wollte Servatius besorgen. Er würde Christians anrufen, und wenn der keine Einsicht zeigte, das Papier herauszurücken, würde er Alfred Herrhausen einschalten, was auch tatsächlich nötig wurde. Kirch und Burda – auch das wußten Friede, Cramer und Tamm bereits – wollten mit Vollzug des Pool-Vertrages eine außerordentliche Hauptversammlung beantragen. Auf der sollte der Aufsichtsrat abgewählt und neu besetzt werden. Die Vertreter der Springer-Seite, also Friede, Cramer und Servatius, wären in dem neunköpfigen Gremium dann schon in der Minderheit gewesen und hätten kaum noch die Möglichkeit gehabt, sich bei der Neubesetzung des Vorstands einzumischen. De facto hätten sie nichts mehr zu sagen gehabt.»Aber das werde ich nicht zulassen«, rief Friede am Ende dieser ersten Bestandsaufnahme aus.

Die vier diskutierten weiter und versuchten die Motive zu verstehen, die Leo Kirch und die Burda-Brüder zu der»feindlichen Übernahme«bewogen hatten. Was hatte sich verändert, das ihnen entgangen war? Die Antwort auf diese Frage lag im vergangenen Jahr 1987.

Die Burda-Brüder waren wesentlich handlungsfähiger geworden als vorher. Franz, Frieder und Hubert hatten sich nach dem Tod ihres Vaters 1986 zerstritten und sich deshalb schon bald auf eine Realteilung des Erbes geeinigt. Dessen Wert belief sich auf etwa 1,5 Milliarden Mark. Hubert Burda, der jüngste der drei Brüder, schied aus der Burda Verwaltungs KG, der gemeinsamen Familien-Holding aus, in der die Unternehmen und Beteiligungen zusammengefaßt waren. Er sollte fortan an der Spitze des Stammhauses Burda stehen mit Sitz in München und Offenburg. Hubert Burda, damals sechsundvierzig Jahre alt, trat damit das verlegerische Erbe seines Vaters an, übernahm die Zeitschriften und betrieb die Druckereien in Darmstadt, Offenburg und im französischen Mühlhausen weiter. Mit seinem Ausscheiden aus der Familien-Holding gab er auch den Sitz im Springer-Aufsichtsrat ab, den er seit Umwandlung des Verlages zur Publikumsgesellschaft neben seinem Bruder Frieder innehatte. Franz und Frieder firmierten das Unternehmen des Vaters mit Sitz in Baden-Baden in die F & F Burda Gesellschaft für Beteiligungen GmbH & Co KG um. In dieser Gesellschaft wollten sie ihre Beteiligungen an Unternehmen der amerikanischen Druckindustrie, an der deutschen Papierbranche, am österreichischen Presse-Großvertrieb und beim Axel Springer Verlag verwalten. Außer diesem Verlagsanteil hatten sie mit deutschen Medienunternehmen nichts mehr zu tun. Mögliche Ambitionen im Springer-Verlag würden damit nicht mehr umgehend das Bundeskartellamt alarmieren. Die Burda-Brüder konnten sich nun viel aktiver um die Springer-Beteiligung kümmern.

Franz und Frieder hatten sich allerdings noch Mitte 1987 beim Vollzug der Realteilung dazu bekannt, geschlossen mit der Familie Springer die Verlegermehrheit im Sinne Axel Springers zu wahren. Und noch etwas versicherten Franz und Frieder Burda: Die geschäftliche Trennung von ihrem Bruder Hubert, der die Verlage des Vaters weiterführte, sei keinesfalls ein Trick, um sich bei Springer – diesmal mit Zustimmung des Bundeskartellamtes – eine Sperrminorität zu verschaffen. Aktiv würden sie nun ihre Beteiligung am Springer-Verlag wahrnehmen. Gerüchte, sie wollten ihre Springer-Beteiligung verkaufen, bezeichneten sie als falsch. Auch mit dem in Australien geborenen internationalen Großverleger Rupert Murdoch hätten sie nicht über die Veräußerung ihrer Springer-Aktien gesprochen.

Auf der anderen Seite stand Leo Kirch, von dem niemand und schon gar nicht Friede, Cramer oder Servatius genau wußten, wie viele Aktien am Springer-Verlag er wirklich besaß. Zusätzlich zu seinen 10 Prozent könne er über weitere 16 Prozent verfügen, hatte er die Springer-Seite und die Burdas im Frühjahr 1987 wissen lassen. Er hatte damit klar zu verstehen gegeben, daß er wie die Burdas und die Springer-Erben seinen Anteil auf eine Sperrminorität aufstocken wollte. Dazu allerdings benötigte er das Einverständnis des Springer-Aufsichtsrates. Ohne Stimmrechte würde Leo Kirch keinen Einfluß auf den Verlag bekommen. Geschickt versuchte er, die Springer-Seite davon zu überzeugen, ihn weiter in den Verlag hineinzulassen. Er entwickelte eine Vision vom integrierten Medienkonzern, der mit der Vereinigung von gedruckten und bewegten Bildern für die Zukunft gut gerüstet wäre. Kirch wußte, daß er zumindest in Peter Tamm einen Fürsprecher hatte. Peter Tamm, der später zum schärfsten Gegner des Münchner Filmkaufmanns werden sollte, hatte ein Prozent der Springer-Aktien, die er beim Börsengang erhalten hatte, ohne Wissen der Witwe für 16,8 Millionen Mark an Kirch-Strohmänner veräußert. Als Friede ihn später entrüstet zur Rede stellte, hatte er mit hochrotem Kopf zugeben müssen, an wen der Verlagsanteil gelangt war. Tamm glaubte an die Einträglichkeit der Kombination von gedruckten und elektronisch übertragenen Inhalten und schwärmte von einer Partnerschaft mit Kirch. »Einen Partner wie Kirch zu haben ist großartig«, jubelte er Mitte 1987 vor Journalisten und setzte mit dem ihm üblichen Pathos noch eins drauf: »Ohne einen solchen Mann kann kein Privatfernsehsender aufgebaut werden.«

Das ganze Jahr 1987 über verhandelten Springer und Kirch, mal mit Tamm, mal im Beisein von Friede, gegen Ende des Jahres auch in Anwesenheit von Servatius. Friede Springer hegte Sympathie für die Argumentation des Vorstandsvorsitzenden. Außerdem hatte sie die leise Hoffnung, Leo Kirch in die Geschäftspolitik des Springer-Verlages einzubinden. Sie wollte sich nicht streiten, wenn sich die Dinge vernünftig regeln ließen.

Die Burda-Brüder hingegen wußten von den Gesprächen zwischen Kirch und Springer, waren aber nicht einbezogen. Alsbald ließen sie wissen, daß sie eine Anhäufung von Stimmrechten zu einer dritten Sperrminorität nicht dulden würden. Sie verwiesen auf die Worte der Deutschen Bank im Emissionsprospekt: Die Majorität würde mit 51 Prozent in Verlegerhand bleiben.

Auf der Hauptversammlung des Verlages am 6. August 1987 stellte Servatius klar:»Tatsache ist, daß dem Aufsichtsrat zur Zeit Anträge auf Genehmigung von Aktienübertragungen nicht vorliegen.« In der Frage eines stärkeren Engagements von Leo Kirch bei Springer versicherte er: Springer und Burda hätten vereinbart, nach der Hauptversammlung in gemeinsamen Gesprächen die Voraussetzungen und Konsequenzen der von Kirch beabsichtigten Veränderung zu klären und bis zum Jahresende eine Entscheidung zu treffen. Auch Servatius war sich sicher:»Die Zukunft des Hauses liegt im Verbund der gedruckten und elektronischen Medien.«

Doch mit den Gesprächen ging es nicht voran. Kirch hatte inzwischen die Eintragung seiner Aktien, die er zusätzlich zu den ihm übertragenen 10 Prozent gekauft hatte, im Aktionärsbuch verlangt und dazu auch zwei Sitze im Aufsichtsrat gefordert. Verständnis bei der Witwe, Fürsprache durch Tamm, freundschaftliche Bande Cramers nach München – für die Burdas schien es im November 1987 eng zu werden. Zwar las Friede im *Industriemagazin* ein Bekenntnis Frieder Burdas zum Nachlaß des Verlegers und an allererster Stelle zu»Frau Springer«. Doch machte er dem Interview zufolge keinen Hehl daraus, daß ihm die Aufgeschlossenheit der Haupterbin Kirch gegenüber nicht ganz geheuer war. Solange Kirch sich nicht in die Bücher blicken lasse und nicht beweise, daß er die Aktien mit eigenem Geld und nicht auf Pump bezogen habe, würde er ihn nicht weiter in den Verlag hineinlassen. Die Weigerung Kirchs, sich zu offenbaren, so hoffte Frieder Burda, würde auch der Springer-Seite zu denken geben und sie in ihrer Aufgeschlossenheit dem Filmhändler gegenüber etwas bremsen.»Wir wollen ein Unternehmen Springer im Sinne von Axel Springer, kein Kirch-Unternehmen. Und dafür kämpfen wir. Wenn das nicht gelingt, könnten wir zu dem Ergebnis kommen, unser Paket dem Nachlaß anzubieten. Das wäre jedenfalls ein Weg.«

Daß es auch einen anderen Weg gab, verschwieg der im November so beredte Frieder noch. Denn offensichtlich ging es den Offenburger Brüdern weniger darum, Kirchs Einflußnahme im Sinne des toten Axel Springers zu verhindern, als vielmehr, nicht selbst an Einfluß zu verlieren. Das Pochen auf die von Springer institutionalisierte, allzu wackelige Verlegermehrheit geriet wenig später zum Feigenblatt, als die Burda-Brüder eine Kehrtwendung vollzogen und plötzlich versuchten, mit Kirch gemeinsame Sache zu machen. So aufgeschlossen, wie Frieder Burda dachte, war Friede Springer gegenüber den Kirchschen Avancen im November 1987 nicht mehr. Aufgeschreckt durch ein Interview, das der sonst so wenig gesprächige Leo Kirch dem *Spiegel* gegeben hatte, bekam sie plötzlich dessen Machtanspruch zu spüren. Kirch sah sich längst auf der Seite der Sieger und teilte der Verlegerwitwe über das Hamburger Nachrichtenmagazin etwas zu voreilig mit:»Ja, ich möchte das Unternehmen, wenn ich Einfluß bekomme, gemeinsam mit Frau Springer im Sinne von Axel Springer weiterführen.«

Friede Springer war entsetzt. In ihren Verhandlungen mit Kirch ging es doch nicht um eine gemeinsame Führung des Konzerns! Es ging um Kooperation, ein friedliches Miteinander, von dem jeder profitierte. Weiterzuführen war der Verlag zu ihren Bedingungen und nicht zu Kirchs. Da würde sie ungeachtet des Bemühens, sich mit Kirch zu arrangieren, keine Kompromisse machen. Auch Ernst Cramer zeigte öffentlich Befremden über die kräftigen Worte seines fränkischen Freundes.»Ich hätte mich nicht so ausgedrückt, wenn ich Herr Kirch wäre«, ließ er sich vom *Spiegel* im Dezember 1987 zitieren.

Die Lage am Ende des Jahres 1987 war reichlich verworren, die beiden Verleger-Seiten über die Absichten des jeweils anderen nicht im klaren. Kirch blieb bei seinem Anspruch, die Burdas vordergründig bei ihrer Ablehnung. Die Gespräche kamen allesamt zum Stocken, und es wurde still um die Jahreswende 1987/88. Die offensichtlichen Animositäten zwischen Kirch und Burda kamen Friede Springer nicht ungelegen, denn sie stärkten ihre Position. Die beiden anderen Testamentsvollstrecker sahen das ähnlich. In ihrer schlichten Sicht der Lage meinte Friede, es sei an ihr, die Dinge zu entscheiden. Die Presse trug das ihre dazu bei, den Eindruck zu verstärken:»Alle hören auf ihr Kommando«, schrieb das *Industriemagazin* im November 1987. Nicht Vorstandschef Peter Tamm, nicht Aufsichtsratspräsident Bernhard Servatius – die Dame sei Herr im Haus von *Bild* und *Welt* hieß es weiter.»Friede Springer, die Witwe des Zeitungszaren, kann sich aussuchen, welcher Teilhaber künftig mitreden darf: die Brüder Franz und Frieder Burda oder Filmverleiher Leo Kirch?«

Die Verlegerwitwe wiegte sich in Sicherheit, sie kam gar nicht auf den Gedanken, daß sich auch die anderen bemühen würden, das Heft des Handelns in die Hand zu bekommen. Sie ahnte nicht, daß die Sorge der Burdas vor der Undurchsichtigkeit Kirchs und vor dem Verbund von gedruckten und elektronischen Medien so groß nicht war. Friede wartete ab. Servatius trat in dieser heiklen Phase – wie Friede offenbar in völliger Fehleinschätzung der Brisanz der Lage – seine Weltreise an, um für viele Wochen in die Unerreichbarkeit zu entschwinden.

An jenem Montagmorgen, dem 7. März 1988, im Büro des Verlegers wurde Friede Springer manches klar. Und wieder sagte sie den Herren:»Was Kirch und Burda vorhaben, das lasse ich nicht zu!« Springer sollte Springer bleiben. Und wenn ihr Mann dafür nicht mehr kämpfen konnte, dann würde sie es tun müssen. Sie wußte nur nicht wie.

Schon bald befanden sich die vier mitten in einer Diskussion darüber, wie sie gegen»das Syndikat« vorgehen sollten. Servatius sollte erst einmal nach Baden-Baden reisen und die wildgewordenen Verlegersöhne Franz und Frieder domestizieren. Des weiteren beschlossen sie, Ende März alle namhaften Aktienrechtler der Republik ins »Schloßhotel« nach Kronberg im Taunus zu einer Konferenz zu laden, um die juristischen Möglichkeiten einer solchen»feindlichen Übernahme« des Konzerns durch Kirch und Burda auszuloten. Vor allem Servatius war an dem juristischen Beistand gelegen, denn er wußte, was im Falle einer rechtlichen Auseinandersetzung auf ihn zukäme. Er wollte versuchen, möglichst viele seiner Kollegen für die Belange der Springer-Erben zu verpflichten, damit sie die andere Seite nicht mehr beraten konnten, sollte es vor Gericht irgendwann hart auf hart kommen. Den Pool-Vertrag erklärte er noch am selben Tag vorsorglich schon mal für null und nichtig, rasselte mehrere Rechtsgrundlagen dafür herunter: Verstoß gegen das Aktienrecht, Verstoß gegen die Satzung der AG, unerlaubte Handlung, sittenwidrige Schädigung. Der Jurist schoß aus vollen Rohren. Friede beeindruckte das weniger. Auf das Gespräch zwischen Servatius und Frieder Burda würde es ankommen.

Servatius traf Frieder Burda unter vier Augen in Baden-Baden. Die beiden kannten sich seit langem, denn mit der Übernahme der 24,9 Prozent von Axel Springer waren die Burdas 1983 Gesellschafter der Springer-Holding geworden, in der Servatius den Vorsitz hatte. Er hatte viele Gesellschafterbesprechungen geführt und mit den Burdas stets im Einvernehmen gehandelt. Als er in der vornehmen Kurstadt eintraf, wurde er von Frieder Burda fast freundschaftlich empfangen. Mit viel Verständnis hörte sich der Offenburger die Worte des Springer-Abgesandten an:»Das mit Kirch funktioniert nicht«, warnte ihn Servatius und fügte hinzu:»Ihr kriegt einen solchen Ärger. Denn wir werden das nicht hinnehmen, es notfalls streitig durchfechten – bis zur letzten Instanz.« Geschickt schlüpfte er dann für einen kurzen Moment in die Haut seines Gegenüber:»Ich verstehe, daß ihr im letzten Jahr das Vertrauen in die Verlegermehrheit verloren habt«, säuselte er mit Blick auf die Verhandlungen der Springer-Seite mit Leo Kirch.»Wenn das so ist, dann solltet ihr die Aktien zurückgeben.«

Frieder Burda erzählte seinerseits, wie es zu der neuen Allianz gekommen war. Servatius berichtete von der geplanten Konferenz in Kronberg, auf der sich die Juristen für eine mögliche Auseinandersetzung schon einmal warmliefen. Frieder Burda schwieg eine Weile und wog ab. Schließlich sagte er, er wolle seinen Bruder Franz Ende März nach Frankfurt schicken, um sich mit Servatius zu treffen. Verhandlungsziel könnte der Verkauf der Burda-Aktien an den Springer-Nachlaß sein.

In den Zeitungen und Wirtschaftsmagazinen wurde der Machtkampf im Hause Springer zum großen Thema. Daß die Burda-Brüder bereits mit einem kompletten Verkauf ihres Aktienpakets an Springer liebäugelten, wußte die Öffentlichkeit noch nicht.»Der Machtkampf bei Springer ist voll entbrannt«, titelte die *Frankfurter Allgemeine Zeitung.* »Das ›Syndikat‹: Leo und die Brüder«, überschrieb der *Spiegel* einen längeren Artikel. »Das Syndikat enteignet Springer«, formulierte es die etwas behäbigere *Zeit* am 1. April mit einer Anspielung auf die Tumulte, die es schon einmal um das Haus gegeben hatte, als die Generation der Achtundsechziger die Forderung »Enteignet Springer« an Betonwände sprühte.

Frieder Burda hatte Wort gehalten. Tatsächlich erschien sein Bruder Franz Ende März im Kronberger Schloßhotel. Allerdings nicht, um sich von den Aktienrechtlern über deren Exegese der Gesetzestexte belehren zu lassen, die für derartige Machtspiele herangezogen werden könnten. Er kam auch nicht, um sich schon einmal vorab davon zu überzeugen, daß das, was Burda und Kirch im Sinn hatten, so oder so nicht umzusetzen wäre. Er kam, um sich in einem der kleineren Salons des altehrwürdigen Hotels unter vier Augen mit Servatius zu treffen. Lange dauerte die Unterredung nicht, bis sich beide einig waren. Sie wollten über den Rückkauf der Aktien durch die Springer-Erben verhandeln. Dabei lockte das Geld die Brüder ebenso wie die Aussicht, aus dieser unerquicklichen Eigentümerkonstellation bei Springer auszusteigen. Das Treffen der Burdas mit den Vertretern des Springer-Nachlasses sollte, so die Verabredung zwischen Franz Burda und Servatius, am 19. April stattfinden. Verhandlungsort sollte Baden-Baden sein, Verhandlungsziel die Rückgabe der Springer-Aktien an die Springer-Erben.

Die Aufgeschlossenheit von Frieder Burda gegenüber einem Rückkauf der Aktien hatte Friede Springer Auftrieb gegeben. Als Servatius ihr die frohe Kunde nun auch noch von dessen Bruder Franz aus Kronberg überbrachte, schöpfte sie das erstemal seit Ende Februar Hoffnung. Allerdings standen ihr noch gut zwei Wochen quälende Warterei bevor. Sie sprach jeden Abend ein einfaches Kindergebet zum Herrgott, nicht ohne an ihn noch die Bitte abzusenden, daß doch alles wieder in geordnete Bahnen gelangen möge. Nachts plagten sie wirre Träume, in denen Axel vorkam, Servatius und andere, ohne daß die Bilder, die sie sah, einen Sinn ergaben.

Mit aller Kraft kämpfte sie gegen ihre permanente Unsicherheit. Sie wußte nicht, ob sie wirklich über alles informiert war. Sie hatte inzwischen begriffen, daß sie nicht immer im Zentrum des Informationsflusses stand, sondern daß sich ein ganzes Netz feingesponnener Fäden an ihr vorbeibewegte, dessen leises Zittern sie nicht mitbekam. Was hatte Friede Springer über sich und die anderen beiden Testamentsvollstrecker, über die Erben und die »Wahlverwandten« aus Baden-Baden in diesen Wochen nicht alles lesen müssen. Vieles war verkürzt und nicht ganz richtig, manches Zitat von ihr aus zweiter Hand und daher reichlich verdreht. Der ein oder andere Satz über die Motivation der Beteiligten hatte sie erschreckt. Doch konnte sie nicht sagen, was mit Absicht lanciert, was unachtsam dahergesprochen war und was sich die Medien einfach zusammenreimten.

Sie riß sich zusammen und behielt ihre Ängste für sich. Ihrer Familie berichtete sie hin und wieder von einem Problem mit Kirch und Burda, behelligen wollte sie ihre Eltern und Geschwister damit allerdings nicht. Ihre Sorgen machte sie mit sich alleine aus. Auch Cramer und Servatius verschwieg sie, wie nervös sie war. Die zwei verbleibenden Wochen zehrten an ihren Nerven und trafen sie an ihrer empfindlichsten Stelle: ihrer Ungeduld. Schwierigkeiten erledigte sie am liebsten im Handumdrehen – weg vom Tisch, fort aus dem Kopf. Doch genau das war nicht möglich. Sie mußte lernen, mit Schwebezuständen zu leben. Zudem begann sie, unter ihrer Abhängigkeit von anderen zu leiden. Sie mußte sich auf Servatius und dessen Verhandlungsgeschick verlassen und darauf, daß er sich so verhielt, wie sie es ihm gesagt hatte: »Wir müssen die Aktien zurückhaben, Bernhard. Axel würde es nicht anders wollen.«

Mit diesem Auftrag reisten Servatius, Cramer und Peter Tamm am 19. April nach Baden-Baden. Als Testamentsvollstrecker des Verlegers kannten Cramer und Servatius die Vermögensposition der Erben. Sie wußten, was die Erben für ein Viertel des Aktienkapitals zahlen konnten, das Springer 1983 für 250 Millionen Mark verkauft hatte. Friede indes blieb in Berlin, verbrachte den Tag im Büro ihres Mannes, kam kaum dazu, irgend etwas Sinnvolles zu tun. Sie ordnete hier und da ein paar Papiere, stand auf und ging zum Fenster, setzte sich dann wieder auf den Schreibtischstuhl und hatte letztlich nur den erlösenden Anruf im Kopf, daß Springer wieder ihr und der Familie gehören würde.

In Baden-Baden trafen die drei Unterhändler von Friede auf äußerst verhandlungsbereite Brüder. Etliche Juristen waren zugegen, darunter namhafte Aktienrechtler. Die Springer-Seite hatte zudem den Rechtsanwalt und Notar Karlheinz Quack im Schlepptau, die Burdas ihren eigenen Justitiar. Nach einer freundlichen Begrüßung kamen die versammelten zwölf Herren schnell zum Thema. Es ging um den Preis. Die Brüder rechneten den Springer-Abgesandten ihre Preisvorstellungen vor. Sie würden die Aktien zum aktuellen Börsenkurs abgeben und dazu noch einen Paketzuschlag verlangen. Dadurch, so ihre Kalkulation, würden sie deutlich mehr als das Doppelte dessen bekommen, was sie damals für ein Viertel des Springer-Kapitals bezahlt hatten. Ein Aufpreis für ein komplettes Aktienpaket war in Finanz- und Wirtschaftskreisen gang und gäbe. Der Verkäufer ließ es sich vergüten, wenn er mit dem Verkauf seiner Anteile den Käufer in eine strategisch deutlich vorteilhaftere Position brachte.

Servatius hatte damit gerechnet. Trotzdem schüttelte er den Kopf. »Nein!« sagte er dezidiert. »Natürlich ist es legitim, in fünf Jahren an seinen Aktien hundert Prozent zu verdienen«, setzte er mit Blick auf den aktuellen Aktienkurs hinzu, der für 24,9 Prozent genau den doppelten Betrag des damaligen Verkaufspreises ergab. »Eine jährliche Rendite von zwanzig Prozent ist exzellent und auch berechtigt. Aber bitte, einen Paketzuschlag zahlen wir nicht. Nicht einen Pfennig!« Die Burda-Brüder hatten sich die Reaktion des Juristen anders vorgestellt. Sie schauten sich bedeutungsvoll an und verließen den Raum, um sich in Ruhe zu besprechen. Servatius, Cramer, Tamm und Quack warteten, wie sie meinten, unendlich lange. Mit unveränderten Mienen betraten Franz und Frieder Burda unvermittelt wieder den Raum und verkündeten: »Bernhard, wir machen das.«

Am 19. April 1988, einen Tag bevor »das Syndikat« seinen Pool-Vertrag mit der ersten Sitzung vollziehen wollte, unterzeichneten

Franz und Frieder Burda den Kaufvertrag über 884000 Aktien mit den Vertretern der Springer-Erben Bernhard Servatius und Ernst Cramer zum Preis von insgesamt 530662500 Mark. Die Burdas erhielten 530 Millionen, der Rest wurde als Börsenumsatzsteuer an das Finanzamt abgeführt. Die Gesamturkunden, in denen die einzelnen Aktien zusammengefaßt wurden, mußten nur noch indossiert werden, bevor die Testamentsvollstrecker die Urkunden in einem Koffer verstauen konnten. Das Geschäft war perfekt. Immerhin reichte das Vertrauen der Burdas noch dafür, den Testamentsvollstreckern die Urkunden gleich mit auf den Weg zu geben, bevor sie überhaupt einen Pfennig des Kaufpreises erhalten hatten. Servatius schickte den Notar Quack mit den gesammelten Urkunden noch am selben Tag in die Schweiz. Dort sollte er sie hinterlegen, fernab des Zugriffs irgendeines deutschen Gerichtsvollziehers.

Die Herren trennten sich. Jeder hatte noch etwas zu erledigen. Franz und Frieder Burda informierten ihren jüngeren Bruder Hubert über den gerade abgeschlossenen Verkauf des Springer-Pakets. Voller Entsetzen reklamierte der sofort ein Vorkaufsrecht für sich und stellte seinen Brüdern ein Ultimatum, den Verkauf binnen vierundzwanzig Stunden wieder rückgängig zu machen. Als dies nicht geschah, begab er sich mit einer Klage am Offenburger Amtsgericht auf den mühsamen Rechtsweg, der ihn nach Jahren in letzter Instanz schließlich scheitern ließ.

Servatius und Cramer meldeten sich am späten Nachmittag bei Friede in Berlin. Endlich. Eine Ewigkeit, so schien es ihr, hatte sie gewartet, bis der erlösende Anruf kam. »Friede, wir haben es geschafft. Wir haben die Aktien zurückgekauft«, informierte sie Servatius. »Sie sind mit Quack schon auf dem Weg nach Zürich.« Friede konnte es nicht glauben, fragte mehrmals und natürlich auch nach dem Preis. Sie wußte, was auf sie und die anderen vier Erben zukam. Fair seien die Burdas gewesen, ausgesprochen fair, erklärte ihr Servatius. Mit Rücksicht auf die Bande zwischen den Häusern Burda und Springer hätten sie auf einen Paketzuschlag verzichtet und ihnen zudem die Aktien »in corpore« gleich mitgegeben. »Mehr können wir nicht verlangen«, schloß Servatius seinen Bericht in dem sicheren Glauben, daß er hiermit bereinigt hatte, was andere versäumt hatten. Genialer Anwalt, exzellenter Verhandler, einfühlsamer Psychologe und mit alldem unverzichtbar – Servatius buchte den Erwerb der Aktienmehrheit auf sein Erfolgskonto. Friede war das egal. Wichtiger war für sie, daß Servatius Wort gehalten hatte. Zwar verhandelte er auf fremde, nicht auf eigene Rechnung, aber er hatte es zu Ende gebracht in ihrem und der anderen Erben Sinne. Sie hatte sich auf ihn verlassen können.

530 Millionen Mark – für Friede war die schiere Summe schon beängstigend. Kaum war ihre Erleichterung über den Rückkauf der Aktienmehrheit abgeklungen, mehrten sich Zweifel. Ob das die richtige Entscheidung war? Es war nicht gerade viel Zeit für strategische Überlegungen gewesen. Sie hatte aus Angst zurückgekauft, fast in Panik davor, daß das Lebenswerk ihres Mannes unter den Händen von Burda und Kirch zerfallen würde. Von den Burdas war sie enttäuscht. Die hatten nur ihre eigene Position und nicht das verlegerische Erbe Springers im Sinn. Und Kirch? Axel hatte recht behalten: ein Haifisch – gib ihm die Finger, und er reißt dir die Hand ab. Ein Hasardeur dazu, wer weiß denn, wie er den Ankauf immer neuer Springer-Aktien finanziert hatte? In einer Hinsicht aber war sie sich sicher: Den Einfluß auf das Lebenswerk ihres Mannes würde sie sich nicht mehr nehmen lassen.

Während Friede im Büro ihres Mannes saß, erledigten Servatius und Cramer die letzten Formalien, die noch blieben, um den juristischen Anforderungen der Transaktion Genüge zu tun und sie unanfechtbar zu machen. Zunächst mußte die Gesellschaft für Publizistik, die die Aktienanteile hielt, den Beschluß der Übernahme der Burda-Anteile fassen. Bei diesem Beschluß mußte Friede Springer mitwirken. Das war mit dem Anruf bei Friede bereits erledigt. Des weiteren mußte Servatius als Aufsichtsratsvorsitzender des Konzerns einen Beschluß des Gremiums herbeiführen, denn nur mit Zustimmung des Aufsichtsrats waren die Aktien übertragbar. Zwar genügte die einfache Mehrheit, die die Vertreter von Springer gemeinsam mit den Burdas hatten. Trotzdem war es die Pflicht des Anwalts, alle Mitglieder anzurufen.

Friedrich Wilhelm Christians war bei den Verhandlungen der Burdas mit dem Springer-Nachlaß außen vor geblieben. Als ihn Servatius von der neuen Wendung im Spiel um die Macht bei Springer telefonisch in Kenntnis setzte und seine Zustimmung für das soeben geschlossene Geschäft einholen wollte, reagierte der beherrschte Banker kaum. Christians schwieg lange. Dann sagte er mit unbewegter Stimme ja und stimmte damit der Aktienübertragung zu. Für den Banker mit der unglücklichen Hand hatte das Ganze noch ein Nachspiel. Servatius und Tamm hatten beschlossen, Christians in seinem Büro in Düsseldorf aufzusuchen und ob seiner unseligen Rolle in dem Geschachere zur Rede zu stellen. Als sie an einem Samstagvormittag mit ihm beim Frühstück saßen, legten sie ihm nahe, als Konsequenz aus dem gescheiterten Versuch der unfreundlichen Übernahme sein Aufsichtsratsmandat niederzulegen. Für die Springer-Erben war der Banker nicht länger tragbar. Springer hatte die Mehrheit, was also blieb ihm anderes übrig? Er mußte nolens volens Einsicht zeigen, hatte das Vertrauen vollkommen verspielt und willigte ein. Vorher aber, so seine Bitte, wollte er noch einmal mit Friede Springer sprechen. Das Gespräch fand statt. Der Banker hatte verloren. Er mußte gehen. Ohnehin wollte er in diesem Jahr mit seinem Ausscheiden als Vorstandssprecher der Deutschen Bank einige Aufsichtsratsmandate niederlegen. Nun gehörte das Mandat beim Springer-Verlag dazu.

Frieder Burda fiel die Aufgabe zu, mit Kirch zu sprechen. Er tat dies am Morgen des 20. April. So mußte der verblüffte Kirch erfahren, daß es einen Pool seit dem Vortag nicht mehr gab und damit auch keine Pool-Sitzung, keine außerordentliche Hauptversammlung und keine Neubesetzung von Aufsichtsrat und Vorstand. Kirch begriff sofort, daß er verloren hatte. Ein so langes Schweigen am Telefon habe er noch nie gehört, berichtete Frieder Burda später Servatius, den dieses ungewollte Paradoxon derart amüsierte, daß er sich bis heute daran erinnert.

Die Zeitungen und Magazine, die durch eine gemeinsame Erklärung der F & F Burda Gesellschaft für Beteiligungen und der Axel Springer Gesellschaft für Publizistik von dem Coup der Springer-Erben erfuhren, beschäftigten sich noch Tage danach mit dem Thema und ergingen sich in Analysen über den möglichen Hergang der Dinge. Immer verworrener erschienen im nachhinein die Windungen dieses Machtkampfs. Vor allem aber wurde öffentlich nachgekartet. Aus dem Umfeld von Kirch war zu hören, den Brüdern sei es von vornherein einzig darum gegangen, Kasse zu machen. Sie hätten durch die Pool-Bildung mit Kirch den Preis nur in die Höhe treiben wollen. Gelästert wurde zudem über die Berater von Leo Kirch, den Bremer Anwalt Joachim Theye und Gerd Bacher, den mehrmaligen Chef des Österreichischen Rundfunks, der sich danach als medienpolitischer Berater von Kirch und auch von Bundeskanzler Helmut Kohl verdingte. Sie hätten versagt in dem bis dahin wichtigsten Vorhaben des Münchner Filmkaufmanns und seien für dessen Niederlage verantwortlich. Schlecht weg kam auch die Deutsche Bank. Die 1985 von Springer bei ihr in Auftrag gegebene Konzeption zur Sicherung der Unabhängigkeit des Verlages habe sich bereits nach zwei Jahren als Flop entpuppt. Schlecht beraten und am Ende von der Bank verkauft worden seien zunächst der Verleger und dann auch noch die Erben.

Wie auch immer die Dinge lagen – für Friede spielte das alles keine Rolle mehr. Sie ließ Servatius seinen Stolz. Er hatte geschickt verhandelt und verbuchte den Sieg für sich. Auch Cramer war erleichtert. Friedes Entschlußkraft, sich die Herrschaft über den Verlag nicht nehmen zu lassen, hatte seiner Meinung nach den Ausschlag gegeben. »Gegen den Willen von Friede hätte die Testamentsvollstreckung niemals 530 Millionen Mark in den Rückkauf der Aktien investiert«, sagt er. Friede Springer war die Siegerin der ersten großen Schlacht um das Erbe Axel Springers. Noch größer aber war der Sieg über sich selbst, über ihre Zweifel, ihre Ungeduld und ihre Angst. Von nun an würde sie sich mehr als je zuvor nur auf sich selbst verlassen. Ihre Berater, ihre echten und falschen Freunde und ihre Feinde hatten einen ersten Vorgeschmack davon bekommen, wie groß das Durchsetzungsvermögen der unscheinbaren Witwe war, die nur wenig von sich gab und stets so unbeteiligt wirkte. Mit Friede Springer würden sie rechnen müssen.

12. KAPITEL

Leo Kirch – Bedrohung aus dem Süden

Die Einsicht kam zu spät. Viele Monate nach dem ersten Versuch Leo Kirchs, sich über eine Allianz mit den Burda-Brüdern in den Springer-Konzern hineinzudrängen, trafen sich zwei Herren eher zufällig, und es kam zu einem denkwürdigen Wortwechsel. Unvermittelt begannen sie über Patmos zu sprechen und bald schon über jenen späten Vormittag des 17. Juni 1985, als Axel Springer endgültig in den Börsengang seines Konzerns eingewilligt hatte.

»Wir haben Kirch damals wohl alle falsch eingeschätzt«, sagte der eine, ein enger Vertrauter des bereits verstorbenen Verlegers und gleichermaßen Fürsprecher von Kirch.

Der Banker gab ihm recht. »Ja. Wir hätten besser aufpassen müssen. Wir hätten Kirch von Anfang an zu einer eidesstattlichen Erklärung verpflichten sollen, daß er auf den Kauf weiterer Springer-Aktien über Treuhänder und Strohmänner verzichtet.«

Der andere zuckte mit den Schultern: »Wer weiß, ob er nicht auch dann einen Weg gefunden hätte, sich darüber hinwegzusetzen.«

Als die Herren wieder auseinandergingen, wußten sie nicht, was sie von Kirch noch zu erwarten hatten. Keiner von ihnen ahnte, daß der Münchner Medienunternehmer für Friede Springer der größte und gefährlichste Gegenspieler werden würde und vor allem der, den sie in seiner Unberechenbarkeit am meisten fürchtete.

Über viele Jahre stockte Leo Kirch seinen ursprünglichen Anteil von 10 Prozent am Springer-Konzern bis auf 40 Prozent auf, unabhängig davon, ob er mit den Aktien auch Stimmrechte geltend machen konnte. Er kaufte, was er kriegen konnte. Die Macht des Springer-Konzerns über die öffentliche Meinung und die Geschäftschancen einer Verbindung von Fernsehen und Zeitung schienen ihn zu faszinieren.

Als Kirch sich nach dem Tod Axel Springers Mitte der achtziger Jahre daranmachte, seinen Einfluß auf das größte Zeitungshaus des Kontinents beständig auszudehnen, um es eines Tages zu beherrschen, war er aus der deutschen Fernsehlandschaft mit den beiden öffentlich-rechtlichen Sendern und dem noch jungen Privatfernsehen nicht mehr wegzudenken. »Ohne Kirch kann keiner«, titelte *Die Zeit* bereits im Jahr 1976, als Kirch der Öffentlichkeit noch fast unbekannt war, aber die öffentlich-rechtlichen Fernsehanstalten schon kräftig mit ausländischen Spielfilmen versorgte. »Der Mogul zeigt die Macht«, hieß es in der gleichen Zeitung fast zwanzig Jahre später, als das linksliberale Hamburger Blatt auch schon den Springer-Konzern ganz im Griff des gebürtigen Franken wähnte.

Leo Kirch erblickte am 21. Oktober 1926 in einem Würzburger Krankenhaus das Licht der Welt. Er war das erste Kind von Robert Kirch, einem gelernten Schlosser- und Elektromeister aus dem kleinen Dörfchen Fahr, unweit von Volkach in Franken direkt am Main gelegen. Schon in der Volksschule war er eine Ausnahmeerscheinung. Abitur solle er machen, empfahl sein Lehrer den Eltern. Sie schickten den ältesten ihrer drei Söhne daraufhin nach Würzburg, wo er die Woche über bei einer Gastfamilie unterkam. 1943 brach er die Schule ab, wurde als Luftwaffenhelfer eingezogen und lebte mit seinen Klassenkameraden in Militärbaracken. Das Kriegsende erlebte er bei der Marine, bevor er in seine Heimat zurückkehrte.

Nach dem Abitur begann er mit einem Physikstudium an der Universität Würzburg, wechselte dann aber die Hochschule und auch das Fach und schrieb sich in Nürnberg für Wirtschaftswissenschaften und Mathematik ein. Das Studium erledigte Kirch mit wenig Aufwand, ebenso wie die Promotion. Zwar benötigte er für seine empirischen Untersuchungen über den »Einfluß des Raumes auf die Reichweite des Verkehrs« ein wenig Zeit. Doch war die Arbeit für ihn längst zur Nebenbeschäftigung geworden.

Grundstein für Kirchs rasanten Aufstieg war eine gleichermaßen geniale wie simple Geschäftsidee. Der Franke und sein Freund und Geschäftspartner aus den Anfangsjahren, Hans Andresen, erkannten als erste, daß das noch in den Kinderschuhen steckende deutsche Fernsehen auf Dauer mit Inhalten versorgt werden mußte. Die Anstalten – 1953 hatte die ARD den Sendebetrieb aufgenommen, das ZDF eine Dekade später – würden langfristig nicht in der Lage sein, die gesamte Sendezeit mit Eigenproduktionen zu bestücken, war die Überlegung der beiden Volkswirte. Die Sender brauchten Stoff. Und den wollten sie liefern. Sie profitierten zudem davon, daß die Kinobesitzer keinerlei Interesse zeigten, dem konkurrierenden Fernsehen unter die Arme zu greifen und ihm die Zweitverwertung der Streifen zu ermöglichen. Die Menschen sollten schließlich weiterhin ins Kino gehen und nicht zu Hause vor den schwarzweißen Flimmerkisten in ihren Sesseln sitzen bleiben. 1955 erwarben Kirch und Andresen über ihre Firma, die Sirius-Film GmbH, die Rechte an dem italienischen Streifen »Amici per la pelle«, der in Deutschland unter dem Titel »Freunde fürs Leben« gezeigt wurde. Wenig später kauften sie »La strada«, der von dem damals noch jungen und unbekannten Regisseur Federico Fellini stammte. Das Geld für den Einkauf, angeblich eine Summe von rund 25000 Mark, hatte sich Kirch von seiner Ehefrau Ruth geliehen. Als der Streifen in Hollywood den Oscar für den besten ausländischen Film erhielt, erwachte auch in Deutschland das Interesse, die italienische Produktion zu zeigen. Und Kirch und Andresen verdienten ihre erste Millionen.

Fortan kaufte der Franke, der sich in München niedergelassen und in der Pacellistraße ein Büro bezogen hatte, Filme in der ganzen Welt. Die erste größere Investition wagte er mit dem Erwerb von rund vierhundert Filmen bei den Hollywood-Studios United Artists/Warner Brothers. 6 Millionen Mark kostete das Paket, erheblich mehr, als Kirch besaß. Er investierte auf Pump – zum zweitenmal. Und er gewann. Seine Rechnung ging auf. Die Allgemeinen Deutschen Rundfunkanstalten mußten feststellen, daß sie es sich nicht leisten konnten, ihre Sendezeit nur mit Eigenproduktionen zu füllen. Sie brauchten die

Waren des geschäftstüchtigen Franken, der sich längst als Zwischenhändler etabliert hatte. Als 1963 das Zweite Deutsche Fernsehen auf Sendung ging, hatte Kirch einen weiteren Kunden. Die neue Rundfunkanstalt, von Beginn an viel kleiner als die ARD und finanziell nicht auf so großen Füßen, kaufte bei Kirch die Filme im Paket, gute und schlechte, Hauptsache Ware, die auszustrahlen war. Mit seiner zunehmenden Bedeutung stiegen auch die Preise für seine Filme, über deren Abnahme er mit ARD und ZDF Rahmenverträge abschloß. Doch nicht nur mit der Ware selbst handelte Kirch, sondern von Mitte der sechziger Jahre an auch mit Lizenzen. Er verschaffte sich die Rechte an amerikanischen Streifen und Serien bereits zu Produktionsbeginn. In seinem Bestreben, seine Monopolstellung auf dem deutschen Markt auszubauen, lieferte er auch die Synchronisation und gründete später sogar eine eigene Produktionsgesellschaft, mit der er sich an der Herstellung von Filmen beteiligte.

Sehr viel von dem, was in den sechziger und siebziger Jahren im deutschen Fernsehen an Unterhaltung zu sehen war, kam aus den Händen des geschäftstüchtigen Zwischenhändlers. »Die Straßen von San Francisco« ebenso wie »Daktari«, »Ben Hur« und »Quo Vadis?«. »High Noon« war ebenfalls darunter und Ingmar Bergmans »Szenen einer Ehe«. Fünfstellig sei die Zahl seiner Titel, an denen er die Rechte besäße, ließ er die staunende Öffentlichkeit erstmals wissen. Fast ein Jahrzehnt würde man ununterbrochen vor dem Fernseher sitzen müssen, um das ganze Material zu sichten.

»Ohne Kirch kann keiner« – Mitte der siebziger Jahre verfügte Kirch bereits über vier Hauptfirmen, um die sich eine nicht bekannte Zahl von Unterfirmen rankte. Von Kirch selbst war über sein Unternehmen keine Auskunft zu bekommen. Auch nicht über Umsatz, schon gar nicht über die Einträglichkeit des Geschäfts. Kirch trat nicht öffentlich auf, hatte kein Interesse daran, für sein Unternehmertum und seinen Mut zum Risiko bewundert zu werden – im Gegenteil. Er setzte alles daran, daß seine Größe und Bedeutung für das deutsche Fernsehen verborgen blieben, denn erst dadurch konnte er richtig Geld verdienen und seine Monopolgewinne einstreichen.

Kirch behielt bis Mitte der achtziger Jahre die Kontrolle über das Geschäft mit den amerikanischen Lizenzen. Erst langsam faßte dort die ARD Fuß, ohne auf die Dienste des Vermittlers angewiesen zu sein.

Den Quantensprung vom Handelsgeschäft mit Filmen und Filmrechten und einigen vorgelagerten Produktionsgesellschaften hin zum integrierten Medienkonzern schaffte Kirch in den achtziger Jahren. Die Öffnung des Fernsehmarktes für Private war seine Chance. Beim »medienpolitischen Urknall«, dem Pilotprojekt von Ludwigshafen, war Kirch als Gesellschafter der PKS, der Programmgesellschaft für Kabel- und Satellitenfunk, mit von der Partie, als am 1. Januar 1984 das erste private Fernsehprogramm in Deutschland ausgestrahlt wurde. Nun deckte Kirch alles ab, die gesamte Verwertungskette, die der eigentliche Stoff zu durchlaufen hatte, um beim Zuschauer anzukommen: Kirch lieferte die Produktion, den Vertrieb, verkaufte die Senderechte, kontrollierte Verleih, Video und Merchandising und schließlich die Ausstrahlung. Aus der PKS wurde Sat.1 mit einem ganzen Sammelsurium an weiteren Sendern, auf denen Kirch das abspielen konnte, was ihn reich gemacht hatte: seine eingekauften Filme. ProSieben, Kabel 1, N 24, das Deutsche Sportfernsehen. Kirch witterte ein großartiges Geschäft. Die Werbeeinnahmen wurden jährlich auf mehrere Milliarden Mark geschätzt. Hinter all diesen Kanälen stand Kirch und zog die Strippen. Nur bei RTL blieb er außen vor. Sein Finanzierungsmodell, das sich in den ersten Geschäften als so erfolgreich entpuppt hatte, behielt er bei. Er lieh sich Geld, permanent, von vielen namhaften Banken in Deutschland. Dann kaufte er, investierte und brauchte alsbald noch mehr Geld. Immer höher wuchsen die Schuldenberge, weil seine Geschäfte immer größer und damit auch riskanter wurden. Die Banken ließ er über die Gesamtverschuldung seines Firmenimperiums im unklaren. Sie fragten nicht lange, sondern finanzierten ihn weiter. Auch die Banker waren der Faszination der Erfolgsgesichte des Handwerkersohns aus Franken und seinem Charisma erlegen.

Für die Öffentlichkeit blieb Kirch ein Unbekannter. Undurchsichtig blieben seine Geschäfte, sein Imperium wuchs sich zur Krake aus, mit immer wieder neuen Armen. Kirch hatte, als Friede Springer ihn 1987 kennenlernte, kein gutes Image. Trotzdem tat er sich leicht, exzellente Mitarbeiter für sich zu gewinnen. Die waren, einmal zu ihm vorgelassen, schnell von ihm eingenommen. Sein sanfter Umgang überraschte, seine Entschlußkraft überzeugte sie. Das Vertrauen, das er seinen engsten Beratern schenkte, adelte sie. Sie waren ihm zu Diensten. Kirch glich Springer in einer Hinsicht: Er war in der persönlichen Begegnung so ganz anders als das Bild, das sich die Menschen von ihm machten. Viel wußte Friede Springer in den achtziger Jahren noch nicht von Leo Kirch. Sie kannte kaum mehr als das, was die Branche kolportierte und was man in den Gazetten las. Sie hatte sich darüber hinaus die Worte von Franz Josef Strauß gemerkt und war von der tiefen Abneigung ihres Mannes gegen Kirch geprägt, der den Filmhändler in seinem Konzern nicht haben wollte. Leo Kirch war ihr nicht geheuer. Sie spürte schnell, daß sie ihm nicht gewachsen sein würde.

Richtig Angst vor Kirch bekam sie 1988, als er sich mit den Burda-Brüdern zusammenschloß, um ihr und den anderen Testamentsvollstreckern die Macht über den Konzern zu nehmen und sie aus dem Verlag hinauszudrängen. So blieb ihre Furcht vor dem Franken auch dann noch, als der Nachlaß mit einer hauchdünnen Aktienmehrheit von 50 Prozent und einer Aktie in dem Zeitungskonzern längst wieder das Sagen hatte. Sie sorgte sich vor seinem Machtwillen, vor ungeahnten Volten, die er vollzog, vor seiner Unberechenbarkeit, mit der er die Seite wechselte. Sie fürchtete seine undurchschaubaren Geschäftspraktiken und seine Fähigkeit, sich immer wieder aufs neue Geld zu beschaffen, um handlungsfähig zu bleiben. Sie wußte, daß sie seiner Skrupellosigkeit im Geschäftsleben nicht gewachsen war. Mal war er freundlich, dann wieder barsch. Auf seine Liebenswürdigkeit, das merkte sie, ließen sich die Leute, die sie umgaben, ebenso schnell ein wie auf seinen scharfen Verstand, der sich in treffenden Argumenten zeigte. Seine Mitarbeiter dienten ihm treu. Es gelang ihm, ihnen immer wieder das Gefühl zu vermitteln, sie gehörten alle zur Familie. Auf Kirch ließen sie nichts kommen. Die schweren Fehler, die er am Ende beging und die zu seinem Untergang führten, wurden seinen Beratern zugeschrieben und nicht ihm selbst.

Friede machte sich häufig genug Gedanken darüber, wer von denen, die sie brauchte, Kirchs Charme und seiner Siegessicherheit erliegen und auf seine Seite wechseln würde. Sie vermutete, daß er nicht nur über seine Aktienanteile und damit über die Hauptversammlung und den Aufsichtsrat auf regulärem Weg versuchte, Einfluß auf die Verlagsgeschäfte zu nehmen, sondern daß er im Hintergrund beste Drähte in den Vorstand des Verlages hatte. Sie war sich sicher, daß er diese Kanäle nutzte, um seinem Machtanspruch zu festigen. Immerhin hatte Leo Kirch Peter Tamm und Günter Prinz, die beiden langjährigen Weggefährten Springers, dazu gebracht, ihren Anteil am Konzern zu verkaufen. Nie hätte sie für möglich gehalten, daß die beiden, die dem Verleger schon so lange verbunden waren, sich umgehend von ihren Verlagsanteilen trennen würden und daß ausgerechnet Leo Kirch der Käufer wäre. Sie war schockiert, ihr Vertrauen in die Loyalität von Vorstandsmitgliedern über viele Jahre erschüttert. Kirch köderte die Leute mit Geld. Wenn es sein mußte, war er bereit, viel zu zahlen. »Alle sind käuflich, es ist nur eine Frage des Preises«, soll er Peter Tamm einmal erklärt haben, als die beiden noch miteinander sprachen. Und der hatte gekontert: »Das gilt für fünfundneunzig Prozent. Die restlichen fünf Prozent werden Ihr Schicksal sein.«

Friede Springer lernte mit der Zeit, daß Kirch auch unter Politikern Freunde hatte und diese wiederum unter den Chefredakteuren des Springer-Verlages. Sie begriff, daß ihr wachsendes Mißtrauen ihr bester Begleiter war. Sie durfte sich auf das Wort Kirchs nicht verlassen und nicht seiner charmanten Art erliegen. Sie durfte sich auch nicht zu sehr in die Hände des versierten Juristen Servatius begeben, den sie zusammen mit dem Verlag von Springer geerbt hatte. Denn der hatte über die Jahre, als Leo Kirch schon längst im Aufsichtsrat des Verlages Platz genommen hatte, oft versucht, sich in letzter Minute auf die Seite des vermeintlich Stärkeren zu schlagen. »Bernhard, ich will ein Ja oder Nein. Auf welcher Seite stehst du?« Nicht nur einmal stellte sie ihn vor den versammelten Aufsichtsräten und damit auch vor Leo Kirch zur Rede. Friede wußte um die freundschaftlichen Bande, die Ernst Cramer mit dem Münchner Medienunternehmer unterhielt. Auch das war ihr nicht geheuer. Nie hätte Cramer mit Kirch gemeinsame Sache gegen sie gemacht. Aber hatte er sich nicht das eine oder andere Mal in Kirch verschätzt?

Die Verlegerwitwe verfolgte argwöhnisch jeden Schritt und jede noch so unbedeutende Bemerkung der schnell wechselnden Vorstandsvorsitzenden des Verlages. Sie speicherte alles, was ihr zugetragen wurde, und wußte wiederum, daß auch derlei Zutragungen von niederen Motiven nicht frei waren. Friede Springer fühlte sich als Ball in einem Spiel, das keine Regeln hatte außer dem Recht des Skrupelloseren. Jahrelang fragte sie sich immer wieder, von welcher Seite der nächste Angriff Leo Kirchs wohl kommen mochte. Noch zwei Jahre nach dem Tod ihres Mannes war ihr Kirch ein Unbekannter geblieben. Dann nahm sie mit ihm Kontakt auf, um die Möglichkeiten einer Kooperation zu prüfen. Es muß doch einen Weg geben, dachte sie sich immer wieder, wenn man nur vernünftig mit ihm redete. So einfach aber war das nicht. Kooperation hatte für Kirch mit Kompromissen wenig zu tun. Kooperation funktionierte mit ihm nur, wenn er das Sagen hatte. Das gleiche aber galt für Friede, in deren Vorstellung eine harmonische Zusammenarbeit durchaus erstrebenswert war – allerdings zu den Bedingungen, die sie diktierte.

Kirch blieb Friede Springer unverständlich, zumindest bis in die neunziger Jahre hinein, in denen sie ihn regelmäßig traf. Erst 1993 gelang es ihm, ein Mandat im Springer-Aufsichtsrat zu ergattern und sich an ihre Seite zu setzen. Sie bemühte sich zwar, den Gesprächsfaden zu ihm nicht abreißen zu lassen, doch fiel ihr das schwer. Sein vermeintlich großes Charisma, mit dem er ähnlich wie ihr verstorbener Ehemann jedermann auf seine Seite zog, beeindruckte sie nicht. Lange schon hielt er sich mit seinen Interessen nicht mehr zurück. Immer wieder versuchte er, sie zum Verkauf ihrer Anteile an ihn zu überreden. Seine Worte klingen ihr heute noch im Ohr: »Ach, liebe

Frau Springer, geben Sie mir doch noch ein paar Prozentchen. Ich zahle Ihnen dafür ein Vermögen.« Und immer wieder entgegnete sie in der gleichen süßlichen Art: »Ach, lieber Herr Kirch, was soll ich denn mit dem ganzen Geld, das Sie ja überhaupt nicht haben.«

Über die Jahre reifte ihre Angst vor Kirch zum festen Willen, ihn loszuwerden. Die Macht ließ sich nicht teilen. Das sah sie nicht anders als Kirch. Ihre Macht über das Verlagshaus wollte sie sich nicht nehmen lassen. Sie hatte für eine Zukunft des Verlages zu sorgen, von der sie meinte, daß sie in Axel Springers Sinne gewesen wäre. Niemand kannte ihn besser als sie, die zwanzig Jahre lang nur sein und nicht ihr Leben gelebt hatte. Kirch mußte ihrer Meinung nach weg, sonst hätte der Verlag keine Zukunft, würde sich nicht entfalten, sondern durch die fortdauernden Scharmützel und das Gezerre um die Herrschaft weiterhin gelähmt. Friede Springer würde alles daransetzen, Kirch zu bekämpfen, sie würde auf ihre Chance warten und ihn irgendwann aus dem Verlagshaus drängen. Aber das sollte fast zwei Jahrzehnte dauern.

13. KAPITEL

Unter Feinden

Ruhe wollte sich nicht einstellen. Dabei hatte Friede Springer ihre erste große Schlacht geschlagen und gewonnen. Zusammen mit den anderen Springer-Erben hielt sie wieder die Mehrheit am Verlag, wenn diese auch mit 50 Prozent und einer Aktie hauchdünn war. »Das Syndikat«, den geplanten Zusammenschluß von Burda und Kirch, hatte sie im Frühjahr 1988 verhindert. Und auch an der Verlagsspitze hatten sich die Wogen längst geglättet. Zwischen dem Vorstandsvorsitzenden Peter Tamm und seinem Stellvertreter Günter Prinz war 1987 ein fast grotesker Machtkampf entbrannt, den sie zunächst mit einiger Verwunderung und dann mit Sorge beobachtet hatte. Das Tandem hatte anfänglich einen stabilen Eindruck gemacht: Tamm war für das Kaufmännische zuständig, Prinz war oberster Journalist des Hauses, erfolgsverwöhnt und selbstsicher. Beide hatten je ein Prozent am Springer-Verlag gehalten und es kurz nach Springers Tod einträchtig an Kirchs Strohmänner versilbert.

Für Friede vollkommen unverständlich, hatten sich Tamm und Prinz nach fast zwei Jahren friedlicher Koexistenz im Vorstand Anfang 1987 über die Vormachtstellung im Verlag überworfen. Die Auseinandersetzung nahm arabeske Formen an, und Friede Springer schüttelte den Kopf. Viele Minuten verbrachten die beiden Herren zu Beginn einer Aufsichtsratssitzung vor der Tür der Bibliothek im Springer-Hochhaus, wo der versammelte Aufsichtsrat auf sie wartete. Einige Aufsichtsratsmitglieder konnten sich des Eindrucks nicht erwehren, daß es den beiden vor allem darum ging, wer als letzter den Raum betrat. Sie hätten auf den Gängen vor dem Bibliothekseingang ihre Runden gedreht, denn es sei klar gewesen: Wer als letzter käme, wäre wichtiger. Tamm und Prinz hatten beide die Möglichkeit, nach Ablauf der Hälfte ihrer Amtszeit von ihrem Posten zurückzutreten – wie bei Springer allgemein üblich, ohne materiellen Verlust. Ein namhafter Jurist hatte die lukrativen Verträge gemacht, in denen festgelegt worden war, daß dem Vorstandsvorsitzenden oder seinem Stellvertreter im Falle einer Kündigung zur Halbzeit die verbleibenden zweieinhalb Jahre des Arbeitsvertrages ausbezahlt würden. Die Wellen schlugen hoch, der Aufsichtsrat empfahl eine Verständigung der beiden, die nicht zustande kam. Tamm wähnte sich der Unterstützung von Friede Springer und den Testamentsvollstreckern sicher und wußte zu der Zeit auch noch Kirch auf seiner Seite, während Prinz von den Burdas favorisiert wurde. Tamm saß den Konflikt einfach aus, Prinz gab auf und machte von seinem Kündigungsrecht Gebrauch. Er verließ den Konzern im Mai 1987 – um fast 17 Millionen Mark reicher – und trat Anfang 1988 in die Dienste von Hubert Burda.

Harmonie unter den Vorstandsmitgliedern, Harmonie und Kooperationsbereitschaft unter den Großaktionären des Verlags, Harmonie in der Springer-Familie, Frieden unter den Testamentsvollstreckern – so sah die Traumwelt für Friede Springer aus. Doch merkte sie Ende der achtziger Jahre schnell, daß dies ein Traum bleiben würde. Leo Kirch gab sich noch lange nicht geschlagen. Zwar hatte er im April 1988 den kürzeren gezogen, doch verlor er sein Ziel nicht aus den Augen. Er wollte mehr Einfluß bei Springer. Schon Ende 1988 drohte er aufs neue, direkt und indirekt mehr als 25 Prozent am Springer-Kapital zu kontrollieren. Um mit seinen Worten mehr Wirkung zu erzielen, hatte er die Aufstockung seines ursprünglichen Anteils von 10 Prozent um weitere 15 schon einmal dem Bundeskartellamt angezeigt. Der Springer-Verlag fuhr daraufhin schweres Geschütz auf: 10 Prozent und keine Aktie mehr besitze Leo Kirch, so, wie es im Aktienbuch eingetragen sei. Die Aktien des Verlages seien vinkuliert, der Aufsichtsrat habe für den weiteren Erwerb keine Zustimmung erteilt, über 10 Prozent hinaus könne Kirch daher keine Stimmrechte geltend machen. »Jede Umgehung durch Strohmänner ist rechtswidrig. Dies weiß die Kirch-Gruppe genau«, ließ der Verlag Leo Kirch wissen. Kirch allerdings blieb unnachgiebig. Wann er die Eintragung seiner weiteren Aktien im Aktienbuch beantragen wolle, sei noch nicht entschieden. Sicher sei nur, daß er eine Sperrminorität an Springer-Aktienkapital hielte.

Derweil vollzog sich vor dem Landgericht München I bereits ein anderes Schauspiel, eine fast lächerliche Auseinandersetzung im Vergleich zu dem, was Friede Springer an Gefechten mit Leo Kirch noch bevorstand. Axel Springer, so behauptete ein früherer Geschäftsführer des Verlages in einer Fachzeitschrift, habe Leo Kirch 1980 als einen Kriminellen bezeichnet. Der Verleger habe damit seiner Wut darüber, von Kirch bei einem Filmhandelsgeschäft in den siebziger Jahren geprellt worden zu sein, Luft gemacht. Kirch wiederum kam diese Veröffentlichung alles andere als gelegen, versuchte er doch gerade, seine Machtposition in dem Zeitungshaus auszubauen. Er klagte auf Unterlassung. Der Richter ordnete eine Beweisaufnahme an. Zeugen wurden geladen, darunter Bernhard Servatius, der den Ausspruch des Verlegers genüßlich bestätigte. Kirch hatte das Nachsehen. Friede Springer hatte begriffen, was Kirch wollte. Sie begann sich innerlich auf eine lange Fehde einzustellen, ohne eine Idee zu haben, wie diese zu Ende zu bringen wäre.

Währenddessen verschlechterte sich an einer anderen Front spürbar die Stimmung. Die Springer-Erben wurden unruhig. Durch die vom Verleger angeordnete Testamentsvollstreckung waren sie in dem bereits tobenden Machtkampf um das Erbe ihres Vaters und Großvaters vollkommen ohne Einfluß. Den hatte als einzige Erbin Friede Springer, weil ihr Mann sie vor seinem Tod zum Mitglied der Testamentsvollstreckung gemacht hatte. Barbara Choremi, die Springer-Tochter, Raimund Nicolaus Springer, der Verlegersohn, Axel Sven, in der Familie Aggi genannt, und Ariane, die beiden Enkel, waren schon in dem öffentlich ausgetragenen Duell um das Lebenswerk Springers zwischen Burda und Kirch auf der einen und dem Nachlaß auf der anderen Seite zu Zaungästen degradiert worden. Ob sie wollten oder nicht – sie mußten sich der Entscheidung der drei Nachlaß-verwalter anschließen, 530 Millionen Mark in den Rückkauf der Mehrheit zu investieren, ohne daß die ihre eigene Position gestärkt hätte. Sie kamen weder an ihr Vermögen noch konnten sie die Ge-schicke des Lebenswerkes ihres Vaters und Großvaters mitbestim-men. Hätten sie im Verlag den einen oder anderen Posten bekleiden wollen, wie später der Enkel Axel Sven, wären sie auf das Wohlwol-len der Nachlaßverwalter angewiesen gewesen. Immer häufiger frag-ten sie sich, warum ausgerechnet der Jurist Bernhard Servatius die In-terpretationshoheit über Axel Springers Willen haben mußte. Hatten sie, die Kinder und Enkel des Verlegers, von den Vorstellungen ihres Vaters und Großvaters denn überhaupt keine Ahnung? Wußte der Testamentsvollstrecker soviel besser als sie, was der Verleger gewollt hatte? War nicht Servatius kurz vor dem Tod des Verlegers ins Ab-seits geraten, war das Verhältnis zwischen den beiden nicht zerrüttet? Zwischen den Erben und dem übermächtigen Vorsitzenden der Testamentsvollstreckung, der auch dem Aufsichtsrat des Verlages vorsaß und dazu die Gesellschaft für Publizistik führte, die die Ver-lagsanteile hielt, tat sich allmählich eine tiefe Kluft auf. Servatius hat-te inzwischen das Büro ihres Vaters und Großvaters im Hamburger Springer-Haus bezogen und verfügte auch in Berlin über ein Büro und eine Wohnung. Er beanspruchte Dienstwagen und Chauffeur. Für seine Ämter kassierte er fürstlich – allein für den Vorsitz der Testamentsvollstreckung 2 Millionen Mark im Jahr. Die Erben fühl-ten sich herablassend behandelt. Informationen, so klagten die Ab-kömmlinge des Verlegers, flössen nur spärlich. Das Mißtrauen wuchs.

Für Friede wurde die Lage durch die divergierenden Interessen der Kinder und Kindeskinder ihres Mannes komplizierter. Das hatte sich schon bei der Übernahme des Aktienpakets von Franz und Frieder Burda gezeigt. Der Verlegersohn Nicolaus soll sich damit erheblich schwerer getan haben als die Enkel. Aus Sicht eines Minderheits-gesellschafters, der zudem auf Jahrzehnte in der Abhängigkeit der Te-stamentsvollstrecker stehen würde, machte es keinen Sinn, sich für die Übernahme unternehmerischen Risikos in erheblichem Maße zu verschulden. Das aber war beim Rückkauf des Aktienpaketes notwendig geworden, weil dem Nachlaß die Mittel fehlten. Mehrere hundert Millionen Mark mußten die Springer-Erben damals vor allem bei der Hamburgischen Landesbank aufnehmen, um den Betrag von 530 Millionen Mark an Franz und Frieder Burda überweisen zu können.

Der Unmut der Erben blieb Friede Springer nicht verborgen. Dabei bemühte sie sich so gut sie konnte, die Nachkommen des Verlegers ausführlich zu informieren. Bei Nachfragen stand sie ihnen Rede und Antwort mit allem, was sie wußte, und war sich doch unsicher, was sie sagen durfte. Sie wollte keinen Streit, sehnte sich nach Eintracht und Akzeptanz, die sie mit jedem weiteren Jahr der Testamentsvollstreckung immer weniger bekam. Die Erben trauten ihr nicht. Die Ausnahme unter ihnen bildete Barbara Choremi, die ihrer Stiefmutter – der fünften Frau Springer, die immerhin fast neun Jahre jünger war als sie selbst – sehr zugetan war und sich ihr freundschaftlich verbunden fühlte. Sie lebte überwiegend in der Schweiz, hatte mit dem deutschen Pressewesen nichts zu tun und hielt sich wohl schon deshalb mit ihrer Kritik zurück.

Friede begann unter der wachsenden Ablehnung, die die Erben der Testamentsvollstreckung und damit auch ihr entgegenbrachten, zu leiden. Das Mißtrauen gegenüber Servatius einte die Familienmitglieder, die sich untereinander nicht ausschließlich wohlgesinnt waren und gegenüber Dritten immer einmal wieder abfällige Bemerkungen über den jeweils anderen fallenließen. Friede hatte Verständnis für die Ressentiments, die die Familie vor allem gegenüber dem Vorsitzenden der Testamentsvollstreckung hegte. Auf der anderen Seite wußte sie, welche Zwänge das Amt als Testamentsvollstrecker mit sich brachte. »Ich war beides – Erbin und Testamentsvollstreckerin«, sagt sie. Sie stand zwischen den Fronten und hatte Servatius gegenüber selbst ihre Vorbehalte. Sie war sich sicher, daß er nicht nur das Wohl des Springerschen Nachlasses im Kopf hatte, sondern vor allem auch sein eigenes. Sie konnte ihn nicht kontrollieren, war auf seinen Sachverstand und seine Übersicht angewiesen und hoffte im stillen, daß er sich korrekt verhalten würde. Immer wieder mußte sie sich selbst beruhigen: »Schließlich lebt er ja von meinem Geld.« Indes saß Servatius fest in allen Sätteln, trat auf wie der Verleger persönlich und hielt die Witwe stets im Hintergrund. Als sie dem Landesmuseum von Schleswig-Holstein die umfangreiche Fayencen-Sammlung ihres Mannes von Gut Schierensee vermachte, führte er das Wort und stand im Mittelpunkt. Sie ärgerte sich.

Seit dem Rückkauf der Springer-Aktien von Franz und Frieder Burda hatte sich das Rollenverständnis der Haupterbin geschärft. Ihr Mann hatte ihr nicht nur Geld, Besitztümer und einen Verlagsanteil vermacht, sie hatte auch eine Aufgabe geerbt: »Du wirst das schon machen, Friede«, hatte er immer wieder gesagt, und sie hatte verstanden, sie solle den Verlag zusammenhalten. Sie wollte nicht kassieren, sondern das Lebenswerk ihres Mannes erhalten und gestalten. Und wenn sie schon keine konkrete Vorstellung davon hatte, wie sich der Medienkonzern in Zukunft strategisch ausrichten sollte, dann mußte sie wenigstens dafür Sorge tragen, daß er von fähigen Managern geführt würde. Sie hatte bereits ein klares Bild von sich und ihrem Auftrag, nur fehlten ihr noch die Möglichkeiten, ihn allein umzusetzen.

Derweil schrieben ihr die Medien bereits viel mehr Gestaltungsmacht zu, als sie Ende der achtziger Jahre besaß. Das *Manager-Magazin* bezeichnete den Verlag als ihr »Reich«, der *Stern* sprach sogar von »Friede Springers Imperium«. Sie allerdings war erst dabei, die Interessen der einzelnen Teilnehmer des Spiels zu sortieren und zu begreifen, wer sie wie auf seine Seite ziehen wollte. »Ein Schilfrohr im Wind war ich damals«, sagt sie heute. »Viel verstanden habe ich noch nicht.« Die Akteure auf der Springer-Seite, die Testamentsvollstrecker, die Verlagsmanager, die vielen Juristen, nahmen sie noch immer als die zurückhaltende Witwe wahr, die von ihren eigenen Interessen nichts verstand. Sie wurde nicht richtig akzeptiert, schon gar nicht ernst genommen und in ihrer Lernfähigkeit noch stärker unterschätzt als in ihrem Durchsetzungsvermögen. Sie hatte reich geheiratet – mehr nicht.

Kirch bedrängte sie, der Unmut der Erben wuchs, und ihre Vermögensposition war alles andere als entspannt – Friede litt unter den Unwägbarkeiten, die das alles mit sich brachte. Gut 50 Prozent des Geldes, das mit dem Börsengang in Springers Kasse geflossen war, war mit dem Tod des Verlegers als Erbschaftssteuer beim Finanzamt gelandet. Da es nicht angelegt war, hatten die Erben den vollen Steuerbetrag darauf zu bezahlen, den Servatius zügig an die Staatskasse überweisen ließ. Ferner ruhten Hunderte Millionen Mark in amerikanischen Kapitalanlagen, unter anderem einer riesigen Ferienanlage in Key Biscane, die sich über die Jahre zum Alptraum eines jeden Investors entwickelt hatte. Dazu kamen Investitionen ähnlicher Art in Portugal, deren Rechnung ebensowenig aufging. Als die Testamentsvollstrecker Ende der achtziger Jahre beschlossen, die katastrophalen Engagements aufzulösen und das Geld, das ihnen geblieben war, nach Deutschland zurückzuholen, ergab sich eine Wertberichtigung von 190 Millionen Mark. Der Nachlaß hatte ein riesiges Vermögen verloren.

Etwas Entlastung brachte den hochverschuldeten Erben im Sommer 1989 die italienische Verlagsgruppe Monti Poligrafici. Am 2. Juni übernahm sie von den Springer-Erben 10 Prozent des Axel Springer Verlages. Der Springer-Verlag seinerseits beteiligte sich an der Monti-Gruppe. Die Erben versetzte das wiederum in die Lage, Teile des Kredits für die Übernahme der Burda-Anteile zurückzuzahlen. Zwar verringerte sich durch dieses Geschäft die Mehrheit der Springer-Erben am Verlag auf 40 Prozent und eine Aktie, doch hatten die Testamentsvollstrecker die italienischen Investoren durch einen Pool-Vertrag an ihr eigenes Abstimmungsverhalten gebunden. Die hauchdünne Mehrheit am Verlag war damit gesichert. Es gab kein neues Einfallstor für Leo Kirch.

Der begrenzte Vermögensspielraum, der Friede Springer und den anderen Erben zum Ausbau ihrer Position noch blieb, machte der Witwe das Leben nicht leichter. Sie litt unter den Schulden und wurde immer wieder von heftigen Zweifeln geplagt, ob sie die Mehrheit auf Dauer würde halten können. Von Hause aus war sie zur Sparsamkeit erzogen und nicht zum Schuldenmachen. Ihre Rechnungen beglich sie lieber einen Tag vor Fälligkeit als einen Tag danach. Bisher hatte sie jedes finanzielle Risiko gemieden und konnte nicht verstehen, daß es Unternehmer gab wie zum Beispiel Leo Kirch, die sich zur Umsetzung ihrer Ziele geradezu unbegrenzt verschuldeten. Sie bekam die Abhängigkeit des Nachlasses vom wirtschaftlichen Erfolg des Verlages zu spüren. Liefen die Geschäfte gut, dann konnte auch eine Dividende fließen, und auf die war der Nachlaß nun einmal angewiesen. »Es war auf Kante genäht, ganz knapp« – so hatte sie es empfunden.

Der mächtigste Mann im Verlag sah das ganz anders. Finanzierungsengpässe hatte es nach Meinung von Bernhard Servatius nicht gegeben. Der Bankkredit, zu – selbstverständlich – »besten Konditionen« wurde durch die Transaktion mit der Monti-Gruppe zurückgefahren, die den Erben immerhin 220 Millionen Mark in die Kasse spülte und Servatius zu der öffentlichen Erklärung verleitete: »Inzwischen ist der Nachlaß wieder völlig schuldenfrei.« Das Vermögensdebakel in Nordamerika und Portugal war bereinigt und das Geld, das von Springers teuren Ausflügen geblieben war, im Verlag gut angelegt. Servatius mußte das anders als Friede Springer sehen. Zwar war er als Testamentsvollstrecker für den Nachlaß verantwortlich, doch agierte er zeitlebens auf fremde Rechnung.

Ende der achtziger Jahre einigte sich die Testamentsvollstreckung auf die gemeinsame Linie, das ganze Vermögen auf den Verlag zu konzentrieren. Wieder machte sich unter den Erben erheblicher Unmut breit. Aber es ging kaum anders; der Verleger selbst hatte über die Jahre geschätzte 1,5 Milliarden Mark aus dem Verlag gezogen und sich auf seine Privatkonten überweisen lassen. Andere Verleger hingegen hatten ihr Vermögen zum größten Teil in ihrem Unternehmen belassen und damit das Wachstum finanziert.

Die nächste Attacke von Leo Kirch ließ nicht lange auf sich warten. Die Hauptversammlung der Axel Springer Verlag AG am 26. Juli 1989 geriet zu einer eindrucksvollen Demonstration seines Gestaltungsanspruchs. Der Münchner Rechtsanwalt Alfred Stiefenhofer, der mit seiner Kanzlei die Interessen des Medienunternehmers vertrat, traktierte Vorstand und Aufsichtsrat an jenem Aktionärstreffen mit über hundert einzelnen, in Teilen höchst peinlichen Fragen zum Geschäftsverlauf. Über eine Stunde lang zeigte der Anwalt dem Publikum, daß Großaktionäre, die nicht im Aufsichtsrat vertreten waren, lediglich das Forum der Hauptversammlung nutzen konnten, um sich über die Entwicklung ihres Engagements ein Bild zu verschaffen. Die Springer-Seite betrachtete den Auftritt des Anwalts als neuerliche Kriegserklärung Leo Kirchs. Er wollte stören – und das möglichst öffentlichkeitswirksam.

Am Tag nach dem mißratenen Aktionärstreffen wurde in allen Zeitungen über die Malaise der Testamentsvollstrecker und Erben mit dem ungeliebten Großaktionär berichtet. Friede Springer wurde sich immer sicherer, daß es mit Leo Kirch und seinen Beratern auf Dauer nicht friedlich zugehen würde. Mit unbewegter Miene hatte sie während der Hauptversammlung auf dem Podium gesessen und sich die Vorwürfe des Juristen angehört, der auch ihre Person nicht ausnahm. Er hatte gefragt, ob der Springer-Verlag für die Beteiligung an der Monti-Gruppe nicht ein Vielfaches zuviel gezahlt habe, damit die Erben um Friede Springer ihrerseits einen überhöhten Preis bekommen konnten für die 10 Prozent, die sie dem wesentlich kleineren Verlag verkauften. Es habe da womöglich Absprachen zugunsten der Erben und zu Lasten der anderen Aktionäre gegeben, damit sich der Nachlaß mit dem Verkaufserlös seiner Verbindlichkeiten entledigen konnte. Stiefenhofer machte auch das Jahresgehalt des Vorstandsvorsitzenden zum Thema: 4,5 Millionen Mark nur für 1988 – ob das stimme, wollte er in Kirchs Namen wissen. Er beendete seine Rede mit einer deftigen Drohung. Sollten die Fragen nicht zur Zufriedenheit beantwortet werden, würde Leo Kirch Sonderprüfungen durchsetzen. Dann trat der Anwalt ab. Friede Springer verfolgte ihn mit ihrem Blick bis hin zu seinem Stuhl im Publikum und dachte sich: Das kann keine Basis für eine weitere Zusammenarbeit mit Kirch sein. Wie, um Himmels willen, soll das auf Dauer gutgehen?

Der Münchner Filmkaufmann hatte den Auftritt seiner Anwälte auf der Hauptversammlung den Testamentsvollstreckern und der Verlagsführung bereits angekündigt. Vor der Hauptversammlung hatten die zerstrittenen Medienkonzerne Verhandlungen aufgenommen, um zu einem Ende der gegenseitigen Blockade zu kommen, denn der Streit betraf nicht nur die Beteiligung Kirchs an dem mächtigen Zeitungshaus. Beide Parteien kamen sich auch bei dem noch jungen Privatsender Sat.1 zunehmend in die Quere. Springer war dort direkt und indirekt über das APF, das Aktuelle Presse-Fernsehen, in dem 141 Zeitungsverlage vertreten waren, mit 27 Prozent beteiligt. Leo Kirch und sein enger Berater Joachim Theye hatten zusammen mit anderen über eine Zwischengesellschaft Einfluß auf 40 Prozent. Weitere 15 Prozent lagen bei der mit Leo Kirch befreundeten Holtzbrinck-Gruppe. Kirch und Holtzbrinck besetzten – ebenso wie Springer und die APF – vier Mandate im Aufsichtsrat: ein Patt, auch dort ging nur noch wenig.

Beide Seiten hatten längst eingesehen, daß sie den unerquicklichen Zwist beilegen mußten, damit der Sender sich entwickeln konnte. Doch die Verhandlungen, die der Chef der Deutschen Genossenschaftsbank Helmut Guthardt eingefädelt hatte, scheiterten. Kirch forderte für seinen Rückzug von Sat.1 250 Millionen Mark und darüber hinaus die Abnahme eines umfangreichen Film- und Serienpakets im Wert von mehr als 700 Millionen Mark. Dazu verlangte er, was aus Sicht der Springer-Seite noch unannehmbarer war, die Anerkennung seiner über Treuhänder gehaltenen Anteile am Springer-Verlag, zwei Sitze im Aufsichtsrat und die Präsenz in allen Ausschüssen des Gremiums. Das Ganze hatte er aus Sicht von Servatius, der die Verhandlungen führen sollte, in eine Drohung verpackt: Sollte die Springer-Seite sein Verhandlungsangebot nicht akzeptieren, würde sie das auf der bevorstehenden Hauptversammlung zu spüren bekommen. Kirch bekam eine Absage und Stiefenhofer damit seinen Auftritt. Der Krieg ging weiter. In einer Affäre um angebliche Schmiergelder überzogen sich die zerstrittenen Parteien gegenseitig mit schier unglaublichen Vorwürfen. Und im Aufsichtsrat von Sat.1

beharkten und blockierten sich Tamm und Theye weiter zu Lasten des wirtschaftlichen Erfolgs des Senders.

In der Fehde mit Leo Kirch erreichte erst ein neuer Manager des Springer-Verlages eine Atempause. Günter Wille, ehemaliger Deutschland-Chef des Tabakkonzerns Philip Morris, trat am 1. September 1990 seinen Dienst als stellvertretender Vorstandsvorsitzender im Springer-Konzern an – gegen den Willen des Vorstandsvorsitzenden Peter Tamm. Der hatte seine ablehnende Haltung bereits während eines Vorgesprächs mit dem »Zigarettendreher« in Anwesenheit von Friede Springer, Cramer und Servatius in München unmißverständlich zu erkennen gegeben. Wille hatte die Gespräche mit dem Springer-Verlag daraufhin abgebrochen. Erst als die drei Testamentsvollstrecker zu Hause bei Friede Springer auf Schwanenwerder noch einmal übereingekommen waren, den Kontakt zu Wille wiederaufzunehmen, ließ er sich überzeugen, in dem Verlagshaus anzutreten. Tamm war geschwächt, der Aufsichtsrat hatte gegen seinen Willen entschieden – und damit auch Friede Springer. Daß Wille als sein Stellvertreter geholt worden war, schien Tamms Nachfolge zu präjudizieren, was ihm nicht paßte, wo er doch eigene Pläne hatte. Doch weder Friede Springer noch Servatius und Cramer trauten dem langjährigen Weggefährten Springers eine Lösung im Streit mit dem Münchner Filmkaufmann zu. Tamm, das spürte Friede, hatte sich aufgerieben. Kein Wort sprach er mehr mit Leo Kirch und der nicht mit ihm. Eine Einigung war nicht in Sicht, die wirtschaftliche Blokkade und die Serie von Prozessen, mit denen sich die Unternehmen überzogen, kostete unendlich viel Geld.

Wille sollte eine Einigung mit Kirch erzielen, was schließlich zu seiner Meisterprüfung wurde. Doch vorerst mußte Friede Springer wieder erleben, wie die Vorstandsmitglieder um ihre eigene Position im Verlagshaus kämpften. Sie fürchtete eine Neuauflage der unsäglichen Auseinandersetzung zwischen Tamm und Prinz, denn mit Willes Eintritt hatte sich das Feindbild Tamms verlagert. Nicht aus München drohte ihm nun Gefahr, sondern aus dem Hause selbst. Günter Wille, jünger, unverbrauchter und nicht minder durchsetzungsstark, würde sich, das war auch Tamm bald klargeworden, nicht lange mit dem Platz des Stellvertreters zufriedengeben. Der Streit ließ nicht lange auf sich warten, und wieder durchzogen Intrigen das in der Öffentlichkeit schon als »Schlangengrube« verschriene Haus. In der Presse mußte die Verlegerwitwe lesen, mit welch kleinlichen Mitteln sich die Vorstandsmitglieder bekriegten. Angeblich habe Wille nur mit Hilfe von Servatius ein Zimmer auf der Etage des Vorstandschefs erhalten, der ihn zunächst im dritten Stock habe unterbringen wollen. Zu Vorstandssitzungen sei Wille gar nicht erst eingeladen worden – zur Verblüffung der Anwesenden aber trotzdem erschienen.

Im Dezember 1990 erreichte Wille das, was ihm aufgetragen worden war: die Einigung mit Kirch. Im Zuge dessen wurden die Besitzverhältnisse an dem privaten Fernsehsender Sat.1 neu geordnet. Der Anteil von Kirch erhöhte sich auf 43 Prozent, die Beteiligung von Springer stieg auf 20 Prozent, ebenso die der Verlegergruppe, die über das Aktuelle-Presse-Fernsehen Teile des Privatsenders hielt. 15 Prozent des Senders gehörten der AV Euromedia, einer Tochtergesellschaft des Holtzbrinck-Konzerns, an der auch Kirch beteiligt war. Der Kauf des umstrittenen Pakets von 1300 Filmen für 756 Millionen Mark von Kirch durch Sat.1 wurde vom Aufsichtsrat des Senders genehmigt. Jahrelang war darüber gestritten worden. Als Gegenleistung für den ausgehandelten Frieden verzichtete Kirch darauf, von Springer die Zusage für seinen Einzug in den Aufsichtsrat des Verlagskonzerns zu fordern – vorerst. Die Einigung war komplex, Friede hatte die Grundzüge des Handels begriffen, der den Verlag teuer zu stehen kam, und war erst einmal erleichtert, daß es überhaupt zu einer Verständigung gekommen war. Kirch würde weiterhin nicht im Aufsichtsrat ihres Verlages sitzen.

Der Verlierer der für Springer teuren Versöhnung stand fest: Peter Tamm, dessen Vertrag als Vorstandsvorsitzender des Konzerns erst kurz zuvor bis zur Hauptversammlung des Jahres 1993 verlängert worden war, sollte nun bereits 1991 seinen Platz für Wille räumen. Es blieb für ihn noch nicht einmal ein Sitz im Aufsichtsrat, obwohl ihm Servatius diesen noch im November öffentlich zugesagt hatte. Doch

Tamm verzichtete. Ihm schwante, daß Leo Kirch seine Präsenz im obersten Gremium des Konzerns wohl zu verhindern gewußt hätte. So bat er die Testamentsvollstrecker in einem bitteren Brief an den »lieben Bernhard« für seinen Rückzug »um Verständnis«.

Als Servatius Tamm den Rücktritt nahegelegt hatte, war Friede Springer auf Reisen. Mit Malo Lindgens und der Gattin des Vorstandschefs, Ursula Tamm, hielt sie sich in Marokko auf, wohin Tamm seiner Frau telefonisch berichtete, was ihm widerfahren war. Die Entscheidung des Aufsichtsrats sei, so ließ er sie wissen, einstimmig gefallen und damit wohl auch mit dem Votum der Verlegerwitwe. Ursula Tamm packte umgehend ihre Sachen und verließ die Freundinnen Hals über Kopf. Friede war tief getroffen. »Sie hat das überhaupt nicht verstanden und darunter sehr gelitten, weil sie Ursula Tamm sehr gern mochte«, erinnert sich Malo Lindgens. »Dann hat sie nie wieder ein Wort darüber verloren.«

Günter Wille trat sein Amt im Sommer 1991 mit einer neuen Mannschaft an. Friede Springer hatte inzwischen eingesehen, daß Tamm den Verlag nicht mehr in die Zukunft führen konnte, und sich daraufhin auf die Seite Willes geschlagen. Zu sehr hatte Tamm sich auch ihrer Meinung nach in den Streit mit Kirch verbissen. Die ihm eigene Ausdrucksweise, mit Begriffen der Marine und des Militärs durchsetzt, war ihr zusehends unangenehm, zeigte sie doch seine Geisteshaltung, die auf Krieg und nicht auf Befriedung eingestellt war. Der Konzern, das spürte sie, benötigte ein neues Management, das endlich die verkrusteten Strukturen aufbrach, die allesamt noch aus Springers Zeiten stammten. Friede Springer sehnte sich nach einem Verlag ohne Intrigen, ohne Mißstimmung im Vorstand, ohne Speichellecker, Bücklinge und Drückeberger. Sie litt darunter, daß das Haus ihres Mannes in der Öffentlichkeit immer mehr als Sumpf in Verruf geriet. Die beste Reputation hatte die Springer-Presse schon lange nicht mehr, und auch der Verlag präsentierte sich zunehmend als ein kompliziertes Geflecht verschiedener Seilschaften und Interessengruppen, die in hinterhältiger Manier gegeneinander zu Felde zogen. Die Abfindungen der Vorstandsmitglieder, die den von Wille initiierten Wechsel an der Konzernspitze nicht überlebten, sollen insgesamt mehr als 15 Millionen Mark betragen haben. Für den Umbau des Vorstands holte sich Wille wieder Günter Prinz, der bei Hubert Burda inzwischen die Boulevardzeitung *Super* für die neuen Bundesländer entwickelte und seinen Verleger aus München kurzerhand sitzenließ. So kehrte Prinz im Frühjahr 1991 zurück, keine vier Jahre nachdem er den Konzern mit einer Abfindung von fast 17 Millionen Mark verlassen hatte.

Kaum hatte Wille sein Amt angetreten, wurde er krank – eine bösartige Geschwulst im Rücken, eher per Zufall entdeckt, als daß sie beschwerlich geworden wäre. Am Wochenende Chemotherapie, montags Ruhe, ab Dienstag im Verlag. Der neue Manager gönnte sich kaum eine Pause. Wieder war Wille in den nun anstehenden Verhandlungen mit Kirch dabei. Die Testamentsvollstreckung hatte beschlossen, ihre ehemalige absolute Aktienmehrheit wiederaufzubauen. Noch hielten die Erben nur 40 Prozent und eine Aktie. Doch das, so hatten die Nachlaßverwalter einstimmig entschieden, sollte kein Zustand auf Dauer sein. Zwar band ein vermeintlich wasserdichter Pool-Vertrag die Monti-Gruppe an das Abstimmungsverhalten der Springer-Seite. Doch würde er wirklich Bestand haben, wenn es hart auf hart käme?

Friede Springer und die Erben hatten mit der italienischen Verlagsgruppe ein Vorkaufsrecht vereinbart. Wollte Monti die Aktien verkaufen, wären sie erst dem Nachlaß anzudienen. Und Monti wollte – allerdings zu einem horrenden Preis. Die Italiener verlangten nicht nur den Börsenwert des Paketes, sondern auch noch einen ordentlichen Aufschlag, weil sie den Erben mit der Rückübertragung der 10 Prozent wieder zu der strategisch sicheren Position der absoluten Mehrheitsaktionäre verhalfen. Doch die Testamentsvollstrecker lehnten ab und entschieden sich dafür, zunächst Aktien am Markt zu kaufen – soviel sie kriegen konnten.

Wie dringend der Verlag eine Erneuerung brauchte, zeigte sich im Frühjahr 1992. Der Gewinn des Konzerns brach ein. Die Ausflüge ins Ausland, so zum Beispiel die wieder eingestellte spanische Zeitung

Claro als Pendant zu *Bild*, hatten viel Geld gekostet. *Die Welt* blieb ein unrentables Produkt mit geschätzten 50 Millionen Mark Verlust. Dazu kam ein insgesamt hoher Abschreibungsbedarf im Konzern. Das alles brachte Günter Wille zu der Einschätzung, daß der Verlag in drei Jahren ein Sanierungsfall wäre, würde er nicht umgehend konsolidiert. Er kündigte rigide Kostensenkungen an, denen 1800 Arbeitsplätze zum Opfer fallen müßten. Der Aufsichtsrat empfahl den Aktionären den Ausfall der Dividende, da jeder einen Beitrag zur Gesundung des Unternehmens leisten müsse, nicht nur die Angestellten. Friede Springer und ihre Mittestamentsvollstrecker hatten dem bereits zugestimmt. Die Krise im Verlagshaus und der geplante Verzicht auf die Dividende wurden zur Stunde des Leo Kirch.

Seine Opposition gegen den Ausfall der Ausschüttung konnte der Verlag in dieser heiklen Phase nicht gebrauchen. Noch sehr genau hatten die Mitglieder des Aufsichtsrats, darunter alle drei Testamentsvollstrecker, den Auftritt der Anwälte des Münchner Filmkaufmanns auf der Hauptversammlung 1989 in Erinnerung. Einen neuen Streit in aller Öffentlichkeit und peinliche Fragen, die womöglich die Führungsmängel allzusehr offenbarten, wollte Servatius diesmal vermeiden. Kirch mußte in die notwendige Restrukturierung eingebunden werden. Er schlug der Testamentsvollstreckung daher vor, Kirch endlich seinen langersehnten Sitz im Aufsichtsrat zuzugestehen. Friede sah das ein. Es ging nicht anders. Beim zuständigen Registergericht in Berlin beantragte der Aufsichtsrat im Frühjahr 1992 die Bestellung des Bremer Anwalts Joachim Theye, der ein enger Freund und Berater des Münchner Unternehmers war, in den Aufsichtsrat des Springer-Verlages. Immerhin arbeiteten Kirch und Springer seit einem Jahr bei Sat.1 gut zusammen. Vielleicht würde es jetzt auch im Verlagshaus besser werden.

Mit dem Sitz im Aufsichtsrat war Leo Kirch seinem Ziel, in dem Zeitungshaus mehr Einfluß zu gewinnen, ein gutes Stück nähergerückt. Doch belassen wollte er es nicht dabei. Er wußte, wie erpicht die Testamentsvollstrecker Servatius, Cramer und Friede Springer darauf waren, ihre absolute Mehrheit im Konzern wiederzuerlangen, um sich vom Pool-Vertrag mit der italienischen Monti-Gruppe unabhängig zu machen. Aus eigener Erfahrung war ihm längst klar, daß es der Springer-Seite unmöglich gelingen konnte, sich die für ihre absolute Mehrheit notwendigen 10 Prozent der Aktien am Markt zu besorgen. Er hatte über die Jahre mit Hilfe von Treuhändern immer wieder Aktien dazugekauft und seinen Anteil inzwischen auf mehr als 30 Prozent ausgebaut. Freie Aktien waren Anfang der neunziger Jahre praktisch nicht mehr zu haben. In der Zeit vom 21. August bis zum 29. Oktober gelang es den Erben gerade einmal, 90 343 Stück zu erwerben, weit weniger, als sie für die absolute Mehrheit im Verlag und damit für die Unabhängigkeit von der italienischen Verlagsgruppe gebraucht hätten. Es fehlten ihnen noch 7 Prozent. Der Weg zur absoluten Mehrheit führte unweigerlich über Leo Kirch.

Im Oktober 1992 fuhr Bernhard Servatius zweimal nach München; das erstemal allein, das zweitemal mit Günter Wille, der von seiner Krebserkrankung bereits schwer gezeichnet war. Leo Kirch würde dem Nachlaß zur absoluten Mehrheit verhelfen und ihm die noch fehlenden 7 Prozent übertragen – das hatte Servatius bereits in Erfahrung gebracht. Die Frage war nur, zu welchem Preis. Für die meisten Entscheidungen reichte die einfache Mehrheit der Aktien aus, so hauchdünn sie auch wäre. Was die absolute Mehrheit betraf, hätte der oberste Nachlaßverwalter also durchaus Kompromisse eingehen können.

Als sich die vier Herren in Kirchs Büro in der Kardinal-Faulhaber-Straße gegenübersaßen, verlangte Kirch einen fairen Preis – und nur eine Gegenleistung: Sollte die Monti-Gruppe ihre Verlagsanteile verkaufen wollen und sie wie vereinbart dem Springer-Nachlaß andienen, müßte der sie an Leo Kirch weiterleiten. Servatius willigte ein. Kirch sagte daraufhin zu, 7 Prozent der Aktien an den Nachlaß zu verkaufen. Auf einen zweiten Sitz im Aufsichtsrat beharrte er dabei ebensowenig wie auf die Übertragung der Stimmrechte.

In der darauffolgenden Aufsichtsratssitzung genehmigte das Gremium die Übertragung der Aktien von Kirch auf den Nachlaß. Die

Mehrheit der Springer-Familie war perfekt. Außerdem beschloß der Aufsichtsrat, daß Leo Kirch mit der nächsten Hauptversammlung im Sommer 1993 einen weiteren Platz im Aufsichtsrat erhalten sollte. Als die Monti-Gruppe der Testamentsvollstreckung Anfang 1993 ihr inzwischen strategisch wertlos gewordenes Aktienpaket andiente, leitete es Servatius umgehend an Kirch weiter. Kirchs Anteil am Verlag stieg damit von 25 auf 35 Prozent, auf die alsbald die Stimmrechte eingetragen wurden.

Zwei Sitze im Aufsichtsrat, 35 Prozent stimmberechtigte Aktien – auf seinem Weg an die Macht im Zeitungskonzern war Leo Kirch sehr weit gekommen. Nur noch 10 Prozent trennten ihn von Friede Springer und den Erben. Und Friede Springer hatte nicht die finanziellen Mittel, seinen Aufstieg zum zweitgrößten Aktionär des Springer-Verlages zu verhindern. Hätte sie ihn überhaupt hineinlassen müssen? Sie hätte, denn anders wäre die absolute Mehrheit der Aktien wohl nicht zu beschaffen gewesen. Seinen Aufstieg mußte sie in Kauf nehmen, wollte sie ihre Position sichern. Unter der Führung von Bernhard Servatius hatte sie sich nolens volens entschlossen, dem Münchner Medienunternehmer die Tür zu ihrem Unternehmen ein Stück weit zu öffnen. Es war, das wußte sie, nicht im Sinne ihres Mannes. Aber hatte er sie und die anderen Erben 1985 nicht in einer denkbar schwachen Position zurückgelassen?

Als Günter Wille sich Anfang 1993 gesund meldete, blieb ihm kein ganzes Jahr mehr zum Leben. Im November verlor er den Kampf gegen den Krebs, und sein Stellvertreter Günter Prinz rückte an die Spitze des Konzerns. Vom 11. Oktober 1993 an leitete er das Unternehmen als amtierender Vorsitzender und wurde, nachdem Wille im November gestorben war, am 1. Januar 1994 mit vierundsechzig Jahren zum neuen Vorstandsvorsitzenden bestellt. Wieder mußte Friede Springer mit ansehen, wie der Verlag ohne Führung dahinschlingerte. Wieder bildeten sich Fraktionen, und wieder füllten die Zeitungen und Magazine der Konkurrenz Spalte um Spalte mit Berichten über die üblichen Intrigen. Prinz' Tage waren von Anfang an gezählt. Er kam als Mann aus alten Zeiten, und er blieb ein Mann der alten Springer-Zeit, der nicht das gebracht hatte, was sich sein verstorbener Chef erhoffte, als er ihn – angeblich für sein ehemaliges Jahressalär von fast 4 Millionen Mark – von Burda holte. Auf den 31. Juli 1994 war das Ende seines Vertrages als Vorstandsmitglied datiert. Und länger sollte es nicht werden. Die Suche nach einem geeigneten Konzernchef begann von neuem.

Diesmal, das wußte Friede Springer, würde es besonders schwierig werden, denn zum erstenmal mußte dem Großaktionär aus München Rechnung getragen werden. Kirch und Theye saßen im Aufsichtsrat, Theye sogar im Arbeitsausschuß, dem eigentlichen Machtzentrum des Gremiums. Ein Mann, der Kirch nicht genehm war, wäre zwar durchzusetzen gewesen, doch sollte nicht gerade eine kontrovers diskutierte Personalentscheidung den Auftakt zur Zusammenarbeit mit dem erstarkten Großaktionär bilden. Für die Besetzung des Postens blieb gerade noch ein halbes Jahr.

Mit der hektischen Suche nach einer neuen Führung kam auch der schwelende Unmut der anderen Erben wieder auf, deren Zweifel darüber wuchsen, ob der allmächtige Servatius seinen Ämtern überhaupt noch gewachsen sei. Der Verlag sei »ein Schatten seiner selbst«, wie der *Spiegel* den Springer-Sohn Nicolaus zitierte, der sich meist an die Spitze der unzufriedenen Familie stellte. Sein Anwalt traktierte die Testamentsvollstreckung bereits nach Kräften. Für seinen Mandanten wollte er vor allem erst einmal eines: Informationen.

Schneller als erwartet wurde Servatius fündig. Jürgen Richter, früher einmal Assistent des Vorstandsvorsitzenden von Gruner + Jahr, war seit 1985 erfolgreicher Geschäftsführer der Medien Union, die mehrere Verlage vereinte und zu der auch die *Stuttgarter Zeitung* und die *Rheinpfalz* gehörten. Servatius, damals Aufsichtsratsvorsitzender beim *Rheinischen Merkur*, kannte Richter, den er mit dem Einverständnis von Friede Springer und Ernst Cramer ansprach. Friede war inzwischen selbstbewußter geworden und hatte an Statur gewonnen. Sie hatte sich zum Mitglied des Arbeitsausschusses des Aufsichtsrats wählen lassen und saß dadurch im Machtzentrum des Konzerns, noch lange nicht als mächtigste, doch als wahre Vertreterin der

212

Mehrheitsaktionäre, ohne die nichts ging. Sie war Richter von Anfang an wohlgesinnt. Er war eigenwillig, das spürte sie. Doch damit hatte sie seit Peter Tamm Erfahrung. Der erstarkte Großaktionär Leo Kirch, der sich mit Richter traf, zeigte sich ebenfalls von Servatius' Personalwahl überzeugt. Richter war eine Person, auf die sich alle einigen konnten, war weder ein Kirch- noch Springer-Mann, auch wenn er von der Presse bald zum verlängerten Arm des Münchner Filmkaufmanns degradiert wurde.

In den ersten Tagen des Jahre 1994 erlebte die verblüffte Öffentlichkeit einen weiteren Akt in dem unterhaltsamen Schauspiel an der Verlagsspitze. Anstatt Richter mit dem Ruhestand von Günter Prinz zur Jahresmitte 1994 zum Vorstandsvorsitzenden zu machen, sollte das Vorstandsmitglied Horst Keiser als Zwischenkandidat an die Verlagsspitze aufrücken. Jürgen Richter sollte sein Stellvertreter werden, der – um jedes Mißverständnis zu vermeiden und weitere Intrigen im Keim zu ersticken – als Nachfolger von Keiser avisiert wurde. Der Aufsichtsrat hatte einstimmig beschlossen, daß Richter erst einmal eine Zeit im Vorstand zubringen sollte, bevor er an die Spitze rückte. Erst keiner, dann gleich drei Vorstandsvorsitzende, das war zuviel des Guten. Die Branche spottete: »Monatelang hatte die Springer-Presse keinen Konzernchef mehr. Jetzt gibt es gleich drei«, höhnte die *Wirtschaftswoche*. Servatius, der als Aufsichtsratsvorsitzender im Zentrum der Kritik stand, berührte das wenig: »Wer hoch steht, wirft lange Schatten.« Er kam überhaupt nicht auf den Gedanken, daß das Durcheinander an der Konzernspitze vor allem ihm als Aufsichtsratsvorsitzendem anzulasten war. Wieder ging das der dreifaltigen Personalentscheidung folgende Revirement mit kostspieligen Abfindungen einher – für diejenigen Vorstandsmitglieder, die künftig nicht mehr gebraucht würden. Auch darüber mokierte sich die Konkurrenz und rechnete. Seit dem Tod des Verlegers seien fast 70 Millionen Mark für Abfindungen bezahlt worden. Geld, das nicht nur der Verlag, sondern auch die Erben hätten gut gebrauchen können.

Den Erben schwoll der Kamm. Sie sahen das Lebenswerk ihres Vaters, das größte Zeitungshaus auf dem Kontinent, im Zentrum des

Gespötts. Die hochbezahlten Manager waren ihr Geld nicht wert, der Verlag immer noch nicht konsolidiert. Nicolaus, Axel Sven und Ariane Springer hatten sehr lange zugesehen. Jetzt ergriffen sie die einzige Chance, die ihnen blieb, um den ungeliebten Herrscher über ihr Vermögen unter Druck zu setzen: Sie würden eine öffentliche Attacke gegen Servatius reiten.

Als am Donnerstag, dem 4. März 1994, die Wochenzeitung *Die Zeit* erschienen war, waren die Mitarbeiter des Springer-Verlages bald in hellem Aufruhr. Sie lasen eine öffentliche Erklärung der drei Abkömmlinge des Verlegers, die nicht mißzuverstehen war: »Wir, die Kinder und Enkel von Axel Springer, sehen mit wachsendem Entsetzen, wohin das Lebenswerk unseres Vaters und Großvaters treibt, wie seine Ahnungen, Sorgen und Visionen gröblich mißachtet werden und wie entgegen seinem Willen Allianzen geschmiedet und Abhängigkeiten geschaffen werden, die dem Hause Springer eine neue Identität aufzwingen, welche mit seinen Vorstellungen nichts mehr zu tun hat. Wir mußten zusehen, wie die Testamentsvollstreckung sich selbst zu Aufsichtsräten wählt und sich selbst entlastet, wie ein übermächtiger Testamentsvollstrecker an der Spitze des Unternehmens dilettiert und das Haus Springer in Führungs- und Richtungslosigkeit treibt ...« In einem verzweifelten Ton, der klug gewählt war, beschrieben sie die Malaise der an einen oder mehrere Testamentsvollstrecker ausgelieferten Erben: »Wir wurden immer nur von fertigen Entscheidungen und auch dann nur lückenhaft unterrichtet; wir haben daher keine gebilligt.« Und noch einmal legten die Erben nach: »Unsere Hände sind gebunden, unsere rechtlichen Möglichkeiten unvollkommen. Wir können nur hoffen, daß sie zu greifen beginnen, ehe das Werk unseres Vaters und Großvaters zerstört ist.« Die öffentliche Ohnmachtsbekundung verfehlte ihre Wirkung nicht.

Während sich Bernhard Servatius von dem verzweifelten Appell der Erben nicht persönlich angegangen fühlte – er war fest davon überzeugt, daß sich der Unmut der Erben nur an ihm als Vorsitzender festmachte, insgesamt aber alle drei Testamentsvollstrecker gemeint waren –, bedeuteten die Zeilen für Friede den bisherigen Tiefpunkt in ihrem Verhältnis zur Familie Springer. Für sie, auch eine der Erben, war klar, daß es so, wie es seit dem Tod ihres Mannes lief, nicht weitergehen konnte. Die Bilanz fast acht Jahre nach Springers Tod mußte auch ihr mißfallen: Leo Kirch war Großaktionär geworden und wider das Verdikt, das ihr Mann am 17. Juni 1985 auf der Insel Patmos ausgegeben hatte, mit zwei Sitzen im Aufsichtsrat vertreten. Das Unternehmen war verkrustet, die alten Seilschaften durch die vielen Wechsel an der Spitze des Hauses fester geknüpft als je zuvor. Die Kosten waren immer noch zu hoch. Die Fehden in Vorstand und Aufsichtsrat amüsierten die Konkurrenz, ebenso die feingesponnenen Ränkespiele, die die Blätter aufs unterhaltsamste zum besten gaben. Die Erben waren zerstritten. Und die Testamentsvollstreckung mit Servatius an der Spitze lavierte von Krise zu Krise, ohne daß der Verlag und die Erben von einer klaren Führung profitierten. Für Friede Springer stand der Grund des Übels fest: Das Trauerspiel der Testamentsvollstreckung mußte ein Ende finden.

Für die teuren Rechtsanwälte Hamburgs, Münchens oder Berlins war der Springer-Verlag seit jeher lukrativ. Jetzt, wo sich die Auseinandersetzungen an verschiedenen Fronten immer weiter zuspitzten, wurden Verlag und Familie noch begehrenswerter. Barbara Choremi hatte sich längst juristischen Rat geholt, sie war schon nach dem Tod ihres Vaters mit juristischem Beistand auf Schwanenwerder aufgetaucht. Die anderen Erben, Nicolaus, Axel Sven und Ariane, bedienten sich der Dienste des bekannten Steueranwalts Gerd Freihalter, der sich schon mal die vermeintlich üppigen Spesenrechnungen der Testamentsvollstrecker vorlegen ließ. Den Erben, die in der Presse immer wieder mit spöttischen Nebenbemerkungen bedacht worden waren, traute man wenig zu – schon gar nicht so eine zielsichere öffentliche Anklage, wie sie in der *Zeit* formuliert worden war. Reich geboren, nichts gelernt – sie hatten nicht den besten Ruf. Das Gremium der Testamentsvollstreckung ließ sich von dem bekannten Rechtsanwalt und Notar Karlheinz Quack beraten, der schon zu Lebzeiten Springers im Geschäft war. Zwar hätte Servatius die Testamentsvollstrecker als Jurist auch selbst vertreten können, nur hatte er seinen Shakespeare wohl gelesen: Ein Anwalt, der sich selbst vertritt, hat einen Idioten zum Mandanten. Die Kirch-Seite zog gleich mit dem juristischen Sachverstand der ganzen Kanzlei Stiefenhofer ins Rennen, wobei Alfred Stiefenhofer nur das Vorspiel erledigte und alsbald seinen Kollegen Ronald »Ronny« Frohne aus München ins Feld schickte.

Nur Friede Springer hatte noch immer niemanden, der ihr half, ihre Rechte zu wahren. Und das nicht nur gegenüber den unzufriedenen Erben, die sie ihren Unmut über ihre Machtlosigkeit zunehmend spüren ließen. »Ich wußte gar nicht, worauf ich Anspruch hatte und bis wohin meine Pflichten gingen«, erinnert sie sich. In ihrer noch immer naiven Hoffnung auf ein Dasein in Harmonie war sie gar nicht auf die Idee gekommen, daß auch ihr ein unabhängiger Anwalt zustünde. Sie verließ sich auf Cramer und Servatius. Erst neun Jahre nach Springers Tod merkte sie, daß sie von den beiden nicht immer gut beraten war. Für das, was sie nun vorhatte, würde sie einen eigenen Anwalt dringender brauchen denn je.

14. Kapitel

Die Machtprobe

Der Federhalter füllte Zeile um Zeile mit blauer Tinte. Immer leichter gingen ihr die Worte von der Hand, die sie mit ihrer schwungvollen Schrift auf das schneeweiße Briefblatt setzte. Sie schrieb jedem Mitglied der Springer-Familie das gleiche. An die Kinder ihres Mannes Barbara und Nicolaus und an seine Enkel Axel Sven und Ariane. Der Streit, die schlechte Stimmung, die unterschiedlichen Interessen, das tiefe Mißtrauen gegenüber dem mächtigen Servatius – so konnte es nicht weitergehen. Sie beschwor ihre vier Miterben, sich mit ihr zusammenzusetzen – ohne die Testamentsvollstrecker Cramer und Servatius, ohne Anwälte. Sie, die Erben, müßten sich verständigen, wie sie die verfahrene Situation klären wollten und ganz unter sich zu einer Lösung kommen.

Friede Springer konnte ihre Doppelrolle als Erbin und Testamentsvollstreckerin kaum noch ertragen. Sie fühlte sich hin und her gerissen zwischen Servatius und Cramer auf der einen und den Erben auf der anderen Seite. Oft wußte sie nicht, wie sie entscheiden sollte. Der offene Brief von Nicolaus, Axel Sven und Ariane hatte ihr zugesetzt. Wenn die Erben nur noch den Ausweg in die Öffentlichkeit nehmen konnten, um ihrer Sorge um den Konzern Gehör zu verschaffen, weil sie weitere Einflußmöglichkeiten nicht besaßen, dann konnte das nicht richtig sein. Der öffentliche Streit schadete nicht nur dem Haus, das seit dem Tod seines Gründers nie mehr aus den Schlagzeilen gekommen war; die Ohnmacht der Erben war auch ihr nicht fremd. Als eine von drei Testamentsvollstreckern, die ob der unvermeidlichen Zusammenarbeit mit den anderen immer Kompromisse eingehen mußte, war sie ähnlich hilflos.

Daß die Testamentsvollstreckung bald ein Ende haben mußte, war der Verlegerwitwe schon seit längerem klar. Sie hatte nur noch nicht genügend Mut, sich aus dem Verbund mit Cramer und Servatius zu lösen, denn sie wußte, daß sie dann mehr Verantwortung übernehmen mußte – für ihr Vermögen, für das der Erben und vor allem für den Verlag. Die Testamentsvollstreckung, deren Entscheidungen wenn auch nach längeren Diskussionen so doch fast immer einstimmig gefallen waren, hatte ihr am Anfang ein Gefühl der Sicherheit gegeben, als sie noch nicht in der Lage war, Verlag und Privatvermögen in Gänze zu überblicken. Seit dem Tod ihres Mannes waren nun aber schon achteinhalb Jahre vergangen. Inzwischen hatte sie sich viel Wissen angeeignet über die Entwicklung der Medien in Deutschland, über das Zeitungswesen, über Vertriebszahlen, Soll und Haben in der Bilanz und Aufwand und Ertrag in der Ergebnisrechnung. Sie hatte gelernt, daß man nicht erst dem Rat der vermeintlichen Fachleute folgen sollte, sondern seinem eigenen Verstand, unabhängig davon, ob es sich um die Anlage von Vermögen oder die strategische Investition in ein neues Zeitungsabenteuer handelte. Sie hatte begriffen, daß sie nur auf eine einzige Person wirklich zählen konnte: auf sich selbst. Servatius als Vorsitzender der Testamentsvollstreckung und Chef des Aufsichtsrats diente zunächst seinen eigenen Interessen und erst dann denen des Verlages. Er tat das mit der ihm eigenen juristischen Raffinesse, mit seiner beeindruckenden Eloquenz und immer in dem Bestreben, sich mit niemandem anzulegen. Er bezog – oft zu ihrem Ärger – keine eindeutige Position und gab sich doch als Geist des Hauses, hinter dem auch sie, die eigentliche Haupterbin, zurückzustehen hatte. Immer wieder hatte sie das Gefühl, ihn an Verabredungen erinnern zu müssen, an denen er sich womöglich vorbeimogelte. Erinnerte sie ihn, hielt er sich an das, was abgesprochen war. In jedem Fall war er für sie nur schwer zu fassen.

Den ihr noch fehlenden Mut, sich von ihm und Cramer endlich abzunabeln, nahm sie am 4. März zusammen, als die Erben in der *Zeit*

ihr »wachsendes Entsetzen« über die Entwicklung des Verlages kund-
taten. Sie würde sich mit den Erben zusammentun, deren Interessen
sie insoweit teilte, als daß es um ihr Vermögen ging. Sie würde die
Herrschaft von Servatius über den Nachlaß beenden. Sie wollte künftig mit den Nachkommen ihres Mannes gemeinsam entscheiden,
nicht mit den Testamentsvollstreckern, denen selbst nichts gehörte
und deren teures Dasein irgendwann ein Ende finden sollte. Sie wußte,
daß sie mit ihrem Vorhaben bei Barbara, Nicolaus, Axel Sven und
Ariane auf Zustimmung stoßen würde. Bei Cramer und Servatius, die
sie danach treffen wollte, war sie sich nicht sicher. Bis zu jenem Tag
im März 1994, als sie den Brief aufsetzte, hatte sie immer wieder
Angst vor der eigenen Courage ergriffen. »Ob ich das kann?« Doch
jetzt wollte sie auch ihrem eigenen Zwiespalt ein Ende machen.
»Meine Doppelrolle als Erbin und Testamentsvollstreckerin hätte
mich sonst zerrissen«, sagt sie heute.

Friede Springer hatte sich Ende 1993 einen eigenen Anwalt genommen, einen Experten auf dem schwierigen Feld des Gesellschafts-
rechts mit einer exzellenten Reputation unter seinesgleichen. Ihre
Rechte als Haupterbin kannte sie kaum, was sich jetzt durch den Juristen an ihrer Seite ändern sollte. In den vergangenen Jahren hatte sie
sich immer mal wieder auf den Rat von Karlheinz Quack verlassen,
der ihr unter all den wohlmeinenden Beratern als verläßlichster erschien. Doch der wiederum vertrat, als ehemaliger Anwalt Axel
Springers, die Testamentsvollstrecker als Ganzes und stand damit für
sie als persönlicher Anwalt nicht zur Verfügung. Das eine oder andere
Problem hatte Friede in den Jahren nach dem Tod ihres Mannes auch
mit Cramer oder Servatius besprochen, aber irgendwann gemerkt,
daß die nicht ausschließlich in ihrem Sinne dachten. An den Moment,
als sie sich entschied, sich selbst endlich den Rechtsbeistand zu holen,
den andere längst hatten, erinnert sie sich noch genau: »Herr Quack,
ich bin ja nicht nur Testamentsvollstreckerin, ich bin auch Erbin. Ich
glaube, ich brauche jetzt selbst einen Anwalt. Können Sie mir jemanden empfehlen?«

Karlheinz Quack, der sie zuvor immer einmal wieder darauf hingewiesen hatte, daß sie sich vertreten lassen müsse, kannte die Branche, in der er selbst einen tadellosen Ruf genoß. Er nannte ihr den Namen Franz Jürgen Säcker. Der Jurist war Professor an der Freien Universität Berlin. Sie solle, riet ihr Quack, Säcker kennenlernen. Umgehend folgte sie seinem Rat, nahm Kontakt mit dem Juristen auf und lud ihn zu sich nach Hause auf die Halbinsel Schwanenwerder ein. Das ist er! dachte sie sich schon bald nach Beginn des Gesprächs und entschied sich spontan, ihn für ihre Zwecke zu engagieren. Das war ihre Art, häufig genug überlegte sie lange hin und her, wog ab und zauderte, doch wenn sie sich sicher war, entschied sie im Handumdrehen. Fortan war sie nicht mehr allein. »Ich war erleichtert. Denn ich wußte gar nicht, wie das ist, wenn jemand ganz ausschließlich für mich kämpft«, erinnert sie sich.

Sie schrieb den Brief gegen die Empfehlung so manches Anwalts. Nein, sie wollte wenigstens versuchen, die Familie zu einen. Die Erben zeigten sich gesprächsbereit. Und binnen weniger Tage waren Termin und Ort für eine Zusammenkunft verabredet. In Quickborn unweit von Hamburg wollten sie sich treffen, in dem neuen Haus von Ariane, wo Friede noch nie gewesen war und wo sie danach auch nie mehr hinkommen würde. Dort wollten sie nach einer Lösung aus der verfahrenen Lage suchen.

Am Vormittag des 10. März 1994 fuhr Friede Springer nach Quickborn. Allein. Ohne Anwalt, ohne Vertrauten, noch nicht einmal mit Chauffeur. Sie war nervös, hatte sich vorher auf einen winzigen Zettel wie auf einer Einkaufsliste ein paar Punkte notiert, die sie klären mußten. Sie wußte, daß ihr die Erben nicht mehr so wohlgesinnt waren wie noch in den Wochen nach Springers Tod. Ihre Ablehnung hatten sie Friede oft genug spüren lassen. »Blut ist etwas anderes als Himbeersaft«, hatte sie sich anhören müssen und noch vieles mehr. Über die Jahre war sie für die Springer-Nachfahren ein Eindringling geblieben, jemand, der sich zunächst des Alten und dann dessen Lebenswerk bemächtigt hatte. Sie störte, denn wäre sie nicht gewesen, hätten die »wahren« Springers sehr viel mehr von »Daddy« und »Granddaddy« bekommen.

Als sie das Haus der Enkelin betrat, konnte sie vor Nervosität kaum sprechen. Ihr Mund war trocken, die Hände zitterten. Die anderen – Barbara, Nicolaus, Ariane und Axel Sven – hatten sich schon versammelt, die Begrüßung fiel kühl aus. Sie setzten sich. Es fiel kaum ein Wort, bis Friede sich einen Ruck gab und ihrer aller Anliegen mit einfachen Sätzen aussprach: »Es geht nicht mehr. Wir müssen einen Schlußstrich ziehen. Wollen wir der Testamentsvollstreckung jetzt ein Ende setzen?« Die Antwort der anderen kam ohne Zögern: »Ja.« Da waren sie sich einig – auch mit Friede. Vier Stunden lang sprachen sie dann über die Einzelheiten, die einem Ende der Testamentsvollstreckung folgen würden. Sie mußten sich über das Schicksal des Verlages und des Privatvermögens einig werden. Friede ging die einzelnen Punkte auf ihrer Liste durch: »Was machen wir mit Gut Schierensee? Und was mit Schwanenwerder? Was wird aus dem Verlag? Was aus unserem Haus am Neuen Jungfernstieg?« Jedesmal verlangte sie den Erben eine eindeutige Entscheidung ab. »Ihr könnt Schierensee übernehmen«, schlug sie ihnen vor. Auf ihr lebenslanges Nießbrauchrecht, das ihr Springer ins Grundbuch hatte eintragen lassen, würde sie ohne Ausgleich um des lieben Friedens willen verzichten. Nur müßten die Erben dann die Kosten für die Unterhaltung des Herrensitzes tragen. Das aber wollten sie gar nicht. Sie hielt ihren Stift zwischen den eiskalten Fingern und schrieb schließlich »verkaufen!« hinter das Stichwort »Schierensee«. Das Haus auf Schwanenwerder, das den Erben ebenfalls gemeinsam gehörte, würde sie ihnen abkaufen, um es dann später besser veräußern zu können. Und im Verlag würden sie wohl oder übel gemeinsam auftreten müssen, um die Stimmenmehrheit zu behalten. Sie notierte die Ergebnisse auf das kleine Stückchen Papier, mit dem sie sich gewappnet hatte. Am Ende setzten Barbara, Nicolaus, Ariane und Axel Sven ihre Unterschrift auf den Fetzen und hatten sich aus Friedes Sicht damit über die Aufteilung eines Vermögens in Milliardenhöhe geeinigt. Dann stand Friede auf, verabschiedete sich, setzte sich wieder ins Auto und fuhr nach Hamburg. Das Treffen war einvernehmlich verlaufen, wenn auch nicht in besonders herzlicher Atmosphäre. Nur einen leisen Verdacht wurde sie nicht los: ob wirklich kein Anwalt im Haus gewesen war und das Gespräch hinter verschlossenen Türen verfolgt hatte. Sie wußte es nicht, wischte die Vermutung schnell wieder beiseite und schob sie ihrem unendlichen Mißtrauen zu, das sie nach dem Tod ihres Mannes immer stärker befallen hatte. Mit oder ohne Anwalt – es machte keinen Unterschied. Denn die Erben waren sich einig.

Während der Fahrt von Quickborn nach Hamburg wich ihre Anspannung nicht von ihr. Das nächste unangenehme Treffen stand unmittelbar bevor: In ihrem ehemaligen Wohnhaus am Neuen Jungfernstieg 17a warteten bereits die Testamentsvollstrecker, denen sie nun den gemeinsamen Willen aller fünf Erben verkünden würde. Das vornehme Haus mit Blick auf die Innenalster hatte der Verleger vor vielen Jahren erworben. Immer, wenn sie sich in Hamburg aufhielten, wohnten sie dort. Hier habe ich meine Koffer nie ausgepackt, dachte sie sich, als sie vor der schwarzlackierten Haustür stand und langsam den Schlüssel im Schloß umdrehte. Das Haus war ihr fremd geworden über die Jahre. Die mit Pinienholz vertäfelten Räume waren, wie alle Besitztümer des Verlegers, mit kostbaren Antiquitäten und Gemälden eingerichtet. Ernst Cramer und Bernhard Servatius waren bereits eingetroffen und warteten im ehemaligen Wohnzimmer, zu dem eine schmale Wendeltreppe hinaufführte. Auch Dr. Manfred May war anwesend, ein eleganter Herr, der mit Akribie das private Vermögen Axel Springers verwaltete und in den Nachlaßgesellschaften Prokurist und zum Teil Geschäftsführer war. May hatte an den Sitzungen der Testamentsvollstrecker regelmäßig teilgenommen, führte die Protokolle und kannte die Einzelheiten. Er veranlaßte auch die Überweisung der monatlichen Apanage an die Erben. Mit seinem Büro residierte er in den hochherrschaftlichen Räumen des ehemaligen Wohnhauses am Neuen Jungfernstieg.

Wieder zitterten Friede Springer die Knie, als sie die Wendeltreppe in den ersten Stock hinaufstieg. Sie mußte in dieser Runde durchsetzen, was sie mit Barbara, Nicolaus, Ariane und Axel Sven ausgehandelt hatte. Noch einmal würde sie nicht die Kraft aufbringen, die Erben auf eine gemeinsame Position einzuschwören. »Wir haben uns geeinigt und beschlossen, daß wir die Testamentsvollstreckung jetzt zu Ende bringen wollen«, eröffnete sie Servatius und Cramer, während sie den kleinen Zettel mit den Unterschriften der Erben aus ihrer Handtasche kramte. Sie hielt ihn Servatius entgegen. Dann holte sie Luft und blickte ihm ernst ins Gesicht: »Hier, Bernhard, steht alles drauf. Und so sollten wir das machen.«

Einen kurzen Moment herrschte Stille. Nur die vorbeifahrenden Autos auf der Straße waren zu hören. Dann räusperte sich Cramer. Nein, das ginge nicht. Sie, die Testamentsvollstrecker, könnten nicht einfach beenden, was Springer verfügt hatte. Die Testamentsvollstreckung war schließlich in der rechtsgültigen letztwilligen Verfügung des Verlegers von 1983 auf dreißig Jahre angelegt gewesen. Seit Springers Tod waren keine zehn Jahre vergangen. Friede hielt den Atem an, als auch Servatius sich einmischte. So einfach ginge es nicht, belehrte er die Witwe, die fast regungslos vor ihm stand. Sein abschätziger Blick sagte alles: Dieser windige Zettel reichte doch nicht, um ein ganzes Gremium zu kippen, in dessen Hände der Verleger die Geschicke seines Hauses und Privatvermögens gelegt hatte. Es war mitnichten ein Vertrag, der die Erben band.

Friede schossen die Tränen in die Augen. Sie bekam Angst. Sollte alles umsonst gewesen sein? Ihr Brief an die Erben, den sie aus eigenem Entschluß verfaßt hatte, ihre Verhandlung am Vormittag, bei der sie allen Mut hatte zusammennehmen müssen, um sich in die Höhle des Löwen zu begeben? Waren ihre Bemühungen etwa gescheitert, dem Unfrieden um das Erbe ihres Mannes, den die Presse genüßlich als groteskes Schauspiel inszenierte, ein Ende zu bereiten?

Über das Telefon bekam Karlheinz Quack die Verwirrung mit. Als Anwalt der Testamentsvollstreckung hatte er den Zorn der Erben über ihre Machtlosigkeit häufig genug zu spüren bekommen. Immer wieder Schriftwechsel mit deren Anwalt Freihalter, auch wegen Kleinigkeiten. Gestänker. Friede nahm den Hörer in die Hand. »Herr Quack, das muß ein Ende haben!« rief sie. Der Anwalt versuchte sie zu beruhigen. Und wieder hörte sie einen Juristen sprechen mit allem Wenn und Aber. Sie sprang auf, schmiß den Hörer aufs Sofa und drehte sich abrupt zu Servatius um. »Bernhard, wenn du jetzt nicht zu mir hältst und das nicht alles auseinanderdividierst ...« Sie kam nicht weiter, holte noch einmal Luft und legte dann wieder los: »Wenn ihr mich jetzt nicht unterstützt, dann macht ihr das hier allein weiter.« Sie warf ihre Tasche und den kleinen Zettel auf den Tisch, rannte hinaus und knallte die Tür hinter sich zu. Dann trat sie ans Fenster des gegenüberliegenden Zimmers und betrachtete abwesend die anderen Häuser, die hinter ihrem Bürohaus standen. Schnell beruhigte sie sich wieder. Mit dem Daumen wischte sie sich die Tränen aus dem Gesicht und wunderte sich über ihren unbeherrschten Auftritt.

Ein wenig hatte sie sich gehenlassen, mehr als es sonst ihre Art war. Sie hatte ihren Ausbruch ein bißchen inszeniert. Mit einer hysterischen Verlegerwitwe, das wußten die Testamentsvollstrecker, konnten sie noch schlechter leben als mit den unzufriedenen Kindern und Enkeln, die ihren Unmut seit längerem nach draußen trugen. Streit mit der Witwe, der Haupterbin, das durfte nicht sein. Soweit konnten sie es nicht kommen lassen.

Ihr Auftritt hatte seine Wirkung nicht verfehlt. Servatius kam wenig später zu ihr und redete auf sie ein. »Friede, ich werde dir helfen, die Testamentsvollstreckung zu beenden. Wir waren doch von Anfang an entschlossen, die Aufgaben der Testamentsvollstreckung in zehn Jahren abzuwickeln und die Testamentsvollstreckung dann zu beenden.« Sie kehrten zurück ins Wohnzimmer zu Cramer und dem Prokuristen, die beide reichlich betreten dreinschauten. Zu Dr. May gewandt legte Friede gleich wieder los: »Auch das Bürohaus hier ist viel zu teuer. Ihr müßt hier raus. Wir werden es verkaufen.« Der stille Prokurist begann sich zu erregen und wollte gerade protestieren, als Servatius ihm das Wort abschnitt. Langsam und mit gedämpfter Stimme versicherte er Friede: »Ich helfe dir. Das geht aber nur, wenn wir alle die Ruhe bewahren, denn kontrovers können wir die Testamentsvollstreckung nicht beenden. Die Voraussetzung dafür ist: Wir kriegen nicht jetzt noch Streit.« Friede nickte und schwieg. Am Abend fuhr sie erschöpft nach Gut Schierensee. Von ihrem Ziel, die Testamentsvollstreckung zu beenden, würde sie sich nicht mehr abbringen

Opernball in Wien

Mit Franz Josef Strauß und Ehefrau Marianne sowie Friedrich Jahn auf dem Opernball

»Hochzeitsfeier« im Mansion House bei
den Patternmakers

Ernst Cramer, 1971

Das Ehepaar Springer mit Max Schmeling und
Sohn Axel jr., 1978

Ein Lieblingsbild:
Axel Springer auf
Schierensee, 1983 –
eine Aufnahme von
Friede Springer

Dreißig Jahre *Hamburger Abendblatt*, 28. Oktober 1978: Axel Springer, Elsbeth Weichmann,
Peter Tamm, Friede Springer und der niedersächsische Ministerpräsident Ernst Albrecht

Betriebsfest in Berlin, 1981

Bei der Grundsteinlegung für die Offsetdruckerei in Ahrensburg am siebzigsten Geburtstag Axel Springers, 1982

Washington, 1982

Mit Friedrich Wilhelm Christians, dem Vorstandssprecher der Deutschen Bank, bei der Einführung der Springer-Aktien an der Börse im Oktober 1985

Mit Peter Tamm, Anfang der achtziger Jahre

Auf Schwanenwerder, 1982/1983

15. August 1985 in Klosters:
Das letzte Foto

Beerdigung Axel Springers

Bernhard Servatius,
Peter Tamm und Rolf
von Bargen

Anne Marie
(»Cooky«) Springer,
Barbara Choremi,
Friede Springer und
Verleger-Sohn
Nicolaus

Mit Tattje *(Mitte)* und
Ira Pabst auf Patmos, 1974

Mit Malo Lindgens auf
der »MS Europa«, 2004

In einem russischen
Waisenhaus, 1992

Vorbereitungen zum sechzigsten Geburtstag

In der Bibliothek des Springer-Hochhauses, 2002

Ein Jahr nach dem Tod Axel Springers bei der Enthüllung einer Büste des Verlegers:
Nicolaus Springer und Ehefrau Cooky, Bernhard Servatius, Friede Springer

Mit Teddy und Tamar Kollek, 1991

Mit Leo Kirch, 1997

Vierzig Jahre *Die Welt*:
Bernhard Servatius, 1986

Die Burda-Brüder Franz, Hubert und Frieder
1982 im Garten der Münchner Wohnung in der
Schackstraße

Mit dem Physiker und Astronauten Reinhard Furrer, 1994

Verlagsempfang in der Kochstraße, 1991: Arthur Cohn, Friede Springer,
Maria Furtwängler, Günter Wille und Hubert Burda

»Gipfelgespräch« am zehnten Jahrestag des Mauerfalls, 1999: mit Helmut Kohl, Michail Gorbatschow, George Bush

Beim Galadiner zu Ehren des Architekten Daniel Libeskind mit Bundeskanzler Gerhard Schröder

oben: Neujahrsempfang des Springer-Verlags mit Otto Schily und Klaus Wowereit, 2003
unten: Mit Christina Rau und Königin Rania Al-Abdullah, 2003

oben: Mit dem Ehepaar Döpfner, 2002

unten: Mit Mathias Döpfner am neunzigsten Geburtstag von Ernst Cramer

Die Verlegerin

lassen und so lange gegen alle juristischen Bedenken kämpfen, bis eine Urkunde das Ende der Troika besiegelte.

Auf das Gespräch am Neuen Jungfernstieg folgte ein Verhandlungsmarathon der Juristen, der sich über mehr als eineinhalb Jahre erstreckte. Viel zu lange dauerte er nach den Vorstellungen der ungeduldigen Haupterbin. Doch mußten die Interessen der einzelnen Beteiligten, deren Unterschiede sich eher im Detail als in der großen Linie zeigten, erst in Einklang gebracht werden. Ihre Miterben und Mittestamentsvollstrecker hatten allesamt ganz unterschiedliche Vorstellungen darüber, was Springers Letzter Wille war, wie Springer in dieser Situation gehandelt hätte und was ihnen selbst am meisten nutzen könnte.

Gegenüber Friede Springer und ihrem Anwalt Säcker beharrte Servatius auf der Erledigung der Aufgaben der Testamentsvollstreckung und auf absolute Einigkeit der Erben und Testamentsvollstrecker. Immerhin hatte Springer eine Testamentsvollstreckung verfügt, um ein Zerwürfnis der Erben zu vermeiden. Sein Lebenswerk sollte zusammengehalten werden und nicht schon bald nach seinem Tod zerfallen. Konnten sich Erben und auch Testamentsvollstrecker einfach über seinen Willen hinwegsetzen und die angeordnete Vollstreckung beenden? Aus Servatius' Sicht hatte Springer nicht ohne Grund auch Außenstehende dazu berufen, sein Lebenswerk zu verwalten. Gleichwohl, verständlich war das Interesse der Erben, sich dieser Außenstehenden zu entledigen. Aber dürften sie einfach hinwerfen?

Nun waren die Bedenken nicht allein dem Letzten Willen des verstorbenen Verlegers geschuldet, sondern vor allem auch der Anfechtbarkeit des Beschlusses, das Gremium aufzulösen. Wenn es schon sein sollte, dann mußte es juristisch wasserdicht sein. Unanfechtbar, unabänderbar und ein für allemal. Dafür reichte der juristische Sachverstand eines Bernhard Servatius, eines Karlheinz Quack, eines Franz Jürgen Säcker oder eines Gerd Freihalter allein nicht aus. Denn sie alle standen ja auf der einen oder anderen Seite. Unabhängige Juristen mußten befragt werden. Wieder waren die vermeintlich besten Juristen der Republik mit dem Nachlaß Springer befaßt. Die versammelten Experten gelangten schließlich zu dem ganz naheliegenden Schluß: Nur wenn die Aufgaben der Testamentsvollstreckung erfüllt wären und Einigkeit unter den Erben herrsche, könnten die Testamentsvollstrecker ihre Tätigkeit beenden. Dann konnte die Frage des Endes nicht mehr streitig sein. Dann war der Nachlaß an die Erben freizugeben.

Einigkeit der Erben und der Testamentsvollstrecker konnte nur Friede Springer selbst herbeiführen in ihrer Eigenschaft als Erbin und Testamentsvollstreckerin. Dafür war sie am 10. März 1994 zuerst nach Quickborn gefahren und dann nach Hamburg – in ungeheurer Anspannung, denn sie hatte mit Bedenken ihrer Mittestamentsvollstrecker und mit juristischen Schwierigkeiten rechnen müssen.

Die annähernd zwei Jahre, die noch bis zum Ende der Testamentsvollstreckung verstreichen sollten, kamen der Witwe vor wie eine halbe Ewigkeit. Sie kämpfte, zusammen mit ihrem Anwalt Säcker, gegen das Beharrungsvermögen der anderen Juristen, die – vorsichtig, wie sie nun einmal sein mußten – hin und her überlegten, Paragraphen und Klauseln prüften, um ganz sicherzugehen, nichts zu übersehen. Die gesammelten Expertisen füllten Ordner um Ordner. Ein Verhandlungstermin folgte dem anderen, Gutachten wurden verfaßt. Immer wieder berief sich Friede Springer in den Verhandlungen mit Servatius und Cramer auf den Letzten Willen ihres Mannes. Der hatte kurz vor seinem Tod bei der Neufassung seines Testaments in Zürich Zweifel geäußert. Dreißig Jahre Testamentsvollstreckung waren ihm zu lang erschienen. Er hatte darüber auch mit Servatius gesprochen, sich aber nicht auf eine andere Frist festgelegt.

Was die einen als notwendigen Klärungsprozeß wichtiger Fragen bezeichneten, empfand Friede Springer als Widerstand. »Es war ganz eindeutig Friede, die die Testamentsvollstreckung unbedingt beenden wollte«, erinnert sich Cramer. »Sie hat bei jeder Gelegenheit klargemacht, daß ein Ende nach zehn Jahren in Springers Sinne wäre.« Und so hatte Ernst Cramer damals schnell eingesehen, wie ernst das Anliegen der Witwe war: Sie wollte sich endlich aus ihrer Zwitterrolle befreien.

Während auf der einen Seite die Fragen der Beendigung der Testamentsvollstreckung von vielen Juristen geklärt wurden, mußte auf der anderen Seite ein neuer Gesellschaftervertrag für die Axel Springer Gesellschaft für Publizistik ausgehandelt werden. Deren Geschäftsführer waren die Testamentsvollstrecker, was nach Beendigung der Testamentsvollstreckung keinen Sinn mehr machte. Die Erben waren allesamt Kommanditisten und hielten über die Gesellschaft ihre Anteile am Springer-Verlag. Das Aushandeln eines neuen Gesellschaftervertrages war nun mehr die Sache der Interessenvertreter von Friede Springer und ihren Miterben. Es verhandelten Säcker für Friede Springer und Freihalter für die Kinder und Enkel. Sie einigten sich nach einem mühsamen Hin und Her.

Friede Springer sollte die Geschäfte der Gesellschaft führen. Den Erben wurden Minderheitenrechte zugestanden, die nicht nur die Benennung eines Aufsichtsratsmitgliedes des Springer-Verlages umfaßten, sondern darüber hinausgingen. So hatten sie Anspruch darauf, daß bestimmte Entscheidungen von den Gesellschaftern einstimmig gefällt werden mußten, was die Machtposition der Witwe erheblich schwächte. Schließlich wurden auch noch Vorkaufs- und Andienungspflichten hinsichtlich der Gesellschaftsanteile vereinbart, sollten die Erben doch im Falle des Ausscheidens eines Miterben die Möglichkeit haben, das Erbe Springers zusammenzuhalten. Nicht zuletzt verhandelten die Anwälte die Kündigungsbedingungen des Gesellschaftervertrages zwischen den Erben.

Ein neuer Gesellschaftsvertrag war nicht Voraussetzung für das Ende der Testamentsvollstreckung. Theoretisch hätten sich die Erben auch gleich auseinandersetzen können, jeder mit seinem Anteil. Doch das widersprach dem Willen Springers. Er wollte keine Erbauseinandersetzung, sondern die Wahrung des Zusammenhaltes dessen, was ihm nach der Veräußerung von fast 75 Prozent seines Verlages noch geblieben war. Die Interessen von Friede Springer und den Miterben mußten in geeigneter Weise gebündelt werden.

In den neuen Vertrag, der über die Monate Konturen gewann, setzte Friede all ihre Hoffnung: Jetzt mußte es gutgehen mit der Familie. Bald schon wären sie die Testamentsvollstrecker los, sie hätten einen eigenen Gesellschaftsvertrag, und ihre Miterben wären mit den Minderheitenrechten zufriedengestellt. So würden sie auch als Minderheitsgesellschafter mitentscheiden können.

Doch auch diese Hoffnung sollte ein paar Jahre später enttäuscht werden. Barbara und Nicolaus, die Kinder des Verlegers, wandten sich vom Lebenswerk ihres Vaters ab und verkauften Friede ihre Anteile. Die Springer-Tochter hatte ihrer Stiefmutter Anfang 1995 ihren Anteil angeboten. Friede griff zu, verschuldete sich und kaufte die friedlichste ihrer vier Miterben aus dem Verlag heraus. Barbaras Anteil von 10 Prozent an der Gesellschaft für Publizistik wurde Friede zugeschrieben, der fortan 80 Prozent der Holding gehörten und damit 40 Prozent des Verlagshauses. Nicolaus verkaufte ein gutes Jahr später. Die Enkel verkauften nicht, sollten ihr allerdings nicht lange gewogen bleiben. Die Stimmung verschlechterte sich zusehends. Im Jahre 2002 sollte der Enkel Axel Sven, »Aggi«, schließlich die Grundfesten des gesamten rechtlichen Konstrukts für das gemeinsame Handeln der Springer-Erben anfechten: die Vereinbarung, in der sich die Erben nach dem Tod des Verlegers auf die neuen Erbquoten festgelegt und damit das bis dahin rechtsgültige Testament außer Kraft gesetzt hatten. Spätestens da mußte Friede Springer begreifen, daß es eine »Familie Springer« nie gegeben hatte.

Gegen Jahresende 1995 war sie guter Stimmung. Die Abschlußbesprechung für den neuen Gesellschaftervertrag zwischen den Erben stand kurz bevor und damit das Ende der Testamentsvollstreckung. Konzernchef Jürgen Richter, seit knapp eineinhalb Jahren im Amt, hatte den Verlag restrukturiert und den Jahresüberschuß kräftig gesteigert. Das Zeitungshaus schien auf Kurs, setzte fast 4 Milliarden Mark um und hatte mit 123 Millionen Mark Jahresüberschuß mehr als doppelt soviel verdient wie im Jahr davor. Die Dividende war deutlich gestiegen.

Am 18. Dezember 1995 wurde der neue Gesellschaftsvertrag der Axel Springer Gesellschaft für Publizistik unterschrieben. Am letzten Tag desselben Jahres teilten die Testamentsvollstrecker der Öffentlichkeit knapp mit, daß sie mit Wirkung zum 31. Dezember ihr Amt niedergelegt hätten und als Geschäftsführer der Axel Springer Gesellschaft für Publizistik GmbH & Co KG ausgeschieden seien. »Die Aufgaben, die Axel Springer seinen Testamentsvollstreckern stellte, sind erfüllt; das der Testamentsvollstreckung unterliegende Vermögen einschließlich der unternehmerischen Beteiligungen ist an die Erben freigegeben.«

Am 1. Januar 1996 wurde Friede Springer alleinige Geschäftsführerin der Holding, die 50 Prozent und eine Aktie am Axel Springer Verlag hielt. Am Tag nach ihrem Amtsantritt gab sie ihr erstes Interview und wählte dafür das hauseigene Blatt *Die Welt*. Sie nutzte dies zu einer unmißverständlichen Botschaft an ihren Gegenspieler Leo Kirch: Die Holding, ebenjene Axel Springer Gesellschaft für Publizistik, halte die Mehrheit am Verlag. Die Gesellschafter könnten nur gemeinsam über die Aktien verfügen, ließ sie ihn wissen, ein Verkauf einzelner Aktien an Dritte sei rechtlich nicht möglich. »Für Herrn Kirch besteht daher keine Chance, die Mehrheit der Anteile am Axel Springer Verlag zu erwerben.« Vier Tage später erschien ein Gespräch mit ihr im *Spiegel*, in dem sie ihren Anspruch unmißverständlich deutlich machte. »Selbstverständlich werde ich innerhalb der vom Aktienrecht gezogenen Grenzen, wenn ich es für erforderlich halte, alle Möglichkeiten ausschöpfen, um das publizistische Erbe Axel Springers im Verlag in moderner Form lebendig zu halten.« Für die *Frankfurter Allgemeine Zeitung* bestand seit Ausspruch dieses Satzes kein Zweifel mehr: »Friede Springer nimmt die Geschicke des Verlages in ihre Hand.« Axel Springer war seit zehn Jahren tot. Friede war dreiundfünfzig Jahre alt.

15. Kapitel

Schloß zu verkaufen

Erst das Ende der Testamentsvollstreckung gab Friede Springer die Freiheit, darüber zu entscheiden, wie sie leben wollte. Jahrelang noch hatte sie nach dem Tod ihres Mannes ein fremdbestimmtes Dasein geführt. Sie bewohnte Häuser, die für sie nur eine Bedeutung hatten, die der Vergangenheit geschuldet war. Sie gehorchte einem Rhythmus, der noch immer der Axel Springers war: zweimal im Jahr Jerusalem, zweimal Patmos, ab und an ein paar Tage in Klosters, Pendeln zwischen Schierensee und Schwanenwerder. Aber jetzt sollte das anders werden. Über die Besitztümer ihres Mannes, die bisher der Testamentsvollstreckung unterworfen waren, konnte sie nun gemeinsam mit den anderen Erben verfügen. Fortan würde sie selbst entscheiden, wo und in welchem Rahmen sie ihr Leben führen würde. Die Zeit dafür war reif. Ihr Selbstbewußtsein war in den vergangenen zehn Jahren gewachsen. Sie hatte die Scheu vor dem Verlag und die Bewunderung für die Manager in Vorstand und Aufsichtsrat verloren. Sie hatte gesehen, wie hilflos und konfliktscheu Servatius und Cramer mitunter waren. Über ihr weiteres Leben würde sie ganz allein bestimmen.

Schritt für Schritt trennte sich Friede Springer von den Besitztümern ihres Mannes. Unbeirrt betrieb sie ihre Ablösung von der Vergangenheit an Springers Seite unter der argwöhnischen Beobachtung derer, die von sich behaupteten, Axel Springer nahegestanden zu haben. Sie zogen ihre Schlüsse aus dem Verhalten der Witwe: Sie sei eine Frau ohne tiefe Bindungen, die den alten Springer längst vergessen habe. Würde sie sich sonst von alldem trennen, was sie mit ihm verband? Hätte sie sonst all das, was er von seinem Leben neben dem

Verlagshaus noch zurückgelassen hatte, einfach zu Geld gemacht? Die Gemäldesammlungen, darunter die der Künstler der Berliner Sezession: Liebermann, Barlach und Corinth, Walter Leistikow und Lesser Ury; die Fayencen, das ganze Porzellan und das Silber, die wertvollen Bibliotheken, Pretiosen aus dem Besitz Friedrich des Großen, der schier unendliche Bestand an Antiquitäten aus dem 18. Jahrhundert, das holsteinische Schloß, sein Berliner Haus auf Schwanenwerder. Die alte Entourage des Verlegers hatte von der Witwe anderes erwartet. Sie sollte die private Hinterlassenschaft ihres verstorbenen Mannes pflegen und hegen und sich damit weiterhin ganz in dessen Dienste stellen, statt sich ihrer schnöde zu entledigen.

Friede Springer hatte die Häuser mit und vor allem für ihren Mann belebt und sie um seinetwillen auch geliebt. Ohne ihn bedeuteten ihr die Immobilien und die vielen Kunstgegenstände zunehmend weniger. Sie hing nicht an den Dingen. Sie hätte die Anwesen schon bald nach seinem Tod ohne weiteres mit Konzerten und der ein oder anderen Abendgesellschaft füllen können. Wenn sie allein war, füllte sie sie nicht. Sie spürte es. Die Residenzen waren für den Verleger geschaffen, nicht für sie. Das holsteinische Schloß Gut Schierensee verkaufte sie samt Mobiliar und allem, was dazugehörte. Sogar die Angestellten behielten ihre Stellung, darunter die alten Springer-Freunde Mary Lahmann und Ernst Gabel sowie der Kunsthistoriker Henrik Lungagnini, der zu Springers Zeiten ins Haus geholt worden war, um die Restaurationsarbeiten zu begleiten, und sein Leben seither ganz dem Schloß und den Schloßherren gewidmet hatte. Zwar war Friede nach dem Tod ihres Mannes oft in Schierensee gewesen, aber wirklich genutzt hatte sie das Schloß nicht. In den repräsentativen Räumen hatte sie sich nur ungern aufgehalten, war immer wieder schnell in den oberen Trakt ihres verstorbenen Mannes geflohen und fühlte sich dort fernab jeden städtischen und gesellschaftlichen Lebens weggesperrt wie in einem Kloster.

Am Leben auf dem Gut nahm sie nicht teil. Die vierundzwanzig Angestellten hatten es sich dort in ihrer eigenen Welt beschaulich eingerichtet – ungestört von der Beschließerin und alles auf Kosten der

Erben, ohne daß diese das Anwesen wirklich bewohnten. Das Leben der Witwe beäugte das Personal mit Argwohn und manchmal auch mit Belustigung. Es mokierte sich über die Knauserigkeit der Zurückgebliebenen, die ihrer großen Föhrer Familie auf dem üblichen vorweihnachtlichen Treffen im Schloß nur Hähnchenschenkel servierte. Ein sechsgängiges Menü hätte der Herrin besser gestanden und den familiären Gästen sicher besser geschmeckt, mutmaßten sie. Aber dafür war sie in den Augen der Angestellten einfach zu geizig. Sie konnten nicht begreifen, daß sich Friede Springer aus Kaviar weniger machte als sie selbst. Die Wohnräume waren leer ohne den Verleger, der Katharinensaal mit dem riesigen Gemälde der Zarin Katharina II. erschlagend. Friede mied den milden Blick der russischen Herrscherin. Und selbst in dem hellen kleinen Eßzimmer mit der gemalten grünen Tapete, auf der Dompfaffen und Kirschkernbeißer in belaubten Zweigen saßen, fühlte sie sich fehl am Platz, obwohl sie in diesem Raum mit Axel Springer stets ihre Mahlzeiten eingenommen hatte. Schierensee stand zum Verkauf. 1998 wurde es von Günther Fielmann übernommen und weiterentwickelt. Der Brillen-Unternehmer belebte die Landwirtschaft wieder und züchtete Pferde, Rinder und Brillenschafe. Das alles hatte es zu Springers Zeiten nicht gegeben, so daß, als sich die britische Königin Elisabeth II. auf dem Gut die Ehre gegeben hatte, eigens edle Pferde herbeigeschafft werden mußten. Denn Pferde wollte die Monarchin in Schleswig-Holstein nun einmal sehen. Mit Günther Fielmann wußte Friede Springer den Lieblingssitz ihres Mannes in guten Händen.

Schweren Herzens trennte sie sich 1998 von ihrem Haus auf Patmos. Immer wieder war sie dorthin gefahren, allein oder mit Tattje, mit Ursula Tamm und Malo Lindgens oder Ira Pabst. Kurz vor dem Verkauf des Hauses durfte sogar ihre ehemalige Sekretärin Erika Rüschmann noch einmal in der Ägäis Urlaub machen. Patmos bedeutete Friede Springer soviel, weil es ihr Mann am Ende seines Lebens so geliebt hatte. Die fast spirituelle Ruhe der heiligen Stätte, in deren unmittelbarer Nähe das Haus lag, nahm auch von ihr Besitz. Außerdem hatte sie viel Arbeit in das schlichte Anwesen gesteckt, immer wieder den Garten umgegraben, bis es dort ganz nach ihren Vorstellungen blühte. Aber die Anreise war mühsam, reiste sie doch nicht wie zu Springers Zeiten mit dem Hubschrauber, sondern zu Wasser an. Auf Dauer war es ihr zu verlassen auf dem Eiland. Hatte sie nach dem Tod des Verlegers die Einsamkeit gesucht, um in ihrer Trauer nicht gestört zu werden, so änderte sich ihre Sicht der Dinge im Laufe der Jahre. Längst ging sie wieder gern unter Leute und verbrachte lieber mehrere Tage im Jahr auf Mallorca, wo sie sich unweit ihrer prominenten Freundin Sabine Christiansen eine Wohnung zugelegt hatte. So war sie nicht allein, sondern konnte Freunde und Bekannte treffen, wenn ihr danach war. Allerdings sollte das mallorquinische Intermezzo nicht lange währen – sie kam zu selten, brauchte dafür keine eigenen vier Wände und verkaufte sie wieder.

Ende Juni 1999 besuchte sie ein letztes Mal ihr Haus auf Patmos. Die Verträge mit dem Käufer, einem griechischen Journalisten, der für die *Welt* arbeitete und den sie und Springer seit Jahren kannten, waren bereits unterschrieben. Wieder verkaufte sie das Haus als Ganzes – mit dem teuren Mobiliar, mit Büchern, Geschirr und Wäsche. Diesmal blieb sie nicht mehr über Nacht, sondern nur noch für zwei oder drei Stunden. Sie ordnete ein paar Dinge im Haus und steckte ein paar Bücher ein, die Axel Springer und ihr viel bedeutet hatten. Dann schloß sie die Haustür hinter sich zu. Ihr Blick fiel auf den prachtvollen Türklopfer. Sie erinnerte sich daran, wie viele Tage sie und Axel damit zugebracht hatten, einen alten Türklopfer aufzutreiben, in Form des Adlers als Zeichen des Evangelisten Johannes. An anderen alten Türen auf der Insel hatten sie sie gesehen und sich dann auf die Suche danach gemacht. Sie erinnerte sich daran, wie stolz sie gewesen waren, als der Adler aus Messing endlich an ihrer Tür befestigt war. Sie holte tief Luft: »Lebe, lebe!« sagte sie ganz leise vor sich hin und hob die Hand zum Gruß, um dem Vogel ein letztes Mal zuzuwinken. »Du mußt loslassen können«, bestärkte sie sich dann, als hätte es noch einmal der Überredung bedurft, das wunderbar gelegene Haus einem anderen zu überlassen. Dann drehte sie sich um und ging, ohne noch einmal zurückzublicken. Sie ließ Patmos endgültig hinter sich und damit wieder einen Teil ihres Lebens mit Axel Springer.

Ein Jahr darauf trennte sie sich von dem Anwesen auf Schwanenwerder. Sie hatte die Kinder und Enkel Axel Springers ausgezahlt und ihnen erlaubt, sich noch das eine oder andere Möbelstück herauszunehmen. Bald parkten Möbelwagen in der Einfahrt. Ihre Miterben zögerten nicht lange, griffen zu und holten die wertvollsten Stücke des Mobiliars aus der großen Villa. Einen Tag lang haderte Friede mit ihrem Schicksal, das sie diesmal selbst zu verantworten hatte. »Egal«, sagte sie sich dann und verscheuchte ihren Ärger. Teures Mobiliar und andere Pretiosen bedeuteten ihr nicht soviel. Das Haus war ihr zu einer Belastung geworden. Es war viel zu groß und zu abgelegen. Es machte sie einsam. Sie fährt lieber mit dem Fahrrad zum Einkaufen als mit dem Auto oder gar mit dem Chauffeur. Sie freut sich, wenn sie auf der Straße jemanden trifft, den sie kennt. Am 1. Januar 1999 wechselte das »Haus an der Havel«, wie es Springer genannt hatte, den Besitzer.

Besitztümer, die ihr und Springer weniger bedeuteten, hatte sie schon früher aufgegeben. Das Haus am Neuen Jungfernstieg 17a hatte sie bereits 1997 an einen Arzt und Klinikbetreiber verkauft und machte damit wahr, was sie ihrem Prokuristen Dr. May drei Jahre zuvor bereits angekündigt hatte. Das Londoner Stadthaus in der Upper Brook Street Nummer 48 hatte sie noch früher veräußert, auch wieder samt Inhalt. Gleiches galt für die Wohnung, die sich der Verleger in Jerusalem in dem ansehnlichen Wohnkomplex King Davids Garden zugelegt hatte, am Rande der Altstadt neben dem King David Hotel gelegen. Zweimal im Jahr war er dort gewesen, häufig genug, wie er meinte, um eine eigene Bleibe zu besitzen. Friede, die noch immer oft in Jerusalem ist und dort viele Freunde hat, brauchte die Wohnung nicht mehr und verkaufte sie schon 1990.

Friede Springer ist zu pragmatisch, als daß sie an den Besitztümern festhalten würde, die ihr Kosten verursachen, ohne daß sie daran Freude hat. Ihr Haus in Klosters, das ihr Mann ihr Anfang der achtziger Jahre geschenkt hatte, hat sie nicht aufgegeben. Es ist klein, unauffällig und gemütlich – für sie gerade richtig. Das gleiche gilt für ihre Sylter Wohnung, die sie bewohnt, wenn sie im Sommer zwei Wochen auf der Insel verbringt. Von Schwanenwerder ist sie 1998 nach Dahlem gezogen, in den vornehmsten Stadtteil Berlins. Hier stehen viele herrschaftliche Häuser und ein paar bescheidenere dazwischen. Ihres ist klein und fällt hinter den hohen Hecken kaum auf. Es hat eine kleine Terrasse und einen recht großen Garten, in dem sie ihre Rosen pflanzen kann. Sie könnte eigentlich einen Gärtner alles richten lassen und müßte keinen Finger rühren. Aber das will sie nicht. Sie genießt das Gefühl der Erde an den Händen und freut sich, wenn die Pflanzen, die sie gesetzt hat, gedeihen. Gäste lädt sie eher selten ein. Für Gesellschaften und Abendessen hat sie sich ein kleines Palais in Potsdam zugelegt, das um die Jahrhundertwende erbaut wurde und zwischen den vielen anderen seiner Art, die in den Straßen Potsdams stehen, nicht hervorsticht. Sie hat einen jungen Architekten mit der Renovierung des Hauses beauftragt, in dem vorher mehrere Wohnungen untergebracht waren. Die Räume sind vornehm eingerichtet mit Möbeln, die zum Stil des Palais passen. Wieder hängen teure Bilder an den Wänden der mit Antiquitäten bestückten kleinen Salons. Ihren Geschmack hat der Verleger geformt, das ist nicht zu übersehen. Den Rahmen aber, in dem sie jetzt ihr Leben führt, hat sie sich selbst gewählt.

Auch in Verlagsangelegenheiten wurde sie zunehmend selbstbewußter. Servatius und Cramer, ihre Kollegen aus dem Aufsichtsrat, und auch der Vorstand des Konzerns mußten zusehen, wie sich die Witwe immer stärker auf ihre Rechte besann und diese auch wahrnahm. Ihr Gewicht unter den Erben, die von ihr vertreten wurden, war gewachsen, weil die Springer-Kinder Barbara und Nicolaus ihr ihre Verlagsanteile verkauft hatten. 1995 hatte zunächst die Springer-Tochter mehr als 50 Millionen Mark kassiert, ein knappes Jahr später bot Nicolaus seine 10 Prozent an der Holding in zwei Tranchen an. Ihm zahlte die Witwe das Doppelte, entsprechend dem stark gestiegenen Börsenkurs der Springer-Aktie, wobei er allerdings einen Abschlag von rund 30 Prozent akzeptieren mußte. Gut 150 Millionen

Mark für den Auskauf von zwei der vier Miterben – das war auch für die Haupterbin sehr viel Liquidität, über die sie nicht so ohne weiteres verfügen konnte. Sie finanzierte den Ankauf der Anteile über die Hamburgische Landesbank, hielt fortan 90 Prozent an der Holding und damit wiederum 45 Prozent am Verlag. Ihre Bankschulden bediente sie von der Dividende und hoffte, daß alles gutgehen möge bis zum Jahr 2002, wenn sie endlich ihre gesamten Verbindlichkeiten getilgt haben würde.

Friede Springer begann sich schon bald nach dem Ende der Testamentsvollstreckung stärker in die Personalangelegenheiten des Konzerns einzumischen. Die Strategie des Springer-Verlages und die Gestaltung der Blätter würde sie anderen überlassen müssen. Sie wußte, daß sie davon keine Ahnung hatte und bei weitem nicht über das kreative Potential ihres verstorbenen Mannes verfügte. Aber um die, denen sie diese Aufgaben übertrug, wollte sie sich fortan aktiver bemühen. Es war ihr Recht und ihre Pflicht. Bereits 1997 knirschte es wieder an der Spitze des Verlages. Die Vertragsverlängerung von Konzernchef Jürgen Richter stand an, der 1994 nach dem Tod von Günter Wille sein Amt angetreten hatte. Friede Springer mochte den sperrigen Manager, der offenbar in der Lage war, die Verkrustungen des Verlages aufzubrechen und so erfolgreich wirtschaftete. Seine unorthodoxen Führungsmethoden schienen genau das Richtige zu sein, um etwas Wind in das verstaubte Haus zu tragen. Sein »Programm zur Effizienzsteigerung und Kostensenkung« trug schon bald Früchte. Im Geschäftsjahr 1994 stieg der Gewinn auf über 120 Millionen Mark und fiel in den Jahren darauf noch höher aus – die Dividende sprudelte. Die Großaktionäre waren mit ihrem Vorstandschef zufrieden. Richter saß fest im Sattel.

Es konnte ihm auch nichts anhaben, daß der inzwischen erstarkte Aktionär Kirch in einem Brief an Servatius die Ablösung des neuen Chefredakteurs der *Welt*, Thomas Löffelholz, forderte und damit gleichzeitig auch eine Attacke gegen Richter ritt. Kirch hatte sich über einen Kommentar in der *Welt* zum Kruzifix-Urteil des Bundesverfassungsgerichts geärgert, in dem der Spruch der obersten Richter

Unterstützung fand. Er, der nicht nur geschickter Geschäftsmann, sondern auch tiefgläubiger Christ war, sah die Grundwerte des Verlages und vor allem seine eigenen verletzt und forderte die Ablösung des Chefredakteurs. Vorstand und Aufsichtsrat stellten sich hinter den Betroffenen, der eigens von Richter von der *Stuttgarter Zeitung* geholt worden war. Im Aufsichtsrat wurde vermutet, daß dem Brief Kirchs ein Gespräch mit Bundeskanzler Helmut Kohl vorangegangen war. Da Kirchs Brief bereits öffentlich bekannt war, kaum daß er bei Servatius einging, antwortete der Springer-Verlag unter Führung des Aufsichtsratsvorsitzenden Servatius ebenfalls öffentlich und wies die Attacke aus München zurück. Servatius hatte sich immer um ein gutes Verhältnis zu Leo Kirch bemüht, und während sie in der Öffentlichkeit dieses kurze Scharmützel austrugen, waren sie hinter den Kulissen schon längst wieder im Gespräch miteinander. »Wenn ihr den Löffelholz oder sogar den Richter loswerden wollt, dann dürft ihr das so nicht machen«, sagte Servatius zu Kirch. »Denn jetzt sind die beiden erst einmal unantastbar.«

Zumindest im Falle Richters blieb das nicht mehr allzu lange so. So nützlich er für den wirtschaftlichen Erfolg des Verlages auch gewesen war, sein Führungsstil erschien zunehmend untragbar. Der Aufsichtsrat war hin und her gerissen. Und auch bei Friede Springer stiegen die Zweifel. Würde sie sich bald nach einem neuen Konzernchef umschauen müssen? Servatius hielt Richter vorerst die Stange – wegen seines wirtschaftlichen Erfolges. Aushalten müßte man die Eigenwilligkeit des Herrn an der Konzernspitze, empfahl er Friede, weil im Prozeß der Restrukturierung noch vieles abzuarbeiten sei. Servatius sah sogar über den Versuch Richters hinweg, die Chefredakteure des Hauses künftig in Eigenregie zu bestellen und wieder abzulösen, ohne Mitsprache des Aufsichtsrats. Der hatte zwar bei derlei Personalien kein Initiativrecht, doch war es an ihm, die Einstellung und Abberufung der Chefredakteure zu genehmigen, die die politischen Inhalte der Blätter bestimmten. Das konnte nicht nur Sache des Konzernchefs, sondern mußte eine der wichtigsten Aufgaben des Aufsichtsrates sein.

Als Richter im Sommer 1997 den damaligen Politik-Chef der *Bild*-Zeitung, Kai Diekmann, über Nacht zum Leiter des bedeutungslosen Springer-Auslandsdienstes machen und damit aufs Abstellgleis schieben wollte, wurde es den Aufsichtsräten zuviel. Richter geriet über seine Entscheidung in einen heftigen Streit mit Claus Larass, dem Chef des Boulevardblattes und damit Diekmanns unmittelbarem Vorgesetzten. Der Kohl-Biograph Diekmann und damit Vertraute des Bundeskanzlers entmachtet – das konnte und durfte aus Sicht der Kirch-Fraktion im Aufsichtsrat nicht sein. Der Kirch-Vertraute Theye, längst im Aufsichtsrat, schrieb einen Brief an den *Spiegel*. Servatius nahm seinerseits Stellung. Er hielt weiterhin zu dem wild gewordenen Vorstandsvorsitzenden, denn noch immer verdiente der für die Aktionäre sehr viel Geld. Friede Springer und Leo Kirch hatten sich derweil aber schon längst über den Vorfall und das weitere Vorgehen verständigt: Richter erschien ihnen nicht mehr tragbar. Sie waren sich schon einig, als der Aufsichtsratsvorsitzende Servatius noch immer versuchte, den eigenwilligen Konzernführer zu halten. Doch schließlich gab er nach. Wenn Friede Springer und Leo Kirch Richter nicht mehr wollten, dann war die Angelegenheit auch für ihn vorbei.

Bei der Suche nach einem Nachfolger wollte Friede Springer die Initiative nicht nur den anderen überlassen. Sie rief den Präsidenten des Bundesverbandes der Deutschen Industrie Hans-Olaf Henkel an und berichtete ihm, was geschehen war. Ob er ihr nicht helfen könne, fragte sie ihn. »Ich brauche schon wieder einen neuen Vorstandschef.« Hans-Olaf Henkel bezog den Anruf der Verlegerin ganz selbstverständlich auf sich. Er traf sich mit Servatius in dessen Privatwohnung in Hamburg. Schon einmal war er dort gewesen. Als Günter Wille starb, war er von Servatius gefragt worden, ob er nicht dessen Nachfolge antreten wolle. Damals hatte Henkel dem Juristen abgesagt, denn Henkel und Servatius – das paßte nicht, zumindest nicht für den BDI-Präsidenten, der ein Mann der klaren Worte war. Auch diesmal blieb das Gespräch der beiden in Hamburg unverbindlich. Trotzdem fühlte sich Henkel verpflichtet, Friede Springer zu helfen. Er empfahl ihr August »Gus« Fischer, seinen Kollegen aus dem Verwaltungsrat des Schweizer Verlages Ringier. Gus Fischer hatte seine Karriere im Konzern des australischen Medienunternehmers Rupert Murdoch gemacht. Er lebte in London und erschien Friede für den vakanten Posten an der Spitze des Zeitungshauses geeignet. Mit seiner großen internationalen Erfahrung würde er die Internationalisierung des Konzerns voranbringen. Bevor Friede Springer der guten Ordnung halber den Aufsichtsratsvorsitzenden Servatius in die Personalie Gus Fischer einschaltete, hatte sie sich mit Leo Kirch bereits geeinigt: Fischer sollte künftiger Konzernchef werden. Der aber hatte wenig Lust, London zu verlassen. Er stellte Bedingungen: Montags und freitags wollte er in London verbringen und nicht in Hamburg oder Berlin. Kirch und Friede Springer ließen sich darauf ein – wider jede Erfahrung und alle Ratschläge, die zumindest die Verlegerwitwe eingeholt hatte.

Fischer trat sein Amt mit hehren Versprechungen an und handelte sich alsbald den Spitznamen »Mister DiMiDo« ein. Es hatte sich unter den Mitarbeitern herumgesprochen, daß er sein Leben in London genoß und nicht nach Deutschland übersiedeln wollte. Die Medien sahen in dem ehemaligen Murdoch-Manager einen Erfüllungsgehilfen des Bundeskanzlers. Der ziehe nämlich eigentlich bei Springer die Strippen, und das nicht nur über seinen engen Freund Leo Kirch. Gus Fischer und Kohl seien befreundet, hieß es.

Helmut Kohl hatte im Springer-Verlag keinen Einfluß, schon gar nicht auf die Verlegerwitwe. Telefonate mit Friede Springer, die sie – wie in der Presse kolportiert – zur Besetzung prominenter Posten mit bestimmten Personen bewegt hätten, hatten als solche nicht stattgefunden. Versuche, Friede Springer zu bestimmten Personalentscheidungen zu bringen, blieben erfolglos. Gus Fischer war über Hans-Olaf Henkel gekommen, der sich mit dem Bundeskanzler schon lange über dessen Politik zerstritten hatte. Weder zog also Kohl bei Springer im Hintergrund die Strippen noch hatte sich Leo Kirch des maßgeblichen Einflusses auf den Konzern bemächtigt. Vielleicht dachte der eine das. Der andere jedenfalls war viel zu klug, um nicht zu wissen, daß er noch lange nicht an Friede Springer vorbeigezogen war in seinem Einfluß auf den Konzern. Einen Arbeitsvertrag über drei Jahre hatte Gus Fischer schließlich unterschrieben. Ende des Jahres 2000 wollte er wieder ganz zurück in London sein.

Er kam im Januar 1998 mit einem Konzept für ein internationales Medienhaus. Schon bald sah er sich jedoch im Zentrum kursierender Gerüchte über seinen vorzeitigen Abgang. Aus den hochfliegenden Plänen war nicht viel geworden. In strategischer Hinsicht blieb er glücklos, er war zuwenig präsent und zog sich häufig schon am Donnerstag abend in die britische Metropole zurück. Auch Friede Springer kamen bald Zweifel. Immerhin hatte er ein neues Programm zur Senkung der Verlagskosten angeordnet. Mangels alternativer Kandidaten für das Amt des Vorstandsvorsitzenden blieb er noch ein viertes Jahr. In seinem letzten Amtsjahr hielt er vor allem einem den Rücken frei: dem bereits benannten neuen Konzernchef Mathias Döpfner.

Öffentlich fand Friede Springer zunehmend Beachtung. Im Jahr 2000 wurde sie mit dem Leo-Baeck-Preis des Zentralrats der Juden in Deutschland ausgezeichnet, den vor Jahren schon ihr Mann erhalten hatte. Wortreich hatte er seine Liebe zu Israel und das tiefe Empfinden für die deutsche Schuld vor sich hergetragen. Sie empfindet genauso, aber stiller. Zwei Jahre später erhielt sie die Ehrendoktorwürde der Ben-Gurion-Universität des Negev in Beer-Sheva. Im gleichen Jahr wurde sie mit der Ritterwürde der Französischen Ehrenlegion ausgezeichnet und erhielt damit den höchsten nationalen Orden der Republik Frankreich. 2004 nahm sie den bayerischen Verdienstorden entgegen. Schon vor vielen Jahren war sie mit dem Verdienstorden des Landes Berlin dekoriert worden. 1996 hatte sie das Große Bundesverdienstkreuz erhalten.

In der Anzahl der Auszeichnungen steht sie Axel Springer kaum nach. Jede öffentliche Ehrung erfüllt sie einen Moment lang mit Stolz. Sie fühlt sich anerkannt. Aber kaum daß der Moment vorüber ist, macht sie sich schon nichts mehr daraus. Das Leben mit Orden ist nicht anders als ohne, und ihre Aufgaben ändert es ebensowenig. Manchmal wünscht sie, daß die Würdigungen ohne den ganzen gesellschaftlichen Auftrieb vonstatten gingen, der dann immer wieder um ihre Person entsteht. Sie ist zwar gern in Gesellschaft und auch in deren Mittelpunkt, doch auf dem Podium zu denen sprechen, die gekommen sind, um ihr Beifall zu zollen, ist ihre Sache nicht. Stets ist sie viel nervöser, als sie es sein müßte, stockt hin und wieder in ihren seltenen Ansprachen, als würde sie sich sonst verhaspeln, was angesichts ihrer schlichten Sätze kaum noch möglich ist. Axel Springer war da ein wenig anders. Er trug seine Orden gern zur Schau, legte sie an und um, wenn er im Frack oder Smoking auf eine Gesellschaft ging. Doch wußte er auch die Auszeichnungen mit dem ihm eigenen Sinn für Komik zu nehmen. Als ihn seine Entourage wieder einmal zu einem feierlichen Anlaß abholen wollte, mußten die Herren noch einige Minuten warten, bis der Verleger – wie sie meinten, in großer Robe – erschien. Doch er kam anders, stand plötzlich im knöchellangen Nachthemd auf der Treppe und hatte sich die Orden allesamt umgehängt. Geschrien haben die Herren vor Lachen und konnten eine ganze Weile lang nicht an sich halten. Nicht ganz so ambivalent ist Friedes eigener Umgang mit den Ehrenzeichen. Sie nimmt sie entgegen und legt sie weg.

16. KAPITEL

Die Witwe wird Königin

Schon am frühen Morgen versprach der 15. August 2002 ein klarer Hochsommertag zu werden. Warm wie schon seit Wochen. Kaum eine Wolke schwebte am Himmel. Früher als sonst war Friede Springer an diesem Morgen aufgewacht. Sie trat ans Fenster und öffnete die Flügel, um die noch kühle Morgenluft ins Zimmer zu lassen. Zweihundert Gäste hatten zu ihrem großen Fest am Abend zugesagt – schon der Gedanke daran, wer sich in der großen Orangerie im Charlottenburger Schloß alles einfinden würde, jagte ihr aufs neue einen Schrecken ein. Es war die Prominenz aus Politik, Wirtschaft, Kultur und Unterhaltung, die Deutschland zu bieten hatte und zu der sie selbst längst gehörte, ihre vielen Bekannten und Freunde und dazu all jene, die das ungeschriebene Recht besaßen, bei gesellschaftlichen Anlässen dabeizusein. Hoffentlich geht alles gut, dachte sie sich, als sie aus dem Fenster schaute. Sie schickte eine flehentliche Bitte zum Himmel. Es war ihr sechzigster Geburtstag, und ihr war bang ums Herz.

Ganz unvermittelt füllten sich ihre Augen mit Tränen. Sie wunderte sich über sich selbst. Nicht anders als sonst war sie an diesem Morgen allein in ihrem neuen Haus in Dahlem. Bilder aus der Vergangenheit tauchten vor ihr auf. Zusammenhangslos. Die Tränen liefen weiter bis zum Kinn und fielen als kalte Tropfen in ihren Kragen. Wieviel Kraft hatten sie all die Jahre gekostet, die jetzt hinter ihr lagen? Wie oft hatte sie sich überwinden müssen, hatte gegen ihre Unsicherheit und ihre Angst gekämpft, um sich dann irgendwann über ihren Erfolg zu freuen. Sie hatte ihre Sorgen mit niemandem geteilt, noch nicht einmal mit ihrer Mutter, die sie jeden Tag anrief, der sie aber nur wenig erzählte, weil sie sich in ihrem hohen Alter über die Nöte der Tochter nicht beunruhigen sollte. Sie hatte nur immer wieder mit Axel geredet, in der Sicherheit, daß er sie hörte. Was hatte ihr das Leben gebracht? Was würde noch werden? Konnte denn immer nur der Weg das Ziel sein?

Axel Springer war seit nunmehr siebzehn Jahren fort. An ihrem sechzigsten Geburtstag wünschte Friede sich ihn so sehr zurück wie lange nicht mehr. Deswegen war sie plötzlich voller Trauer, fast wie damals nach seinem Tod. Sie erinnerte sich an das Gefühl der Endgültigkeit, das in ihr hochgestiegen war und sie jetzt aufs neue überkam. Wenn er nur bei ihr wäre, einen kurzen Moment, jetzt, wo sie sich so allein gelassen fühlte. Wünsche, Ängste und die Aufregung vor dem bevorstehenden Abend – ihre Gefühle wirbelten an diesem Morgen durcheinander. Die vielen Gäste, die sie würde begrüßen müssen. Allein. Warum hatte Springer sie nur so früh zurückgelassen? Am Morgen ihres sechzigsten Geburtstags war der Gedanke daran zuviel für sie.

Das Klingeln des Telefons riß sie aus dem Strudel ihrer Emotionen. Barbara Choremi, die Tochter ihres Mannes, gratulierte. Sie könne aber leider am Abend nicht dabeisein. Sie fühle sich unwohl, sei nicht in der Lage, lange zu sitzen und noch weniger zu reisen. Sie wollte zu Hause in der Schweiz bleiben. »Ach, Barbara, ich hätte dich so gern dabeigehabt!« gab Friede zurück und drängte nicht weiter. Als Barbara Choremi nach ihrem Befinden fragte, konnte sie ihr keine Antwort geben. Sie fing gleich wieder an zu schluchzen. »Friede, was hast du?« rief die Springer-Tochter in die Leitung. Friede brachte nur ein paar kurze Brocken heraus. Alles zuviel. Nichts wirklich. Was sollte schon sein? Wieder einmal war es die nüchterne, etwas strenge Stimme der Springer-Tochter, die sie in die Gegenwart zurückholte. Sie war auf die Stimmungen der letzten Frau ihres Vaters selten eingegangen und tat es auch an ihrem Geburtstag nicht. Friede beruhigte sich langsam. Wie immer war sie Barbara Choremi dankbar für ihre Art, die ihr mehr half als tröstende oder gar mitfühlende Worte, die alles nur noch schlimmer gemacht hätten. Es war, wie es häufig vorkommt an so einem großen Tag – ein wenig Herzschmerz, der vorübergehen würde.

Nachdem sie den Hörer aufgelegt hatte, hing sie noch eine Weile ihren Gedanken nach. Sie war härter geworden in all den Jahren nach Springers Tod. Ihre Offenheit gegenüber anderen Menschen und ihre Bereitschaft, sich auf sie einzulassen, hatte sie sich erhalten, auch wenn sie oft genug enttäuscht worden war. Wer hatte nicht alles ihr Vertrauen mißbraucht, war mit der Nähe zu ihr hausieren gegangen oder hatte versucht, über sie Einfluß auf den Verlag zu bekommen. Erst Tamm und Prinz, die sie mit dem heimlichen Verkauf ihre Anteile an Kirch schockiert hatten, dann manch wohlmeinender Berater. Springers Vertrauter Cramer hatte ihr einmal nicht ganz die Wahrheit gesagt – eine Kleinigkeit, an die sie sich heute schon nicht mehr erinnert. Servatius war für sie nicht zu fassen und nicht unbedingt zu trauen. Ihrem persönlichen Anwalt Säcker hatte sie das Mandat entzogen. Sie fühlte sich in einer Angelegenheit von ihm persönlich bloßgestellt. Ein Jahr lang war sie in steter Begleitung eines Diplomaten gesehen worden und danach nicht mehr. Auch er war eine sehr herbe menschliche Enttäuschung. Aber Friede war jenen, die sie enttäuschten, nicht lange gram. Sie stellte sie zur Rede. Irgendwann ging sie dann wieder zu dem gewohnt freundlichen Umgang über, nur eben weniger verbindlich. Eine Enttäuschung konnte sie nicht vergessen, wer sie belog, dem begegnete sie mit Vorbehalt, volles Vertrauen schenkte sie nur einmal und dann lange nicht wieder.

Friede Springer dachte an die vielen Kompromisse, die sie eingegangen war und die sie viel Geld gekostet hatten. Allein die Vorstandsmitglieder des Verlages – die meisten von ihnen hatten ihre Versprechen und die in sie gesetzten Erwartungen nicht erfüllt. Die Abfindungen, die seit dem Tod ihres Mannes gezahlt worden waren, summierten sich auf 120 Millionen Mark. Inzwischen war sie kompromißloser geworden. Sie hatte sich über die Jahre ihr schlichtes Verständnis von Gut und Böse, Recht und Unrecht bewahrt, das ihr als Kind schon von ihren Eltern auf Föhr vermittelt worden war. An

dieses Verständnis hatte sie sich immer gehalten, mit aller Konsequenz. Für Dritte, die davon betroffen gewesen waren, war das
manchmal nicht nachzuvollziehen. Für sie selbst aber war es überle-
benswichtig gewesen. Zu viele falsche Freunde, zu viele, die sich in
ihrer Gesellschaft sonnten, und immer noch zu viele, die sie nicht
ernst nahmen. »Friede Springer läßt die Menschen eiskalt fallen«, wie
oft schon wurde das mit Unverständnis vorgetragen. Sie wußte es.

Als Friede mit ihren Gedanken längst nicht mehr in der Vergangenheit, sondern schon bei dem bevorstehenden Abend war, rief Barbara Choremi noch einmal an. Lange hatte sie Friede nicht mehr so
außer sich erlebt wie noch am Vormittag. »Geht es dir besser?« fragte
sie besorgt. »Alles wieder in Ordnung«, meldete Friede. Es ging auch
gar nicht anders. Sie hatte zweihundert Gäste eingeladen. Und die
wollten jene Friede Springer sehen, derentwegen sie kamen: eine
strahlende, unkomplizierte und selbstsichere Frau. Es war wie immer
in ihrem Leben: Sie mußte funktionieren, und sie wollte es auch.
Kaum einer kannte sie anders als fröhlich und energiegeladen. »Aber
ich werde es meistern. Das verspreche ich Dir« – so wie sie nach dem
Tod ihres Mannes an eine Freundin schrieb, so hielt sie es immer
noch. Man sollte sich auf sie verlassen können.

Am Abend des 15. August stellte sich ein, was Rang und Namen
hatte: der damalige Bundespräsident Johannes Rau, Angela Merkel,
Helmut Kohl, Klaus Wowereit, Shimon Stein, Michel Friedman und
Bärbel Schäfer, Sabine Christiansen, Hubert Burda und Maria Furtwängler, Wolf Jobst Siedler, Dieter Stolte, Lord Weidenfeld und der
Aga Kahn. Eingeladen waren auch die neuen Vorstände des Verlages,
gerade einmal ein halbes Jahr im Amt, die prominenteren unter den
Chefredakteuren und viele ehemalige Wegbegleiter ihres Mannes. Sie
alle gaben sich die Ehre wie zu den besten Zeiten Axel Springers. Sie
empfing ihre Gäste draußen vor der Orangerie des Schlosses. Die
weißen Flügel der bis zum Boden gezogenen Fenster waren allesamt
weit geöffnet. Friede Springer trug ein blaues hochgeschlossenes
Abendkleid mit schmalen langen Ärmeln, das in der Taille gewickelt
war. Sie lächelte ihr immer gleiches Lächeln, das sie bei gesellschaft-

lichen Anlässen stets aufsetzte, unabhängig davon, wie ihr zumute war. Doch an diesem Abend kam es von Herzen, als sie die Glückwünsche entgegennahm. Es war ihr Tag, und die Nervosität der Morgenstunden war verflogen. Sie war bester Laune und trotzdem irgendwie ein wenig erstaunt, wie viele Gratulanten sich eingefunden hatten.

Nach dem Tod ihres Mannes hätte sich ihr Leben ganz anders entwickeln können. Sie wäre womöglich von den Einladungslisten gestrichen worden, weil der Witwe allein – als Ehefrau dem viel berühmteren Gatten zuliebe stets hofiert – kaum noch Bedeutung zugemessen wurde. Aber im Fall der Friede Springer war es anders gewesen. Sie hatte sich eingemischt, und das schon bald nachdem das erste Trauerjahr verstrichen war. Zunächst in Berliner Angelegenheiten, dann hatte sie allmählich immer mehr Ehrenämter übernommen. Sie hatte, weniger auffällig als es ihr Mann zu tun pflegte, Gesellschaften veranstaltet und ihr Haus auf Schwanenwerder für Gäste und auch für offizielle Besuche geöffnet. Irgendwann hatte sie mit ihrer konstanten Präsenz in der Stadt begonnen, den Verlag zu repräsentieren und diese Aufgabe nicht mehr Servatius, Cramer oder Tamm überlassen. So war sie ganz langsam noch einmal aufgestiegen, hatte Profil gewonnen und sich nicht nur in der Berliner Gesellschaft, in deren Zentrum sie nun stand, ihren eigenen Ruf erworben. Friede stand nicht mehr für Axel Springer, sondern für sich selbst.

Am 15. August 2002 war sie fast am Ende ihres Weges zur eindeutigen Mehrheitsaktionärin des Springer-Verlags. Was ihr Mann kurz vor seinem Tod zerschlagen hatte, hatte sie wieder zusammengefügt. Jahre hatte sie dafür gebraucht, viel Geduld und auch fremde Hilfe. Aber in den drei entscheidenden Momenten für die Zukunft des Lebenswerks ihres Mannes und damit für ihre Position hatte sie unendlich viel Mut bewiesen und ganz allein für sich entschieden, wie es sein sollte. Sie ließ nicht zu, daß ihr 1988 eine Allianz von Kirch und Burda den Zeitungskonzern entriß. Sie beschloß, die Mehrheit um jeden Preis zurückzukaufen und damit den ersten Schritt in das Leben einer echten Verlegerin zu tun. Aus eigenem Antrieb schuf sie Mitte der neunziger Jahre die entscheidende Voraussetzung für das Ende der Testamentsvollstreckung, indem sie die Erben einte. Sie vereitelte damit, daß diese – die wahren Erben Springers – auf unabsehbare Zeit weiter ins Abseits gedrängt wurden und fremde Testamentsvollstrecker den Willen des Verlagsgründers nach eigenem Gutdünken auslegten. An jenem Tag im Frühjahr 1994, als sie zunächst die Erben und dann die Testamentsvollstrecker traf, hatte sie beschlossen, endlich erwachsen zu werden. Sie hatte sich gedanklich aus den langem Schatten der Weggefährten Springers gelöst, um bald selbst Verantwortung zu übernehmen. An ihrem sechzigsten Geburtstag stand sie noch immer inmitten einer Schlacht um den Verlagskonzern, fest entschlossen, auch dieses Gefecht zu gewinnen und sich nichts nehmen zu lassen von dem, was ihr ihr Mann hinterlassen hatte. Und wieder sollte sie – ein drittes Mal – all ihre Courage benötigen, um den Begehrlichkeiten standzuhalten, die sich heftiger denn je auf den mächtigen Zeitungskonzern richteten. Auch das würde sie am Ende »meistern«, was sie am Tag ihres sechzigsten Geburtstages allerdings noch nicht wußte.

An diesem Abend wurde sie von einigen aufrichtig bewundert für ihre Energie, mit der sie sich an die Spitze des Verlags hinaufgearbeitet hatte. Von anderen wurde sie neidvoll belächelt ob ihres brennenden Ehrgeizes, der ihr den atemberaubenden gesellschaftlichen Aufstieg bescherte, den ihr viele immer noch nicht gönnten. Ein Kindermädchen, das zur Königin wurde, durfte es in Deutschland eigentlich nicht geben. Von allen aber wurde sie hofiert als eine der mächtigsten Frauen Deutschlands, die ihre Macht nur selten und kaum wahrnehmbar einsetzte und peinlich genau darauf achtete, sie – auch wohlmeinend für andere – nicht zu mißbrauchen. Wer sich gutstellte mit Friede Springer, der konnte mit der Springer-Presse auf Dauer nicht auf Kriegsfuß stehen – ein Trugschluß. Vor den Blättern des Hauses, vor allem vor der *Bild*-Zeitung, hatten Politiker und Fernsehmoderatoren, Wirtschaftsbosse und andere Prominente Angst. Sie konnten nur nicht begreifen, daß Friede Springer die Blattmacher nicht an die Kette legen wollte und konnte. »Friede, ich habe dich noch nie um irgend etwas gebeten ...«, setzte 2003 einer ihrer prominenten Bekannten am Telefon an, der über Nacht in eine tiefe Lebenskrise stürzte. Er wollte wohl, daß die Witwe – Gott gleich – dem Sturm, der sich in den Springer-Blättern über ihn zusammenbraute, Einhalt gebot, was sie nicht tat. Sie ließ ihn reden und zog sich selbst zurück. Von ganz wenigen an diesem Abend wurde sie um ihrer selbst willen gemocht. Denn wen hätte Friede Springer interessiert, wenn sie nicht das letzte Wort im größten europäischen Zeitungshaus gehabt hätte?

Auch Bundespräsident Johannes Rau war mit seiner Frau Christina ihrer Einladung gefolgt. Nicht zufällig hatten sie sich kennengelernt. Als der künftige Bundespräsident mit seiner Familie nach Berlin zog, hatte die Verlegerin einen wenig präsidialen Brief geschrieben: Sie begrüßte seine Frau und ihn als Neuberliner und Nachbarn im Stadtteil Dahlem und verband ihre Wünsche für ein schnelles Eingewöhnen in der neuen deutschen Hauptstadt mit ein paar praktischen Hinweisen: Läden und Ärzte, Apotheke, Friseur, Kino und ein Warenhaus. Dem Charme des schnörkellosen und herzlichen Schreibens konnten sich der Bundespräsident und seine Frau nicht entziehen. Die neuen Nachbarn wurden mehr als nur Bekannte.

Ihr Verhältnis zum Bundeskanzler entwickelte sich distanzierter, was weder auf seine Politik zurückzuführen war noch mit seiner Partei oder gar der konservativen Linie des Verlagshauses etwas zu tun hatte. Wie viele andere Politiker hatte Gerhard Schröder, kurz bevor er Kanzler wurde, wohl gemeint, daß der Kontakt zur Verlegerwitwe durchaus von Nutzen sein könnte. 1998 bat er den Präsidenten des Bundesverbandes der Deutschen Industrie Hans-Olaf Henkel, ihm eine Begegnung mit der Dame zu vermitteln. Der tat das gern, und als er Friede Springer anrief, war die nicht abgeneigt, den niedersächsischen Ministerpräsidenten zu einem Mittagessen zu treffen. Sie hätte anstelle des geplanten Tête-à-tête mit dem zukünftigen Kanzler lieber noch den BDI-Präsidenten dabeigehabt. Doch der winkte ab. Der Ministerpräsident wollte die Verlegerin treffen und nicht ihn. Friede Springer lud Gerhard Schröder in ein Séparée des Journalistenclubs im Springer-Hochhaus ein – und blieb unverbindlich. Gerhard Schröder lernte eine ausgesprochen reizende, zurückhaltende Dame kennen, die sich nach dem Essen freundlich verabschiedete.

Er selbst gab sich bescheiden bei der ersten Begegnung, ganz anders als später, als sich die Bescheidenheit des frisch gekürten Kanzlers ihr gegenüber schnell in ein staatsmännisches Auftreten verwandelte. Der derbe Spruch des sozialdemokratischen Kanzlers, er brauche *Bild, BamS* und »Glotze«, um die Bevölkerung zu erreichen, prallte ebenso an ihr ab wie später ein offener Brief der Kanzlergattin Doris Schröder-Köpf. Anstatt die Verlegerin direkt anzusprechen, die ihr aus vielen Begegnungen gut bekannt war und deren Telefonnummern sie allesamt besaß, appellierte sie öffentlich an das verlegerische Selbstverständnis Friede Springers und beschwerte sich über die mangelnde journalistische Qualität der *Bild*-Zeitung mit ihren »Beleidigungen und Entgleisungen«. Stein des Anstoßes war eine Kolumne von Franz Josef Wagner zur Flutkatastrophe im Osten Deutschlands gewesen. »Ist diese Form von Schmutz-Journalismus und Demokratieverachtung in Ihrem Sinne?« zeterte sie in einem offenen Brief an Friede Springer, der auf der Homepage des Kanzlers zu lesen war. Es war der vergebliche Versuch, ein schlechtes Licht auf die Verlegerin zu werfen, die offenbar entweder nicht in der Lage war, ihre Blätter ordentlich zu führen oder aber den vermeintlichen Schmutz-Journalismus unterstützte. Der gewünschte Effekt blieb allerdings aus. Schröders junge Frau erreichte nur, daß die Republik über ihre angeschlagenen Nerven in der Endphase des Wahlkampfes spottete. Warum sonst hätte sie sich zu dem öffentlichen Bekenntnis der eigenen Empfindlichkeit hinreißen lassen?

Friede Springer reagierte – wie so oft – überhaupt nicht. Die Beziehung zu den Schröders war wechselhaft. Und das nicht etwa, weil Friede Springer es so gewollt hätte. Sie war gleichbleibend freundlich. Der Kanzler war es nicht. Kaum im Amt, buhlte er um die Gunst der Verlegerin, und das für sie unübersehbar deutlich. Immer einmal wieder wurde sie von ihm zu erlesenen offiziellen Anlässen in seine Berliner Wohnung eingeladen. Der Besuch des israelischen Ministerpräsidenten Barak war so eine Gelegenheit, Friede Springer wieder einmal den Hof zu machen. Doch irgendwann ließ das Bemühen des Kanzlers nach. Vielleicht hatte er gemerkt, daß er weder Friede Springer noch ihre Blätter beeinflussen konnte und der Aufwand nicht lohnte. Vor der Wahl 2002 war sein Interesse an ihr merklich abgekühlt, er übersah sie regelrecht. Doch auch das änderte sich wieder. Die Begrüßungen wurden plötzlich wieder freundlicher, seine tiefen Bücklinge befremdlich.

Friede Springer überging derlei Anwandlungen einfach. Auch als ihr der Kanzler in etwas ungehobelter Form unterstellte, sie ließe sich wohl jeden Leitartikel vorlegen, um ihn abzuzeichnen, bevor er in der Springer-Presse erscheine. Sie läßt »ihren Blättern« die eigenständige Meinung. Sie mischt sich nicht ein. Denn als Verlegerin ist sie nun einmal kein Blattmacher. Ihr Mann war beides – Verleger und Blattmacher und damit eine Ausnahmeerscheinung. Allerdings hatte er zum Leidwesen seiner Redaktionen bald begonnen, sich von seinen Zeitungen zu distanzieren, kaum daß öffentliche Kritik laut wurde. Das wiederum tut Friede Springer nicht. »Ich stelle mich immer vor meine Blätter«, sagt sie, auch wenn ihr so manche Geschmacklosigkeit der *Bild*-Zeitung nicht gefallen kann. »Natürlich ärgere ich mich manchmal. Aber dann kann ich doch nicht gleich zum Hörer greifen.«

Sie weiß, mit welchen Blättern der Verlag sein Geld verdient. Deshalb will sie sich nicht morgens bei der Lektüre echauffieren und abends nach erfolgreich verkaufter Auflage kassieren. Kein negatives Wort werden Außenstehende aus ihrem Munde über ihre Zeitungen hören. Sie greift nicht ein, gibt keine Hinweise auf Personalien. Natürlich läßt sie sich informieren, wenn etwas schiefgegangen ist, wie zum Beispiel ein aufsehenerregendes Interview mit dem israelischen Staatschef Ariel Scharon, das als solches gar nicht stattgefunden hatte. Da klingelte in ihrem Büro ein paarmal das Telefon, und der Chefredakteur des Blattes rapportierte beflissen, wie die verheerende Panne zustande gekommen war und wie sie bestmöglichst behoben werden sollte. Doch derlei blieb die Ausnahme. »Meine persönlichen Vorlieben sollen sich in meinen Zeitungen nicht widerspiegeln«, sagt sie, die jeden vorauseilenden Gehorsam ablehnt. Ihre freundschaftliche Verbindung mit Angela Merkel mag den einen oder anderen Chefredakteur dazu veranlassen, vorsichtiger mit der Dame zu verfahren. Das nimmt sie in Kauf, in ihrem Sinne ist es nicht.

Friede Springer macht zwar keine Zeitungen, doch sie krönt die Könige an deren Spitze. Sie weiß genau, welchen der Chefredakteure sie nur zum Essen einladen müßte, um ihm zu sagen: »Das ist aber nicht nett, wie Sie das machen. Schreiben Sie es künftig anders.« Es gäbe welche, die ihre Hinweise im Handumdrehen umsetzten. Deswegen läßt sie es. Friede Springers Einflußnahme auf ihre Blätter wird immer überschätzt. Sie wählt die Chefredakteure sorgfältig aus und läßt sie wirken – immer in der Hoffnung, daß sie ihre publizistischen Entscheidungen an den Grundlinien des Verlages orientieren. Wenn jemand in ihrem Sinne Einfluß nehmen kann, dann ist es der neue Verlagschef Mathias Döpfner, den sie, kaum daß er Vorstandsmitglied war, an die Konzernspitze hievte. »Man versuche nicht, bei Friede Springer um einen Eingriff in die Arbeit der Redaktionen nachzusuchen, wenn einem etwas nicht gefällt«, warnte Richard von Weizsäcker in einer Rede, als Friede Springer zusammen mit Otto Schily mit dem »Preis für Verständigung und Toleranz des Jüdischen Museums Berlin« ausgezeichnet wurde. Politiker und Wirtschaftsbosse, die sich versammelt hatten, sollten das endlich begreifen.

Zum neuen Bundespräsidenten Horst Köhler hat Friede Springer ein fast herzliches Verhältnis. Sie hat ihn schon seit seiner Zeit als Redenschreiber von Finanzminister Gerhard Stoltenberg wahrgenommen. Die CDU Brandenburg hatte Friede Springer als Wahlfrau für die Wahl des Bundespräsidenten 2004 nominiert. Zweimal stellte sich der Kandidat Köhler den Wahlfrauen und Wahlmännern vor. Sie saß im Publikum, und zweimal zwinkerte er ihr zu. »Für Friede Springer, die mich beeindruckt«, schrieb er ihr als frisch gewählter Bundespräsident in sein Buch, als sie ihn bat, es zu signieren.

Am Abend ihres Geburtstages saß sie zwischen Köhlers Vorgänger Rau und dem Regierenden Bürgermeister von Berlin, der Tischherr der Präsidentengattin war. Der neben Christina Rau plazierte Mathias

Döpfner führte die Königliche Hoheit Begum Aga Khan zur Tafel, und schräg gegenüber hatte Angela Merkel Platz genommen, deren Verhältnis zur Verlegerin mit ihrem Machtzuwachs zunehmend enger geworden war. An der schier endlos langen Tafel waren illustre und ernste Gäste zu sehen und viele, die nicht nur in Deutschland Rang und Namen haben.

In der Gesellschaft ist Friede Springer längst an die Stelle ihres Mannes getreten. Wenn sie ruft, dann kommen heute nicht weniger als zu Zeiten Axel Cäsar Springers. Und sie geben sich die Ehre nicht nur als Referenz an den verstorbenen Verleger und außergewöhnlichen Mann, dessen Verdienste um die Republik heute kaum einer öffentlich bestreitet. Sie alle kommen wegen Friede Springer, was sie mit Stolz genießt. Wie Springer befindet auch sie sich inzwischen meist in Begleitung einer Entourage, die sich im Glanze der Königin sonnt und sogar ein wenig davon profitiert.

Doch nicht alle, die fest zu Friedes Leben gehören, waren an ihrem sechzigsten Geburtstag anwesend. Es fehlte die Familie Riewerts, ihre Mutter, die vier Geschwister, der Schwager, die Schwägerinnen und die schon erwachsenen acht Neffen und Nichten. Es fehlte ihre Freundin Tattje, die ihr soviel bedeutet. Sie waren nicht eingeladen. Noch immer gehören sie nicht zu der Welt, in der Friede Springer lebt. Sie alle bilden einen Teil ihres Lebens, den sie ganz für sich behalten will. Mit ihrer Familie und ihren Föhrer Freunden beging sie ein paar Tage später auf der Insel ihren Geburtstag, fernab des gesellschaftlichen Auftriebs, den sie veranstaltet hatte, weil sie ihn der Gesellschaft, deren Teil sie ist, schuldet. Fast pedantisch hält sie noch immer die Sphäre derer, die die Klatschspalten in den Zeitungen füllen, von ihrem privaten Leben getrennt. Ihre Herkunft verleugnet sie dabei nicht. Als sie im Jahr 2000 mit dem Leo-Baeck-Preis ausgezeichnet wurde und damit in die Reihe ihrer Vorgänger Richard von Weizsäkker, Roman Herzog, Johannes Rau, Helmut Kohl und natürlich Axel Springer aufstieg, begann sie ihre öffentliche Rede mit einer fast anrührenden Hommage an ihre Eltern. »Daß ich von jetzt an in dieser Phalanx stehen darf, ehrt mich nicht nur, sondern macht mich einer-

seits glücklich und spornt mich andererseits an, auf dem Wege wei-
terzugehen, den mir meine Eltern gewiesen haben und auf dem mir
Axel Springer vorausgegangen ist. [...] Auf meinen Weg zurückblik-
kend, erinnere ich mich in Dankbarkeit an mein Elternhaus auf der
Insel Föhr.« Trotzdem blieb zwischen den beiden Sphären eine un-
sichtbare Linie, die selten in ihrem Leben deutlicher wurde als im Dezember 1993, an jenem Tag, an dem sie und ihre Familie ihren Vater
auf dem Friedhof von St. Laurentii unweit ihres Elternhauses auf Föhr
zu Grabe trugen.

Die Familie hatte sich in der kleinen Backsteinkirche bereits versammelt. Friede war am Tag zuvor mit der Fähre nach Föhr übergesetzt und dann von Wyk aus zum Haus ihrer trauernden Mutter nach
Süderende gefahren. Sie hatten den Abend zusammen verbracht und
waren am nächsten Tag gemeinsam in die Kirche gefahren. Kaum
daß der Trauergottesdienst begonnen hatte, öffnete sich die Kirchen-
tür ganz langsam, und zwei Herren traten leise ein. Friede, die in der
ersten Reihe Platz genommen hatte, drehte sich nicht um. Doch aus
dem Augenwinkel konnte sie die Männer erkennen. Es waren Ernst
Cramer und Bernhard Servatius, die es nicht mehr pünktlich zum
Gottesdienst geschafft hatten. Was wollen die denn hier? dachte
Friede irritiert, als sich die beiden so unauffällig wie nur möglich in die
letzte Kirchenbank drückten. Auf der Insel hatten sie nichts verloren,
schon gar nicht auf der Beerdigung ihres Vaters. Für die trauernde Familie waren die älteren Herren in ihren vornehmen schwarzen Män-
teln und mit den glatten Gesichtern zwei Störenfriede. Nach der
Trauerfeier tauchten sie im Restaurant wieder auf, wo sich Familie
und Freunde versammelt hatten. »Ihr seid gekommen?« fragte Friede
ungläubig. Schnell sprach sich in der Trauergesellschaft herum, um
wen es sich handelte und wie sie auf die Insel gelangt waren. Sie hatten ein Flugzeug gechartert und waren eingeschwebt. Friedes Familie
schüttelte den Kopf. War nicht die Eigentümerin des Verlages ganz
normal mit der Fähre übergesetzt? Auch Friede war verärgert. Ihr
Bruder Chris konnte seine Verstimmung kaum verbergen, als er auf-
stand und zu einer kleinen Ansprache auf seinen Vater anhob. Er be-

gann auf deutsch, denn einige unter den Gästen verstanden seine Muttersprache nicht. Beim Anblick von Cramer und Servatius wechselte er noch im selben Satz ins Friesische und gab damit unmißverständlich zu verstehen: Sollen die beiden Eindringlinge ruhig da sitzen. Aber sie sollten die Trauernden in Ruhe lassen. Kaum daß er seine Rede beendet hatte, erhoben sich Cramer und Servatius unauffällig und verschwanden. Sie bestiegen das Flugzeug und verließen die Insel so schnell und unvermittelt, wie sie gekommen waren. In der Föhrer Welt Friede Springers hatten sie nichts verloren. Sie waren nicht erwünscht.

Seit dem Tod ihres Mannes ist Friede kaum öfter auf Föhr als vorher. Ihren Eltern hatte sie unweit vom Stammhaus der Familie in Süderende ein hübsches friesisches Häuschen bauen lassen. Mit ihrer Mutter spricht sie täglich. Nur selten bleibt sie über Nacht, hält sich lieber auf Sylt in ihrer Lister Wohnung auf, um von dort aus die Mutter für einen Tag zu besuchen. Seit Anfang 1996, als sie alleinige Geschäftsführerin der Axel Springer Gesellschaft für Publizistik wurde, ist sie noch viel beschäftigter als vorher.

Die Sonne war bereits untergegangen, die Gäste hatten in der hellerleuchteten Orangerie im Charlottenburger Schloß ihre Plätze eingenommen. Die langen Tische, an denen sie auf etwas spartanisch geratenen Stühlen eng nebeneinandersaßen, waren mit weißen Tischdecken und langen grünen Läufern gedeckt. Weiße Rosen lagen darauf. Alle Meter waren hohe silberne Kerzenleuchter gesetzt, auf denen weiße Kerzen zwischen Rosengebinde steckten. Unten, am Fuß der Leuchter, standen grünlich schimmernde Windlichter. Kleine und größere Buchsbäume zierten die Türstöcke jedes der bis zum Boden reichenden Fenster der Orangerie, durch die man hinaus ins Freie treten konnte. Friede hätte den Rahmen kaum festlicher wählen können. Die Damen waren in großer Robe erschienen, die Herren in Smoking. Und während an den Enden des langgestreckten Saales noch angeregt geplaudert wurde, wurde es von seiner Mitte her allmählich stiller. Als auch das letzte Gespräch verstummt war, erhob sich Mathias Döpfner. Er hielt ein paar Karten in der Hand. Es gab an diesem Abend den ein oder anderen Toast, aber nur eine Rede auf die Jubilarin. Und die würde der promovierte Musikwissenschaftler halten, ein wortgewandter Schöngeist und als Vorstandsvorsitzender des Verlages ein Manager dazu. Aber in welcher Funktion würde er zu Friede Springer sprechen an diesem privaten Geburtstagsfest – als Verlagschef? Als Vater ihres Patenkindes? Oder als engster Vertrauter und Freund?

17. KAPITEL

Der Neue

Die Stimmung war gereizt, als die Redakteure der *Wochenpost*, jener ehemals ostdeutschen Berliner Wochenzeitung, die später – 1997 – einen kläglichen Zeitungstod sterben sollte, zur Konferenz zusammenkamen. Es ging – wieder einmal – um die inhaltliche Ausrichtung des Blattes, das der Verlag Gruner + Jahr nach der Wende erworben hatte. Der neue Chefredakteur Mathias Döpfner hatte, nicht nur zum Ärger einer Autorin, sondern auch großer Teile der Redaktion, einen Artikel aus den bereits umbrochenen Seiten nehmen lassen, dessen Tendenz ihm nicht paßte. Der Text hatte den Konflikt im Nahen Osten zum Thema, seine Aussage war eindeutig: Die Israelis seien die eigentlichen Treiber der Auseinandersetzung, die Palästinenser hingegen friedliebend und auf unberechtigte Weise unterdrückt.

Die Vorwürfe gegen den Chefredakteur waren massiv und deutlich vernehmbar das Rumoren in der Konferenz. Er habe durch sein Handeln die Meinungsfreiheit der Redaktion beschnitten, mußte er sich sagen lassen. Auf Pluralismus gebe er wohl nichts. Was für ein Spiel er treiben würde? Mathias Döpfner, gerade einmal einunddreißig Jahre alt, war gefordert. Und als er seinen Mitarbeitern Rede und Antwort stand, sparte er nicht mit Pathos, immerhin sprach er in diesem Moment ex cathedra, formulierte die Ausrichtung der Zeitung und damit die Grundwerte, für die er stand und für die die Zeitung stehen sollte: »Wissen Sie, bei aller Liberalität gibt es ein paar Besonderheiten, die wir beachten sollten«, entgegnete er der aufgebrachten Redaktion. Die *Wochenpost* sei aufgrund ihrer Geschichte eine Ost-

West-Zeitung und solle damit für die Wiedervereinigung stehen. Zum zweiten träte das Blatt, anders als früher, für die soziale Marktwirtschaft ein. Drittens solle sich die Redaktion gleichermaßen vehement gegen linksextremes wie rechtextremes Gedankengut stellen. »Und im übrigen will ich bei uns keine antiisraelischen Texte lesen. Denn die Deutschen haben aus ihrer Geschichte heraus eine besondere Verantwortung für Israel«, setzte er hinzu, bevor ihn der Einwurf eines leitenden Redakteurs am Weitersprechen hinderte. »Na, Herr Döpfner, dann gehen Sie doch gleich zu Springer. Da steht genau das, was Sie hier sagen, in den Verträgen der Redakteure!«

Döpfner war verdutzt. Er konnte nichts entgegnen, denn er wußte 1994 noch nicht, daß die Springer-Journalisten mit der Unterzeichnung ihres Arbeitsvertrages auch gleich eine Präambel unterschrieben, die im Grunde jene vier von ihm angeführten Punkte zum Inhalt hatte. Ebensowenig war ihm bekannt, daß der Verleger Axel Springer 1967 vier Grundsätze gegen den linken Zeitgeist formuliert hatte, im Rahmen derer sich die Arbeit der Redaktionen vollziehen sollte. Die Zeitungen des Springer-Verlages hatten Döpfner nie viel bedeutet. Er las sie geflissentlich, ohne ihnen allzuviel Aufmerksamkeit zu schenken. Der Springer-Verlag war für ihn einer unter mehreren, weder Feindbild noch Ideal. Gegen die Springer-Presse hatte eine andere Generation gekämpft, seine nicht mehr. Die schaute sich eher um, wo sie Karriere machen konnte, ganz so wie er selbst.

Für sein Fortkommen hatte er den Springer-Verlag als Ganzes nie in Betracht gezogen. Nur über *Die Welt* hatte er ganz früher einmal nachgedacht, hatte mit achtzehn Jahren ein bißchen herumgesponnen und sich überlegt, Chef welcher überregionalen »Qualitätszeitung« er denn werden wollte. Die *Süddeutsche Zeitung* war ihm zu linksliberal, die *Frankfurter Allgemeine Zeitung* erschien ihm wegen ihres außergewöhnlichen Konstrukts der fünf Herausgeber zu »anarchisch«, *Die Welt* aber hatte das organisatorische und inhaltliche Profil, das zu ihm paßte.

Mathias Döpfner wurde am 15. Januar 1963 in Bonn geboren. Sein Vater, Dieter Döpfner, war Professor für Architektur, die Mutter

Hausfrau. Der Sohn Mathias Oliver Christian wuchs als Einzelkind in Frankfurt am Main auf. Als kleiner Junge mußte er mit ansehen, wie sein Vater Ende der sechziger Jahre als Professor ins Visier der revoltierenden Studenten geriet, wie er über und über mit Tomaten beworfen nach Hause kam und irgendwann mit einem Nervenzusammenbruch in der Klinik lag. Nach dem Abitur studierte er fünf Jahre lang Musikwissenschaft, Germanistik und Theaterwissenschaft, promovierte mit einer Arbeit über die »Musikkritik in Deutschland nach 1945« und jobbte derweil als freier Journalist bei der *Frankfurter Allgemeinen Zeitung* oder der *Weltwoche*. Nach seiner Promotion heuerte er bei der Münchner Konzertagentur Concerto Winderstein an – als Geschäftsführer eines Tochterunternehmens für Kultur-Sponsoring und Public Relations.

Früh hatte er begriffen, daß für eine Karriere, wie er sie anstrebte, nicht nur sein Können den Ausschlag geben würde. Nicht nur das Sein, auch der Schein hatte Bedeutung. Das fing bereits bei seinem Namen an. »Mathias Döpfner« war wohlklingend, aber doch zuwenig schillernd. Seine Artikel, die er als Musikkritiker und später als Kulturkorrespondent für die Beneluxländer regelmäßig im Feuilleton der *Frankfurter Allgemeinen Zeitung* veröffentlichte, unterschrieb er mit einem pompösen M.O.C. Döpfner und fiel damit unter den vielen Autoren des Kulturteils der Zeitung auf. Zum Schein gehörten ferner die Krawatten, mit denen er nach eigenem Bekunden schon an der Universität provozierte. Der große Junge, der er bis heute geblieben ist, mit etwas linkischen Armbewegungen und dem schiefen, leicht schlendernden Gang, war stets nur in Jackett und Schlips anzutreffen. Später bei der *Wochenpost* erschien er manchmal in etwas zu kurzen Cordhosen, aber natürlich trug er Krawatte und Sakko. Die Cordhosen blieben bald im Schrank. Die Hemden wurden von seinen Initialen geziert, was in konservativen Kreisen durchaus üblich war, unter Journalisten aber in jedem Fall auffiel.

Wichtiger noch als das Erscheinungsbild waren – das wußte er – Kontakte. Er knüpfte sie, wo er konnte. Und er pflegte sie. Mit seiner gewinnenden Art schuf er sich ein beziehungsreiches Netzwerk, seinem Gegenüber unwillkürlich das Gefühl gebend, etwas Besonderes zu sein. Arrogant kam er nie daher, schon gar nicht überheblich, viel eher mit einem etwas übertriebenen Engagement, das seinen Ehrgeiz offenbarte. Wenn es dann doch einmal den Anschein hatte, er hielte sich für etwas Besonderes, dann wurde dies bald einer gewissen Schüchternheit zugeschrieben, die ihm eigen ist. Wurde ihm etwas unangenehm, zeigten sich umgehend rote Flecken auf Hals und Wangen. Wurde es zu persönlich, errötete er. Das machte ihn nahbar und erweckte Sympathie. Hinzu kam seine Fähigkeit des Zuhörens, die ihn unter seinen ehrgeizigen Altersgenossen auszeichnete.

Mathias Oliver Christian Döpfner verfügte schon früh über nützliche Beziehungen. Eine wichtige Rolle für seinen Aufstieg spielten nach eigenem Bekunden die »Internationalen Journalistenprogramme«, für die er sich schon 1983 engagierte. Er organisierte Vorträge und Seminare, erhielt ein Stipendium für die Vereinigten Staaten und wurde Vorstandsmitglied der Organisation. »Ich habe die Internationalen Journalistenprogramme immer als ein Power-Network mit exzellenten Journalisten angesehen«, sagt er.

Während seiner Zeit bei der *Wochenpost* kam er auf den Gedanken, daß es nicht schaden könne, sich dem Münchner Filmkaufmann Leo Kirch einmal vorzustellen. Zwar war Kirch nicht einer, den man anrief und dann einfach vorbeischaute, doch für die Vermittlung eines Termins würde sich in seinem Netzwerk sicherlich jemand finden. Es fand sich Kai Diekmann, damals bereits in den Diensten der *Bild*-Zeitung. Diekmann, ein Freund Döpfners, verschaffte dem aufstrebenden Musikwissenschaftler eine erste Begegnung mit dem »großen Leo Kirch« in dessen Unternehmen in Ismaning bei München. Gerade eine halbe Stunde hatte der sich für Döpfner Zeit genommen und ihn dann ganz unverbindlich wieder entlassen. Ein paar Jahre später sollte es ausgerechnet Leo Kirch sein, der Friede Springer hin und wieder von einem gewissen Mathias Döpfner vorschwärmte, den sie unbedingt kennenlernen müßte.

Mit dem Verkauf der *Wochenpost* an den schillernden Münchner Rechtsanwalt und Verleger Dietrich von Boetticher endete auch

Döpfners Zeit in Berlin nach zwei Jahren sang- und klanglos. Den Schwund der Auflage hatte er nicht bremsen können. Er hinterließ ein richtungsloses Blatt und eine verunsicherte Redaktion. Zum Jahresbeginn 1996 trat er die Stelle des Chefredakteurs der *Hamburger Morgenpost* an, die ebenfalls zu Gruner + Jahr gehörte. Zwei Jahre hielt er durch. Glücklich aber war er nicht. Zwar ermunterte ihn Gerd Schulte-Hillen, der Vorstandsvorsitzende von Gruner + Jahr, immer wieder, er solle der Dinge harren, die auf ihn zukämen, denn der Verlag habe noch Großes mit ihm vor. Doch es tat sich nichts. Döpfner faßte sich in Geduld. Ihm wurde immer bewußter, daß er zu dem eher linken Blatt nicht paßte. Seine Grundsätze, die er ein paar Jahre zuvor bei der Berliner *Wochenpost* zum besten gegeben hatte, fruchteten bei der *Hamburger Morgenpost* schon gar nicht. Die Redakteure wollten derlei weder hören noch schreiben. Und die Leser wollten es nicht lesen. Die Auflage sank weiter. Viel besser paßte seine politische Weltanschauung zum Springer-Konzern. Das war ihm seit jener denkwürdigen Konferenz der Berliner *Wochenpost* klar. Dem Hinweis des Redakteurs war er längst nachgegangen.

Die Monate vergingen, und Döpfners Zweifel wuchsen, daß Schulte-Hillen ihn alsbald von der ungeliebten *Morgenpost* wegholen würde. Er wurde unruhig. Es mußte weitergehen und am besten aufwärts. Längeres Verharren bedeutete nicht nur Stillstand, sondern Rückschritt. Er empfand seine Entwicklungsmöglichkeiten als ausgeschöpft. Sein eher freudloses Hamburger Dasein war Berliner Freunden nicht verborgen geblieben. Zudem hatte er nie verheimlicht, daß er Berlin nur ungern den Rücken gekehrt hatte und irgendwann wieder in der neuen Hauptstadt leben wollte.

Zu seinen engen Freunden zählte der Berliner Historiker Arnulf Baring. Er und seine zweite Frau Gabriele hatten das Ehepaar Döpfner auf einer Veranstaltung des Verlegers Wolf Jobst Siedler kennengelernt, sich gleich gut verstanden und häufig getroffen. Baring war seit Jahren mit Friede Springer gut bekannt und schon lange per du, als er und seine Frau im Dezember 1995 beschlossen, Döpfner und Friede Springer zusammen mit anderen Gästen zu einem Abendessen zu sich nach Hause einzuladen. Sie wollten Friede Springer mit Döpfner bekannt machen. Warum sollte er nicht die Gunst der Hauptaktionärin des Springer-Verlages gewinnen? Zur *Welt*, dem publizistischen Flaggschiff des Verlages, paßte Döpfner viel besser als zur *Wochenpost*.

Fast eineinhalb Jahre später lud das Ehepaar Baring anläßlich des fünfundsechzigsten Geburtstags des Professors zu einem größeren Abend in ein Charlottenburger Restaurant. Wieder waren Friede Springer und Mathias Döpfner unter den Gästen. Sie wurden am gleichen Tisch plaziert, nicht nebeneinander freilich, denn das hätte die Etikette nicht erlaubt. Schräg gegenüber saßen sie sich an einem der vielen runden Tische, an denen jeweils acht Gäste Platz genommen hatten. Friede Springer redete wenig an diesem Abend, verbrachte die meiste Zeit damit, der Unterhaltung der anderen zu folgen. Arnulf Baring und Mathias Döpfner, die beiden konservativen Intellektuellen, der eine am Ende seiner Karriere, der andere erst am Anfang, setzten die Themen. Ein Argument gab das andere, alles vorzüglich formuliert. Beredt waren beide, keiner stand dem anderen nach, im Gegenteil. Sie stachelten sich gegenseitig an, und bald war klar, daß Friede Springer, sowenig eloquent, wie sie war, nicht mithalten konnte. Sie selbst fühlte sich bestens unterhalten und konnte nicht umhin, den jungen Chefredakteur der *Hamburger Morgenpost* für das, was er sagte, zu bewundern. Döpfner wiederum war von der Verlegerwitwe überaus eingenommen. Daß die damals bereits mächtigste Frau im größten Zeitungshaus Europas kaum ein Wort von sich gab, deutete er als Bescheidenheit und war beeindruckt, daß eine so einflußreiche Person gar nicht das Bedürfnis hatte, im Mittelpunkt zu stehen. Fürs erste blieb es bei diesen beiden Begegnungen von Friede Springer und Mathias Döpfner, die nach seinen Worten alles andere als ein »Coup-de-foudre-Erlebnis« gewesen seien und bei denen sie beide kaum ein direktes Wort miteinander gewechselt hatten.

Während Baring die Treffen zwischen beiden vermittelte, besorgte Servatius den Rest. Er hatte sich vorher bereits bei dem Historiker über Döpfner erkundigt, denn er wußte, daß sich beide kannten und sich im gleichen Berliner Zirkel bewegten. Döpfner war Servatius erstmals 1996 durch einen Kommentar zum Kruzifix-Urteil des Bundesverfassungsgerichts aufgefallen und zum zweitenmal dadurch, daß er nicht bereit war, mit dem Eigentümerwechsel der *Wochenpost* in die Dienste des unkonventionellen Münchner Anwalts von Boetticher zu treten. Das alles hatte er Baring am Telefon gesagt. Darüber, daß Döpfner beim Springer-Konzern gut aufgehoben wäre, herrschte zwischen den beiden schnell Einigkeit. Und mit noch einem hatte Servatius bereits über den Chefredakteur der *Hamburger Morgenpost* gesprochen: mit Leo Kirch. Der stimmte Servatius zu, Döpfner im Hinblick auf die *Welt* in Betracht zu ziehen. Nun mußte nur noch der Vorstandsvorsitzende des Springer-Konzerns Jürgen Richter von der Angelegenheit überzeugt werden. Ganz so einfach war das nicht, der Verlagsherr war eigenwillig und stand in dem Ruf, gegenüber Ideen, die nicht seine eigenen waren, nicht unbedingt aufgeschlossen zu sein. Ein Treffen zwischen Döpfner und Richter kam auf Umwegen zustande und endete mit einem Angebot an Döpfner, stellvertretender Chefredakteur der *Welt* zu werden. Döpfner lehnte ab.

Nachdem Richter Ende 1997 seinen Aufhebungsvertrag unterschrieben hatte, mit August »Gus« Fischer ein Nachfolger gefunden worden und der *Bild*-Chefredakteur Claus Larass zum Vorstandsmitglied für die Zeitungen avanciert war, unternahm der Verlag einen neuen Anlauf. Larass hatte Döpfner inzwischen als denjenigen ausgemacht, mit dem die neue Ausrichtung der dahindümpelnden *Welt* gelingen könnte. Döpfner, davon war Larass überzeugt, würde bei der *Welt* die Wende bringen. Dessen bislang wenig erfolgreiches Wirken bei der *Wochenpost* und der *Hamburger Morgenpost* störte ihn nicht, denn für ihn war es offensichtlich, daß sich jemand mit Döpfners konservativer Weltsicht bei ehemaligen SED- und SPD-Blättern nicht entfalten konnte.

Nicht Larass meldete sich bei Döpfner, sondern ein Verlagsgeschäftsführer. »Könnten Sie sich vorstellen, Chefredakteur der *Welt* zu werden?« fragte er Döpfner Anfang 1998 ziemlich unvermittelt am Telefon. Er saß im Taxi, telefonierte von seinem Mobiltelefon aus und mußte mehrmals die Nummer Döpfners wählen, weil die Verbindung immer wieder abriß. »Das kann ich mir sehr gut vorstellen«, antwortete Döpfner, so sachlich es eben ging. Innerlich jubelte er, rückte seine Erlösung doch plötzlich in greifbare Nähe. Es sah ganz danach aus, daß sein unerquickliches Dasein als Chefredakteur eines linken Boulevardblattes in absehbarer Zeit ein Ende haben würde. Nach diesem Anruf ging alles ganz schnell. Döpfner kündigte bei Gruner + Jahr, und schon am 30. April 1998 sollte seine Zeit bei der *Hamburger Morgenpost* vorüber sein. Der Aufsichtsrat des Springer-Verlages, dem bei der Berufung der Chefredakteure ein Mitspracherecht zusteht, hatte die Personalie im Handumdrehen erledigt.

Mathias Döpfner verbrachte daraufhin einige Wochen in der Hamburger »Giftküche« des Verlages, der Geheimwerkstatt, in der die obersten Blattmacher an neuen Zeitungen und Konzepten arbeiteten. *Die Welt* sollte mehr als nur ein Lifting bekommen. Sie sollte völlig neu erscheinen. Die »neue« *Welt* war Döpfners Werk, wenngleich viele daran mitgewirkt haben. Es gelang ihm in kürzester Zeit, eine Menge Autoren von anderen Blättern abzuwerben. Die von ihm ausgehende Aufbruchstimmung war deutlich zu spüren. *Die Welt* kam plötzlich frischer daher, weniger altbacken und nicht mehr ganz so vorhersehbar, wie sie seit jeher gewesen war. Die neuen Autoren schrieben für eine andere Leserschaft, für Leute vom Schlage eines Mathias Döpfner sollte die Zeitung attraktiv werden.

Sie wurde es. Die Auflage stieg – mit tatkräftiger Unterstützung des Springer-Verlages –, und der neue Chefredakteur konnte zum erstenmal einen Erfolg als Blattmacher vorweisen. Die Zweifel, die die Branche bisher an seinem Können gehegt hatte, waren bald verschwunden, seine Kritiker wurden kleinlaut. Die Konkurrenz verstummte angesichts des bemerkenswerten Auflagenanstiegs der Zeitung, die sich jahrelang erfolglos gegen ein Absinken in die Bedeutungslosigkeit gestemmt hatte. Über das Budget des jungen Chefredakteurs, das er für den neuen Wurf der Zeitung erhalten hatte, schwieg sich der Verlag aus. »Es wird unser Geheimnis bleiben, wieviel uns *Die Welt* wert ist«, lautete der Bescheid auf verschiedene Anfragen. Daß das Projekt mehr Geld kosten würde, als die Zeitung auf absehbare Zeit verdienen könnte, war allemal klar. *Die Welt* blieb Springers teuerstes Hobby.

Unmittelbar vor seinem Amtsantritt als Chefredakteur der *Welt* hatte Mathias Döpfner die erste persönlichere Verbindung zu Friede Springer geknüpft. In Amerika hatte er gerade das Buch »Personal History« von Katherine Graham gelesen, die Lebensgeschichte jener großen amerikanischen Unternehmerin, die mit der Washington Post Group einen der einflußreichsten amerikanischen Medienkonzerne führte. Für die Frau, die nach dem frühen Tod ihres Mannes allein an der Spitze des riesigen Medienkonzerns stand, begeisterte sich Döpfner. Noch mehr allerdings faszinierte ihn die Ähnlichkeit des Schicksals der Graham mit dem der Friede Springer. Er überlegte nicht lange und schickte dem gesamten Aufsichtsrat des Springer-Konzerns einschließlich der Verlegerwitwe und auch Leo Kirch je ein Exemplar, nicht ohne Friede Springer ein paar Zeilen dazuzuschreiben. Später erklärte er sein Handeln mit den Parallelen, die sich ihm bei der Lektüre aufgedrängt hätten. »Aber wie beziehungsreich, wie parabelhaft dieses Geschenk war, das überschaute ich damals nicht«, sagte der inzwischen von Friede Springer zum Vorstandsvorsitzenden Gekürte. Besser als mit diesem Buch hätte er sich beim Eintritt in den Verlag der Mehrheitsaktionärin nicht empfehlen können.

Während der Einstieg Döpfners in den Axel Springer Verlag mit Friede Springer nichts zu tun hatte, ist sein rasanter Aufstieg im Konzern ohne sie nicht denkbar. Schon bald nach seinem Amtsantritt begegneten sich Döpfner und die Verlegerin häufiger, zunächst auf den Veranstaltungen des Hauses, zu denen auch die Chefredakteure geladen waren, dann zunehmend bei privaten Anlässen, auf denen sich die Berliner Gesellschaft regelmäßig zusammenfand. Aber im Grunde hatten die obersten Blattmacher des Konzerns kaum Gelegenheit, mit Friede Springer in Kontakt zu treten. Persönliche Gespräche über die Ausrichtung der Zeitungen fanden nicht statt. Ansprechpartner der Chefredakteure war der Zeitungsvorstand. Hintergrundtreffen mit der Witwe des verstorbenen Verlegers waren ebenso rar wie ihre direkte Einmischung in die Redaktion.

Der Kontakt zwischen Friede Springer und Mathias Döpfner gewann dennoch schnell an Intensität. Immer öfter fand sich Friede Springer ein, wenn der Chefredakteur der *Welt* in seiner 1998 bezogenen prachtvollen Villa in Potsdam eine Abendgesellschaft versammelte. Friede Springer interessierte sich nicht nur für ihn, sondern ging mit der ihr eigenen Offenheit auch auf seine Frau Ulrike zu. Sie erkundigte sich nach deren Befinden in ihrer zweiten Schwangerschaft und nahm großen Anteil an der wachsenden jungen Familie. Sie begeisterte sich für das Leben in Potsdam. Herrlich sei es in der brandenburgischen Stadt, ließ sie Döpfner wissen, als sie wieder einmal bei ihm zu Hause eingeladen war. Die Schlösser, die Gegend, in der sich unzählige Villen aus der Gründerzeit wie in einem endlosen Park aneinanderreihten – Friede Springer ließ ihrem Entzücken freien Lauf. »Nebenan das Haus ist noch zu haben«, unterbrach Döpfner ihren Überschwang, eigentlich nur, um irgend etwas zu sagen.

Als Friede Springer ein paar Wochen darauf Freunde und Mitarbeiter des Verlages zu einem Sommerfest in den großen Garten ihres Hauses in Berlin-Dahlem geladen hatte, wurden ihm bereits die ersten Gerüchte darüber zugetragen, daß sich die Verlegerwitwe inzwischen ebenfalls ein Domizil in Potsdam zugelegt habe. »Frau Springer, es heißt, Sie hätten ein Haus in Potsdam erstanden?« fragte Döpfner sie bei nächster Gelegenheit – mehr jedoch aus Spaß und in der sicheren Annahme, sie würde derlei umgehend dementieren. Sie aber verblüffte ihn: »Ja, das stimmt. Ich habe das Haus neben Ihnen gekauft.« Döpfner wiederum dachte nicht lange nach: »Das ist ja toll!« rief er aus und zeigte sich erfreut.

Die neue Nachbarin, die nur die Wochenenden in Potsdam verbrachte, fiel nicht weiter auf. Alsbald wurde sie Teil der Sanssouci-Welt, dieses Potsdamer Idylls mit Größen aus der Fernseh- und Modewelt. Unter der Woche blieb sie in Berlin. Noch enger wurde ihre Verbindung zu Döpfner nach der Geburt seines zweiten Sohnes im Mai 2001. Mit großer Freude willigte sie ein, als sie von Döpfners

Ehefrau gefragt wurde, ob sie Patin des neuen Familienmitglieds werden wollte.

Außenstehende verfolgten die wachsende Vertrautheit zwischen der Haupterbin des Verlegers und dem jungen Chefredakteur mit Argwohn. Der Kauf ihrer Potsdamer Villa, die deutlich kleiner und unscheinbarer ist als die der Döpfners, wurde sofort als ein verlagspolitisches Bekenntnis verstanden. Döpfner, hieß es, würde es wohl noch bis zum Vorstandsvorsitzenden bringen. Wildeste Gerüchte kursierten, die Verlegerin habe sich so sehr für den jungen Mann erwärmt, weil der sie an den verstorbenen Verleger erinnere. In völliger Verkennung der Fakten wurde sogar kolportiert, der *Welt*-Chef habe sich in Potsdam ein Haus neben Friede Springer gekauft, »um seiner Verlegerin stets nahe sein zu können«.

Die Freundschaft zwischen Mathias Döpfner und Friede Springer blieb davon unbelastet – nach beiderseitigem Bekunden. Doch den aufstrebenden jungen Mann störte es zunehmend, daß sein Dasein im Springer-Verlag und bald auch sein Aufstieg ausschließlich auf seine enge Beziehung zur Verlegerin zurückgeführt wurden. Sein Privatleben war bereits Thema auf den Medienseiten der Konkurrenzzeitungen. Die Idee seiner Frau, Friede Springer zur Patin zu machen, hatte er deshalb zunächst mit großer Skepsis aufgenommen. Was würde die Öffentlichkeit dann wieder daraus machen? »Aber glaubst du nicht, Friede würde sich unglaublich freuen?« Mit dieser Frage hatte ihm seine Frau den Wind aus den Segeln genommen.

Das Vertragsende des Vorstandsvorsitzenden August Fischer war auf den 31. Dezember 2000 datiert. Der näherrückende Termin löste in den Etagen des Vorstands und Aufsichtsrats bereits Ende 1999 hektische Betriebsamkeit aus. Vorstandsmitglieder und Chefredakteure begaben sich in Stellung, um bei dem bevorstehenden Revirement ein Stück voranzukommen. Der Aufsichtsrat überlegte, wie er die Verlagsspitze besetzen sollte. Mitte Dezember 1999 schien die Zukunft klar: Der Journalist Claus Larass, den der Aufsichtsrat dem Konzernchef Gus Fischer als Stellvertreter zur Seite gestellt hatte, sollte künftig die Führung des Verlagshauses übernehmen. Auch

Friede Springer schien dafür zu sein, sie mochte den hemdsärmeligen Vollblutjournalisten. Und gegen einen Vertreter der Zunft an der Spitze des Hauses hatte sie allemal nichts. Im Gegenteil, es war ihr Wunsch, ganz im Sinne ihres Mannes endlich wieder einen Journalisten zum Vorstandschef zu machen. Larass allerdings beging einen entscheidenden Fehler. In gedrechseltem Juristendeutsch teilte er dem Aufsichtsrat kurz vor der entscheidenden Sitzung am 15. Dezember 1999 schriftlich die Bedingungen mit, unter denen er bereit sei, die Führung des Konzerns zu übernehmen. Die Mitglieder des Kontrollgremiums waren brüskiert, allen voran Friede Springer, die sich von Larass eigentlich viel versprochen hatte. Daß der allerdings noch vor seiner Bestellung durch den Aufsichtsrat und lange vor seinem Amtsantritt Forderungen stellte, konnte nicht in ihrem Sinne sein. »So etwas geht doch nicht!« In ihren Augen war es denkbar schlechter Stil.

Die Ratlosigkeit des Aufsichtsrats war groß, die Diskussion in der siebenstündigen Sitzung, die wie immer in der holzgetäfelten Verlagsbibliothek des Springer-Hochhauses stattfand, lebhaft. Umstritten war zudem der neben dem Vorstandsvorsitz wohl wichtigste Posten des Führungsgremiums: der Zeitungsvorstand. Dieses Amt sollte nach den Vorstellungen des Aufsichtsrates Mathias Döpfner übernehmen, dessen Bestellung in den Vorstand zum 1. Januar 2001 bereits beschlossene Sache war. Doch auch das sah Larass anders. Vorstandsmitglied ja, Verantwortung für die Blätter nein. In der Aufsichtsratssitzung blieb Larass hart. Er zeigte sich nicht bereit, von seinen offenbar mit Hilfe eines Juristen formulierten Forderungen abzurücken. Döpfner seinerseits wollte seinen Posten als *Welt*-Chefredakteur nicht aufgeben, sollte er nicht Zeitungsvorstand werden.

Das Gremium diskutierte heftig, zerstritt sich und schien in eine Sackgasse zu geraten, hätte nicht der Vorsitzende Servatius zum Schluß die Fäden wieder in die Hand genommen. »Gus Fischer, noch ein Jahr?« rief er dem amtierenden Vorstandsvorsitzenden auf der gegenüberliegenden Seite des Tisches zu, als sich abzeichnete, daß es zu keiner Lösung kommen würde. Der allerdings wand sich zunächst, hatte er seiner Frau in London doch versprochen, die Aufgabe an der

Konzernspitze nicht länger als drei Jahre zu übernehmen. Schließlich sagte er, er wolle den Konzern jetzt nicht im Stich lassen, und willigte ein. Wenig später ließ der Verlag in einer Pressemitteilung verkünden, der Aufsichtsrat habe den Vertrag von August A. Fischer um ein Jahr verlängert. Er ende somit am 31. Dezember 2001. Ferner sei Mathias Döpfner zum 1. Januar 2001 zusätzlich zu seinen Aufgaben als Chefredakteur zum neuen Vorstandsmitglied bestellt worden – mit noch nicht klar definierten Zuständigkeiten.

Schon im Januar 2000 glätteten sich die Wogen. Larass blieb wider Erwarten und wurde bald aufs neue für die Nachfolge Fischers gehandelt. Doch es kam alles ganz anders. Im Mai zeichnete sich ab, daß die Zukunft nicht Larass, sondern seinem ehemaligen Zögling Döpfner gehörte. Der wurde zum 1. Juli 2000 und damit ein halbes Jahr früher als geplant in den Vorstand gehievt und mit der Verantwortung für die neuen Medien betraut. Seine Position als Chefredakteur der *Welt* sollte er vorerst behalten. Die vorzeitige Berufung in das Führungsgremium ließ wiederum Spekulationen aufkommen, daß er nicht lange das Amt unter Gleichen innehaben werde: Döpfner, an dem die Verlegerwitwe zunehmend Gefallen gefunden habe, hieß es, sei für die höchste Aufgabe im Konzern bestimmt. Als Claus Larass Ende August seinen Wechsel in den Vorstand der ProSieben-Sat.1Media AG des Springer-Großaktionärs Leo Kirch bekanntgab, geriet der Aufsichtsrat erneut unter Handlungsdruck. Das Zeitungsressort, für das Larass im Vorstand verantwortlich war, mußte neu besetzt werden. Hätte es von Döpfner übernommen werden sollen, hätte der seinen Posten als Chefredakteur der *Welt* räumen müssen. Und knapp eineinhalb Jahren später hätte sich mit dem Vertragsende von Gus Fischer die Nachfolgefrage aufs neue gestellt.

In der Aufsichtsratssitzung ging es hoch her. Die Ratlosigkeit war groß, die Personalnot noch größer. Irgendwann mischte sich auch Döpfner in die Debatte ein. Er werde seinen Posten als *Welt*-Chefredakteur nur aufgeben und im Vorstand die Verantwortung für die Zeitungen übernehmen, wenn sich der Aufsichtsrat damit festlege, ihn bei Vertragsende Gus Fischers zum Konzernchef zu machen. Als

Zeitungsvorstand sei er mehr Kontrolleur als Macher und könne keine Blätter mehr gestalten. Da hatten die Chefredakteure seiner Meinung nach die spannendere Aufgabe. Der Verlag verkündete noch am 29. August, daß Mathias Döpfner zum 1. November 2000 im Vorstand für die Blätter des Hauses verantwortlich sein werde, um am 1. Januar 2002 als Nachfolger von August Fischer an die Konzernspitze aufzurücken.

Worüber die Branche hinreichend spekuliert hatte, war Realität geworden. Die Überraschung über die Personalie hielt sich in Grenzen. Hie und da wurde Verwunderung darüber laut, daß bereits eineinhalb Jahre vor Vertragsende Gus Fischers seine Nachfolge festgelegt worden war. Darauf allerdings hatte Friede Springer bestanden. Ihr Kontakt zu Döpfner war eng geworden, ihr Vertrauen in ihn als künftigen Konzernchef nicht mehr zu erschüttern. »Ich habe immer daran geglaubt, daß Mathias Döpfner der Aufgabe gewachsen ist«, sagt sie heute. So wollte sie den Aufstieg Döpfners an die Konzernspitze bereits im August 2000 sicher entschieden wissen. Dabei hatte sie erhebliche Widerstände ihrer Aufsichtsratskollegen zu überwinden. Gerade einmal seit einem Monat war der noch junge ehemalige Musikkritiker in Vorstandswürden. Und schon sollte er öffentlich als künftiger Konzernchef avisiert werden? Ihre Kollegen im Aufsichtsrat wollten sich nicht festlegen, zumindest vorerst noch nicht, wollten ihn erst einmal schalten und walten sehen. Doch Friede Springer ließ nicht locker. Sie verschloß die Ohren vor dem beredten Servatius, der ihr eindringlich empfahl, sich mit der Personalie zurückzuhalten. Nein, diesmal nicht, entschied sie. Jetzt sollte der Aufstieg Döpfners festgezurrt werden. Sie wollte gar nicht erst riskieren, daß sich ihre Kollegen aus dem Kontrollgremium im darauffolgenden Jahr womöglich nicht mehr an ihre Zusage erinnerten, Döpfner zum Vorstandsvorsitzenden zu machen. Sie setzte sich gegen Servatius durch. Gegen 50 Prozent und 10 Aktien, die sie vertrat, brauchten die anderen nicht weiter zu diskutieren. Das erste Mal hatte sie ganz allein entschieden.

Das »Du« kam für Döpfner überraschend. Kurz nach der Entscheidung des Aufsichtsrates traf er Friede Springer auf einer privaten Einladung in Potsdam. »Ich freue mich sehr, daß Sie Vorstandsvorsitzender werden«, sagte sie ohne Umschweife. »Ich bin stolz darauf, daß wir das hinbekommen haben. Ich finde, wir sollten uns jetzt duzen.« Dann legte die zierliche Frau den Arm um den baumlangen Mann, der in diesem Moment wie ein großer, etwas ungelenker Junge vor ihr stand, und fuhr in einer anderen Angelegenheit fort.

Mathias Döpfner ist seit dem Tod Axel Springers der erste Vorstandsvorsitzende, an dem Friede Springer nichts auszusetzen hat und dem sie voll vertraut. Seine sechs Vorgänger waren »Kompromißkandidaten«, die die Hoffnungen der Haupterbin Axel Springers nicht erfüllten. Sie habe sich zu häufig überreden lassen, sagt Friede Springer heute. Bei Döpfner hatte es der Überredung nicht bedurft. Der promovierte Musikwissenschaftler hatte in ihr Erinnerungen an Axel Springer geweckt. Seine Größe, seine Umgangsformen, seine Art, sich Menschen zuzuwenden – das hatte Springer auch. Als sich einer ihrer Berliner Freunde auf der Feier zum neunzigsten Geburtstag des Verlegers über die Ähnlichkeit zwischen Döpfner und Axel Cäser Springer äußerte, strahlte sie ihn ungläubig an: »Ach, das freut mich, daß du das so empfindest!« Doch ihr Faible für Döpfner allein darauf zu reduzieren wäre zuwenig. Aus ihrer Sicht spricht er das aus, was sie denkt. Er teilt mit ihr die große Begeisterung für Berlin, eine »Marotte«, wie er es flapsig nennt. Als er Berlin zum Hauptsitz des Konzerns erklärte, mußte er bei Friede Springer für seine Idee nicht mit einem Wörtchen werben.

Die verlegerischen Grundsätze, die ihr Mann 1967 formuliert hatte, sind bis heute die Leitplanken, zwischen denen sie die politischen Ereignisse einordnet. Doch diese Präambel hatten die schnell wechselnden Konzernherren längst ad acta gelegt. Sie scherten sich nicht darum. Das publizistische Anliegen Springers war ihnen lästig geworden, es drohte in die Bedeutungslosigkeit zu versinken. Mit Döpfner wurde es anders. Er erhob die Grundsätze des verstorbenen Verlegers, die auch die seinen waren, wieder verbindlich zum inhaltlichen Programm der neuen *Welt*. Nach den Terroranschlägen am 11. September 2001 erweiterte er sie um einen fünften, in dem die tiefe Verbundenheit mit den Vereinigten Staaten zum Ausdruck kommen sollte. Er propagiert das, was Axel Springer wollte. Er sagt das, was Friede Springer laut nicht sagen würde: zum Beispiel, daß sich das Thema 1968 historisch erledigt und Axel Springer recht behalten habe; wenn auch die Formulierungen in der *Bild*-Zeitung damals überspitzt gewesen sein mögen, werde sich der Verlag nicht dafür entschuldigen müssen.

Friede Springer findet in Mathias Döpfner das wieder, was sie von ihrem Mann gelernt und verinnerlicht hat: ihre konservative geistige Heimat. Deshalb ist er ihr Vertrauter, der sie berät, auch wenn sie seine Ratschläge nicht immer beherzigt, sondern ihren eigenen Weg einschlägt. Deshalb ist er einer der wenigen Menschen in ihrem Leben, mit dem sie über private Angelegenheiten gleichermaßen reden kann wie über den Verlag, über Politik und über die vielen prominenten und weniger bekannten Menschen um sie herum, die sie beobachtet und von denen sich viele ihre Freunde nennen.

Vor der öffentlichen Geringschätzung, die Döpfner bei seiner Ernennung erfuhr, hat sie die Ohren verschlossen: Er sei zu jung, zu unerfahren und darüber hinaus noch nicht einmal Betriebswirt. In die Abschätzigkeit war auch sie einbezogen worden. Sie habe lediglich einen Narren an ihm gefressen, mit seinen Kompetenzen sei ihre Wahl nicht zu begründen. Doch Döpfners wirtschaftlicher Erfolg bei der Neuausrichtung des angeschlagenen Konzerns strafte seine Zweifler schon in den ersten drei Geschäftsjahren nach seinem Amtsantritt Lügen. Der Verlag verdiente wieder Geld: Von 200 Millionen Euro Verlust im Jahr 2001 führte Döpfner den Konzern in der allgemeinen Medienkrise zu Rekordgewinnen. Für Friede Springer, deren gesamtes Vermögen im Konzern gebunden liegt, ist das von erheblicher Bedeutung. Auf Gewinnausschüttungen kann sie auf Dauer nicht verzichten. Sie ist noch immer hochverschuldet.

Als sich Mathias Döpfner von seinem Platz erhob, um in der großen Orangerie des Charlottenburger Schlosses anläßlich des sechzigsten Geburtstags von Friede Springer vor zweihundert privat geladenen prominenten Gästen aus Wirtschaft und Politik die einzige Rede des

Abends zu halten, war das für viele eine Selbstverständlichkeit. Aber was würde er über die Verlegerin sagen? »Der Verleger hatte die Visionen, seine Frau hatte die Kraft und Beharrlichkeit, an diesen Zielen festzuhalten und sie – auch als dergleichen gänzlich demodé erschien – in beträchtlichen Teilen zu verwirklichen.« Daß er es sei, der ihr bei der Weiterentwicklung des Lebenswerks Axel Cäsar Springers auch weiterhin behilflich sein wollte, war zwischen den Zeilen zu vernehmen. Und das aus mehr als nur einem beruflichen Grund: »Denn im Getümmel aller professionellen Gefechte bist du vor allem ein bewundernswerter Mensch geblieben.« Die Antwort auf die Frage, in welcher Funktion Döpfner das Wort ergreifen würde, erhielten die anwesenden Gäste in seinem ersten Satz: Er halte »eine Rede auf meine Freundin, auf die Freundin meiner Frau. Aber gleichzeitig auch: eine Rede auf die Aufsichtsrätin und Mehrheitsaktionärin«. Eine »Gratwanderung«.

18. Kapitel

Kirchs Reich zerfällt

Wie immer hatte sie selbst zum Telefon gegriffen. Sie ließ sich grundsätzlich nicht durchstellen, auch auf die Gefahr hin, nicht gleich persönlich mit dem gewünschten Gesprächspartner verbunden zu sein. Wie üblich landete sie im Vorzimmer: »Hier ist Friede Springer, ich hätte gern Herrn Dr. Breuer gesprochen.« Das Gespräch zwischen der Verlegerin und dem Vorstandssprecher der Deutschen Bank kam bald darauf zustande. Friede Springer machte wenig Umschweife: »Wenn Sie mal in Berlin sind, Herr Dr. Breuer, dann schauen Sie bei mir vorbei. Ich würde mich freuen.«

Bald schon suchte der Konzernchef des größten deutschen Kreditinstituts, Rolf Breuer, die Verlegerin in ihrem Büro im Springer-Hochhaus auf. Und wieder machte sie nach ein paar freundlichen Worten zur Begrüßung schnell deutlich, woran ihr gelegen war. »Herr Dr. Breuer«, sagte sie zu dem mächtigsten Banker Deutschlands, »wenn es je Not gibt mit Kirch, dann informieren Sie mich rechtzeitig. Sollte Kirch irgendwann verkaufen müssen, dann möchte ich daran denken können, von seinen Aktien etwas zu übernehmen.« Das Treffen mit dem Chef der Deutschen Bank dauerte kaum länger als eine halbe Stunde. Es fand im Sommer 1998 statt und damit im selben Jahr, in dem die Deutsche Bank den an Leo Kirch vergebenen Kredit über rund eine Milliarde Mark von der Berliner Bank übernahm. Über die Gründe des Wechsels der Kreditgeber wurde seinerzeit nur spekuliert. Die Berliner Bank habe sich dazu entschlossen, hieß es damals, sich im Zuge der Straffung ihres Kreditportefeuilles von dem Engagement bei Leo Kirch zu trennen. Als Sicherheit für den

Kredit diente der Deutschen Bank wie zuvor der Berliner Bank das Aktienpaket von rund 40 Prozent, das Kirch am Springer-Verlag hielt.

Friede Springer wollte es nur gesagt haben – für den Fall der Fälle, der auch aus ihrer Sicht unvorstellbar war. Trotzdem – sie war fest entschlossen, ihre hauchdünne Mehrheit am Verlagskonzern auszubauen, die sie zusammen mit den Enkeln Axel Sven und Ariane hielt. 50 Prozent und 10 Aktien, das reichte aus. Doch ein paar Prozent mehr hätten keinesfalls schaden können. Sie wollte keine Gelegenheit verstreichen lassen, sich abzusichern und ihre Unabhängigkeit von anderen Aktionären zu erhöhen. Sie wollte weitergehen auf ihrem Weg, das Zeitungshaus, das Springer am Ende seines Lebens eigenhändig zerschlagen hatte, wieder zusammenzufügen. Und das sollte auch der Chef der Deutschen Bank im Hinterkopf behalten.

Die Aktien waren damals nicht zu bekommen. Das wußte auch Friede Springer, denn Kirchs Aktien am Springer-Verlag standen nicht zur Disposition. Im Gegenteil: Der Medienunternehmer lag ihr bei jedem Treffen anläßlich einer Aufsichtsratssitzung mit den immer gleichen Worten im Ohr: »Ach, liebe Frau Springer, nun geben Sie mir doch noch ein paar Prozent.« Doch mit Geld konnte er Friede Springer nicht locken – obwohl sie wußte, daß er sich auch für ein paar zu hoch bezahlte Prozente am Springer-Verlag noch Geld würde besorgen können. Kirch war nun einmal ein Überlebenskünstler. Geld bekam er immer.

Als Ende des Jahres 2001, dreieinhalb Jahre nach dem Treffen zwischen Friede Springer und Rolf Breuer, die ersten Gerüchte aufkamen, Kirchs finanzielle Situation sei wieder einmal ausgesprochen angespannt, dachte sich Friede Springer wenig dabei. Zu häufig hatte sie derlei in den vergangenen Jahren gehört. Natürlich verfolgte sie die Berichte in den Zeitungen und studierte den Pressespiegel des Hauses akribisch. Mit ihren Gedanken war sie aber weniger bei Kirch als vielmehr bei einer sich abzeichnenden Auseinandersetzung mit den Springer-Enkeln. Sie hatte im Herbst den mit Axel Sven und Ariane geschlossenen Gesellschaftervertrag gekündigt, um die darin vereinbarten Minderheitrechte der beiden noch verbliebenen Miterben zu Fall zu bringen. Von einem dieser Rechte hatte der Enkel im Sommer 2001 Gebrauch gemacht und sich zu einem Mitglied des Aufsichtsrates wählen lassen. Friede Springer war dagegen gewesen – nicht gegen den Verlegerenkel persönlich, sondern lediglich gegen einen Vertreter der Enkel im Aufsichtsrat. Die Kündigung des Gesellschaftsvertrages bezeichneten Axel Sven und Ariane, kaum daß sie ausgesprochen war, als unwirksam.

Indes befand sich Leo Kirch Ende 2001 bereits in einer sehr prekären Lage. Er war bei fast allen Großbanken mit astronomischen Beträgen verschuldet. Wie hoch das Engagement der verschiedenen Banken bei Kirch wirklich war, wußte Ende des Jahres 2001 womöglich nur der Konzernherr selbst und gerade noch sein Adlatus Dieter Hahn, der die Geschicke der Kirch-Gruppe im Einvernehmen mit seinem Dienstherrn steuerte und sich berechtigte Hoffnungen machte, bald ganz an Kirchs Stelle zu rücken. Die Verbindlichkeiten des Münchner Medienunternehmers schätzten Fachleute auf 7 bis 16 Milliarden Mark. Deutlich wurde Ende des Jahres nur, daß Kirch einen Kredit von gut 900 Millionen Mark an die Dresdner Bank zu tilgen hatte und nicht wußte wie. Als die Dresdner Bank Mitte Dezember ihren Kredit an Kirch bis auf weiteres verlängerte, sahen sich auch die anderen Kreditinstitute genötigt, mehr oder weniger halbherzige Kommentare darüber abzugeben, daß an ihrem dauerhaften Engagement im Unternehmen Kirchs nicht zu zweifeln sei und die Kreditlinien aufrechterhalten würden. Kirchs Bonität war plötzlich zu einem öffentlichen Gesprächsthema geworden.

Hatte Kirch in den vergangenen Jahren für seinen atemberaubend riskanten Einstieg ins Pay-TV immer wieder Geldgeber gefunden, so war das plötzlich alles andere als sicher. Außerdem drohten im Laufe des Geschäftsjahres 2002 zwei Zahlungsverpflichtungen in Milliardenhöhe. Der Springer-Verlag besaß die Option, seinen Anteil in Höhe von 11,5 Prozent an der Sendergruppe ProSiebenSat.1Media AG an Kirch zu verkaufen. Leo Kirch hätte dafür 1,5 Milliarden Mark aufbringen müssen, die er nicht hatte. Ein im Grunde ähnliches Geschäft hatte er mit dem australischen Medienunternehmer Rupert

Murdoch vereinbart, dessen Unternehmen BSkyB mit 22 Prozent an dem Bezahlfernsehsender Premiere beteiligt war. Im Herbst 2002 hätte Kirch dem australischen Medienunternehmer, wenn der danach verlangt hätte, seinen Anteil für fast 4 Milliarden Mark abkaufen müssen. Das Geld dafür konnte er noch viel weniger aufbringen.

Das alles wußte Friede Springer. Auch ihr schwante, daß es diesmal schwierig werden würde für ihren Gegner, neue Geldquellen aufzutun. Zuviel hatte er sich aufgeladen, zu hoch waren die Risiken, die er eingegangen war, und zu schlecht seither die Entwicklung seiner Geschäfte und der Aktienmärkte. Der Anteil an der ProSiebenSat.1Media AG war deutlich weniger wert als jene vereinbarten 1,5 Milliarden Mark. Die Banken waren inzwischen nervös geworden, denn auch ihnen setzten die sinkenden Aktienkurse zu.

Was Friede Springer im Dezember 2001 allerdings noch nicht wußte, war, daß sich Dieter Hahn bereits im November mit dem künftigen Vorstandschef der Axel Springer Verlag AG über den Rückkauf der Anteile an ProSiebenSat.1 unterhalten und ganz unmißverständlich um Zahlungsaufschub gebeten hatte. Anfang November 2001 hatten sich Hahn und Döpfner getroffen. Sie kannten sich schon länger und duzten sich. Es ging bei dem Gespräch um vieles, nicht nur um die drohende Zahlungsverpflichtung, die Kirch im Frühjahr 2000 eingegangen war. Fast beiläufig ließ Dieter Hahn in seinem Gespräch mit Döpfner einen Satz über die anstehende Verpflichtung fallen. Ob es Springer etwas ausmache, die Option *nicht* wie vorgesehen am 30. Januar 2002 auszuüben? »Also, wenn wir eine Lösung finden, die wirtschaftlich für uns nicht nachteilig und juristisch genauso sicher ist wie die, die wir haben, dann können wir darüber reden«, hatte Döpfner geantwortet. Der Verlag, das war seine Maxime, durfte dadurch nicht schlechter dastehen.

Ganz so beiläufig, wie Hahn in dem Gespräch mit Döpfner getan hatte, war die Sache mit der drohenden Zahlungsverpflichtung dann aber doch nicht. Am 8. November 2001, ein paar Tage nach dem Gespräch, bestätigte der Intimus von Leo Kirch dem künftigen Springer-Chef das Interesse der Kirch-Gruppe, sich über die Ausübung der

Option in den kommenden Monaten zu verständigen. Mit dem Eingang des Briefes entstand für Döpfner die Verpflichtung, das Ansinnen Hahns seinen Vorstandskollegen mitzuteilen. Aus der scheinbar so flüchtigen Bemerkung Dieter Hahns war ein Vorgang geworden.

Die heiße Phase der Verhandlungen begann im Januar. Mathias Döpfner, inzwischen Vorstandsvorsitzender, und seine Kollegen, allesamt noch gar nicht lange im Amt, behandelten die vorgeschlagenen Alternativen, die aus München kamen, mit äußerster Vorsicht. Denn bei allem, was verhandelt wurde, mußte sich der Vorstand des börsennotierten Springer-Verlages an die engen Grenzen des Aktienrechts halten. Kein Aktionär – und sei er noch so klein – durfte durch die eine oder andere Entscheidung bevorzugt werden. Begünstigte der Vorstand einen Anteilseigner, benachteiligte er automatisch den anderen. Als angestellter Vorstand einer öffentlich notierten Aktiengesellschaft galt es nur, das Interesse des Unternehmens insgesamt zu wahren und damit aller Aktionäre gleichermaßen. Nicht ein einziger der neben Friede Springer und Leo Kirch verbleibenden Kleinaktionäre durfte gegenüber den Großen das Nachsehen haben. Die jungen Männer an der Verlagsspitze – Steffen Naumann, Andreas Wiele, Hubertus Meyer-Burckhardt und Rudolf Knepper –, in derlei Krisen allesamt reichlich unerfahren, wußten, wie wenig Spielraum ihnen das Aktienrecht zum Handeln gewährte.

Friede Springer ließ sich über den Lauf der Verhandlungen kaum informieren. Das Thema war zu komplex, beschäftigte in seinen Einzelheiten bereits Heerscharen von Juristen, die die rechtlichen Möglichkeiten ausloteten, zu einer einvernehmlichen Lösung mit Kirch zu kommen. Sie wußte nur eines: daß auch sie als Mehrheitsaktionärin keinen Anspruch auf bevorzugte Behandlung hatte. Die Raffinesse des Spiels durchschaute sie nicht. Auch nicht, als sie am 2. Januar den gerade ernannten neuen Vorstand samt Gattinnen zu sich nach Hause einlud. Der Termin stand lange fest; sie betrachtete das neubesetzte Gremium erstmals als ihren Vorstand, denn sie hatte diesmal keine Kompromisse geschlossen oder sich »bequatschen« lassen, der Ernennung des einen oder anderen zuzustimmen. Sie wollte die Herren also kennenlernen und ihre Ehefrauen dazu und lud zum Abendessen in ihre kleine Potsdamer Villa.

Die Neulinge an der Konzernspitze waren in der Tat ein bißchen arglos, als sie eine der ersten Verhandlungen mit der Kirch-Gruppe mit der Begründung abbrachen, sie seien zum Abendessen bei Friede Springer eingeladen. Auf der Gegenseite mußte damit der Eindruck entstehen, die Mehrheitsaktionärin würde direkten Einfluß nehmen und nun zum Angriff gegen den ungeliebten Großaktionär blasen. Es war gar keine Frage, daß Friede Springer ihren Erzfeind und Angstgegner loswerden wollte, den sie bis zum Schluß nicht durchschaute. Auf jenem Vorstandsessen aber wurde über die Causa Leo Kirch kaum ein Wort verloren. Denn eines wußte die Witwe genau: Wenn sie etwas nicht verstand, dann mischte sie sich auch nicht ein. Und da sie die immer komplizierter werdenden Verhandlungen nun einmal nicht überblickte, ließ sie den Vorstand wohl oder übel gewähren. Es ging um viel, das wußte sie. Sie ahnte sogar, daß der Fortbestand der Kirch-Gruppe zunehmend in Frage stand. Verwundert war sie darüber nicht: Wer Milliardenschulden hatte, der fuhr stets am Rand des Abgrunds. Irgendwann würde er stürzen. Sie hatte das Geschäftsgebaren ihres Münchner Kontrahenten nie nachvollziehen können, so sparsam, wie sie war, und im Grunde ihres Herzens so risikoscheu.

Sie hörte auch von jenem Treffen am 27. Januar in Hannover, an dem Politik und Wirtschaft die Kirch-Gruppe schon zerlegten, bevor überhaupt etwas geschehen war. Erstaunt nahm sie zur Kenntnis, daß Bundeskanzler Gerhard Schröder ein paar Tage vor Ablauf der Frist für die Ausübung der Option Rolf Breuer, Erich Schumann, den Miteigentümer und Gesellschafter der WAZ-Gruppe, und Thomas Middelhoff, den Vorstandsvorsitzenden von Bertelsmann, zu einem Gespräch geladen hatte. Was die vier in dem traditionsreichen Restaurant Wichmann in Hannover wirklich miteinander besprachen, drang nicht zu ihr. Ebensowenig wußte sie, daß Leo Kirch schon im Dezember um einen Termin beim Kanzler gebeten hatte, weil er bereits ahnte, daß er aus seiner Finanzkrise ohne fremde Hilfe nicht mehr herausfände.

Während der Kanzler bestens informiert war, konnte sie nur vermuten, daß sich Schröder, Breuer, Schumann und Middelhoff über Folgen eines Kollapses der Kirch-Gruppe ausgetauscht hatten und es dabei auch um das Aktienpaket Kirchs am Springer-Verlag gegangen war. Sie wußte um die Begehrlichkeiten, die eine Springer-Beteiligung selbst bei internationalen Medienkonzernen auslöste. Sogar Rupert Murdoch, einer der einflußreichsten Medienunternehmer der Welt, der über die vielen Zeitungen, die zu seinem weitverzweigten Imperium gehörten, häufig politischen Einfluß nahm, hegte offenbar Interesse an einer Beteiligung am Springer-Konzern. Doch noch war die Kirch-Gruppe nicht zusammengebrochen. Das Aktienpaket von 40 Prozent am Springer-Verlag stand nicht zur Disposition. Noch nicht.

Die Verhandlungen zwischen dem neuen Springer-Vorstand und der Kirch-Gruppe zogen sich hin, ohne daß es bisher zu irgendeinem Ergebnis gekommen war. Der Verfallstermin der Option näherte sich. Am 31. Januar mußte der Vorstand des Verlages entschieden haben, ob er von Kirch die Rücknahme des ProSiebenSat.1-Anteils gegen die Zahlung von 767 Millionen Euro fordern wollte. Und Döpfner war sich gewiß, daß er, würde er auf der vereinbarten Option beharren, den entscheidenden Stein aus Kirchs brüchig gewordenem Imperium zöge und es zum Einsturz brächte.

Am 29. Januar reisten er und Steffen Naumann, gerade einmal seit vier Wochen im Springer-Vorstand zuständig für die Konzernfinanzen, ein letztes Mal nach München. Diesmal hatten sie sogar den Aufsichtsratsvorsitzenden Bernhard Servatius mitgenommen, der immer ein gutes Verhältnis zu Leo Kirch gepflegt hatte. Vielleicht würde er vermitteln können. Bei den Verhandlungen war Leo Kirch anwesend. Kurzzeitig schien es einen Ausweg aus der vertrackten Situation zu geben. Doch als Döpfner dann am nächsten Morgen Dieter Hahn anrief, winkte der schon wieder ab. Zwei Punkte der Verhandlungen vom Vortag könne die Kirch-Gruppe nun nicht mehr akzeptieren: die Frage der Sicherheiten und die des Zahlungsmodus. Die Verhandlungsergebnisse waren hinfällig geworden. Ob

Dieter Hahn darüber auch mit Kirch gesprochen hatte – Döpfner war sich nicht sicher. Er sagte nur: »Dieter, du weißt, daß wir dann die Option ausüben müssen.« Der, so kam es Döpfner vor, wollte dem jungen Vorstandschef nicht glauben. Das würden sie sich nicht trauen.

Die Chuzpe der Kirch-Gruppe, die selbst ein Entgegenkommen erbeten hatte, ärgerte die Vorstandsmitglieder des Springer-Verlages. Sie fühlten sich nicht ernst genommen. Die Überheblichkeit, mit der Dieter Hahn die Verhandlungen führte, verprellte sie. Immer wieder hatten sie sich sagen lassen müssen, daß sie die Frist verstreichen ließen, weil ihnen die Courage fehlte, mit der Ausübung der Option Leo Kirch den entscheidenden Stoß zu versetzen.

Das Klicken in der Leitung, mit dem das Gespräch endgültig beendet wurde, war für Döpfner das Startzeichen. Noch am selben Tag verlangte der Vorstand des Springer-Verlages von Kirch die Erfüllung des vereinbarten Geschäfts. Döpfner rief Frau Andrea Partikel an, die Justitiarin des Verlages, die sich seit einigen Tagen in Zürich aufhielt, um die Ausübung der Option notariell beurkunden zu lassen. Die Beglaubigung der Vorstandsentscheidung war Voraussetzung für ihre Gültigkeit, und der Vorstand wollte nicht riskieren, daß der Notar womöglich an jenem Tag ausfiel und damit den für den Verlag und für Leo Kirch so entscheidenden Schritt unmöglich machte. »Wir haben mit allem gerechnet«, sagt Döpfner. Um 13 Uhr setzte die Justitiarin ihre Unterschrift unter das entscheidende Dokument. Dann rief sie den Vorstandsvorsitzenden an und ließ ihn wissen, daß die Option zur Rückgabe des Anteils an ProSiebenSat.1 gegen Zahlung von 767 Millionen Euro ausgeübt sei. An der Börse waren die 11,5 Prozent, die Springer an den Sendern hielt, nur mehr 120 Millionen Euro wert.

Kaum daß Döpfner das Telefonat mit Frau Partikel beendet hatte, wählte er die Nummer von Leo Kirch. »Herr Kirch, ich wollte Ihnen nur jetzt noch einmal mitteilen«, sagte er etwas umständlich, »daß wir, wie mehrfach angekündigt, die Option ausgeübt haben.« Am anderen Ende blieb es für einen Moment still: »Mathias, das hätte ich dir nicht zugetraut«, sagte Leo Kirch dann. Er hatte mit der Konsequenz des jungen Springer-Chefs nicht gerechnet. Noch mehr hatten er und Dieter Hahn allerdings den geringen Spielraum unterschätzt, den das Aktienrecht dem Vorstand in dieser Sache zugestand. So war es weniger der Mut der neuen Verlagsspitze als ein genaues Ausloten und Abwägen der aktienrechtlichen Möglichkeiten, was sie letztlich zu dem Schritt gezwungen hatte. Mathias Döpfner hatte den Zusammenbruch der Kirch-Gruppe eingeleitet, Verursacher des Desasters, das sich daran anschließen sollte, war er nicht. Den Einsturz seines Konzerns hatte sich der Münchner Medienunternehmer, der vor vielen Jahren als kleiner Filmhändler begonnen hatte, selbst zuzuschreiben. Seine riskanten Finanzierungsmethoden hatten sich als nicht krisensicher erwiesen.

Was folgte, war eine Schlacht der Juristen. Die Verkaufsoption sei nicht bindend, ließ die Kirch-Gruppe den Springer-Verlag schon am nächsten Tag wissen. Vorsorglich hatte sie bereits Rechtsgutachten in Auftrag gegeben, die ihre Aussage stützten. Man würde dies durch eine Feststellungsklage gerichtlich klären lassen. Sowohl der Springer-Verlag als auch die Kirch-Gruppe nahmen über Monate alle erdenklichen juristischen Möglichkeiten in Anspruch, um sich ins Recht zu setzen. Doch für die Kirch-Gruppe war die Auseinandersetzung mit dem Springer-Verlag, der aufgrund der hohen Verluste aus dem Geschäftsjahr 2002 von fast 200 Millionen Euro die Zahlung von 767 Millionen Euro von Leo Kirch gut gebrauchen konnte, nur einer von vielen Krisenherden, die sich in den folgenden Wochen im Unternehmen auftaten.

Die Bundesregierung hatte zu dem Zeitpunkt bereits den Stab über Leo Kirch gebrochen und durch ihren Sprecher am 1. Februar mitteilen lassen, sie werde weder in den Streit zwischen Kirch und Springer eingreifen, noch könne sie die hochverschuldete Kirch-Gruppe retten, worum Kirch vor Jahresende gebeten hatte. Erich Schumann, Miteigentümer der WAZ-Gruppe, hatte derweil mit Friede Springer Kontakt aufgenommen und für den 4. Februar seinen Besuch angekündigt. Die Aussicht, beim größten Zeitungshaus des

Kontinents mehr als nur ein kleines Wörtchen mitzureden, war für den machtbewußten Zeitungsmann aus Nordrhein-Westfalen nur allzu verlockend. Mit der Verlegerwitwe würde er auf Dauer schon fertig werden. Die aber wußte, was ihn umtrieb. Das Abendessen, zu dem der Kanzler Schumann, Breuer und Middelhof in Hannover geladen hatte, war erst eine gute Woche her.

Wie jeder ihrer Besucher nahm auch Schumann in Springers Büro im neunzehnten Stock des Berliner Hochhauses auf dem hellen Sofa gegenüber dem großen Schreibtisch Platz. Friede Springer setzte sich wie immer in ihren Sessel, der rechts neben dem Sofa mit der Lehne zum Fenster stand. Schumann führte nach allen Regeln die Kunst Konservation, und Friede Springer ließ ihn reden, bis er über einen riesigen Umweg vom Golfspiel, über seinen Hund und einen Besuch in Israel endlich zum Thema kam. Wunderbar wäre es, sagte er, wenn sich der Springer-Verlag und die WAZ-Gruppe zusammentäten. Noch blieb er vage. Erst als Friede Springer kritisch einwarf: »Herr Schumann, ich möchte das aber nicht. Wir passen nicht so recht zusammen. Die Häuser haben unterschiedliche Philosophien«, wurde er präziser. Schumann blieb hartnäckig, sie solle sich das noch einmal überlegen, nur zwei Zeitungen wären zu verkaufen, ansonsten gäbe es kaum Schwierigkeiten. Die Ausrichtung des Springer-Verlages könne selbstverständlich bleiben, wie sie sei, damit habe er keine Probleme. Friede Springer merkte sofort, daß der Mann von der Ruhr sehr genaue Vorstellungen davon hatte, was er wollte. »Sie haben doch längst mit Herrn Kirch gesprochen«, konterte sie. Ihr sei berichtet worden, er habe Kirch in einem Konferenzraum am Münchner Flughafen getroffen. Schumann winkte ab. Es sei um andere Themen gegangen, nicht um Springer. Sie ließ ihn wieder reden. Und Schumann sprach weiter, unendlich freundlich und behutsam. Doch das hatte die Verlegerwitwe in ihrem Leben zu häufig erlebt. Wurden die Herren betulich, dann wollten sie ihr meistens etwas abringen. »Herr Schumann«, sagte sie schließlich und setzte damit dem Schauspiel ein Ende, »bitte haben Sie Verständnis dafür. Aber ich möchte und muß das hier im Verlag alleine machen.«

Friede Springer hatte sich festgelegt: keine Partner aus der Medienbranche in ihrem Zeitungshaus. Sie wollte das Sagen haben, und das auf Dauer. Dann begleitete sie Erich Schumann bis vor die Tür des Hauses. Noch eine kurze Weile standen sie zusammen auf dem Parkplatz und wechselten ein paar Worte, bis Schumann in einen Wagen gestiegen war und verschwand. Sie nahm den Fahrstuhl zurück in ihr Büro und verzichtete wie immer auf den Einsatz ihres Spezialschlüssels, mit dem sie direkt, ohne anzuhalten, nach oben gelangt wäre. Ein paarmal stiegen Mitarbeiter ein und wieder aus, die von der Hausherrin begrüßt und nach ihrem Befinden befragt wurden. Als sie im neunzehnten Stock aus dem Aufzug trat, war sie allein. In Gedanken bestärkte sie sich noch einmal selbst: Die WAZ-Gruppe wollte sie genausowenig im Haus haben wie Leo Kirch oder am Ende gar noch Rupert Murdoch.

Schumann war gescheitert. Noch einmal würde er wohl nicht mehr nach Berlin kommen. Sein Ziel aber behielt er im Auge: eine strategische Beteiligung am Springer-Verlag – wenn es sein mußte, auch gegen den Willen der Verlegerwitwe. Als die Mutmaßungen über das vehemente Begehren der WAZ-Gruppe nicht abklingen wollten, erteilte Friede Springer dem ambitionierten Miteigentümer Schumann in einem ihrer seltenen Interviews über die Deutsche Presseagentur vorsorglich eine öffentliche Absage – die Verlage paßten nicht zueinander. Und noch eines ließ sie nicht nur die Öffentlichkeit, sondern vor allem die Konkurrenten und die Mitarbeiter wissen: »Eine Aufstockung meines Anteils um ein paar Prozent kann ich mir gut vorstellen.« Erich Schumann hatte die deutlichen Worte eigentlich nicht überhören können, aber er arbeitete weiter an seinem Ziel, Anteilseigner des Springer-Verlages zu werden.

Derweil war Leo Kirch durch einen Ausspruch von Rolf Breuer über die Kreditwürdigkeit der mit 5,8 Milliarden Euro verschuldeten Kirch-Gruppe weiter in Bedrängnis geraten. Einen Tag nach dem Besuch Schumanns bei Friede Springer hatte Breuer dem Fernsehsender Bloomberg TV auf die Frage nach der Lage der Kirch-Gruppe geantwortet: »Was man alles darüber lesen und hören kann, ist ja, daß der

Finanzsektor nicht bereit ist, auf unveränderter Basis weiter Fremd-oder gar Eigenmittel zur Verfügung zu stellen.« Die Entrüstung über diesen Ausspruch war groß, nicht nur bei Leo Kirch, der diesbezüglich gegen den gesprächigen Banker noch vor Gericht ziehen und später Recht bekommen sollte. Verschwörungstheorien wurden gesponnen, über die Interessen des Bankers wurde wild spekuliert. Man witterte eine konzertierte Aktion des Springer-Verlages mit der Deutschen Bank. Das Geheimtreffen des Kanzlers mit Breuer und Schumann in Hannover war längst bekanntgeworden. Alles ein abgekartetes Spiel der Regierung, um sich des ungeliebten, erzkonservativen Münchner Medienunternehmers zu entledigen, hieß es. Auf die Idee, daß sich der eitle Vorstandssprecher der Deutschen Bank bemüßigt fühlte, vor Journalisten mit ein paar dahingeplapperten Sätzen eine gewichtige Figur zu machen, kam niemand.

Im Februar begann das Lebenswerk Leo Kirchs langsam zu zerfallen – wider aller Beteuerungen des völlig überarbeiteten Dieter Hahn, der immer noch darauf hoffte, die Liquiditätskrise in den Griff zu bekommen. Schon bald wurde klar, daß sich Kirch nicht nur von seinem Anteil am Springer-Verlag würde trennen müssen; auch andere Schätze, wie die Mehrheit, die Kirch an der Formel-1-Holding SLEC hielt, oder die von ihm erworbenen Rechte an der Fußballbundesliga, standen zur Disposition. Dazu kamen Baustellen an allen Ecken und Enden seines unübersichtlichen Firmenimperiums. Es schien immer wahrscheinlicher, daß auch Rupert Murdoch, dem ein zunehmendes Interesse am Springer-Aktienpaket des Leo Kirch nachgesagt wurde, im Oktober darauf dringen würde, seine Beteiligung an Premiere an Kirch zurückzugeben und dafür den vereinbarten Betrag zu kassieren. Während Leo Kirch und Dieter Hahn an der Rettung des Medienimperiums arbeiteten, hatten die Anleger an der Börse ihre Entscheidung bereits getroffen. Sie setzten auf eine Zerschlagung der Unternehmensgruppe, was in der Entwicklung des Aktienkurses von ProSiebenSat.1 nicht zu übersehen war. Er stieg.

Angesichts der vielen Zahlungsverpflichtungen, die auf die Kirch-Gruppe zukamen, war das Angebot der bayerischen HypoVereinsbank, Kirch für 1,1 Milliarden Euro die Springer-Aktien abzukaufen, gerade genug für eine Atempause. Das jedenfalls hatte Albrecht Schmidt, der Vorstandssprecher der bayerischen Großbank, dem angeschlagenen Filmhändler zugesagt. Als dann Mitte Februar Vertreter der Gläubigerbanken, darunter auch der HypoVereinsbank, in der Unternehmenszentrale der Kirch-Gruppe eintrafen und dem Liquiditätsbericht Dieter Hahns folgten, wurde schnell klar, daß die Kirch-Gruppe auf Dauer nicht zu retten wäre. Es gab einen künftigen Finanzbedarf der Gruppe in Milliardenhöhe – und das bei einer schier astronomischen Verschuldung. Nicht klar war, welche Werte überhaupt dagegen standen. Auf Druck der Banken hielten drei Sanierer Einzug in Kirchs Konzern. Sie sollten die Lage analysieren und retten, was zu retten war. Doch auch das half nichts.

Das Gezerre um die besten Stücke im zerfallenden Kirch-Imperium war schon vor dem Insolvenzantrag der Kirch Media in vollem Gange. Da ging es nicht nur um Bundesliga und die Formel 1 oder den legendären Filmstock, deren Wert niemand so genau zu beziffern wußte. Da ging es vor allem um die beiden attraktiven Privatsender ProSieben und Sat.1, die inzwischen zu einer Gesellschaft fusioniert und an der Börse notiert waren. Die Beteiligung von 40,33 Prozent an der Axel Springer Verlag AG galt als das beste Stück – zumindest für diejenigen, die in Deutschland Meinung machen wollten. Für diese Zwecke war es noch viel wertvoller als die Fernsehbeteiligungen.

Die Banken, die sich im März in verschiedenen Konstellationen mehrfach trafen, um den Konzern Leo Kirchs vor dem Untergang und vor allem sich selbst vor der Abschreibung ihrer Milliarden-Kredite zu bewahren, blieben letztlich erfolglos. Sie konnten sich nicht auf eine gemeinsame Linie einigen, stritten lauthals über den Wert der Sicherheiten und mußten mit ansehen, wie das Herzstück der Kirch-Gruppe, die Kirch Media, am 8. April Insolvenz anmeldete.

Friede Springer wußte an diesem Morgen, als der Insolvenzantrag der Kirch-Gruppe bekannt wurde, daß Kirch am Ende seiner Möglichkeiten angelangt war. Sie wußte, daß er nicht nur die Springer-Aktien würde verkaufen müssen. Das allerdings, so dachte sie, sei ohne ihre Zustimmung nicht zu machen. Denn die Aktien waren ja als vinkulierte Namensaktien ausgegeben, deren Übertragung der Zustimmung des Aufsichtsrates bedurfte. Dort hatte schon lange die Hauptaktionärin, die mit 50 Prozent und 10 Aktien die absolute Mehrheit vertrat, das Sagen. Warum sonst hatte sich Erich Schumann auf den Weg nach Berlin gemacht, um um ihre Gunst zu buhlen?

Friede Springer hatte allerdings gar kein großes Interesse daran, einen neuen Großaktionär mit gut 40 Prozent ins Boot zu nehmen. Sie wollte selber kaufen und damit ihre Machtposition weiter ausbauen. War es im Sommer 1998 noch aussichtslos gewesen, an weitere Aktien von Kirch zu kommen, so war jetzt das eingetreten, was sie dem Chef der Deutschen Bank Rolf Breuer damals in Berlin gesagt hatte. Kirch war in Not. Wieder griff sie zum Hörer. Diesmal aber meldete sie sich nicht bei Breuer, sondern bei Leo Kirch direkt. »Herr Kirch«, sagte sie, »wenn Sie verkaufen müssen, dann würde ich gern fünf Prozent übernehmen.« Leo Kirch aber wollte sich nicht festlegen: »Frau Springer, das verstehe ich. Wollen wir mal schauen.« Kein Ja, kein klares Nein. Das Aktienpaket sollte als Ganzes erhalten werden, wodurch das meiste Geld zu erzielen sein würde. Für seine Springer-Aktien gab es genügend Interessenten.

Ein paarmal hatte Friede Springer versucht, den Enkel Axel Sven dazu zu überreden, sich mit ihr zusammen oder allein oder über die gemeinsame Gesellschaft für Publizistik Aktien zu beschaffen. Doch der Enkel blieb unentschlossen. Und das so lange, bis sich die Witwe des Verlegers daranmachte, ihm einen offiziellen Brief zu schreiben, um von ihm eine entsprechende Antwort zu seiner Interessenlage zu bekommen. Schließlich war sie Geschäftsführerin der Gesellschaft für Publizistik und fühlte sich verpflichtet, mit ihrem Ansinnen, die Position der Springer-Seite auszubauen, zuerst an die Gesellschaft zu denken, in der sie mit den Enkeln gemeinsam die Verlagsanteile hielt. Nein, schrieb einer seiner Anwälte, es bestünde auf seiten des Herrn Axel Sven Springer kein Interesse an einem weiteren Engagement, weder im Rahmen der Gesellschaft für Publizistik noch sonst. Friede Springer verstand den Enkel nicht: »Aber Aggi, das wäre doch ein deutliches Zeichen nach außen, daß wir hinter dem Haus stehen, wenn wir jetzt sagen, wir kaufen soviel wir können von Kirch.« Sie redete auf ihn ein, mindestens einmal sogar in Gegenwart des Aufsichtsratsmitglieds Klaus Krone. Aber Axel Sven ließ sich nicht überzeugen. Trotzdem: Transparent sollte ihr Handeln sein – vor allem in bezug auf den Enkel, mit dem sie sich immer tiefer in einen unangenehmen Rechtsstreit verstrickte. Er sollte ihr nicht vorwerfen können, sie hätte womöglich hinter seinem Rücken ihre Machtposition ausgebaut.

Um unmißverständlich klarzumachen, was sie wollte, erklärte sie den versammelten Herrn auf der ersten Aufsichtsratssitzung im späten Frühjahr dann auch noch einmal, daß sie gewillt sei, auf eigene Rechnung weitere 5 Prozent der Springer-Aktien hinzuzukaufen. Die Herren nahmen das zur Kenntnis, einschließlich Axel Sven Springer und Leo Kirch, der ungeachtet der Insolvenz der Kirch Media weiterhin sein Mandat im Aufsichtsrat wahrnahm. Entsetzlich angeschlagen wirkte er auf Friede Springer, als er im Mai der turnusmäßigen Sitzung in der Bibliothek des Springer-Hochhauses beiwohnte. Wie so häufig saß er Friede schräg gegenüber. Sie konnte den Blick kaum von ihm wenden und hatte Sorge, er würde im nächsten Moment vom Stuhl kippen. Zum erstenmal seit langer Zeit kam ihr zu Bewußtsein, daß Kirch ein sehr kranker Mann war. Er litt seit Jahren an schwerem Diabetes und war inzwischen fast ganz erblindet.

Kaum daß Friede Springer der WAZ-Gruppe im April noch einmal öffentlich eine klare Absage erteilt hatte, meldete sich Klaus-Peter Müller bei ihr, der Vorstandssprecher der Commerzbank. Seine Bank wollte zusammen mit einem Bankenkonsortium das Aktienpaket von Leo Kirch zu einem Preis von 870 Millionen Euro übernehmen, um es dann so schnell wie möglich weiterzuverkaufen. Am 2. Mai suchte der Bankchef die Verlegerwitwe auf. Sein Anliegen wunderte sie: Sie solle auf die Vinkulierung der Aktien verzichten, ansonsten seien die Springer-Anteile an einen dritten Investor nicht zu veräußern. Aber warum sollte sie zum Wohle der Commerzbank auf eines ihrer, wie sie meinte, elementarsten Rechte verzichten? Sie erinnerte sich an die wortreichen Erklärungen Friedrich Wilhelm Christians', der ihrem Mann den Börsengang der Verlages als eine einzige Erfolgsgeschichte schmackhaft gemacht hatte. Trotz des Machtkampfs, der unmittelbar nach Springers Tod einsetzte, hatte ihr die Umwandlung in eine Publikumsgesellschaft aber wenigstens eines gebracht: die vinkulierten Namensaktien. Auf dieses Kontrollmittel würde sie nie und nimmer verzichten. Sie sprach ihre Gedanken nicht aus, sondern schwieg und entließ den Commerzbank-Chef alsbald, der sich seines Erfolges bereits sicher wähnte. Friede Springer würde die Vinkulierung der Aktien aufgeben – das setzte Müller als Fait accompli in die Welt und holte sich prompt eine Abfuhr. Davon, ließ Friede Springer über die Pressestelle des Verlages ausrichten, könne überhaupt keine Rede sein. Sie habe derlei nicht zugesagt und würde es auch in Zukunft nicht tun. Mitte Mai warf Klaus-Peter Müller entnervt das Handtuch.

Friede Springer wähnte sich zunehmend sicher vor weiteren Attakken anderer Medienkonzerne. Der Kredit der Deutschen Bank an Leo Kirch sollte am 12. Mai fällig werden. Im Falle, daß Kirch nicht würde zahlen können, fiele das Aktienpaket als Pfand an das Kreditinstitut. Die Deutsche Bank hatte Friede Springer bereits signalisiert, sie sei durchaus bereit, ihr 5 Prozent daraus zu verkaufen und den Rest wieder an der Börse zu plazieren. Eine breite Streuung versprach sie, so wie es auch Christians dem Verleger versprochen hatte. Die Verlegerwitwe atmete auf und kümmerte sich um die neuen Besetzungen im Aufsichtsrat, die zur Hauptversammlung im Sommer anstanden. Sie hatte den Sizilianer Giuseppe Vita gebeten, den Vorsitz des Gremiums zu übernehmen. Der ehemalige Vorstandsvorsitzende von Schering sollte Bernhard Servatius ablösen, der im Januar für die Öffentlichkeit überraschend seinen Rücktritt von Amt und Mandat erklärt hatte.

Von seiner Verabredung mit Friede Springer, im Alter von siebzig Jahren endlich aus dem Kontrollgremium auszuscheiden, hatte kaum jemand etwas erfahren. Als das Datum allerdings nähergerückt war, war ihm gar nicht mehr danach, seine Position freizugeben. »Bernhard, wir haben ein Abkommen«, erinnerte ihn Friede Springer un-nachgiebig. Aber jetzt, mitten in der Krise mit Leo Kirch, könne er doch nicht einfach gehen, erklärte er und schlug vor, sein Mandat noch ein Jahr zu verlängern, bis das Gröbste überstanden wäre. Friede Springer aber blieb hart. Siebzig – das war vereinbart, und an Vereinbarungen sollte man sich halten. So räumte Servatius schließlich seinen Platz für Vita. Neben Giuseppe Vita zog Gerhard Cromme, der Aufsichtsratsvorsitzende der ThyssenKrupp AG, in den Aufsichtsrat ein. Er war von Servatius favorisiert worden. Friede Springer kannte ihn seit Jahren und hegte keine Einwände. Dazu kam noch der neununddreißig Jahre alte Leonhard Fischer, ein guter Be-kannter Döpfners und ehemaliger Shooting-Star unter den deut-schen Investmentbankern.

Während Friede Springer die Veränderungen im Aufsichtsrat vor-antrieb, einigten sich Leo Kirch und die Deutsche Bank Anfang Juni vor dem Münchner Landgericht darauf, daß Kirch bis zum 30. August sein Aktienpaket am Springer-Verlag selbst verwerten dürfe. Die Zit-terpartie für Friede Springer begann von neuem. Die Bank sollte die Frist später noch einmal bis zum 20. September verlängern. Wieder mußte Friede warten, was ihr einiges abverlangte.

Am 26. Juni 2003 hatte Bernhard Servatius auf der Hauptversamm-lung des Verlages seinen letzten öffentlichen Auftritt. Zur Überra-schung der versammelten Aktionäre erschien Leo Kirch an diesem Tag persönlich – in Begleitung von Dieter Hahn und neun Anwälten um den Münchner Juristen Ronald Frohne. Der meldete sich bald zu Wort und ritt scharfe Attacken gegen den Vorstand und die stellver-tretende Aufsichtsratsvorsitzende Friede Springer. Seine Rede geriet zu einer Abrechnung mit dem Management und der Großaktionärin des Zeitungshauses. Der Anwalt drohte mit einer Sonderprüfung und Schadensersatzansprüchen, da der Kirch-Gruppe durch die Aus-übung der Option große finanzielle Nachteile entstanden seien. Friede Springer wurde vorgeworfen, sie habe ihren Einfluß dazu ge-nutzt, »den Vorstand zu einer Handlungsweise zu veranlassen, die an ihren eigenen Interessen, nicht aber an den Interessen der Gesellschaft ausgerichtet war«. Frohne wurde noch deutlicher: Auf Betreiben Friede Springers habe es der Vorstand seit Mitte 2001 darauf angelegt, den störenden Minderheitsaktionär Leo Kirch loszuwerden und dessen Anteilsbesitz teilweise an genehme Dritte zu übertragen oder in die Hände der gegenwärtigen Mehrheitsaktionärin übergehen zu lassen. Servatius und Döpfner wiesen alle Vorwürfe zurück. Die im Saal versammelten Aktionäre verfolgten den Schlagabtausch mit deutlichen Unmutsbekundungen, die sich vor allem gegen Kirch richteten. Leo Kirch und Friede Springer verweigerten sich am Ende der langen Sitzung gegenseitig die Entlastung. Die Verlegerin fühlte sich bemüßigt, zum Abschluß ein paar Worte an die versammelten Aktionäre zu richten, was noch nie vorgekommen war: »Trotz immer wieder gestreuter Gerüchte: Die Mehrheit des Unternehmens bleibt in unserer Hand, damit Springer immer Springer bleibt.« Aber das war noch lange nicht entschieden.

19. KAPITEL

»Ik ha't skafet«

Die Attacke der WAZ-Gruppe erfolgte Ende August. Der Konzern ließ über sein eigenes Flaggschiff, die *Westdeutsche Allgemeine Zeitung*, verbreiten, er arbeite an einem Konzept zur Übernahme des Springer-Pakets. Friede Springer war fassungslos. Hatte sie Erich Schumann nicht deutlich gesagt, daß sie eine Zusammenarbeit mit ihm nicht wünschte? Wollte er es tatsächlich wagen, sich in den Verlag einzukaufen, um wie Leo Kirch mit Störmanövern das Geschäft zu lähmen? Sie dachte zurück an die vielen Jahre der Auseinandersetzung mit dem Münchner Filmkaufmann, der nun offensichtlich beschlossen hatte, ihr – wenn er schon nicht Großaktionär des Verlages bleiben konnte – einen neuen unliebsamen Anteilseigner ins Haus zu tragen. Daß die WAZ-Gruppe auf die Ausrichtung des Springer-Verlages keinen Einfluß nehmen würde, so wie es ihr Schumann in dem persönlichen Gespräch versprochen hatte, hielt sie für eine blanke Lüge. Was hatte Kirch nicht alles versucht als Großaktionär, wenn ihm die Kommentierung in den Blättern nicht gefiel. Er hatte einen Brief an Servatius geschrieben gegen den damaligen Chefredakteur der *Welt* und aufgrund eines liberalen Kommentars zum Kruzifix-Urteil, den der veröffentlicht hatte, dessen Ablösung gefordert. Kirchs Aktion war ein in der Branche einmaliger Vorgang gewesen. Das gleiche würde sich mit Schumann wiederholen, dessen Verlag aus ihrer Sicht über den ehemaligen Kanzleramtsminister Bodo Hombach mit der Bundesregierung eng verwoben war. Alles, dachte sich Friede Springer, würde die Bundesregierung einsetzen, damit die WAZ-Gruppe bei Springer Fuß faßte. Sie würde, wenn nötig, sogar Recht und Gesetz ändern.

Friede Springer wußte sich keinen Rat mehr. Sie mußte noch einmal mit Erich Schumann sprechen. Vielleicht war es doch möglich, ihn von seinem Vorhaben abzubringen. Das Telefonat, das sie mit ihm führte, dauerte eine halbe Minute. »Herr Schumann, das wird nichts«, sagte sie zu dem Miteigentümer der WAZ-Gruppe. »Schlagen Sie sich das aus dem Kopf. Sie werden bei uns nie einen Fuß auf den Boden bekommen.« Erich Schumann reagierte gelassen. Das sei eine klare Aussage. Man sehe sich vielleicht irgendwann einmal wieder in Israel oder auf dem Golfplatz. Dann verabschiedete er sich und legte auf. Friede Springer hielt den Hörer noch einen Moment in der Hand; dann legte auch sie auf – mit einem mulmigen Gefühl. Schumann war stur, und sie war sich sicher, daß auch ihre deutlichen Worte ihn nicht von seinem Vorhaben abbringen würden. Die nächste Schlacht stand bevor.

Auch an einer anderen Front verdunkelte sich der Himmel. Das Verhältnis zu den Enkeln wurde zunehmend gespannter. Bereits im April hatten die Anwälte von Axel Sven und Ariane eine Auskunftsklage gegen Friede Springer angestrengt. Unter anderem wollten die beiden gerichtlich klären lassen, ob Döpfner Handlungsanweisungen von ihr empfange und zu ihrem Vorteil agiere. Nun sollte die Klage der Enkel Ende August verhandelt werden. Das Verhältnis zu den Enkeln, mit denen es schon seit Jahren nicht zum besten stand, war von Mißtrauen und Argwohn zerrüttet. Friede ahnte, daß der Streit bald eskalieren würde, weil die Enkel noch anderes im Sinn hatten, als lediglich ein Auskunftsrecht zu erstreiten.

Im August drohte die Belastung durch das Geschacher um das Springer-Paket überhandzunehmen. Friede Springer war am Ende ihres Durchhaltevermögens und physisch fast an ihre Grenzen gelangt. Was hatte sie nicht alles versucht, um ihre Position im Verlag auszubauen? Sie war sogar mit ihrem Anwalt Bezzenberger kurzerhand nach München gefahren, um Kirch in seinem Büro in der Kardinal-Faulhaber-Straße aufzusuchen. Es war das erste und einzige Mal, daß sie dort vorsprach. Sie wollte ihn überreden, ihr Aktien zu verkaufen. Und er hatte ihr klargemacht, daß er nur das ganze Paket von 40 Prozent abgeben würde, wenn nötig sogar an den Sohn des libyschen Staatschefs Gaddafi. »Herr Kirch«, sagte sie, »ich würde Ihnen sofort das ganze Paket abkaufen. Aber Sie wissen genau, daß ich dafür das Geld nicht habe.« Kirch lachte. Ein Anruf bei der HypoVereinsbank genüge, und sie würde das Geld schon bekommen, versicherte er. Auch bei der Bank hatte sie daraufhin vorgesprochen, wieder zusammen mit ihrem Anwalt. Diesmal allerdings war noch ihr Vermögensverwalter Hans-Jörg Matthies dabei. Da saßen die drei in einer großen Runde von Bankbeamten, unter denen sich auch der spätere Vorstandsvorsitzende Dieter Rampel befand. Friede Springer trug ihr Anliegen vor und stieß auf taube Ohren. Die Herren sahen betreten zu Boden. Nein, ließen die Banker die Gäste wissen, einen Kauf des gesamten Aktienpaketes könnten sie unmöglich finanzieren. Friede Springer verfüge nicht über genügend Sicherheiten. Im März noch hätte dieselbe Bank im Handumdrehen 1,1 Milliarden Euro an Leo Kirch gezahlt, um seinen Springer-Anteil in die eigenen Bücher zu nehmen.

Da die HypoVereinsbank den Kredit verweigerte, mußte Friede wieder zittern. Sie wußte nicht, ob sich Erich Schumann – ganz wie vor Jahren Leo Kirch – über die Vinkulierung der Aktien hinwegsetzen würde. Ebensowenig konnte sie einschätzen, ob die Vinkulierung jedem juristischen Schachzug der Gegenseite standhielt oder ob es gar eine legale Möglichkeit gab, sie auszuheben. Denn an dieser Frage hatten sich bereits namhafte Aktienrechtler entzweit. Friede Springer hatte niemanden, mit dem sie sich austauschen konnte, wenn sie in diesen Tagen existentielle Sorgen überkamen. Sie schlich sich aus ihrem Büro nach Hause, nicht ohne sich wie üblich beherrscht von ihrer Sekretärin zu verabschieden. Aber ihr war alles andere als unbeschwert zumute. Wenn die WAZ-Gruppe zum Zuge käme, dann würde sie verkaufen. Dann würde sie loslassen und wäre an dem Auftrag, den Springer ihr gegeben hatte, gescheitert. Eine Neuauflage der Auseinandersetzung à la Leo Kirch würde sie nicht mehr durchstehen. Kaum daß sie die Haustür hinter sich geschlossen hatte, kamen ihr die Tränen. Ob vor Sorge oder Erschöpfung, sie wußte es nicht. Sie spürte nur, daß ihre Nerven nicht mehr viel aushielten. Sie hatte Angst.

Sie dachte viel an Springer, sprach zu ihm und war ganz sicher, daß er sie hörte. Sie träumte von ihm und erinnerte sich daran, wie sehr er auf sie gesetzt hatte. »Du wirst das schon machen, Friede.« Sein absolutes Vertrauen in sie hatte sie über die letzten, nicht immer einfachen Ehejahre getragen. Und es hielt sie auch jetzt. Mit diesem Satz hatte er ihr die Aufgabe übertragen, für sein Lebenswerk zu sorgen. Sie durfte sich nicht davor drücken. Sie dachte an die Zeit, als sie sich kennengelernt hatten in seinem Haus am Falkenstein in Hamburg. Wie sie einmal, nachdem sie den Springer-Sohn ins Bett gebracht hatte, in ihr Zimmer zurückgekehrt war, um noch ein wenig zu lesen, und einen handgeschriebenen Zettel auf ihrem Kopfkissen gefunden hatte. »Wolle nie irgendeine Beunruhigung, ein Weh, eine Schwermut von deinem Leben ausschließen, da du noch nicht weißt, was diese Zustände an dir arbeiten.« Springer hatte ihr den Satz von Rainer Maria Rilke aufgeschrieben, zwei Jahre bevor sie mit ihm zusammenkam. Unendlich oft hatte sie sich die Worte des Dichters vorgesagt, wenn sie gar nicht mehr weiterwußte. Dann hatte sie auf eine der vielen Fotografien ihres Mannes geschaut, die in ihrer Wohnung standen, und daran gedacht, daß sie irgendwie weitermachen mußte. »Du wirst das schon machen, Friede.«

In München setzten Kirch und Dieter Hahn darauf, daß Friede Springer dem öffentlichen Druck nicht gewachsen wäre und irgendwann auf die Vinkulierung der Aktien verzichtete, so daß sie das Paket endlich nach Belieben verkaufen konnten. »Die Tante hält den Druck nicht aus«, zitierte das Wochenmagazin *Focus* Dieter Hahn. Und sie mußte es lesen. Darauf, daß sie irgendwann die Nerven verlieren und aufgeben würde, hofften auch andere: Banker, die sich weiterhin in dem Bestreben engagierten, Herren des Machtkampfes um den Springer-Verlagsanteil von Leo Kirch zu bleiben, und Verleger, für die eine Beteiligung an dem mächtigen Zeitungshaus auch gegen den Willen der Witwe attraktiv schien. Bedenkzeit wurde Friede Springer gegeben, Ultimaten wurden gestellt und Drohungen ausgesprochen. Friede Springer schwieg zu alldem. Jedesmal, wenn ihr eine neue Variante zu Ohren kam, sank sie innerlich wieder ein Stück zusammen. Wann würde sie der Kleinmut überkommen? Die Branche wartete.

Mathias Döpfner hatte sich in der Hochphase des Machtkampfs um den Verlag auf die Insel Sylt zurückgezogen. Zwei Wochen verbrachte er dort. Er war erreichbar, auch wenn kaum jemand wußte, wo er sich aufhielt. Er wollte sich nicht ablenken lassen, jedes denkbare Szenarium des Pokers im Kopf behalten, nicht überrascht werden durch eine ungeahnte Volte eines Beteiligten. Das mühsame Tagesgeschäft des Sanierungskurses, den er dem Medienkonzern verordnet hatte, mußte warten. Er telefonierte unablässig – mit allen an dem Spiel Beteiligten. Diese zwei Wochen im Sommer 2002 waren der Höhepunkt im Kampf um die Unabhängigkeit des Springer-Verlages. Der Druck wuchs ins Unermeßliche. Derweil machten in den Springer-Blättern die Chefredakteure mobil. »Springer-Chefredakteure wehren sich gegen die WAZ-Beteiligung«, druckte die *Bild*-Zeitung in weißen Lettern auf bedrohlich schwarzem Grund. Die *Welt* ging die Sache ein wenig subtiler an. Freilich nicht, ohne sich die Position der Mehrheitsaktionärin des Verlages zu eigen zu machen. Der Vorstand hatte nach allen Seiten bereits deutlich zu verstehen gegeben, daß er weder die WAZ-Gruppe noch Holtzbrinck oder gar Murdoch für geeignete Partner halte. Und sogar der Betriebsrat fühlte sich bemüßigt, eine öffentliche Erklärung in dieser Sache abzugeben. Friede Springer selbst tat, was in ihrer Macht stand.

Da ihr Anruf bei Erich Schumann nichts mehr hatte ausrichten können, versuchte sie es bei Günther Grotkamp. Sie erreichte ihn auf einer der ostfriesischen Inseln: Er vertrete nur seine Frau Petra, die mit 16,67 Prozent an der WAZ-Gruppe beteiligt war und derzeit die Geschäftsführung der drei zur Funke-Gruppe gehörenden WAZ-Familien Grotkamp, Holthoff und Schubries innehatte. Von Grotkamp erfuhr sie, daß seine Frau gegen einen Einstieg bei Springer wäre, wenn es die Verlegerwitwe selbst nicht wollte. »Dann danke ich Ihrer Frau«, sagte Friede Springer kurz, »und hoffe, sie bleibt dabei.« Die sechs WAZ-Gesellschafter, von denen Erich Schumann nur einer war und 20 Prozent der Anteile hielt, waren sich offenbar nicht einig.

Friede Springer behielt nicht nur ihre Nerven unter Kontrolle, sie handelte auch. Zur Verwunderung der Öffentlichkeit stand sie plötzlich in Gesprächen mit dem Schweizer Verleger Michael Ringier. Verhandelt wurde zwischen den Häusern über eine Übernahme des Schweizer Verlages durch den deutschen Zeitungskonzern. Ringier sollte im Zuge dessen an dem neuen Medienriesen beteiligt werden und mit zwei Sitzen in den Aufsichtsrat einziehen. Den Schweizer Verleger, den Friede Springer gut kannte und schätzte, hätte sie gern ins Boot genommen. Nur nicht die WAZ-Gruppe.

Am 6. September fuhr sie schon frühmorgens nach Hamburg, wo auf Einladung des Vorstands vierhundert Führungskräfte tagen sollten. Auf dieser Tagung wollte sich Bernhard Servatius noch einmal vom Verlag verabschieden. Friede Springer hatte sich fest vorgenommen, ihm vor den Mitarbeitern des Hauses dafür zu danken, daß er sich ihr und dem Verlag gegenüber immer loyal verhalten habe. Sie wollte aber auch noch etwas anderes sagen: Sie wollte den Führungskräften jeglichen Zweifel über die künftige Ausrichtung ihres Arbeitgebers nehmen. Nicht noch einmal sollten die Mitarbeiter ihrer Enttäuschung über sie öffentlich Luft machen, wie 1988, als sich Leo Kirch und die Burda-Brüder verbündeten und versuchten, die Springer-Erben aus dem Verlag zu drängen. »Wir stehen hinter Friede Springer, aber sie steht nicht vor uns.« Mit diesen Worten hatte damals eine Betriebsrätin des Springer-Konzerns ihrem Ärger Luft gemacht, als die Verlegerwitwe nicht auf der außerordentlichen Betriebsversammlung erschienen war, zu der sich Tausende von Mitarbeitern versammelt hatten, um über den Machtkampf um Springers Erbe zu debattieren. Diesmal wollte sie vor ihren Mitarbeitern stehen, die tief verunsichert waren. Sie sprach ein paar kurze Sätze zu Servatius und rief dann den versammelten Führungskräften des Verlagshauses zu: »Liebe Freunde hier im Saal, ihr könnt euch alle auf mich verlassen. Auch in Zukunft wird die Mehrheit der Aktien in unserer Hand bleiben.« Die Führungskräfte zollten ihr tosenden Beifall, über den sie sich später selbst wunderte. In die Köpfe der Mitarbeiter hatte sie nie zu schauen versucht und sich bisher auch nie in deren Lage versetzt. Mathias Döpfner aber wußte, was wichtig war. Er hatte sie um dieses Bekenntnis gebeten. Der Applaus für sie schien ihm recht zu geben.

Doch aufheitern konnte sie der Zuspruch der versammelten Mitarbeiter nicht. Innerlich war sie bedrückt. Erst zwei Tage zuvor hatte sie eine Feststellungsklage eingereicht, um im Streit mit den Enkeln endlich Klarheit zu schaffen. Sie wollte gerichtlich prüfen lassen, ob die Vereinbarung der Erben, in der sie sich 1985 auf veränderte Erbquoten geeinigt hatten, rechtsgültig war. Denn die Enkel hatten, geführt von einer Frankfurter Anwältin, plötzlich die Frage aufgeworfen, ob diese Erbenvereinbarung überhaupt wirksam sei, in der ihr Mandant Axel Sven nicht mehr mit 25, sondern nur noch mit 5 Prozent am Nachlaß beteiligt war. Einer Anfechtungsklage von Axel Sven und Ariane wollte Friede mit ihrer Feststellungsklage zuvorkommen. Der Streit mit den Miterben belastete sie fast noch mehr als die Schlacht um das Aktienpaket von Kirch. Sie hatte immer im Sinne Springers gehandelt. Doch genau das stellte der Enkel jetzt öffentlich in Frage.

Die Uneinigkeit unter den WAZ-Familien hatte ihr indes ein wenig Auftrieb gegeben. Hinzu kam eine Entscheidung des Landgerichts München, das dem Springer-Verlag bestätigte, daß Kirch sein Aktienpaket nicht ohne Zustimmung der Springer-Seite an einen Dritten verkaufen könne. Die Vinkulierung schien sie weiterhin zu schützen. Zur wahren juristischen Nagelprobe darüber, ob das Rechtsinstitut auch den schärfsten Anfechtungen standhielt, kam es allerdings nicht mehr, denn die WAZ-Gruppe zog sich noch im September zurück. Die Familien konnten sich auf den Gewaltakt einer von der Verlegerwitwe mißbilligten Übernahme eines Anteils von 40 Prozent am Springer-Verlag nicht einigen. Erich Schumann mußte sich geschlagen geben. Leo Kirch fand keinen weiteren Käufer mehr. Auch die Verhandlungen von Springer und Ringier zogen sich in die Länge. Daß die Gespräche zwischen Friede Springer und Michael Ringier schließlich ergebnislos blieben, erklärte der Schweizer Verleger viel später der *Frankfurter Allgemeinen Zeitung* so: »Eine Fusion gibt es nur um den Preis der verlorenen Unabhängigkeit.« Mit einer Aktionärsrolle aber habe er sich letztlich nicht anfreunden können. Er wolle ein Unternehmen führen. »Ich bin noch zu jung, um auf dem Stuhl des Aufsichtsrats Platz zu nehmen.«

Nach dem Rückzug der WAZ-Gruppe und einer außerordentlichen Hauptversammlung bei Springer, die Leo Kirch gegen den Willen Friede Springers durchgesetzt hatte, verkündete die Deutsche Bank am 1. Oktober in einer kleinen unauffälligen Zeitungsanzeige, sie werde das Springer-Aktienpaket, das ihr bis dahin als Pfand für einen Kredit über 720 Millionen Euro an Kirch gedient hatte, versteigern. Kirchs Zeit war abgelaufen. Die Deutsche Bank benannte Ort und Zeit: Bieter hätten sich mit den entsprechenden Dokumenten am 8. Oktober im Frankfurter Hotel Hilton einzufinden.

Als Friede an diesem Tag die Fenster ihres kleinen Hauses in Klosters aufschlug, war der Himmel klar. Es war frisch draußen, aber noch längst nicht kalt, und versprach ein wunderbarer Herbsttag zu werden. Wie immer war sie Anfang Oktober nach Klosters gefahren, um Vorbereitungen für die Zeit um Weihnachten und zwischen den Jahren zu treffen. Denn seit dem Tod ihres Mannes verbrachte sie die Feiertage am liebsten in der Schweiz. Sie dachte an die bevorstehende Versteigerung von 40 Prozent der Axel Springer Verlag AG. 13 617 900 Aktien des Verlages waren Gegenstand der Auktion in dem Frankfurter Luxushotel, in dem die Bank den Konferenzraum »Fifth Avenue« angemietet hatte. Friede Springer wußte, daß die Versteigerung um 11 Uhr beginnen sollte. Sie wußte nicht, wer außer der Deutschen Bank alles dafür bieten würde. Noch immer fürchtete sie Kirch. Womöglich würde er noch einmal über irgendeinen wohlhabenden Strohmann versuchen, ihre Pläne zu durchkreuzen. Verabredet war, daß die Deutsche Bank das Paket ersteigern sollte. Friede wollte ihr dann am selben Tag noch gut 10 Prozent der Aktien abkaufen, um endlich über eine unangreifbare Mehrheit am Verlagskonzern zu verfügen und auch von den Enkeln unabhängig zu sein. Sie war nervös. Gegen 11 Uhr setzte sie sich ins Wohnzimmer. Sie hatte die

Balkontür geöffnet, und die Sonnenstrahlen wärmten ihre ausgestreckten Beine. Das Telefon hatte sie neben sich gelegt. Sie wartete. Genau um 11.13 Uhr eröffnete ein Frankfurter Notar die Veranstaltung. Er verlas die Verkaufsbedingungen: Gebote waren nur auf das ganze Paket zugelassen, der Kaufpreis war bis Donnerstag, den 10. Oktober, zu begleichen. Das Mindestgebot liege beim Wert der Aktien zum Kurs des Tages. Jeder, der glaubhaft machen konnte, daß er die Liquidität zum Erwerb eines solchen Paketes besaß, war als Bieter zugelassen. Danach entließ er die Anwesenden in die Pause und stellte den Kurs der Springer-Aktie und damit die Untergrenze für die Gebote fest.

Zur eigentlichen Auktion hatten sich zwei Dutzend Menschen eingefunden und ein Vielfaches an in- und ausländischen Journalisten, die von einem Nebenraum aus den Ablauf über Video verfolgten. Kurz vor 13 Uhr stellte der Notar den Mindestpreis für das Aktienpaket fest. Es waren etwas mehr als 667 Millionen Euro. Dann blickte er in den Raum: »Wer bietet das oder mehr?« Zwei Mitarbeiter der Deutschen Bank hoben die Hand. »Wird mehr geboten? Ich sehe, das ist nicht der Fall und erteile damit den Zuschlag der Deutschen Bank.« Im Moment des Zuschlags wurde die Deutsche Bank Eigentümerin der Aktien und damit neue Großaktionärin des Springer-Verlages. Leo Kirchs Präsenz bei Springer gehörte endgültig der Vergangenheit an – nach siebzehn Jahren.

Kaum daß das Prozedere vorüber war, klingelte bei Friede Springer das Telefon. Sie saß immer noch in der Sonne, hatte sich ein Buch genommen, um sich abzulenken, aber dann doch jede Minute an das gedacht, was sich gerade in Frankfurt abspielen mochte. Der erlösende Anruf kam von Karin Arnold, einer Kollegin ihres Rechtsanwalts und Beraters Gerold Bezzenberger, der einen Großteil der Arbeit aus dem Mandat bei Friede Springer an die junge Anwältin abgegeben hatte. Sie berichtete über den Verlauf der Auktion: keine besonderen Vorkommnisse. Die Deutsche Bank habe wie geplant das Aktienpaket zum Kassakurs ersteigert. Sie würde gleich hinübergehen in einen der Zwillingstürme der Deutschen Bank in der Frankfurter Taunusanlage. Dort würde sie, wie besprochen, im Namen und auf Rechnung Friede Springers 10,4 Prozent der Aktien am Springer-Verlag erwerben. »Morgen, Frau Springer, haben Sie dann die Aktien«, versicherte sie der Verlegerwitwe noch einmal, bevor sie sich verabschiedete. Der Aufstieg der Friede Springer zur alleinigen Mehrheitsaktionärin war nur noch eine Formsache.

Etwas weniger als 30 Prozent der Springer-Aktien verblieben vorerst bei der Deutschen Bank. Ein Jahr später sollte sich die amerikanische Finanzgruppe Hellman & Friedman aus San Francisco im Verlag engagieren und knapp ein Fünftel der Aktien übernehmen. Die übrigen Aktien erwarb der Verlag später selbst im Rahmen eines Rückkaufprogramms, was Friede Springers Position noch einmal stärkte.

Während sie auf ihrer Terrasse in Klosters telefonierte, hatte sich der Vorstand des Verlags zu einer Sitzung zusammengefunden. Fast zeitgleich mit dem Anruf von Karin Arnold bei Friede Springer klingelte das Telefon im Konferenzraum. Am anderen Ende der Leitung meldete sich ein Mitarbeiter der Deutschen Bank und teilte den Konzernherren das Ergebnis des Vormittags mit: »Es ist alles über die Bühne gegangen – so, wie es sein sollte.« Die Herren blickten sich an. Leo Kirch, den sie – alle noch kein Jahr in Amt und Würden – kaum erlebt hatten, war nicht mehr Großaktionär des Springer-Verlages. Wichtiger für sie war aber, daß sie während der turbulenten Auseinandersetzung mit dem Münchner Filmkaufmann die Unabhängigkeit des Unternehmens gewahrt hatten. Sie hatten ihre erste Bewährungsprobe bestanden.

Es ist vorbei, dachte sich Friede Springer am Nachmittag in Klosters immer wieder. Vor Kirch brauchte sie keine Angst mehr zu haben. Doch die große Erleichterung wollte sich nicht einstellen. Ebensowenig hatte sie nach der Übernahme der Burda-Aktien ein Hochgefühl ergriffen. Die Übernahme von Aktien bedeutete die Aufnahme neuer Kredite und zusätzlicher Verantwortung, auch dessen war sich die Verlegerin bewußt. Richtig leicht hatte sie es sich nie gemacht und ihre wachsende Macht im größten Zeitungshaus des

Kontinents auch niemals leichtgenommen. Ihr finanzieller Spielraum blieb begrenzt, die Dividende mußte fließen, um den zum Kauf der 10,4 Prozent neu aufgenommenen Kredit bei der Hamburgischen Landesbank zu bedienen. Über eine Dekade würden sie zahlen müssen, um auch die neuen Schulden endlich getilgt zu haben. Wieder würde sie ihre Position nur halten können, wenn der Konzern auf Dauer Gewinn erwirtschaftete.

Zufrieden war sie dennoch, vor allem mit dem neuen Vorstand um Mathias Döpfner. Sie hatte sich auf die Mannschaft verlassen können, der sie ihr gesamtes Vermögen anvertraut hatte, das nun einmal im Verlag gebunden war. Kein einziges Mal während des ganzen Jahres der Auseinandersetzung mit Kirch hatte sie das Gefühl beschlichen, hintergangen zu werden, weil der eine oder andere die Frage der Loyalität womöglich pragmatisch gehandhabt und versucht hätte, mit dem Filmkaufmann zu paktieren. Döpfner selbst hatte seine Kritiker längst aus dem Vorstand entfernt und das Gremium mit Freunden und Vertrauten besetzt. Aufgrund seiner Macht, die er durch die Nähe zu Friede Springer besaß, waren die neuen Vorstände vollkommen von ihm abhängig und ihm ganz und gar ergeben.

Der große Tag, an dem sich Friede Springer unabhängig von den Enkeln die absolute Mehrheit an dem Lebenswerk ihres Mannes sicherte, verstrich sang- und klanglos. Es gab niemanden, der mit ihr feierte, daß sie nun 55,4 Prozent der Anteile des Springer-Konzerns auf sich allein vereinigte. Abends schließlich rief sie ihre Schulfreundin Tattje Dankleff in Itzehoe an. »Tattje«, sagte sie lachend auf friesisch ins Telefon, »ik ha't skafet.« – Ich habe es geschafft. Und dann erklärte sie ihr eines der wenigen Male, um was es ging.

Rupert Murdoch hatte den Sieg der Friede Springer genau verfolgt. Ein paar Tage später schrieb er: »My dear Mrs. Springer: Ich wollte Ihnen zu der Lösung gratulieren, die Sie mit den Kirch-Aktien in Ihrem wundervollen Unternehmen erreicht haben. Yours sincerely, Rupert Murdoch«. Friede kannte ihn kaum, sie hatte ihn nur einmal in Los Angeles zum Essen getroffen. Aber das lag Jahre zurück. Wiederum etwas später erreichte sie ein persönlicher Abschiedsgruß von

Leo Kirch, datiert vom 18. Oktober 2002. Er lege sein Aufsichtsratsmandat bei Springer nieder, dessen Ausübung nicht mehr in seinem eigenen Interesse liege und von der Verlagsführung offensichtlich auch nicht gewünscht sei. »Nach den vielen Jahren unserer Zusammenarbeit möchte ich dies aber nicht ohne ein persönliches Wort an Sie tun«, hatte er weiter diktiert. »Trotz der langen Zeit bilde ich mir nicht ein, an Ihrer Seite viel für den Verlag bewirkt zu haben. Das ließ auch meine Position als Minderheitsgesellschafter kaum zu. Gleichwohl glaube ich doch, manches glücklicherweise verhindert zu haben, öfter auch als viele denken im wohlverstandenen Einverständnis mit Ihnen.« Für die Verantwortung, die sie nunmehr ungeteilt trage, wünschte er ihr eine glückliche Hand und verabschiedete sich »Mit freundlichen Grüßen, Dr. Leo Kirch«. In seinem Leben als Unternehmer hatte er fast alles bekommen, was er wollte; an der Witwe Axel Springers aber war er gescheitert. Sie war nicht käuflich.

Kirch hatte sich zurückziehen müssen. Der Streit mit den Enkeln aber schwelte weiter. Diese häßliche Fehde belastete Friede noch immer. Nichts war entschieden. Die Anwälte durchforsteten Archive und verfaßten immer neue Schriftsätze. Sollten sich die Parteien nicht einigen, würde sich die Auseinandersetzung über die Instanzen bis zum Bundesverfassungsgericht hinziehen. Auf Jahre wäre ein Ende nicht absehbar. Friede Springer mochte gar nicht daran denken. Sie hegte eine tiefe Abneigung gegen Schwebezustände, aber sie hatte gelernt, mit ihnen zu leben. Die Mehrheit im Verlag war ihr nicht mehr zu nehmen. Durch den Zukauf von 10,4 Prozent war sie vom Ausgang des Rechtsstreits unabhängig geworden, auch wenn sie durch die Gerichte zu einer Rückübertragung von Anteilen gezwungen würde. Sie verstand den Enkel nicht. Sie konnte nicht begreifen, daß er nach siebzehn Jahren die Grundlage dessen anfechten wollte, auf der sie, er und seine Schwester die Verlagsanteile so mühsam zusammengetragen hatten. Erst zwei Jahre später, im Oktober 2004, sollte der Erbenstreit ein vorläufiges Ende finden. Das Hamburger Landgericht würde zu Friede Springers Gunsten entscheiden. Sie sollte in allen Punkten recht behalten. Die Erbenvereinbarung, die die

Springer-Familie nach dem Tod des Verlegers getroffen hatte, sollte vom Gericht in erster Instanz bestätigt werden.

Friede Springer hat sich oft Gedanken darüber gemacht, wie sie das Erbe Axel Springers der Zukunft übergeben will. Die nächsten Jahre wird sie sich diesem Thema widmen. Im August 2004 hat sie die Friede Springer Stiftung gegründet und sie mit 3 Millionen Euro aus ihrem Privatvermögen ausgestattet. Die Stiftung trägt ihren Namen, nicht den des Verlegers. Friede Springer wird nichts von dem behalten, was ihr Axel Springer hinterlassen hat. Sie hat es nicht geschaffen. Sie hat nur das zusammengefügt, was ihr Mann demontierte. Bis an ihr Lebensende will sie Präsidentin ihrer Stiftung bleiben. Danach soll das Werk Axel Springers wohlgeordnet auf die Nachwelt übergehen.

Am 1. Juni 2003 stiegen drei sehr ungleiche Gestalten aus dem Flugzeug und liefen einen der Gänge des Flughafens in Tel Aviv entlang: zwei Männer und eine Frau. Der eine humpelte ein bißchen, was auf sein hohes Alter schließen ließ. Der andere war jung, auffällig groß und hatte einen schlendernden Gang, als wüßte er nicht, wohin mit seinen langen Beinen und Armen. Die Frau in der Mitte wirkte zierlich, ihr Schritt entschlossen und schnell. Sie drehte sich mal nach links, mal nach rechts, plauderte munter mit den beiden und lachte zwischendurch ein wenig zu ausgelassen für ihr Alter von sechzig Jahren. Die drei bestiegen ein Taxi. Ernst Cramer hatte neben Mathias Döpfner auf der Rückbank des Wagens Platz genommen. Er schaute zum Fenster hinaus. Plötzlich legte er seine Hand auf Döpfners Arm: »Mathias«, flüsterte er, »wir sind im Heiligen Land. Sie können sich nicht vorstellen, was das für mich bedeutet.« Ernst Cramer, Friede Springer und Mathias Döpfner waren unterwegs zur Ben-Gurion-Universität in der Negev-Wüste, der Axel Springer vor zweiundzwanzig Jahren den Bau eines Auditoriums ermöglicht hatte, das seitdem seinen Namen trug. Damals, an einem stürmischen 2. Dezember 1981, war Springer persönlich angereist mit seiner Frau Friede und Ernst Cramer. Jetzt sollte das Auditorium, das mit den Geldern der Axel Springer Stiftung renoviert worden war, wiedereröffnet werden. Und dabei sollten der alte Weggefährte Springers, Ernst Cramer, der noch immer der Stiftung vorsaß, und der neue Verlagschef Mathias Döpfner eine Rede halten.

Die Rede des Konzernchefs, der seit seinem achtzehnten Lebensjahr regelmäßig nach Israel fährt, geriet sehr anrührend. Er befand sich ja nicht nur im Heiligen Land, sondern wandelte zudem auf den Spuren Axel Springers. Der Applaus des Publikums war ihm sicher, als er mit den Worten schloß: »You can count on Axel Springer.« Friede Springer verfolgte Döpfners Rede in der ersten Reihe, genauso wie sie den vielen Auftritten ihres verstorbenen Mannes beigewohnt hatte: den Blick gerade nach oben gerichtet, ihr freundliches Lächeln auf den Lippen. Ihre Augen strahlten. Sie war stolz auf Mathias Döpfner, dessen Aufstieg ohne sie nicht denkbar gewesen wäre. Cramer sprach nach Döpfner. Er erzählte von Springers Begegnungen mit David Ben Gurion. Unmittelbar nach dem Sechstagekrieg 1967 hatten sich Springer und Ben Gurion in einem Hotel in Tel Aviv kennengelernt. Friede war von Cramers Worten tief bewegt und spürte, wie ein leichter Schauder ihre Arme mit einer Gänsehaut überzog. Cramer war einer der letzten Weggefährten ihres Mannes. Er war ihr Verbindungsglied zu ihrem Leben mit Axel. Und er war der einzige aus Springers Entourage, dem sie auf ihrem mühsamen Weg an die Spitze des Konzerns stets vertraut hatte. In dem Moment, als auch Cramer unter dem Beifall seiner Zuhörer vom Podium trat, war sie so glücklich wie viele, viele Jahre nicht mehr. Döpfner war die Zukunft, sie setzte alle Hoffnungen in ihn. Cramer hatte für die Vergangenheit gesprochen und damit die Zeit ihres Mannes, der nun schon seit fast achtzehn Jahren nicht mehr lebte, in die Gegenwart getragen. Zukunft und Vergangenheit befanden sich für sie in diesem Moment im Einklang – endlich. Zum erstenmal seit Springers Tod.

Herbsttag

Es ist schon dunkel, als Dirk Kowalski kurz vor 22 Uhr am Krankenhaus eintrifft. Die Luft ist lau, obwohl die Sonne seit zwei Stunden untergegangen ist an diesem Septemberabend. Kowalski soll die Nacht am Bett eines wohlhabenden Kranken wachen, von denen es im Martin-Luther-Krankenhaus mehrere gibt. Die Klinik liegt mitten im Grunewald, einer der vornehmen Wohngegenden der geteilten Stadt. Die Angehörigen hatten das Krankenhaus gebeten, neben der üblichen Nachtbesetzung noch eine Extrawache für den Patienten zu organisieren – auf ihre Kosten. Extrawachen, unter Medizinstudenten durchaus beliebt, sind nicht schlecht bezahlt. Dirk Kowalski studiert Zahnmedizin, kann ein kleines Zubrot immer gut gebrauchen und schiebt am Samstag, dem 21. September 1985, nicht zum erstenmal einen solchen Dienst.

Auf der Station begegnet ihm eine der beiden Schwestern des regulären Nachtdienstes. Auf den Fluren ist es still geworden, keine klappernden Absätze sind mehr zu hören, keine schnellen Schritte und kein Pantoffelschlurfen auf und ab wandelnder Patienten. Niemand spricht mehr. Die Betriebsamkeit des Tages hat sich längst gelegt. »Übrigens, das ist Herr Springer, den Sie heute nacht betreuen«, sagt die Nachtschwester kurz, bevor sie weitereilt. »Nur daß Sie's wissen.« Herr Springer – Kowalski kennt ihn, nicht persönlich, aber als Berliner und einigermaßen interessierter Zeitungsleser allemal. Für ihn ist er ein Patient wie alle anderen, ein kranker Mann.

Friede Springer sitzt am Bett ihres Mannes, der schon eingeschlafen ist. Sie wollte ihn nicht allein lassen und deshalb so lange bleiben, bis der Student käme. Sie steht auf, begrüßt den jungen Mann, den sie noch nie gesehen hat. Er wünscht ihr eine gute Nacht, bevor sie ohne weitere Worte das Zimmer verläßt. Sie will nach Hause. Den ganzen Tag ist sie bei Axel gewesen und nicht von seiner Seite gewichen, seit sie und der Hausarzt ihn am frühen Morgen gegen seinen Willen ins Krankenhaus gebracht haben. An diesem Morgen ging es nicht mehr. Springers Zustand hatte sich in der Nacht noch einmal verschlechtert. Er fieberte, seine Stirn war heiß. Er fühlte sich viel schwächer als noch an den Tagen zuvor. Das Atmen fiel ihm schwer. Friede rief Volker Regensburger, Springers Internist. Und bald nach ihm rollte der Krankenwagen auf die Einfahrt, den die beiden gegen den nur mehr leisen Protest des Kranken bestellt hatten.

Friede war an diesem Tag besorgt, so besorgt wie seit langem nicht mehr. Sie kannte die körperlichen Schwächen ihres Mannes, diese unselige Anfälligkeit für Infekte, die mit einer permanenten Abwehrschwäche im Zusammenhang stand. Seit Jahren litt er an einer Unterfunktion der Schilddrüse und vielleicht sogar an einer Autoimmunerkrankung des Organs, was zu immer neuen Infektionsschüben führte. Diesmal, das wußte Friede, hatte die Infektion vor dem Herzen nicht haltgemacht. Sie hatte das schon chronisch schwache Organ angegriffen und setzte ihm zu. Friede dachte an den Tag, an dem sich ihr Mann in der Schweiz hatte Frischzellen spritzen lassen, obwohl er dort schon krank war. Doch die Ärzte in der Niehansklinik in Vevey hegten keine Bedenken, und das, obwohl die Injektion fremder organischer Gewebe den Zustand eines Kranken in der Regel noch verschlechterte. Springer aber hatte es so gewollt und seine ganze Hoffnung in die erfrischende Wirkung der fremden Zellen gesetzt, die ihm beim erstenmal in diesem Jahr so gut bekommen waren.

Zu Hause auf Schwanenwerder hatte sie Teile des Hauses in eine Krankenstation verwandelt, hatte auf ausführliche Anweisungen des Hausarztes hin allerlei technische Apparate angeschafft und aufgebaut, um ihn Tag und Nacht zu überwachen. Sie hatte gelernt, ihm die drei Elektroden auf die Brust zu setzen und das EKG-Gerät zu bedienen, das die Aktivität seines angeschlagenen Herzens aufzeichnete. Sie hatte sich geradezu akribisch in die Wissenschaft dieses Elektrokardiogramms vertieft, bis sie in der Lage war, die auf dem Monitor erscheinenden Kurven und Zacken selbst zu deuten und den Arzt am Telefon genau über den Zustand ihres Patienten zu unterrichten. Springer war zu schwach zum Laufen. Und sie konnte ihn nicht tragen, was sie hätte tun müssen, um ihn ins Badezimmer zu bringen. Der Butler Heinz, seit langem im Haus und selbst nicht mehr in den besten Jahren, war ihr keine Hilfe. Seine Kräfte reichten nicht für den Verleger.

Sie verstand nicht, warum es ihrem Mann auf einmal so schlecht ging, daß er ins Krankenhaus mußte. Noch zwei Tage zuvor schien er wieder Kraft zu schöpfen und sie Zuversicht. Das Fieber war am Donnerstag morgen zurückgegangen. Axel sah besser aus, weniger angestrengt. Mehr als zwei Wochen hatte er im Bett gelegen, war immer schwächer geworden. Doch an jenem Donnerstag sollte es aufwärtsgehen. Er hatte sogar aufstehen und sich – wenn auch mühsam – auf den zitternden Beinen halten können. Mit Hilfe seiner Frau und Dr. Regensburger schaffte er den Weg in den Garten. Im Morgenmantel setzten ihn die beiden auf einen der Terrassenstühle in die Sonne. Er hatte in den Park geschaut, der seine Villa umgab, und weiter hinaus in die märkische Landschaft. Er schwieg. Es war fast windstill, die Sonne spiegelte sich in der Havel, die die kleine Halbinsel Schwanenwerder am westlichen Stadtrand Berlins umgibt. In den hohen Bäumen hingen Hunderte von Staren, bereit zum Abflug gen Süden in ihr Winterquartier. Springer lauschte ihrem aufgeregten Spektakel. Friede und der Arzt ließen ihn in Ruhe. Sie besprachen sich leise, arbeiteten schon an einem Trainingsprogramm, das ihm helfen sollte, wieder zu Kräften zu kommen: heute eine halbe Stunde auf der Terrasse, morgen etwas länger, ein paar Schritte mehr an jedem Tag – so könnte er, hofften sie, wieder der alte werden.

Doch das tat er nicht. Er hatte den Infekt nicht überwunden, auch wenn es an jenem warmen Sonnenmorgen selbst seinem Arzt so schien. Regensburger dachte, es wäre vorüber, der alte Körper des Verlegers hätte sich über diesen hartnäckigen Angriff noch einmal hinweggesetzt und würde sich erholen. Seine Prognose war falsch.

Weder er noch Friede wußten damals, daß Springer längst ein neues Herz gebraucht hätte, um weiterleben zu können. Eine Unzahl kleiner Risse hatte den Herzmuskel fast zerstört. Doch das sollten sie erst erfahren, als es zu spät war; als die Ärzte im Krankenhaus den Leichnam aufgeschnitten hatten, um die Todesursache zu finden.

Die Krankheit hatte dem Verleger an jenem Donnerstag eine letzte kleine Atempause gewährt, einen Moment auf der Terrasse des Hauses auf Schwanenwerder, dem er vor Jahren den Namen »Tranquillitati« gegeben hatte. Schon am Abend ging es ihm schlechter. Er fieberte wieder, und der nächste Tag brachte keine Besserung. In der Nacht zum Samstag wurde Friede allmählich klar, daß sie ihren Mann auf Schwanenwerder vorerst nicht würde behalten können.

Dirk Kowalski schaltet die Nachtbeleuchtung an und setzt sich auf den Stuhl, der in einiger Entfernung auf der rechten Seite des Bettes steht. Er betrachtet den Mann mit seinen unbewegten Zügen und dem ruhigen Atem, der jetzt so friedlich schläft. Im Schein der funzeligen Beleuchtung sieht er die Hände des Alten, die entspannt auf der Bettdecke liegen. Wie feingliedrig, denkt er und wundert sich, daß dieser große Mann so kleine, fast zierliche Hände hat. Mitten in der Nacht wird Springer unruhig, schlägt die Zähne ein paarmal aufeinander und dreht sich zur Seite. Er öffnet die Augen, blickt in das Gesicht des Studenten, der nicht so recht weiß, ob er ihm zunicken soll, und lächelt ihn an, freundlich, fast warmherzig, zufrieden. Ob er ihn wahrgenommen hat? Doch noch bevor Kowalski eine Antwort auf die Frage findet, ist Springer wieder eingeschlafen. Die Nacht bleibt ruhig, bis der Morgen dämmert. Um 6 Uhr steht Kowalski leise auf, seine Schicht ist vorüber. Die Ehefrau wird bald kommen. Mit dem Verleger hat er kein Wort gesprochen.

Friede Springer hat an diesem Sonntag schon sehr früh im Krankenhaus angerufen und sich bei einer Schwester nach dem Befinden ihres Mannes erkundigt. Es gehe ihm weder besser noch schlechter, hatte die ihr mitgeteilt, sein Zustand sei unverändert. Sie kramt ein paar Sachen zusammen, die Axel Freude machen könnten, packt den zerlesenen Gedichtband von Rainer Maria Rilke ein und geht hinaus auf die Terrasse. Schnell noch bricht sie eine der letzten Rosen vorn im Beet ab, die sie vor Jahren gepflanzt hat, und fährt in die Klinik. Ihr Mann schläft nicht mehr, hört ihre Schritte beim Eintreten und wendet sich ihr zu. Sie sieht ihn vor sich und erschrickt. Sie hält den Atem an, ganz kurz und unbemerkt. Sein Gesicht hat sich verändert, sie könnte gar nicht sagen wie. Es hat einen Ausdruck angenommen, den sie noch nicht an ihm gesehen hat.

Axel wird den nächsten Tag nicht mehr erleben, sie spürt es, ist sich plötzlich ganz sicher. Dabei ist er auch an diesem Sonntag wie immer zufrieden, daß er sie wieder bei sich hat. Sie legt die Rose auf seinen Nachttisch und will sich gerade abwenden, um eine Vase zu holen, da nimmt er ihre Hand: »Du bist fabelhaft«, sagt er zu ihr. Sie schluckt. Sie setzt sich auf sein Bett, zieht das kleine Büchlein aus der Tasche und liest: »Herbsttag. HERR: es ist Zeit. Der Sommer war sehr groß ...« Sie holt Luft, liest weiter. »... Wer jetzt kein Haus hat, baut sich keines mehr. Wer jetzt allein ist, wird es lange bleiben ...« Sie bringt das Gedicht zu Ende, irgendwie. Axel ist still und schaut sie an. Dann blickt sie auf sein Kalenderblatt und liest ihm die Losung des 22. September vor, die dem Johannes-Evangelium entnommen ist. »Ich bin die Auferstehung und das Leben. Wer an mich glaubt, der wird leben, obgleich er stürbe.« Friede hat sich zusammengerissen, über Wochen ihren Kummer nicht gezeigt. Jetzt weint sie, kann die Tränen nicht mehr zurückhalten, läßt das Wasser aus ihren Augen laufen. Sie muß sich nicht mehr im Griff haben. »Das ist für dich geschrieben«, sagt sie und schaut ihn an. »Warum weinst du?« will er wissen. Sie atmet tief, bringt dann kein Wort heraus.

»Wir sahen uns an«, schrieb sie ein Jahr später in dem Erinnerungsband »Die Freunde dem Freund«. »Axel strahlte eine heitere Gelassenheit aus, war voller Frieden. Er fror nicht, er hatte keine Schmerzen, nichts quälte ihn mehr. Alles, alles war in Ordnung für ihn. Ich aber fragte ihn voller Sorge: ›Axel, wie geht es dir?‹ Er schaute mich an und sagte mit etwas verzerrter Stimme: ›Es könnte nicht besser sein!‹ Im gleichen Moment hörte sein Herz auf zu schlagen.«

Friede schreit und klingelt nach der Schwester. Sekunden später sind die Ärzte da, schieben sie energisch hinaus und setzen sie ins Schwesternzimmer. Denn was jetzt passiert, das soll sie nicht mitbekommen. Diese erbarmungslose Prozedur, mit der Menschen wieder ins Leben zurückgeholt werden, die die Welt eigentlich schon verlassen haben. Das Herz des Alten hat zwar aufgehört zu schlagen, doch ein leises Flimmern seiner Herzkammern ist noch vorhanden. Mit der Herzdruckmassage ist er nicht mehr zu reanimieren. Die Ärzte greifen zu den Paddles, jenen Stäben, die sie am Brustbein und der Herzspitze des Verlegers ansetzen, um das Herz mit Stromstößen für den Bruchteil einer Sekunde zum Stillstand zu bringen, damit es dann wieder geordnet losschlagen kann. Mit Elektroschocks, die den langen Körper des Verlegers mehrmals heftig zucken und sich aufbäumen lassen, gelingt es ihnen schließlich, das kranke Herz noch einmal zum Schlagen zu bringen. Er liegt jetzt auf der Intensivstation. Das Herz pocht wieder, doch sein Bewußtsein will nicht mehr zurück, er liegt im tiefen Koma.

Friede hat die Zeit in den Armen einer jungen türkischen Schwester verbracht. Sie ist hereingekommen und hat sie dort sitzen sehen, zusammengefallen und fassungslos. »Mein Mann liegt im Sterben«, wimmerte sie unablässig. Die Schwester streichelte sie, wieder und wieder und konnte sie doch nicht beruhigen. Irgendwann setzte sich Ernst Cramer zu ihr, redete auf sie ein und ließ sie dann allein, als der Chefarzt im Türrahmen erschien.

Das Herz schlage wieder, sagt er zu Friede. »Er ist ohne Bewußtsein. Sein Zustand ist sehr ernst.« Er bringt sie auf die Intensivstation an Springers Liege. Doch da findet sie ihren Mann nicht mehr. Sie sieht nur noch seinen Körper mit einem schlagenden Herzen, das wieder mechanisch Blut in jede Aderwindung pumpt. Sie hört einen Atem, der nicht seiner ist, sondern der einer Maschine, die den Körper mit Sauerstoff versorgt. Auf seiner Brust sind die Elektroden befestigt, um die Herztöne zu überwachen. Sie erscheinen regelmäßig. Seinen Herzschlag kann Friede als Zacken auf dem Bildschirm sehen, so wie sie es die Wochen zuvor zu Hause auf Schwanenwerder beobachtet hat. Seine Füße sind kalt. Sie nimmt seine Hand. Auch die ist kalt. Sie streicht über seine Arme und Beine, immer wieder, und merkt, wie sich die Wärme ganz langsam aus den Gliedmaßen ins Zentrum des beatmeten Körpers zurückzieht. Sie schaut auf den Bildschirm, der die Herztöne aufzeichnet. Die Kurven sind noch deutlich zu sehen, spitze Berge mit kleinen Tälern dazwischen, so wie es sein muß.

Vorbei sind die Jahre, in denen er sich nicht wohl gefühlt hat. Vorbei die Tage, an denen sie mit ihm gelitten hat, weil sein Körper zu schwach war, den Befehlen seines regen Gehirns zu folgen. Vorbei die Momente, in denen er unwirsch wurde, weil wieder etwas nicht so funktionierte, wie er es wollte. Vorbei das endlose Bangen um seinen Gesundheitszustand, der mal besser, mal schlechter, aber nie mehr richtig gut war. Friede weiß, daß sie Axel nicht wiedersehen wird – nicht auf dieser Welt. Sie starrt auf den Monitor mit der grünen Linie, die sich wie eine dünne zitternde Schnur vom linken bis zum rechten Ende zieht. Sie sieht, wie die Häufigkeit der Zacken abnimmt und das todkranke Herz ermüdet. Sie wundert sich, wieviel technisches Gerät auf einer Intensivstation vonnöten ist und wie genau diese Geräte aufzeichnen, welche Strecke bis zum Tod der Körper schon zurückgelegt hat. Sie befühlt seine Arme und Beine aufs neue. Sie sind eiskalt.

Längst hat sie aufgehört zu weinen, hat kein Gefühl mehr dafür, wie schnell die Zeit verstreicht. Sie blickt unverwandt auf den Monitor. Ganz allmählich unterbrechen immer wieder längere Linien die Abfolge des Auf und Ab der Kurven. Mit den seltener werdenden Zacken realisiert sie, wie auch sein Atem langsamer wird. Herz und Lunge folgen dem Bewußtsein, das seit Stunden woanders ist. Merkwürdig, wie still es ist, sie nimmt nicht wahr, was um sie herum passiert. Sie sieht nur diese grünen Wellen auf dem kleinen Bildschirm, wie sie an Stärke verlieren, auslaufen, unendlich langsam, so kommt es ihr vor, aber unaufhaltsam, bis sie fast nicht mehr zu sehen sind. Sie schaut auf das letzte Zittern der Kurve, die sich mal scharf, dann wieder unscharf aus dem Bildschirm hervorhebt und die irgendwann zu einer waagerechten Linie wird.

Literatur

Thomas Clark: Der Filmpate. Der Fall des Leo Kirch, Hoffmann und Campe Verlag, Hamburg 2002

Claus Jacobi: Fremde, Freunde, Feinde. Eine private Zeitgeschichte, Ullstein Verlag, Berlin/Frankfurt 1991

Michael Jürgs: Der Fall Axel Springer. Eine deutsche Biographie, Paul List Verlag, München 1995

Peter Köpf: Die Burdas, Europa Verlag, Hamburg 2002

Henno Lohmeyer: Springer. Ein deutsches Imperium, edition q, Berlin 1992

Erich Riewerts und Brar C. Roeloffs: Broder Riewerts. Föhringer als Grönlandfahrer von Kopenhagen, Karl Wachholtz Verlag, Neumünster 1991

Erich Riewerts: Zur Geschichte der Föhrer Familie Hassold, herausgegeben im Selbstverlag, Süderende 1992

Hermann Schreiber: Henri Nannen. Drei Leben, C. Bertelsmann Verlag, München 1999

Carl-Heinrich Seebach: Schierensee, Karl Wachholtz Verlag, Neumünster 1981

Axel Springer: An meine Kinder und Kindeskinder, Auszüge aus einer Niederschrift, Privatdruck, Mai 1985

Friede Springer (Hg.): Axel Springer – Die Freunde dem Freund, Ullstein Verlag, Berlin/Frankfurt 1986

Register

Bildnachweis

Daniel Biskup: II 9 o., II 9 u., II 15 o.
Bettina Flitner: II 16
Herbert List, Unternehmensarchiv Axel
Springer Verlag: I 5 u.
Merlin-Presse: II 12 o.
James Mortimer: I 12 u.
Nico Nagel: II 6 o.
N.E.W.S. Photo-News, Unternehmens-
archiv Axel Springer Verlag: II 2 M.
Katinka Pilz, Unternehmensarchiv Axel
Springer Verlag: I 5 o. l.
Chris Riewerts: I 3 o. l., I 3 M.
Hans Scherhaufer, Unternehmensarchiv
Axel Springer Verlag: II 11 o.
Friede Springer: II 3 o.
Ullstein Bild / ABC-Press: II 1 u.
Ullstein Bild / Walter Becher: II 10 u.
Ullstein Bild / Manfred Beck, Unterneh-
mensarchiv Axel Springer Verlag:
I 16 u.

Ullstein Bild / Klemens Beitlich: II 8 u.
Ullstein Bild / Günter Kambach: I 11 o.,
I 11 u., II 5 u.
Ullstein Bild / Krüger: I 12 M.
Ullstein Bild / Martin Lengemann: II 15 u.
Ullstein Bild / Martin Lengemann, Unter-
nehmensarchiv Axel Springer Verlag:
II 13 o.
Ullstein Bild / Nico Nagel: II 6 o.
Ullstein Bild / Harald Paulenz: II 10 o.
Ullstein Bild / Peter Rondholz: II 5 o.,
II 7 o.
Ullstein Bild / Andreas Schölzel: II 13 u.
Ullstein Bild / Sven Simon: I 5 o. r., I 16 M.
Ullstein Bild / du Vinage: II 2 u., II 3 u.
Unternehmensarchiv Axel Springer Ver-
lag: II 4 o., II 4 M., II 7 M., II 11 M.,
II 12 u.
Weißes Haus, Unternehmensarchiv Axel
Springer Verlag: II 4 u.

Alle anderen Abbildungen stammen aus dem Privatarchiv Friede Springers.

Die Seitenangaben beziehen sich auf den ersten (I) bzw. zweiten (II) Tafelteil.

Leider ist es in einigen Fällen nicht gelungen, den Rechteinhaber ausfindig zu machen.
Der Verlag bittet, etwaige Ansprüche anzumelden.